가고픈 명산 탐방기

100대

· 이연우 지음 ·

기 원 문

> "
> 등산인 여러분…!
> 오늘도 **안전산행**을
> 기원합니다.
> "

들어가는 말

그때는 산에 대해 아무것도 모른 채 하얀 백지 상태였다. 단지 그곳에는 나무와 흙과 돌이 적절히 모여 주변을 에워싸는 푸른 장막 정도의 막연한 상상만 가능했다. 그러다 100대 명산을 다니면서 조금씩 변화되었고 지금까지 경험상 이제는 이렇게 말 할수 있다. 산은 무궁무진한 보물창고요, 그 어떤 예술품도 능가할 수 없는 위대한 자연 예술품이라 확신한다.

어느 여름 우연히 인터넷을 검색하다 사진(황산) 하나가 눈에 띄었다. 그간(10여년) 그림에 심취하며 뭔가 채우지 못한 아쉬움에 갈증이 일던 차, 그 사진은 "바로 이거다~!" 하는 감탄사가 절로 나오게 했다. 아마도 이 시점부터 '그림'에 대한 관심이 '산(자연)'으로 옮겨가게 된 계기가 된 것같다.

마치 노래 가사도 없이 음만 출렁이는 '클래식' 음악이 왜 그토록 유명하고 그토록 심취하는지 전혀 그 느낌을 알지 못한 채, 그 답답함을 해소하기 위해 수시로 음악을 들었던(20대) 것처럼... 아니 처음에는 '읽었다'는 표현이 맞을 것같다. 그리고 점차 시간이 흘러 조금씩 '들었고' 좀더 시간이 지나자 희미하게 '들려오는' 느낌이 들었다. 그것이 10여년이 걸렸다. 그리고 관심은 어느덧 영화로 옮겨갔다. '어떻게 살 것인가'에 대한 끊임없는 의문을 제기하며 화면을 뚫어져라 관찰했다(30대) 이것도 그럭저럭 10여년이 흘렀다. 하지만 뚜렷한 해답을 찾지 못한 채 그림에 이끌린다(40대) 그리고 시간나는 대로 전시장을 찾아 섭렵한다. 그리고 10여년이 흐르고 여전히 무언가 채워지지 않는 갈증으로 목말라 있을 때 그렇게 산이 눈에 띄었다. 그리고 그 궁금증을 해결하기 위해 기나긴 여정이 시작되었다.

처음에는 일행들의 뒷모습만 보일 뿐, 그저 힘들다는 생각 외에는 아무 것도 보이지 않았고 가쁜 숨을 연거푸 쉬기에 바빴다. 하루도 그냥 포기하고 되돌아가고 싶지 않은 적이 없었고 속으로 울지 않은 적이 없었다. 그것을 견디게 한 것은 "여기서 포기하면 살 수 없다" 그리고 힘겨움 끝에 정상에 서면 "찬란한 광경이 그 보상을 충분히 베풀어 준다"

그렇게 어렵게 초반이 지나니 그제야 일행들의 뒷모습이 아닌 풍경들이 조금씩 눈에 들어오기 시작하고 다리에도 힘이 생기기 시작한다. 그리고 산에 대한 궁금증이 점점 커져가고 1년이 훨씬 지나서야 인테넷을 통해 100대 명산(*산림청, 블랙야크, 한국의 산하를 모두 합치면 130개)이 있다는 것을 알게 된다.

그리고 그 리스트를 보며 하나하나 산을 오르는데 안타깝게도 110개쯤에서야 트랭글(*산행안내지도)을 사용할 수 있었다. 좀더 일찍 트랭글을 사용할 줄 알았다면 덜 헤맸을 테고 덜 불안했을 텐데… 산행의 필수품, 트랭글을 누가 고안했는지 참으로 감사하고 감사한다.

산에 대한 기록(글)은 처음부터 쓰기 시작한다. 산에서의 느낌들이 너무 신기하고 힘겹게 얻은 순간들을 놓치고 싶지 않아 간직하고픈 마음으로 끄적거리기 시작한다. 초기에는 일행들의 뒷모습만 보며 올랐기에 어디가 어딘지도 몰랐고(*그래서 북한산과 소백산은 다녀온 노선을 알 수 없어 산행지도를 표시할 수 없었다) 그냥 두리뭉실하게 표현할 수밖에 없었다. 점차 풍경이 눈에 들어오며 노선도 기억나고 점점 세심하게 글을 쓸 수 있었다.

끝으로 미흡한 글을 기꺼이 빛을 볼 수 있게 해주신 출판사 사장님과 편집위원님들, 정성스레 지도작업 해주신 분께 감사드립니다. 그리고 그동안 무사히 산에 오를 수 있도록 도와주신 안내산악회(특히 좋은사람들 산악회) 임원진님들과 항상 안전운행에 수고하시는 기사님들, 이글을 쓸 수 있도록 도움주신 모든 분들께 거듭 감사를 드립니다.

요즘 코로나19로 힘든 시기, 하루하루가 위대하게 지나가고 있습니다. 그 시간을 살아가고 있는 우리들은 각자가 영웅입니다.

등산인 여러분! 오늘도 안전산행을 기원드립니다.

추 천 사

　산에 간다는 것은 단순하게 운동을 위한 행위뿐 아니라 높고 깊은 정신세계에 들어간다는 의미로 생각하게 된다.
　필자는 그동안 클래식음악 듣기, 영화감상, 그림감상 등 정적인 취미생활에 심취하였지만 삶의 어느 한구석을 채우지 못하고 아쉬움의 갈증을 느끼고 있을 때 우연히 산에 들게 된다.
　산에 오르자 삶의 풍경이 달라지기 시작했고 그동안 무겁게 느꼈던 아쉬움의 갈증을 보듬어주는 걷기의 마력에 빠지는 순간 필자는 등산에 눈을 뜨기 시작했을 것이다.
　처음엔…
　체력을 비롯하여 모든 게 준비가 되어있지 않은 상태였지만 산에 대한 모든 게 궁금해지기 시작했을 것이다.
　산에 갈 때 옷을 어떤 것을 입어야 할 것이며(비 올 땐, 눈 올 땐…)
　배낭엔 무엇을 넣고 갈 것이며 야간산행 때는…
　간식은… 등등등
　그러나 이 모든 것이 준비될 즈음 명산 산행에 발을 내딛는다.
　2015년 11월 어설펐던 북한산 산행을 시작으로 2020년 1월까지 130번째 남덕유산 산행이 끝났을 때, 필자는 이미 높고 깊은 정신세계에 안착한 동시에 어떤 보물보다도 더 값진 체력을 얻게 되었다.
　대단한 성과가 아닐 수 없다.
　그리고 필자는 등산인으로서 가장 값진 또 하나에 도전한다.
　출간…
　책을 쓴다는 것은 단순히 돈벌이도 아니고 자기 이름 내기도 아니라 생각한다.
　자기로서는 진지한 삶의 흔적을 남김과 동시에 필자의 처음처럼 이제 등산에 발을 내딛는 분들께 좋은 가이드가 되어줄 것을 기대하며 정성을 들였을 것이다.
　제가 존경하는 우리나라 산악계의 큰형님이시자 1977년 에베레스트 원정대장이셨던 김영도 회장님은 "나는 책을 많이 읽는 산악인을 좋아한다. 그러나 나는 책을 쓰는 사람을 더 좋아한다"라고 늘 말씀하신다.

    끝으로 저자의 열정이 고이담긴 이 서적이 멋진 모습으로 세상에 나와 우리 모두에게 감동을 선사해주길 바라고, 저에게 이렇게 귀한 한 페이지를 할애해 줌에 깊은 감사의 마음을 전한다.

김 태 환
(전 서울시산악연맹 국제교류이사, 한국등산학교 홍보이사)

추 천 사

산은 아무나 들이지 않는다

　이 책은 동에서 서로, 북한산에서 한라산까지 이 땅의 명산을 더듬은 산행기이다. 내가 이연우의 '가고픈 명산 탐방기'에 빠져든 이유는 현대문명, tv와 그 광고들 그 혐오증에서 벗어나, 광합성하는 자연인으로 돌아와 평정심을 되찾아, 서울의 아우성을 잊고 산다는 미안함 때문이기도 하다. 해 지는 태화산 정상에 넋을 잃기도 하니까.
　한 해 몇 차례쯤 대면하는 저자에게서 내 과거를 느낀다. 체육시간이 힘든 허약체질을 견디다 못 해 산행을 시작했단다. 결단 후 매 주말 집을 나서지만 명산일수록 체질허약자를 먼저 도태시키고 마는 산. 어진사람은 산을 좋아한다는 인자요산, 상생의 덕성을 받아들이지 않았다.
　처음 일년, 체력이 못 미쳐 포기하고픈 생각이 압도할 때마다 "포기하고 내려가면 나는 죽는다." 는 경각심을 북돋으며 나아갔다. 허약체질에 단순한 체력강화 의욕이 중도포기의 자극제는 아니었을까?
　마음을 고쳐먹는다. 오르다 버거워지면 육신의 노력을 정신 수양으로 옮겨 본다. 그러면서 산의 경개가 매혹하면 기억에다 저장하고, 그 기록에 노선이나 그림, 문장으로 옷을 바꿔 입히며 100대 명산을 소리산, 마음의 산으로 옮겨가며 극복의지의 시험대로 삼았다. 드디어 인자요산의 덕을 체득!
　그래도 명산의 문은 활짝 열리지 않았다. 주말 산행 뒤 월화 이틀 저녁의 기록 정리 작업이 힘들어 휘청거리다가, 아예 수목금 저녁까지 늘여 닷새에 걸쳐 기록을 완료. 그렇게 한 주일은 산행과 그 기록완성 – 전력투구의 연속이었다.
　이제, 달인의 경지에 들어선 저자가 드디어 말한다. 인생은 "10 분도 소중한 시간"이라고. 경험과 숙련으로 심신을 가다듬어 체력이 감내하는 탐방, 등산을 구상하고 그 결과를 기록으로 정리하다 보니, 자투리 시간 활용성도 경지에 다다랐다고 말한다.
　저자는 눈요기나 적적한 하루 소일의 땀 흘림으로 허비하지 않고 삶을 영위하게 되었다. 산행에서 인생과 생활의 지혜를 터득한 것이다. 지금은 하루 2km의 조깅도 거르지 않는 짜여진 일상을 누린다.

이제는 100대 명산에서 섬과 바다가 어울리는 섬산행도 기획한다. 산은 그 자리에서 억년을 침묵으로 웅변하지 않던가. 찰나를 살다 가는 인생들, 그 중에 이연우처럼 자신이 처한 환경과 자연과 인생을 생태적으로 조화시키며 삶을 기리는 사람이 몇이나 될까.

문장, 문체는 그 사람이라 한다. 표현력을 말하는 것이다. 저자가 처음으로 발행하는 이 책이 쉽게 잘 읽힌다. 독자에게 호기심과 속도감을 발동시킨다. 문체, 표현력이 시원하고 혈기를 느끼게 한다. 숨 가쁘게 읽는데 답답한 게 아니라 시원하다.

그래서, 섬 산행 글을 또 만나고 싶다.

최 홍 이
(전 서울시의회 교육위원장)

Contents

※산: 산림청 ※한: 한국의 산하 ※그 외: 블랙야크, 산림청, 한국의 산하 공통

001 북한산	013		**034** 청량산	118
002 수락산	016		**035** 반야봉	122
003 도봉산	018		**036** 불갑산	126
004 운악산	021		**037** 덕항산	129
005 소백산	024		**038** 명성산	133
006 검단산(한)	027		**039** 주왕산	136
007 천마산(한·산)	030		**040** 칠갑산	140
008 계방산	033		**041** 속리산	143
009 가야산(합천)	035		**042** 금오산	147
010 천태산	038		**043** 덕유산	151
011 관악산	041		**044** 무등산	155
012 용문산	044		**045** 함백산	160
013 설악산	047		**046** 백운산(동강)	164
014 적상산(산)	052		**047** 가지산	168
015 천관산	055		**048** 백덕산	172
016 대둔산	058		**049** 조계산	175
017 감악산(양주)	061		**050** 달마산	179
018 마니산	064		**051** 팔영산	182
019 민주지산	067		**052** 구병산	186
020 명지산	070		**053** 감악산(원주)	190
021 태백산	073		**054** 천성산	194
022 도락산	076		**055** 덕룡산	198
023 월출산	079		**056** 두륜산	203
024 팔봉산	082		**057** 비슬산	209
025 금수산	086		**058** 화왕산	212
026 마이산	089		**059** 바래봉	216
027 사량도(한·산)	092		**060** 황매산	221
028 지리산	096		**061** 조령산	225
029 주흘산	100		**062** 대암산(산)	230
030 용봉산	104		**063** 두타산	234
031 구봉산	108		**064** 운장산	238
032 선운산	112		**065** 치악산	242
033 대야산	115		**066** 동악산	246

067	가리왕산 ········· 250	101	재약산 ········· 384
068	방태산 ········· 254	102	가리산 ········· 389
069	노인봉 ········· 258	103	화악산 ········· 393
070	장안산 ········· 262	104	희양산 ········· 396
071	칠보산(한) ········· 266	105	점봉산(곰배령)(산) ········· 400
072	황석산 ········· 270	106	오서산 ········· 403
073	내연산 ········· 275	107	연인산 ········· 407
074	광덕산 ········· 281	108	유명산 ········· 410
075	변산 ········· 284	109	청계산 ········· 413
076	금정산 ········· 290	110	백암산 ········· 416
077	한라산 ········· 294	111	축령산(남양주)(한·산) ········· 419
078-079	용화산 / 오봉산 ········· 301	112	광교산(한) ········· 423
080	팔공산 ········· 305	113	연화산(산) ········· 427
081	월악산 ········· 308	114	남산제일봉(한) ········· 430
082	내장산 ········· 311	115	덕숭산(한·산) ········· 433
083	깃대봉(홍도)(산) ········· 315	116	백운산(포천)(한·산) ········· 436
084	방장산 ········· 319	117	삼악산 ········· 440
085	황악산 ········· 322	118	수리산(한) ········· 444
086	모악산 ········· 326	119	성인봉(산) ········· 448
087	미륵산(한·산) ········· 329	120	소요산 ········· 452
088	오대산 ········· 333	121	공작산(산) ········· 456
089	서대산(한·산) ········· 336	122	민둥산(한) ········· 460
090	가야산(서산) ········· 341	123	운문산(한·산) ········· 464
091	선자령(한) ········· 345	124	신불산 ········· 468
092	백운산(광양) ········· 349	125	추월산(한·산) ········· 472
093	응봉산 ········· 353	126	강천산(한·산) ········· 476
094	황장산(산) ········· 357	127	금산(남해)(한·산) ········· 480
095	태화산 ········· 360	128	불암산(한) ········· 484
096	청화산 ········· 364	129	남한산(한) ········· 488
097	계룡산 ········· 367	130	남덕유산(한) ········· 492
098	무학산(산) ········· 371		
099	축령산(장성) ········· 375		
100	남산(경주) ········· 379		

북한산
2015년 11월 01일 001

유래 조선후기 한성의 북쪽이라는 뜻에서 유래.

와 아~ 드디어 북한산의 제일 높은 곳, 백운대에 올라 가슴 벅찬 희열과 신세계를 느꼈습니다. 그 순간 에베레스트를 정복한 사람들도 부럽지 않을 만큼 뿌듯했고 뭔가 몸이 붕~ 떠서 날아갈 것만 같았습니다. 그리고 제가 얼마나 대견하던지... 웬 자화자찬이냐 구요? 지금까지 한번도 등산이라는 것을 해본 적이 없는데 이렇게 유명한 산의 정상에 올랐으니 천지개벽할 일이네요. 그동안 부실한 체력으로 나들이나 각종행사도 반갑지 않은 날들이었는데...

그러던 제가 이렇게 뒤늦게 산행을 시작하게 된 것은 미처 체력은 생각지도 못한 채 풍경에만 빠져 무작정 여행을 갔는데 내내 힘들어했고 주위사람들에게까지 민폐를 끼치게 되었습니다. 그리고 그 일행 중 한분이 자신도 등산을 다니기 전에는 부실했답니다. 그런데 등산을 다닌 후부터는 체력이 많이 향상되어 웬만한 산은 따라다닐 만하답니다. 그러니 한번 도전해보라고 권했고 마침 그쯤 뭔가 운동을 해야겠다고 생각만 하고 뭉기적뭉기적 미루던 중이었습니다. 그런데 주변에 민폐를 끼치게 되니 정신이 번쩍들며 이러면 안되겠다 싶었고 또한 이제라도 시작하지 않으면 영영 기회를 놓칠 것만 같았습니다.

그래서 용기를 냈고 인터넷 카페를 뒤지기 시작했습니다. 대여섯 곳을 연락한 결과, 초보는 받아줄 수 없고 아마 어느 곳을 연락하든 산악회라고 이름 붙여진 곳은 안받아줄 거라며 동네 트래킹 코스나 돌라고 했습니다. 아~ 안 되는구나, 이를 어쩌지... 이렇게 실망하며 포기하려던 찰나 '초보도 가능하다'는 문구가 보였고 마지막 간절한 심정으로 연락했습니다. 그런데 와아~! 드디어 허락이 되었습니다.

첫산행은 경기도에 있는 중원산이었는데 당연히 힘들었고 뭐가뭔지 정신이 하나도 없었습니다. 다행히 일행들 덕분에 완주할 수 있었고 특히 그중 한분은 저를 이끄느라 수없이 발을 밟혔지만 기꺼이 도움을 주셨습니다. 어찌나 고맙고 미안하던지…

　두번째는 북한산 숨은벽 이었는데 도중하차 했고, 세번째는 소리산 그리고 네번째가 북한산 백운대였습니다. 북한산 정상(백운대) 못미처 암벽을 오를 때는 얼마나 겁나고 떨리고 바짝바짝 긴장이 되던지… 드디어 와아~ 정상…! 태극기가 꽂혀있는 곳에 도착한 순간, 그 가슴벅찬 희열과 신세계에 한동안 어리둥절 넋을 잃고 두리번두리번… 그런데 다시 뒤돌아 아래를 내려다보니 아찔한 낭떠러지… 저기를 어떻게 내려갈지 벌벌 떨리고 두려움에 잔뜩 겁먹고 있는데 저 밑에서 외치는 소리 "뒤돌아서 줄을 잡고 내려오세요~!" 조심조심 뒤돌아 줄을 잡으니 정말 그토록 아찔하던 암벽이 보이지 않으니 조금씩 두려움이 사라졌습니다. 그리하여 그 엄청난 암벽을 무사히 내려왔습니다. 휴우~ 산행 방법을 한가지 더 배운 셈이었습니다.

　이렇게 조심조심 하산을 하고 일행들과 식당에서 닭백숙을 맛있게 먹었습니다.

李姸禺 수락산
2015년 11월 15일 002

유래 몇 가지 설중 의정부 내원암 일대 계곡의 바위가 벽을 둘러치고 있어 물이 굴러 떨어지는 모습(水落)에서 유래했다는 설과 산봉우리 형상이 마치 목이 떨어져 나간 모습(首落)과 같다 해서 붙여졌다는 설이 있다.

어제까지 내내 비가오더니 반갑게도 아침에는 그쳐있었고 서둘러 지하철을 탔습니다. 장암역에서 내려 일행들과 호빵을 하나씩 먹고 낙엽 쌓인 숲길을 따라갔습니다. 언덕을 오르는데 군데군데 멧돼지가 흙을 파헤쳐 놓았고 계곡에는 졸졸졸 물이 흐르고 있었습니다.

어느덧 기차바위 초입에 들어섰고 몇몇 바위를 지나자 와~ 빌딩만한 절벽(기차바위)이 떡하니 누워있는 것이었습니다. 그리고 굵은 밧줄이 까마득히 내려와 있고 그것을 잡고 올라가는 것이었습니다. 이를 어쩌지... 한참을 망설이다 앞선 일행들이 오르는 것을 보며 용기를 냈습니다. 두렵고... 무섭고... 꽤 먼 거리여서 중간에 쉬는데 팔이 부들부들 떨렸습니다. 안간힘을 쓰며 드디어 올라섰고 뒤돌아보니 아찔... 저렇게 아슬아슬한 절벽을 올라오다니... 그 순간 두려움이 뿌듯함으로 바뀌었습니다.

사진을 찍은 후 정상 쪽으로 오르는데 여기저기 커다란 바위들이 솟아있고 어떻게 저런 거대한 바위가 아슬아슬 버티고 서 있는지 신기하기만 했습니다. 드디어 정상에 올라 사진을 찍고 계단을 내려오는데 왼쪽 저멀리 올망졸망한 바위들이 마치 거대한 정원을 꾸며놓은 듯 아름답게 어우러져 있었습니다. 그 모습을 보니 박수가 저절로 나왔고 힘들었던 보상으로 충분했습니다.

수락산이 이렇게 아름다우리라고는 기대를 안했는데 뜻밖의 선물로 고맙기까지 했습니다. 더구나 이번 산행은 일행의 도움없이 스스로 완주할 수 있었습니다. 앞으로도 주중에는 계단을 오르락내리락하며 계속 산행준비운동을 해야겠습니다.

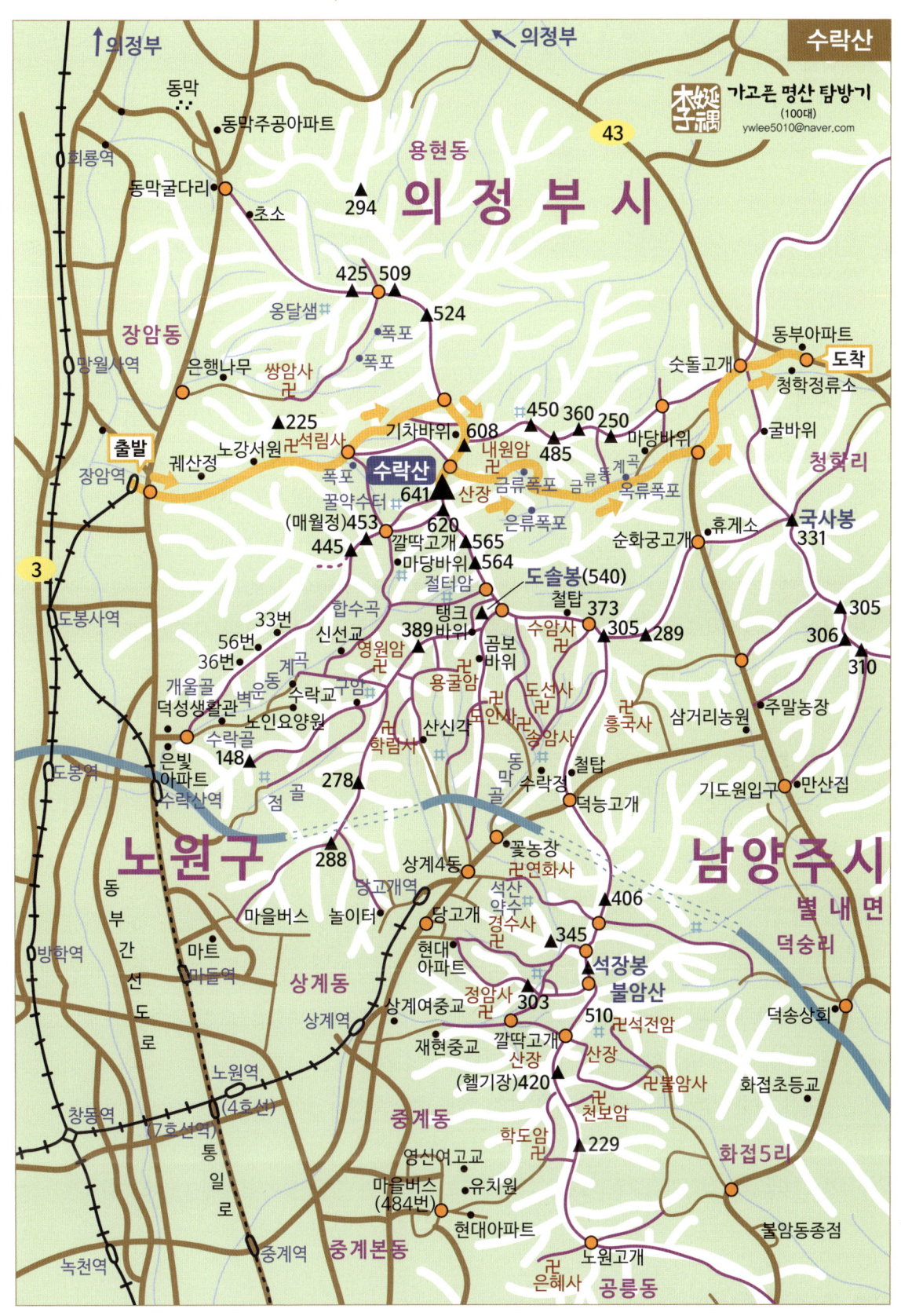

도봉산

2015년 12월 20일 003

유래 이태조가 조선왕조 창업의 길을 열었다하여 도봉(道峰)이라는 설과 큰 바윗길이 산 전체를 이루고 있어 도봉이라는 설이 있다.

가능역은 처음이라 인터넷으로 지하철 노선도를 보니 의정부 근처였습니다. 정류장 수를 세며 대략 한시간 정도 예상하고 지하철 탑승... 그런데 중간에 갈아타고 기다리는 시간 때문에 가능역에 도착했을 때는 이미 삼십분이나 늦었고 일행들이 기다리고 있었습니다. 그 덕에 안골까지 택시를 탔고 요금은 늦은 제가 지불했습니다.

이제 가파른 길을 따라 오르고... 얼마되지 않아 숨차고 땀나기 시작하여 패딩을 벗고 다시 오르고 또 오르고... 힘겹게 한참을 오르니 가끔씩 바위가 보였습니다. 그렇게 몇 개의 바위를 지나니 거대한 암벽이 솟아있었고 팻말(사패산)에 모여 사진을 찍었습니다. 그제야 날씨가 좋은걸 알았고 저멀리 쭉~ 암릉(포대능선)모습이 보였습니다.

걷다보니 이제 까마귀 소리도 들리고 조금씩 힘이 덜 들었습니다. Y계곡 가기 전 점심먹고 에너지를 충전, 계곡 앞에 다다르니 아찔하고 까마득한 광경에 눈이 휘둥그레졌습니다. 깊고 가파른 계곡, 철난간과 굵은밧줄이 공포심을 자아냈고 수락산 기차바위는 아무것도 아니었습니다. 정신을 바짝 차리며 선두를 따라 천천히 내려가기 시작, 밧줄을 움켜쥔 팔이 부들부들... 중간에 한번 휘~청... 두려움으로 움찔하고... 간신히 착지... 휴~우... 잠깐 숨을 돌린 후 다시 철난간을 잡고 올라서니 암벽 중간에 겨우 한사람 빠져나갈 정도의 구멍이 빠끔히 뚫려있고... 일행의 도움으로 가까스로 그곳을 비집고 나오니 휴~우... 마치 병아리가 껍질을 깨며 알에서 바둥바둥 나오는 모습 같았습니다. 뒤돌아보니 아찔한 바위들이 어쩜 저렇게도 신기한지...

다시 발걸음을 옮기는데 그제야 팔이 아파오며 정신이 들었습니다. 이제 힘든 길은 다 지나고 내려가는 길목에 오봉을 들른답니다. 그런데 잠시 후 길을 잘못들어(알바) 기진맥진... 간신히 기어오르다시피 다시 오르고... 가쁜 숨을 몰아쉬는데 다리도 후들후들... 숨을 고르며 선두를 따라가는데 갑자기 저멀리 펼쳐지는 아름다운 광경...! 가까이 갈수록 올록볼록(오봉) 거대한 암벽이 노을빛과 함께 장관을 이루고... 한동안 그 백미에 넋을 잃고...

　서서히 땅거미가 지니 서둘러 여성봉으로... 봉우리의 모습이 그냥 넓적한 바위로만 보이는데 안내판을 읽어보니 그제야 이해가 되고... 이제 본격적으로 내려가는데 얼마 되지 않아 서서히 어둠이 깔리고 급기야 랜턴을 꺼냈습니다. 불을 밝히며 정신없이 내려오고... 얼마후 반갑게도 민가가 보이고 도로가 나왔습니다. 휴우~ 그제야 긴장이 풀리고 배고픔이 느껴졌습니다.

운악산

2015년 12월 27일 004

유래 높이 치솟은 암봉들이 구름을 뚫을 듯하여 붙여진 이름.

기온이 영하7도에 낮에도 영하를 유지한다는 예보에 조끼와 타이즈, 양말도 두겹, 이렇게 주섬주섬 옷을 끼어 입었다. 2호선 강변역(동서울터미널)에서 버스를 타고 한 시간 후쯤 운악산 입구에 도착하니 차가운 공기가 몸을 움츠리게 했다.

천천히 발걸음을 옮기는데 양말을 겹쳐 신어서 그런지 발이 둔한 느낌이 들었다. 빙판도로를 따라 오르막 계단을 오르고 쌓여있는 눈이 미끄러워 아이젠을 꺼냈다. 처음으로 아이젠을 신는 것인데 오호라~ 아무리 잡아당겨도 들어가지를 않는 것이었다. 결국 일행의 도움으로 겨우 장착하고 걸음을 내딛는데 발이 무겁고 둔했다. 다시 천천히 돌계단을 오르고 사찰을 지날 무렵 발 감각이 둔해 걸을 수가 없었다. 자구책으로 양말을 하나 벗고 그제야 양말을 겹쳐 신을 필요가 없다는 것을 알았다.

이제 점점 바위들이 나오고 철난간의 밧줄을 따라가다 이번에는 플라스틱(?)발판이 박힌 바위길이 나왔다. 발판이 약해서 부러지지 않을까 겁이 났는데 막상 올라보니 쇠 발판보다 미끄럽지도 않고 잡기도 편했다. 조심조심 바위에 집중하다보니 어느새 거대한 암벽 앞에 와 있는 게 아닌가! 맙소사~ 저기를 어떻게 오르지... Y계곡처럼 움푹한 바위는 플라스틱 발판이 촘촘히 박혀있고 꽤 가파르고 먼 거리였다. 정신을 바짝 차린 후 발판을 힘껏 잡아당기고 중간쯤에는 팔이 후들거렸다. 그때 어디선가 외치는 소리 "초보 같은데 한 박자 쉬었다 오르세요, 안 그러면 밧줄을 놓칠 수 있어요~!" 아~ 이런 때는 잠깐 멈췄다 올라야 되는구나. 얼떨결에 안간힘을 쓰며 올라서니 놀랍게도 목소리의 주인공은 일행이 아니었다. 전혀 모르는 산객이 뒤따르며 아마도 오르는 모습이 꽤나 위험해 보였나보다. 고맙다는 인사를 하려고 하는데 그분은 벌써 저멀리 앞서가고 있었다. 이 고마움을 어찌할꼬...! 이제 어려운 곳을 통과했으니 마음이 좀 가벼워졌다.

잠시후 궁예바위에 도착하니 포천일대가 그림처럼 펼쳐지고 바위가 여기저기 구름처럼 참 많기도 했다. 다시 저 앞에 오르막 계단이 이어지고 지난 주중에도 계단을 오르락내리락 연습했는데 어느 정도 효과가 있을지… 하나둘 오르기 시작… 신기하게도 전보다 덜 힘들고 숨차는 것도 좀 견딜만했다. 드디어 계단을 올라서니 널따란 공간에 정상석(운악산 서봉)이 보였고 일행들과 사진을 찍었다. 그런데 점심을 먹으려하자 정상(동봉)이 또하나 있단다. 정상이 두 개나? 잠시후 더 넓은 공간이 나왔고 동봉 정상석이 보였다. 이제야 점심을 맛있게 먹고…

다시 배낭을 메고 가파른 계단을 좀 내려가니 돌계단이 계속되었고 눈쌓인 급경사가 미끄럽고 무서웠다. 그때 선두팀에서 "더 이상 위험하니 다시 동봉으로 올라가세요~!" 뒤돌아 다시 동봉으로 올라왔고 이제 현등사 쪽으로 내려가기 시작… 햇볕이 따스하게 내리쬐는 내리막은 흙과 낙엽이 푹신푹신 했고 경사도 완만했다. 이어 돌계단을 내려오고 코끼리 바위를 지나니 잠시후 도로가 나왔다. 그런데 아이젠을 벗으려하자 아무리 잡아당겨도 되지 않아 또다시 도움을 받았고 다시 구입하기로 했다. 이번산행은 팔다리 운동뿐만 아니라 아이젠도 사용해보고 얼떨결에 눈산행을 하였다.

소백산

李妍遇 2016년 01월 10일 **005**

유래 큰 산을 의미하는 백산(白山) 계열에 속하는 산으로 동북쪽에 자리한 태백산보다 작다는 의미에서 명칭이 유래.

소백산은 태백산의 새끼인가…?

버스에서 내리니 영주의 날씨는 쌀쌀하지만 쾌청했다. 한동안 임도를 따라가다 계단 앞에 다다랐고 패딩을 벗은 후 한발한발 오르기 시작했다. 그런데 신기하게도 중간에 쉬지 않고 계단 꼭대기에 올라섰다. 아마도 주중의 계단오르내리기 덕분인 듯했다. 낙엽이 수북이 쌓인 푹신한 길, 쭉쭉 시원스레 뻗은 나무들… 이렇게 아직까지 특별한 것이 보이지 않으니 이 산이 왜 그리 유명한지 모르겠다.

잠시후 돌계단이 조금씩 미끌미끌, 하산객들이 아이젠을 해야한다고 말을 건넸다. 배낭을 내린 후 아이젠을 하자 점점 눈발이 굵어지고 바람이 불기 시작했다. 산을 휘돌아갈 무렵에는 급기야 다시 패딩을 입고 모자와 장갑까지 무장, 에스키모인처럼 단단히 싸맸다. 갑작스런 추위에 몸을 잔뜩 웅크리고 앞사람 뒤꿈치를 따라 걷는데 점점 나뭇가지가 하얗고 주변이 하얗게 변했다. 그런데 이상하게도 나뭇가지는 눈이 쌓여 하얀 것이 아니라 성에 낀 것처럼 얼어서 하얗게 빛나고 있었다. 신기한 모습에 놀라고 있는데 하산객이 "상고대~!"라고 외치며 내려갔다. 처음 듣는 단어에 어안이벙벙… 나무이름인가? 이 근처의 정자 이름인가? 또다른 산객이 "하얗게 얼어있는 나뭇가지를 상고대라고… 상고대를 되뇌며 온통 하얗게 펼쳐지는 세상…! 하얀 사슴뿔들은 순백의 벌판을 이루고… 차갑지만 포근한 이 느낌… 산객들은 울긋불긋 봄꽃처럼 화려하고 순백의 눈동굴은 동심의 세계로 이끌기에 충분했다.

이제 하얀 눈꽃을 뒤로하며 계단을 오르자 점점 바람이 거세지고… 천천히 위에 올라서니 널따란 공간은 산객들로 인산인해를 이루고 정상석 가까이는 인증사진을 찍으려 북새통이었다. 점점 더 세찬바람에 부담을 느끼며 겨우 자리를 확보하자 재빨리 단체사진 한번 찍고 떠밀리다시피 하산길로 향했다.

그런데 갑자기 휘몰아치는 거대한 바람… 바람… 지금까지의 바람은 바람도 아니었다. 마치 수많은 헬기가 동시에 착륙하는 것처럼 세차게 몰아치는 바람은 몸이 휘청휘청… 맞은편에서 오는 산객들도 비틀비틀… 어떤 산객은 견디지 못하고 넘어지기도 했다. 영하 20도가 넘는 기온은 두꺼운 장갑을 꼈는데도 손가락에 감각이 없어져 잼잼잼을 계속하고… 모자를 두겹 쓰고 앞을 단단히 여몄는데도 세찬바람이 스며들었다. 그래도 이런 극한의 길은 능선길이어서 그나마 다행이었다.

얼마후 천신만고 끝에 널따란 공간에 도착하니 바람 없는 것만으로도 살 것같고 포근했다. 새하얀 나무들 사이로 보석처럼 빛나는 하늘… 이토록 파란하늘에 영화〈닥터 지바고〉의 대설원이 스쳐가고… 추위에 떨며 먹는 밥인데도 꿀맛이고 한모금의 뜨거운 차가 온몸을 따뜻하게 했다.

이제 슬슬 내려가기 시작, 일단 광란의 바람이 없는 것만으로도 고마운데 길마저 푹신푹신 오솔길이었다. 상황이 정반대이니 주변의 풍경을 두리번두리번… 그런데 갑자기 어~어~ 꽈당… 나뭇등걸에 넘어졌다. 순간 놀라고 황당… 벌떡 일어나니 아픈 줄도 모르겠고 다시 스틱을 주워들었다. 그제야 통증이 느껴졌고 발밑을 주시하며 조심조심 내려갔다. 얼마후 내리막길이 미끌미끌… 긴장하며 살금살금 발을 내딛는데 순간, 어~! 휘~청하며 스틱이 휘어지고… 휴우~ 스틱 덕분에 다행히 넘어지지는 않았다. 정작 길이 안좋을 때는 무사하다가 탄탄대로 비단길에서는 두 번이나 놀랬으니 좋든 안좋든 항상 주의해야 됨을 체험하는 순간이었다. 이렇게 다사다난했던 산행은 마무리되고 모두들 무사히 버스에 올랐다.

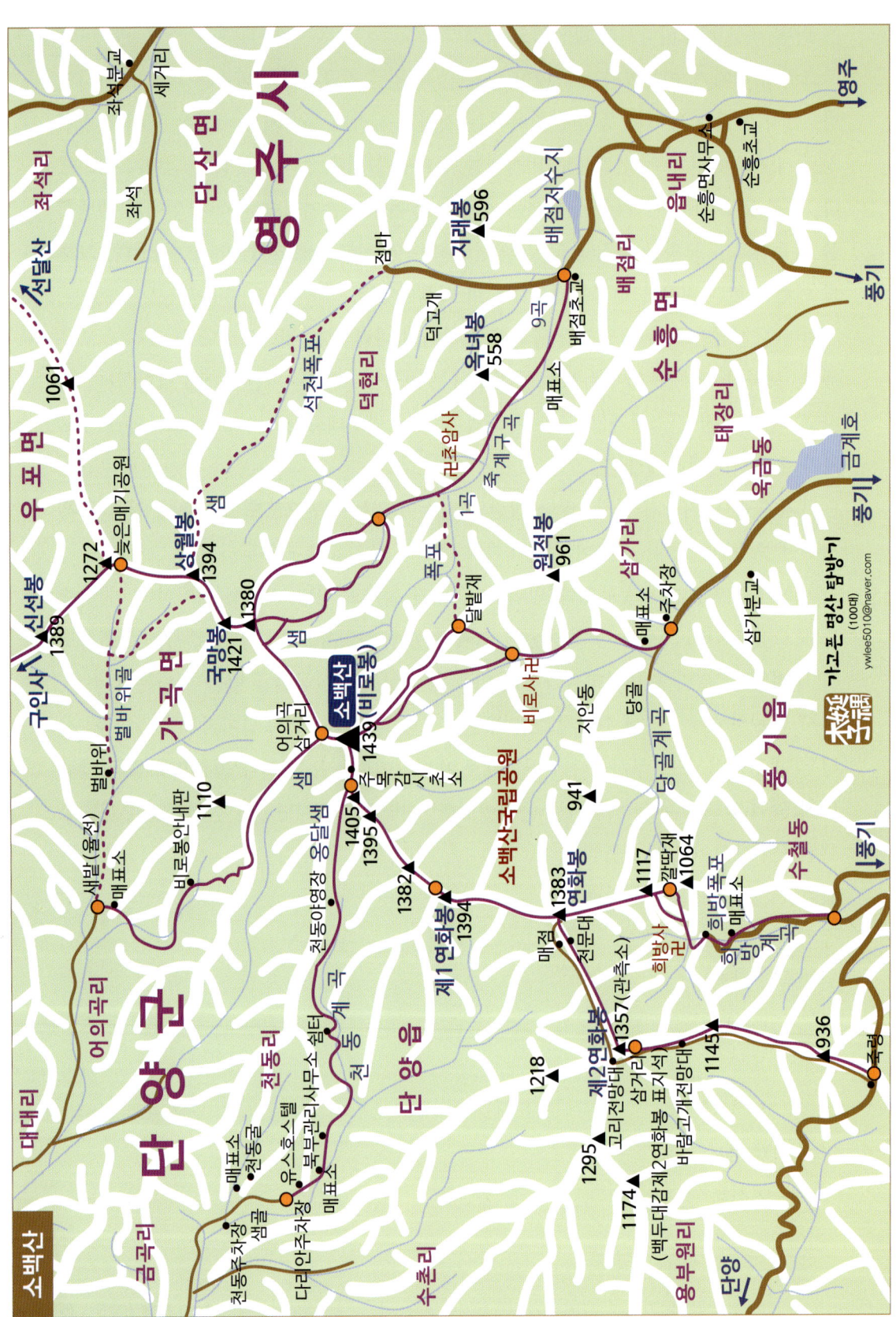

검단산

2016년 01월 17일 006

유래 검단산의 '검'은 '신성하다, 크다'라는 의미가 있고 '단'은 '제단'을 의미하고 있어 "신성한 제단이 있는 큰산"이라는 뜻으로 백제 한성시대(기원전18년~서기475년)왕이 이곳에 올라 하늘에 제사를 지내던 신성한 산이라는 것을 알 수 있다.

지난주 소백산의 칼바람과 신비로운 설경의 여운이 아직 가시지 않은 채 지하철을 탄다. 여기저기 배낭을 멘 산객들이 반갑고 이산은 검은빛을 띨까, 아니면 칼싸움을 하던 곳인가... 이런저런 상상을 하는 사이 잠실역에 도착, 다시 버스를 타고 애니메이션고에서 내린다. 어제까지도 추웠던 날씨가 비교적 포근하여 아예 패딩을 벗고 조끼 차림에 바지 주머니에 핫팩을 넣는다.

곧게 뻗은 임도에는 앙상한 나무들이 빼곡히 들어서있고 가끔씩 까마귀 소리가 들린다. 저기 산객들이 꿈틀꿈틀 사라지고 그들 틈에 강아지가 쫄랑쫄랑 따라가고 있는 것이 보인다. 주변은 온통 회색빛 나무들로 고요하고 낙엽이 수북한 길은 나무계단이 보이자 조금씩 경사가 가팔라진다. 그래도 지난주 소백산에 비하면 너무 편한 길이고 계단도 쉬지 않고 한번에 꼭대기까지 올라선다. 마침 오늘이 산행 100일째 되는 날인데 마치 아이가 백일을 맞이하는 기분이랄까... 좀더 오르니 군데군데 포장마차가 눈에 띄고 산속의 낯선 광경에 어색한 느낌이 든다. 어느덧 정상이 1킬로도 남지 않았다는 팻말이 보이고 저기 언덕비탈에는 제법 눈이 하얗게 덮여있다. 그래도 길은 부드러운 흙길이고 어느덧 산객들 웅성임 소리가 들려온다. 이윽고 널따란 공간에 다다르니 아까 일행들과 함께 따라가던 강아지가 꼬리를 흔들며 서있다. 아마도 이산은 강아지들도 오를 수 있는 나지막하고 아담한 산인가보다. 정상석에 모여 인증사진을 찍고 점심 먹을 장소를 물색하며 천천히 내려간다. 잠시후 낙엽이 수북이 쌓인 평평한 공간에 배낭을 내려놓자 자그마한 새들이 인기척에 호르륵~ 날아간다. 그 자리에 앉아 맛나게 점심을 먹고 이제 용마산 쪽으로 향한다.

길은 여전히 낙엽으로 푹신하고... 얼마후 지난주 소백산 하산길과 비슷한 느낌에 신기하기만 하다. 이어 오르막이 시작되자 점점 더워지며 바지주머니에 넣었던 핫팩이 뜨거워 불편하다. 얼른 꺼내 장갑 속에 넣은 후 다시 주머니에 넣는다. 그때 회색빛 나무들 사이로 파스텔 색채를 띤 붉은 해가 회색빛 하늘을 빨갛게 물들이고 있다. 그 묘한 풍경에 언젠가 보았던 그림이 스쳐가고 어느덧 가파른 오르막을 올라선다. 검단산 보다는 작아 보이지만 산 아래 풍경이 그림처럼 펼쳐진다. 정상석에 모여 사진을 찍고 이제 하산...

  몇 걸음 내려가자 오랜 세월 마모된 고사목들이 즐비하고 마치 해골들이 나뒹구는 전쟁터의 흔적처럼 영화 〈킬링필드〉의 한장면이 떠오른다. 이렇게 세월의 무상함을 저울질하며 평탄하게 내려오니 어느덧 마을이 보인다. 곧이어 일행들과 합류한 후 100일 기념으로 저녁식사를 위해 식당으로 향한다.

李娅耦 천마산
2016년 01월 24일 007

유래 조선 태조 이성계가 이 산을 오르던 중 산이 너무나 아름답고 웅장하여 "내 팔이 석 자만 길었으면 하늘을 만지겠다"라고 한데서 연유된 것으로 하늘 천(天), 만질 마(摩) 자를 써서 이름 하였다.

일기예보에 이번주 내내 추운 날씨로 일요일에는 영하17도가 넘을 거라며 동파나 한파에 각별히 주의하라고 한다. 이런 추위에 어떻게 산행준비를 해야 할까? 우선 핫팩, 보온병에 생강차, 국, 두꺼운 장갑... 하지만 지난번 소백산을 떠올리니 마음의 준비도 못한 채 갑작스레 바람이 엄청났고 영하20도가 넘었다. 만약 그런 경험이 없었다면 이번 추위가 엄청나겠지만 영하20도가 넘는 것도 아니고 바람이 아무리 불어봤자 소백산만 하랴... 또 요즘 서울에는 눈이 오지 않아 먼지가 풀풀 나니 미끄러울 일도 없다. 그리고 여전히 〈계단오르내리기〉를 하며 준비운동도 하고 있고...

이른 아침 단단히 준비를 하고 집을 나서니 공기는 차갑지만 견딜만하다. 지하철에 버스를 타고 수진사 입구에 내리니 차가운 기온이 옷깃을 여미게 한다. 일행들과 시멘트 도로를 따라 부지런히 발걸음을 옮기는데 저기 선두가 되돌아 걸어온다. 길을 잘못 들었다고... 그래도 평지이고 눈이 쌓이지 않아 다행이다. 뒤돌아 도로를 따라 가는데 쓰고 있던 빨간 방울 모자가 상고대처럼 하얗게 얼어 하얀 모자로 변해있다.

이제 숲길로 접어드니 걷기가 좀 수월하고 가끔씩 청아한 새소리도 들린다. 그런데 하나둘 눈발이 흩날리더니 잠시 후 갑자기 저기 나뭇가지들이 하얗다. 상고대~! 상고대... 전혀 예상치 못한 상황에 어안이벙벙... 갈수록 하얗게 변하는 나뭇가지들은 소백산보다는 못하지만 제법 우아한 모습이다. 이상한 점은 소백산에서는 몹시 세찬 바람이 불고 눈이 푹푹 쌓였지만 여기는 반대로 바람도 없고 눈은커녕 걸을 때마다 먼지가 풀풀~ 이제 새소리도 들리지 않아 숨소리도 들릴 만큼 고요하다. 심지어 패딩을 벗었는데도 추위가 견딜 만하다. 쓱~쓱~ 발소리도 후~후~ 숨소리도 메아리치며 빨려들 것같은 하얀 동굴...

꿈속을 걷듯 신기한 모습을 뒤로하며 좀 더 올라가니 시루떡처럼 켜켜이 쌓인 'ㅅ'자 모양의 커다란 바위가 솟아있다. 그 위로 조심조심 올라서니 저기 가파른 계단이 기다리고... 천천히 계단을 올라 앞을 보니 신기하게도 암릉을 중심으로 왼쪽에는 상고대가 하얗게 피어있고 오른쪽에는 햇볕이 쨍쨍~ 뽀송뽀송하다. 점점 정상에 가까울수록 하얗게 상고대가 피어있고... 드디어 태극기가 펄럭이며 정상석이 보인다. 모두 모여 사진을 찍고 주변을 둘러보니 앞산의 경치가 그림처럼 아름답다. 남양주가 한눈에 들어오고 구불구불 하얀 뱀처럼 천마산 스키장도 보인다. 점심 먹을 장소를 찾아 볕이 들고 바람을 막아주는 공간에 이른다. 뜨거운 국물과 함께 식사를 하는데 손이 시려 장갑을 끼고 먹는다. 서둘러 식사를 마친 후 다시 배낭을 멘다.

날씨가 춥기는 추운지 장갑 속에 핫팩을 넣었는데도 손가락이 시리다. 콧물이 얼어 고드름이 달랑거리고 앞쪽은 핫팻으로 따뜻한데 뒤쪽 엉덩이는 시리다. 계속 손가락을 잼잼하며 내려오는데 시루떡 무늬바위(보구니 바위)가 울퉁불퉁 솟아있다. 이어지는 내리막은 가파른 경사에 미끄럽고 바위도 끊임없다. 바위를 오르내리는 사이 신기하게도 손가락이 풀리고 어느덧 평평한 길로 접어든다. 그런데 오른쪽으로 이어지는 계곡이 온통 꽝꽝 얼어있고 폭포수도 거대한 빙벽을 이루고 있다. 그 모습이 멋지기도 하지만 아찔아찔 무섭고 현기증이... 내려오는 내내 꽝꽝 얼어붙은 계곡... 하지만 다행히도 길은 흙길이고 이제 추위도 크게 느껴지지 않는다. 얼마 후 보광사가 보이고 휴우~ 무사히 한파와 마주한 산행을 마무리 한다.

계방산

2016년 02월 14일 008

유래 옛날 과거급제하면 이 산 어디엔가 두루마기에 급제자의 이름을 쓴 방을 붙여 고을사람들에게 알렸다는데서 생긴 이름.

알람소리에 깜짝 놀라 준비한 배낭을 메고 서둘러 차에 오른다. 비몽사몽 잠들어 있는 사이 어느덧 목적지에 도착하니 날씨가 청명하다.

질척질척 미끌미끌 잔뜩 흙물을 머금은 길은 밟을 때마다 질퍽인다. 오른쪽에는 하얀 눈꽃이 피어있고 왼쪽에는 하늘과 맞닿은 시원스런 바다가 보이고... 소백산의 상고대가 세련미가 있다면 여기 하얀 나뭇가지는 소박한 질그릇 같다. 잠시후 눈동굴을 통과하며 잠시 동심의 세계로... 사진을 찍으며 능선을 휘돌아가니 갑자기 세차게 부는 바람... 뒤돌아 바람을 등지며 천천히 내려가니 평지가 나온다.

왼쪽에는 역시 바다가 보이고 눈쌓인 나무들은 반쯤 녹아 쑥버무리를 해놓은 것처럼 서로 뒤엉켜 있다. 점심 먹을 장소를 물색하며 내려가는데 이젠 바람이 불지 않아 따뜻하기까지 하다. 질척한 길에 뽀송한 곳이 쉽지 않고 잠시후 다행히 적당한 장소가 보인다. 배낭을 내려놓고 한숨 돌리니 이제야 정상석에서 사진을 찍지 않은 것이 생각난다. 정상이 어디지? 아무도 정상석 얘기를 꺼내지 않고 점심 먹기에 바쁘다.

맛있게 식사를 마친 후 선두를 따라 내려가는데 길은 질척대고 나뭇가지의 눈들이 거의 녹아 본래의 나무모습으로 바뀌고 있다. 황토색 비탈에는 허물어진 묘지들이 보이고 햇볕이 따사롭게 비친다. 얼마 후 조그만 당집을 지나 완만하게 내려가지만 갈수록 길이 질척이고 급기야 흙탕물이 튀어 신발과 바지가 흙물범벅이 되어가고 있다. 그런데 갑자기 길과 언덕이 거뭇거뭇한 색으로 변하니 여기가 석탄광 지역인가 싶다. 얼마후 다시 황토색으로 바뀌고 흙탕물을 튀기며 쭉~쭉~ 내려간다.

드디어 정동진역에 도착, 파도가 일렁이는 하얀 백사장에 끝없이 펼쳐지는 푸른바다... 파란하늘... 아름답고 벅찬 광경에 산행의 피로가 말끔히 사라진다.

李姸禑 가야산(합천)
2016년 03월 13일 009

유래 '가야산'이라는 명칭은 이 지방의 옛 지명과 산의 형상, 산악신앙, 불교 성지의 다양한 의미를 함축한 것이다.

산을 다녀와서 종일 다리가 아팠지만 억울한 생각이 들지 않는다. 아픔도 아무렇지도 않을 만큼 그렇게 아름다운 산이었다.

  10시 반쯤 목적지(경북 성주 백운리)에 도착한다. 서둘러 산입구에 다다르니 연두색 철조망에 대문이 빠끔히 열려있다. 문을 통과해 가파른 계단을 오르기 시작... 저멀리 절이 보이고 하나둘 바위가 나타난다. 수많은 세월 모진풍상을 겪은 바위들은 매끄럽고 둥글둥글... 그 자체로 온화한 성자의 기품이 흐른다. 갈수록 처음 보는 기기묘묘한 바위들에 넋을 잃고... 힘든 줄도 모른 채 계단을 오르고... 바위를 오르고... 무슨 바위인지 이름도 모르고 그저 아름다운 광경에 입이 다물어지지 않는다. 얼마나 각양각색이면 만물상이라 불리겠는가! 이렇게 웅장한 모습들은 서성재까지 이어지고 그 어마어마한 보물에 시선을 떼지 못한다. 자꾸 뒤돌아보며 전망대에 다다르니 만물상의 풍경은 아름다움의 극치를 이룬다.

  파아란 하늘에 까마귀 한마리가 발길을 재촉하고 이제야 배고픔이 느껴진다. 간단히 식사를 마친 후 천천히 칠불봉을 향해 발걸음을 옮긴다. 그런데 이상하게도 저기 거대한 암벽이 거뭇거뭇 거칠거칠, 게다가 짙회색 이끼까지 덮여있어 좀전의 부드럽고 하얀 만물상과 대조를 이룬다. 조금씩 흩날리는 눈발에 다시 바람막이 옷을 껴입고 어느덧 칠불봉에 다다른다. 겹겹이 쌓인 바위들은 역시 거칠거칠, 그 역동적 기상에 감탄이 절로 난다.

  이제 조심조심 바위를 내려와 정상으로 향하고... 잠시 후 거대한 분화구 모습의 웅장한 바위가 보인다. 서둘러 위에 올라서니 널따란 바위에 정상석(우두봉)이 서있고 바위가 이토록 넓게 펼쳐지다니... 바위 앞쪽 옹달샘처럼 움푹한 우비정(소 콧구멍)에는 물이 꽝꽝 얼어있다. 콧구멍이 얼어서 어떻게 숨을 쉬지?

　발길을 돌려 천천히 봉우리를 내려오고... 이제 내리막 데크계단을 따라 쭉~쭉~ 봉천대를 지나고... 완만하게 내려가는 흙길은 질퍽이지도 않고 꽤 먼 거리지만 수월하게 해인사에 이른다. 이렇게 이곳은 길도 좋고 경치도 좋으니 금상첨화요, 두고두고 다시 오고 싶은 산이다.

李姃禺 천태산

2016년 05월 08일 010

유래 천태산은 원래 지륵산이라 불리던 것이 천태종의 창시자 태각국사 의천으로 인하여 천태산으로 바꾸었다고 한다.

영동에 도착한 차가 주차장에 들어서고… 비온 뒤 투명한 공기가 상쾌하고 햇볕이 화사하다. 배낭을 메고 산입구로 향하는데 계곡을 가리키는 팻말이 보인다.

흙길을 따라 얼마되지 않아 켜켜이 시루떡처럼 솟은 바위(삼신할매 바위)가 할매의 주름진 얼굴 같고 오가며 얹어놓은 작은 돌들이 올망졸망 돌탑을 이룬다. 곧이어 계곡에는 바위가 허옇게 드러나 있고 삼단폭포 밑에는 물이 거의 말라 겨우 옹달샘처럼 고여 있다. 이어지는 나무계단은 닳아서 모서리가 거의 형체도 없이 뭉그러져 있는데 주변의 나뭇잎은 어느새 파릇파릇 돋아나 거의 푸른 숲을 이루고 있다.

매표소를 지나자 저멀리 자그마치 천년 넘은 은행나무가 웅장하게 버티고 서있다. 가까이 다가가니 세월이 무색할 만큼 멀쩡한 나무는 그 기운이 영험함마저 느껴진다.

이제 오른쪽 낡은 계단을 따라 오르고… 숲길을 오르고… 하나둘 바위가 보이기 시작하더니 가파른 암벽에 밧줄이 내려와 있다. 바짝 긴장하며 조심조심 힘겹게 올라서자 휴우~ 맙소사~ 저 앞에 더 무시무시한 75미터 밧줄구간이 기다리고 있다. 급격한 경사는 보기만 해도 아찔… 그래서인지 우회로가 있다. 하지만 경험과 훈련차원에서 밧줄을 타고 올라가기로 한다. 두렵고 무섭지만 그동안 기차바위와 Y계곡을 경험 삼아 용기를 내본다. 정신을 바짝 차리며 힘껏 한발한발… 팔다리가 후들후들… 안간힘을 쓰며 간신히 올라서니 휴우~ 이제 살았다~! 그런데 팔다리에 힘이 풀리며 부들부들 떨린다. 다행히도 뒤에 올라오는 일행을 기다리는 동안 떨림이 회복되었는데 일행 중 한명은 올라오다 미끄러져 찰과상을 입고 우회길로 올라온다. 힘들게 올라온 만큼 아찔한 낭떠러지에서의 경치는 더욱 아름답다.

다시 바위길이 이어지지만 힘든 암벽을 오르고 나니 오히려 흙길보다 수월한 느낌이다. 얼마 후 평평한 곳에 이르니 앞선 산객들은 옹기종기 점심을 먹고 우리는 그들을 뒤로하며 정상을 향한다. 곧이어 널따란 공간에 정상석이 우뚝 서있는데 그 모양과 글자체가 지금까지 중 제일 맘에 든다. 함께 기념사진을 찍고 점심을 맛있게 먹는다.

   이제 천천히 내려가고… 헬기장을 지나 커다란 바위 전망대에서 잠깐 주변의 풍경을 바라본다. 이어 얼마를 내려가니 길옆에 연등이 쭉~ 이어지고 잠시 후 영국사가 보인다. 앞마당에 삼층석탑을 보니 불국사가 생각나고 물개바위를 지나 매표소에 이른다. 그리고 다시 천년 묵은 은행나무와 재회를 한다.

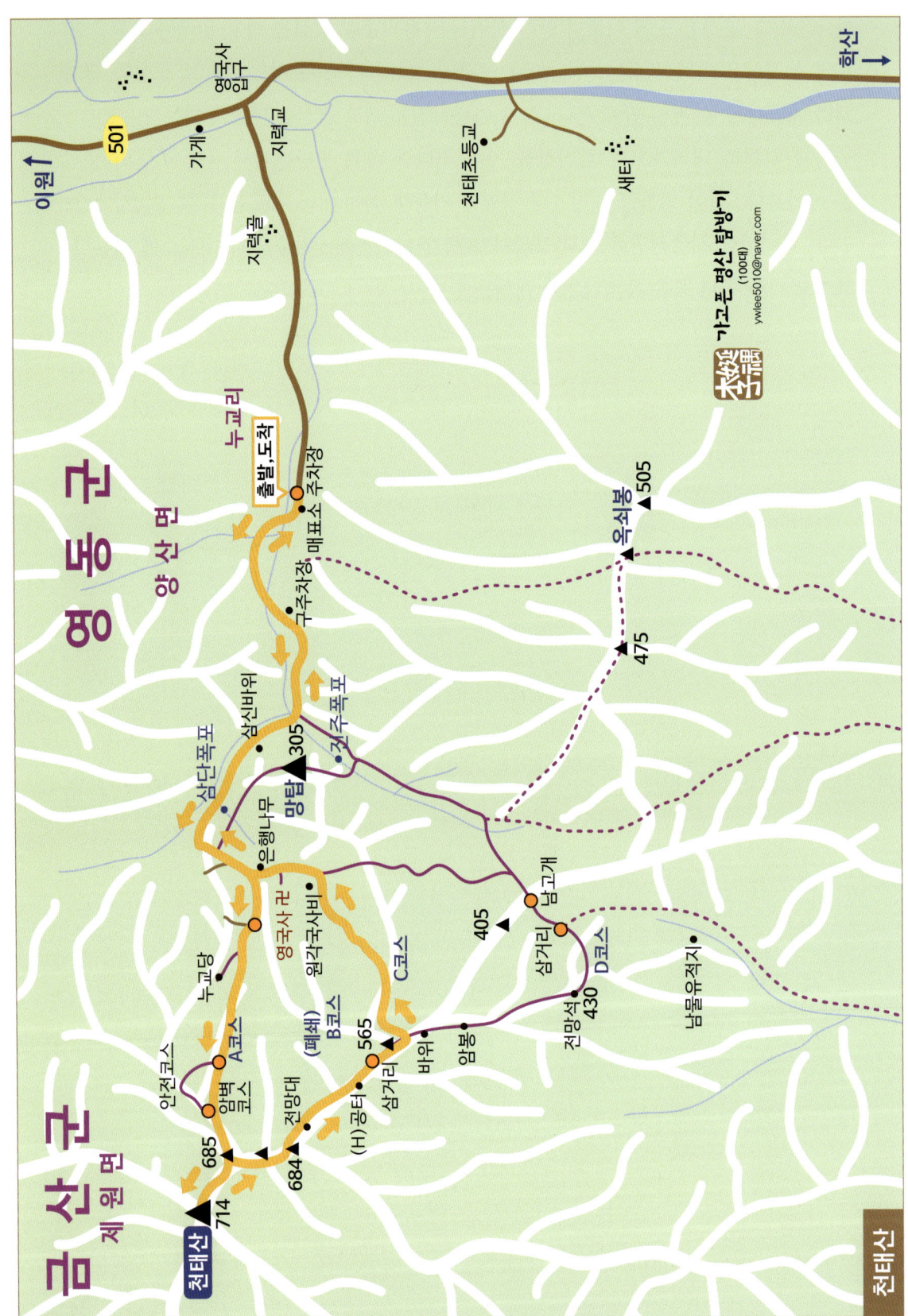

관악산
2016년 05월 15일 011

유래 검붉은 바위로 이루어진 관악산은 봉우리가 큰 바위기둥을 세워 놓은 듯 보여 '갓 모습의 산'이란 뜻의 '갓뫼(간뫼)' 또는 '관악(冠岳)'이라고 했다.

이번산행은 설악산 공룡능선을 가기위해 암릉을 경험하기 위해 이산(관악산)의 파이프 능선을 경유해서 오르기로 한다. 파이프 능선이라니 파이프 오르간이 떠오르는데 무엇이 뾰족뾰족하다는 것인가? 벌써부터 겁나지만 설악산을 가기위해 용기를 내며 주중에도 틈틈이 운동을 하고 있다. 서둘러 지하철 사당역에 내리니 일행들도 속속 도착한다. 도로를 따라 울창하게 늘어선 아카시아가 화사하고 바람에 향기로운 내음이 스쳐온다.

꽃향기에 취해 정신없이 오르는데 난데없이 커다란 바위에 태극기가 휘날리고 있다. 웬 태극기? 벌써 정상인가... 일행 왈, 여기는 깃대봉이고 이산은 곳곳에 태극기가 꽂혀 있다고... 아~ 태극기는 정상만 있는 게 아니구나...

얼마후 철계단을 숨가쁘게 오르는데 조금씩 시내전경이 보이기 시작한다. 이윽고 전망대에 올라서니 시내가 한눈에 들어오고 저기 울퉁불퉁 암릉이 보인다. 조심조심 바위를 오르는데 다행히 바위표면이 거칠어 발 딛기가 수월하다. 오를수록 희열감은 있지만 후덜덜... 아찔아찔... 낭떠러지 쪽의 거북바위는 감히 가까이 가지도 못하고 앞쪽에서 사진만 찍는다. 잠시후 암릉지대를 뒤돌아보니 이제야 암릉이 아름답게 보이고 지난번 가야산 만물상 모습이 뇌리에 스쳐간다.

이제 언덕 위 갈림길에 다다르고 파이프 능선은 언제 나오느냐고 물으니, 이미 그쪽이 아닌 다른 길로 들어섰고 파이프 능선은 기다란 관이 땅에 묻혀있는 능선이란다. 예상치 못한 답변에 놀라며 숲속을 빠져나오니 저 앞에 다시 암릉지대가 보인다.

그곳 가까이 다다르니 대문바위가 신기하고 마치 대문을 통과해 집으로 들어가는 느낌이다. 곧이어 다시 조심조심 내려오는데 옆에 우스꽝스레(똥모양) 솟아있는 바위를 보며 웃음이 빵~ 터진다.

　잠시 후 저기 거대한 절벽이 무시무시하게 버텨있고 산객들이 울긋불긋 나선형으로 오르는 모습이 아찔하기도 하고 꿈틀꿈틀 장관을 이룬다. 다가갈수록 두려운 암벽에 조심조심 발을 딛고 엉금엉금... 절벽의 중간쯤 올라서니 이제는 보기에도 아찔한 절벽이 솟아있다. 더 이상 바위 타기는 도저히 용기가 나지 않아 우회로 가려는데 그 역시 밑에는 천길만길낭떠러지다. 빨랫줄처럼 가로로 이어진 밧줄을 잡고 곡예하듯 조심조심 발을 내딛고... 숨죽이며 감히 밑에는 눈조차 돌릴 수 없다. 공포감에 간신히 낭떠러지길을 돌아나오니 드디어 널따란 바위에 산객들이 분주하다.

　바위 중간쯤 정상석에 모여 사진을 찍으려는데 갑자기 빗방울이... 급히 사진을 찍고 점심먹을 장소로... 냠냠~ 서둘러 식사를 마치고 그 와중에 커피까지... 곧이어 비옷을 후다닥 챙겨 입고 이제야 편안하게 비를 맞으며 계단을 내려가기 시작한다. 다행히 내리막은 가파르지 않은데 알록달록 비옷을 걸치니 누가누군지 못 알아보겠다. 비는 계속 내리지만 완만한 길을 따라 무사히 도로에 다다른다. 다시 아카시아향이 흩날리고 설레이는 설악산 예행산행을 마친다.

# 용문산
2016년 05월 22일 012

유래 미지산(彌智山)으로 불렸으나 조선 태조가 등극하면서 용문산으로 바꿔 부르게 되었다고 한다.

이번 산행 역시 설악산을 가기위한 예행산행으로 힘들 거라는데... 이른 아침 전철에 택시를 타고 용문산 자연 휴양림에 내린다. 맑은 공기와 싱그런 나뭇잎이 보드랍지만 벌써 여름 기운이 돌고 그나마 습도가 낮으니 견딜만하다.

계곡 따라 자그마한 폭포에는 가뭄으로 물줄기가 희미하고 오를수록 가파른 경사는 숨이 차기 시작한다. 급기야 얼굴과 등줄기에 땀이 흐르고 자꾸만 땀이 눈으로 들어가 불편한데 어느덧 헬기장에 다다른다. 그늘 한점없는 공터에는 햇볕이 쨍~쨍~ 저멀리 정상봉의 첨탑이 채 한뼘도 되지 않아 보인다.

잠시 후 다행히도 눈의 불편감이 사라지니 주변의 들꽃들이 보이고 어디선가 라일락 향이 그윽하다. 달콤한 향기에 기운이 돌고 어느새 백운봉에 다다른다.

잠시 한숨 돌린 후 함왕 성지를 지나 함왕봉에 다다르고 이어 오르막에는 바람이 살랑살랑 꽃들이 방긋방긋 반겨준다. 이윽고 능선에 오르니 평평한 공간의 정상석(장군봉)에는 파리가 잔뜩 달라붙어 더 더워 보인다. 잠시 쉬고 있는데 다리에 쥐가 나 계속 늦어지던 후미가 천천히 도착한다. 그 덕에 오늘은 꼴찌를 면하고 선두가 되니 심적 부담이 덜 된다.

이제 점심 먹을 장소를 물색하며 내려가는데 삼십 여분이나 지나서야 적당한 곳이 나온다. 배낭을 내려놓고 막상 밥을 먹으려니 너무 지쳐 입맛이 없고 자꾸 시원한 물만 생각난다. 겨우 요기를 한 후 다시 배낭을 메고 이제 용문산 정상으로...

다시 오르락내리락 반복하며 지쳐갈 무렵 저멀리 첨탑이 점점 가까이 보이고 알록달록 들꽃들이 지친 산객들을 위로한다. 이젠 제법 바람도 그늘도 시원하지만 이미 마실 물이 바닥나고... 물을 적당히 분배해서 마셔야한다는 것을 절감한다. 잠시후 산모퉁이를 돌아나오자 까마득히 철계단이 치솟아 있고 꽤나 긴 계단이지만 막판 정상을 위해 다시 힘을 내본다. 이윽고 숨가쁘게 봉우리에 올라서니 기지 쪽에는 출입을 못하도록 철조망이 쳐있고 정상석은 비좁은 곳에 아슬아슬 서있다. 가섭봉 아래는 천길낭떠러지... 탁트인 경치는 시원스럽지만 어디가 어딘지 모르겠다.

이제 슬슬 내려가는데 커다란 바위들이 하나둘씩 나타나더니 길에는 자갈들이 울퉁불퉁 제멋대로 널려있다. 이곳은 너덜길로 유명한데 널브러진 바위들로 너덜너덜해서 너덜길이란다. 울퉁불퉁 발 딛기도 불편하고 발밑의 딱딱한 감각도 다리를 더 아프게 한다. 이렇게 한 시간 후쯤 마당바위에 다다르니 어슴푸레 땅거미가 지기 시작한다.

서둘러 정신없이 너덜길을 내려오는데 이제(한 시간 후쯤)는 더 이상 보이지 않아 헤드랜턴을 켠다. 랜턴불빛 따라 어떻게 걷는지 다리감각도 없고 몸이 그냥 붕~ 떠서 미끄러져 내려오는 느낌이다. 이렇게 어둠과 함께 한 시간 후쯤 드디어 용문사 불빛이 환해지더니 커다란 은행나무가 보인다.

잠깐 숨 돌릴 겨를도 없이 곧바로 아스팔트길을 따라 서두르고... 삼십 여분쯤 주차장에 다다른다. 그런데 맙소사~ 이미 시간은 아홉시가 넘었는데 후미가 사십분 후에나 도착한다. 휴우~ 이게 끝이 아니고... 다시 지하철역으로 가기 위해 택시를 타니 창밖의 둥근 보름달이 우리와 함께 하얗게 달리고 있다.

설악산

2016년 09월 24~25일 013

유래 한가위에 덮이기 시작한 눈이 하지에 이르러야 녹는다는 설과 산마루에 오래도록 눈이 덮이고 암석이 눈같이 희다고 하는 설이 있다.

설악산은 우리나라 산을 대표할 만큼 특히 가을뿐만 아니라 그 자체로 사계절 아름답단다. 그동안 수없이 상상하고 이제 드디어 등산시작 거의 일년(2015.10.11. 시작)만에 그것도 제일 어려운 코스(오색에서 공룡능선을 타고 마등령으로 내려오는)에 도전하기로 한 것이다. 할 수 있을까… 민폐나 끼치지 않을까… 이러저런 걱정과 함께 그동안 헬스장에서 운동도 하고 일요일마다 등산을 하며 꿈을 키워왔다. 더구나 이 코스를 완주하면 우리나라 어떤 산이든 갈 수 있다니 이번 기회가 산에 대한 막연한 두려움을 해결하는 열쇠가 되지 않을까…

드디어 토요일 밤11시, 일행들이 모두 도착하자 버스가 출발한다. 막상 차가 출발하고 조금이라도 잠을 자려 애쓰지만 눈만 감고 있을 뿐… 시간은 잘도 흘러 마침내 오색에 도착한다. 칠흑같은 어둠 속에 여기저기 랜턴불빛이 반짝이며 웅성임 소리만 까만 공간에 메아리친다. 잠시후 산입구 문이 열리자 산객들이 줄지어 올라가고 랜턴불빛 따라 그들에 합류한다.

깜깜한 한밤중 새벽 3세시, 모두가 잠들어있을 시간, 처음 경험해보는 낯선 상황에 나자신과 맞닿는 생소한 느낌… 단지 보이는 것은 불빛뿐이지만 그래도 날씨가 선선하고 비 예보가 없으니 얼마나 다행인가…

얼마 후 등에서 땀이 나고 숨이 찰 무렵 널따란 데크에 다다르고 잠깐 휴식하는 동안 랜턴의 건전지를 교환한다. 이제 돌계단을 오르고 다리를 건너고… 또다시 계단을 올라 흙길을 휘돌아가니 다시 급경사… 얼마나 왔는지 얼마나 가야하는지 앞도 캄캄 뒤도 캄캄… 오로지 시계만이 시간을 알려준다. 드디어 다섯시쯤 되니 하늘이 희미해지며 동이 트기 시작… 어딘지 모를 급경사를 오르는데 점점 푸른빛이 감돌며 나무들이 형체를 드러낸다. 랜턴불빛 따라 땅만 보고 걸으니 하늘에 별이 얼마나 있는지 알 수 없고... 6시쯤 되어서야 랜턴불빛 없이 주변도 사람들도 훤해진다.

　이제 랜턴 끄고 오르니 한결 수월하고 답답하지 않다. 가끔씩 붉게 물든 단풍이 작달막하니 분재처럼 보이고 잠시후 산객들 웅성임 소리에 시계를 보니 6시30분... 이어 산객들은 북적북적한데 하늘의 구름은 해를 가린 채 주위만 붉게 물들고 있다. 오호라, 아쉽도다~! 일출을 못 보게 되다니.... 위로 오를수록 산객들은 인산인해를 이루고 성지의 행렬처럼 정상석을 향해 길게 줄을 서있다. 그런데 정상석(대청봉1,707.9m 붉은 글씨) 가까이 이르자 갑자기 바람이 불더니 기온이 급 하강.... 재빨리 바람막이 옷을 입고 썬그라스에 모자도 쓰고... 잠시 후 어디가 어딘지도 모르는 수려한 경치와 거대한 바위들(울산바위, 천불동계곡)에 눈이 휘둥그레... 그동안 사진이나 그림으로만 보았던 모습들이 실제 눈앞에 펼쳐지다니... 그 웅장함에 어안이 벙벙... 특히 저멀리 하얀 섬처럼 떠있는 거대한 바위(울산바위)는 조각품 같기도 하고... 신기루 같기도 하고... 아마도 그리스 신화에 나오는 왕국이 저런 모습이 아니었을까. 언젠가 저기를 꼭 가보리라... 웅장한 음악이 울려 퍼지듯 아련히 펼쳐지는 풍경들... 형언할 수 없는 그림 앞에 넋을 잃고... 과연 산중의 산이로다...!

　이제 북적한 산객들을 뒤로하며 저기 한가로이 보이는 건물(중청대피소)로 향하고... 새벽 내내 힘들게 오르다 저기 완만한 내리막을 보니 편안하고 여유롭기까지 하다. 건물에 다다르니 이미 도착한 산객들이 여기저기 라면을 끓이며 도시락을 펼쳐놓고 맛있게 식사를 하고... 건물 지하 취사장으로 이동하니 시끌벅적 식사준비에 분주하고 다이위에서는 라면 끓는 냄새가 구수하다. 그런데 뜨거운 라면과 함께 맛있게 아침식사를 하고 있는데 일행 중 한분이 구석에 쭈그려 앉아있다. 몸에 탈이 나 계속 부축해 후미에서 왔다고... 순간, 아픈 사람에게는 미안하지만 용문산에서처럼 꼴찌라는 부담감에서 마음이 가벼워진다. 이렇게 식사를 마치고 건물 밖으로 나오니 정상(대청봉)이 아련히 보이고 이제 희운각 대피소로 향한다.

　길 양쪽으로 키 작은 단풍나무들이 빼곡하고 듬성듬성 붉은빛과 노란빛이 선명하게 박혀있다. 잠시 후 데크전망대에 다다르니 저멀리 그렇게 그리던 공룡능선이... 이제 조금만 있으면 저기를 직접... 곧이어 팻말(소청)을 뒤로하며 철계단을 따라 내려오고군데군데 말라버린 고사목들 사이로 다시 돌계단이 나온다. 아래로...아래로... 또다시 철계단을 내려가니 숲 사이로 건물(희운각)이 보인다. 소박하게 지어진 건물은 산객들을 위해 시설들이 마련되어 있고 특히 마당 한켠 수도꼭지는 시골을 연상케 한다. 화장실을 다녀온 후 희운각 유래를 읽어보니 희운이란 분이 참으로 존경스럽다.

이제 슬슬 대망(공룡능선)을 향해... 오솔길을 따라 얼마 후 무너미 고개 팻말(오른쪽 천불동, 왼쪽 공룡능선)이 보이고 왼쪽으로 발길을 옮긴다. 와아~ 드디어 공룡능선을 밟는구나~! 돌블럭을 따라 흙도 있고 돌도 있고 아직까진 그저 평범한 언덕과 다름없다. 잠시후 가끔씩 짧게 줄을 잡고 오르기 시작, 경사가 급해지더니 아련했던 바위들이 점점 앞으로 다가온다. 이제는 아예 흙조차 구경할 수도 없고 돌이 아닌 바위들이 끝없이 펼쳐진다. 집체만한 바위, 빌딩만한 거대한 바위... 위에서 내려온 밧줄을 힘껏 당기니 신기하게도 가볍게 당겨진다. 그동안 운동하며 힘을 기른 효과가 있나보다. 바위에 올라서니 주변의 풍경이 발아래 펼쳐지고 저멀리 암릉이 줄기차게 이어진다. 바로 앞 높다랗게 치솟은 바위는 보기만 해도 아슬아슬... 그 옆 나지막한 바위(해골바위)는 둥그스름하니 움푹 파여 앉아서 사진찍기 딱이다. 이곳은 바로 신선봉...

다시 앞으로 향하고... 양옆으로는 바위... 또 바위... 갑자기 발아래 한포기 연보라빛 들국화가 탐스럽게 피어 있다. 어떻게 바위틈에서 이렇게 예쁘게 피어있을까? 앞으로 갈수록 어디가 어딘지도 모르겠고 기묘하게 생긴 거대한 바위들로 딴 세상에 온듯하다. 처음 보는 광경에 눈이 휘둥그레... 두리번두리번... 어안이 벙벙...

한참을 정신없이 가는데 저기 급경사 암벽에 밧줄이 내려와 있고 힘겹게 줄을 당겨 올라서니 유난히 길쭉한 바위가 높이 치솟아 있다. V자 바위 사이로 저멀리 기막힌 구도를 이루고 있는 암릉... 아마도 지금까지 본 것 중 가장 아름답다고 할까. 카메라를 누르며 V자 바위를 통과하니 그 기막힌 구도가 수려한 실체를 드러내고 점점 코앞의 바위들은 손에 닿을 듯 신기하고... 울퉁불퉁... 매끌매끌... 켜켜이... 얼룩덜룩... 이토록 멋진 광경에 자꾸만 시간이 지체되고... 선두에서는 빨리 오라고 손짓하고...

아쉬움을 뒤로 한 채 서둘러 고개 마루에 다다르니 밥상만한 널따란 돌이 펼쳐있다. 각자 도시락을 올려놓고 맛있게 식사... 쨍쨍한 햇볕에 바람도 시원하니 날씨가 이보다 더 좋을 순 없다.

든든히 먹었으니 다시 출발... 어딘지 모를 바위를 바라보며 걷고 또 걷고... 이제 점점 너덜길이 나오더니 아래로아래로 철계단이 이어진다. 잠시후 저기 봉우리(마등령)가

버텨 서있고 가운데로 골짜기 돌길이 꼭대기까지 연결되어있다. 밧줄을 잡고 조심조심 오르고 또 오르고... 곧이어 다시 밧줄 없는 급경사 너덜길을 오르고 또 오르고... 그런데 신기하게도 여기서 "오르막은 천천히 오르면 힘들지 않다" 라는 말이 어렴풋이 이해된다. 정말로 급경사를 쉬지 않고 천천히 한번에 올라선다. 지금까지는 오르막이 두렵고 힘들었는데 앞으로는 그 부담감을 덜 수 있을 것같다. 꼭대기에 올라서니 잠깐 평탄한 길이 이어지고 다시 바위길... 이어 계단을 따라 쭉~ 내려오고... 뒤돌아 저멀리 능선들을 바라보니 감회가 새롭다. 저렇게 먼길을 걸어오다니...

이제 그 유명한 너덜길... 길고 험한 길을 어두워지기 전에 도착할 수 있을는지...

선두, 중간, 후미 이렇게 무리지어 부지런히 자갈길도 내려오고... 돌계단도 내려오고... 도중에 약수터도 만난다. 얼마후 급기야 땅거미가 지고 목에 걸고 있던 헤드랜턴을 켠다. 그런데 이상하게도 아직 그 힘들다는 너덜길이 보이지 않으니... 날은 점점 어두워지고... 랜턴불빛은 점점 밝아지고... 그렇게 조심조심 얼마간 내려오니 드디어 바위덩이들이 보이기 시작하고 너덜길이 펼쳐진다. 아~, 이래서 너덜길이라고 하는구나... 그런데 내려오다 보니 용문산 너덜길보다 수월하고 다 내려오니 거리도 길지 않다. 이제는 말할 수 있다. 마등령의 너덜길은 용문산보다 짧다. 이 얼마나 다행인가... 이렇게 너덜길을 지나 얼마후 다리가 나오고 이제 모두 합류하여 주차장을 향해 내려간다.

꽤 먼 거리지만 거의 다왔다는 안도감으로 다시 힘을 낸다. 이제 저기 앞에 차가 보이고 산객들이 분주히 움직이는 모습이 보인다. 이제야 짊어진 배낭으로 어깨와 허리의 통증이 느껴지고 드디어 주차장에 도착(오후7시)... 우리는 해냈다 아주 잘... 이 얼마나 고맙고 감사한지... 이제는 말할 수 있다 설악산 공룡을 다녀왔다고... 그리고 공룡은 무쟈게 아름답다고...

적상산

2016년 10월 23일 014

유래 붉은색 바위 지대가 마치 산이 붉은 치마를 입은 것 같다고 하여 이름이 되었다.

이 산은 단풍이 유명하다니 드디어 흐드러진 단풍을 구경할 수 있을는지… 이번 주는 산행한지 만 일년으로 겨울도 다가와 등산화를 하나 더 샀다. 기존 것은 하절기용, 새것은 동절기용으로… 어떤 산객들은 일곱 여덟 켤레나 된다는데 왜 그렇게 필요한지 지금으로선 모르겠다. 산의 높이가 천 미터가 넘는다고 하니 새신발이 좀 염려되지만 하루빨리 길들여야 눈길에 미끄러운 길도 다닐 수 있을 것같다. 이젠 일요일 이른 아침도 덜 긴장되고 준비도 덜 허둥댄다. 일년이라는 세월이 쌓이긴 쌓였나보다.

차가 목적지에 도착, 계절이 계절인지라 여기저기 밀려드는 산객들을 따라 산입구에 다다른다. 입구에 들어서자 돌블럭 위로 낙엽이 뒹굴고 가끔씩 알록달록한 단풍이 힐끔힐끔 보인다. 솔숲에는 단풍이 그다지 눈에 띄지 않지만 낙엽이 제법 쌓여 푹신하고 바스락 소리가 음악처럼 들린다. 가끔씩 목재더미가 여기저기 보이더니 결국 저기 계단공사를 하고 있다. 새신발이 부담되는데 가파른 길이 지그재그로 올라가니 얼마나 다행인지… 얼마 후 나뭇가지 사이로 바위들이 보이고 아슬아슬 직각으로 치솟은 암벽이 칼로 내리친 것처럼 가운데가 둘로 나뉘어져 있다(최영의 장도바위)

곧이어 그 아찔한 바위를 휘돌아 나오니 평탄한 숲길에 울긋불긋 단풍이 시작된다. 단풍의 황홀경에 두리번두리번… 그런데 저기 앞에 돌문이 보이고 그 뒤로 돌담이 쭉~ 연이어진다(최영의 적상산성 서문)

이제 갈수록 단풍은 보이지 않고… 삼거리에 다다르자 갑자기 안개가 뿌옇게 휘몰아치더니 기온이 쌀쌀해진다. 지대가 높아져 생기는 현상으로 겨울 같으면 상고대가 열리기 딱 좋은 기온이란다. 재빨리 바람막이 옷을 겹쳐 입고 얼마되지 않아 정상목(향로봉)이 보인다. 사진을 찍은 후 이제 모자까지 푹 눌러쓰고 바람을 피해 서둘러 내려간다.

잠시후 바람이 잦아든 아늑한 곳에서 점심을 먹는다.

　이제 안렴대로... 그런데 이름도 생소하고 발음도 어렵고 어떤 곳인지 도통 추측도 안되고.. 얼마후 저기 널따란 바위에서 산객들이 사진을 찍고 그 바위는 성벽과 연결되어 있다. 가까이 바위에 올라서니 밑에는 아찔한 낭떠러지... 가운데쯤에 틈이 벌어져있는데 그 사이로 통로가 쭉~ 이어진다. 그 통로는 워낙 절벽으로 위험해 대표로 한사람이 다녀왔는데 밑에 석굴이 있단다. 안내판 글에 안렴대는 전시 때 피난처로 병자호란 시 적상산사고의 조선왕조실록을 이 석굴의 석실로 옮겨 난을 피했다한다.

　이제 바위에서 내려와 철계단을 내려가는데 뿌연 안개로 송전탑이 희미하다. 얼마 후 다시 단풍이 보이기 시작하고... 이윽고 안국사에 다다른다. 잠깐 화장실에 들른 후 이제 치목마을 쪽으로 내려간다. 새 신발임에도 길이 완만하고 푹신하여 별 불편 없이 바짝 마른 송대폭포를 지나 빨간 감이 주렁주렁 열린 마을에 다다른다.

천 관 산

2016년 10월 30일 015

유래 신라 화랑 김유신을 한때 사랑했으나 김유신에게 버림받은 천관녀(天官女)가 숨어 살았다는 전설이 있다.

천관산은 동화 속 화려한 왕관을 쓰고 있는 옥황상제가 떠오르고 그만큼 산이 아름다울 거라는 기대감에 한껏 설렌다. 드디어 차가 목적지에 도착, 서둘러 차에서 내려 식당가를 지나고… 정자(영월정)를 지나고… 길 양옆으로 노란 꽃이 피어있고… 단풍은 아직 보이지 않고 가끔씩 동백의 두터운 잎이 햇빛에 반짝이고 있다. 잠시후 갈림길(오른쪽 강호동*이수근 길, 왼쪽 이승기 길)이 나오는데 아마도 TV 1박2일 팀원들도 이곳을 다녀갔나 보다. 그럼 오른쪽으로 출발해서 왼쪽으로 회귀하기로…

동백나무가 즐비한 길을 따라 한동안 오르니 슬슬 열이나 바람막이를 벗고 가파른 비탈을 오르기 시작한다. 가쁜 숨을 몰아쉬며 앞을 보니 커다란 바위가 버티고 서있다. 천천히 위에 오르니 탁트인 시야… 푸른 바다… 드넓은 하늘… 마을풍경… 저멀리 뾰족뾰족한 바위들… 휘둥그런 눈에 다시 커다란 바위가 나오는데 밑에는 굴(금강굴)이 뚫려 있고 위에는 마을풍경이 더 아름답게 펼쳐진다. 눈이 시리도록 파란 하늘은 오늘따라 유난히도 청아하고 이 이상 더할 나위없는 가을날이다. 오를수록 바위들은 점점 더 웅장하고… 저멀리 아름답게 어우러진 바위들은 하늘의 왕관(천관)이라는 이름에 걸맞는 풍경이다. 더구나 설악산 바위들은 대개 멀리서 바라만 보는 상황이라면 이산은 가까이 보고 만지고 때로는 엉금엉금 올리고… 한층 더 가까운 느낌이다.

이렇게 바위지대를 지나자 하나둘 억새가 보이더니 이내 하늘하늘 하얀 능선에 접어든다. 곧이어 와아~ 저멀리 바다에 수없이 흩어진 섬들… 그 위로 꿈꾸듯 하얀 햇살이 꿈틀대고… 처음 보는 리아스식 해안이 이토록 아름다운 광경일 줄이야… 한동안 말을 잃은 채 꼼짝없이 풍경 속에 빠져들고… 숨막히는 정적 속에 일행들의 점심먹자는 소리에 번쩍 정신이 든다. 날씨 좋고… 경치 좋고… 거기에 맛난 점심까지… 더 이상 무엇을 바라겠는가…

　한껏 즐거움 속에 이제 정상으로… 누런 언덕에 하얀 억새가 하늘하늘…바람에 이리저리 터치하듯 일렁이고 얼마후 정상에 다다른다. 정상사진을 찍은 후 그동안 경치에 취해 시간이 지체되어 하산을 서두른다.

　완만한 내리막은 정면에는 마을풍경… 오른쪽에는 리아스식 해안… 왼쪽에는 왕관같은 바위들이 입체로 펼쳐지며 눈길을 사로잡는다. 어찌 하산길도 이리 아름답고 평탄하게 내려가는지… 두고두고 다시 오고 싶은 산이다. 아래로 쭉~ 몇 개의 커다란 바위를 지나 드디어 출발했던 갈림길에 회귀하고 왼쪽 팻말에서 사진을 찍는다.

대둔산

2016년 11월 06일 016

유래 원래 이름은 '한듬산(큰 바위덩이산)'이었고, 계룡산의 산태극 수태극의 큰 명당자리를 빼앗겨 '한이 들었다(한듬)'는 설도 있다.

지난주 천관산이 너무 아름다웠는데 과연 이번에 그것을 뛰어넘을 수 있을지… 이른 아침 서울을 빠져나가 꾸벅꾸벅 졸며 어느새 논산에 도착, 차에서 내리니 이미 산객들로 북적북적하다. 저멀리 능선의 웅장한 바위들이 벌써부터 경치에 대한 기대로 설레게 한다. 도로를 따라 상점들은 유난히 인삼튀김이 눈에 띄고 인삼의 고장 금산이 떠오른다. 잠시 후 케이블카 탑승장이 나오는데 세 시간 이상 기다려야… 발길을 돌려 산입구로 향하고… 입구에 빨갛게 물든 단풍이 유난히 아름답다.

초입부터 가파른 돌계단이 티를 하나만 입었는데도 어느새 콧잔등에 땀이 배게 한다. 오를수록 북적하던 산객들은 점점 줄어들기 시작하고 계속되는 돌계단은 설악산 오색계단을 떠올리게 한다. 가쁜 숨을 몰아쉬며 위에 올라서니 휘돌아 모퉁이가 이어지고 그곳을 돌아나오니 여기저기 바위들이 나타나기 시작한다.

마침내 거대한 협곡에 웅장한 암벽들(금강문)… 저멀리 산객들로 가득한 빨간 구름다리가 그네 뛰듯 휘청휘청… 곡예 하듯 아슬아슬… 그런데 갑자기 몰려든 산객들로 인산인해를 이루고 구름다리를 건너려는 줄이 심하게 정체되고 있다. 간신히 포토존에 올라서니 구름다리 위로 아찔하게 치솟은 공포의 철계단… 점점 기다리는 줄이 줄어들고 두려움과 호기심으로 구름다리 가까이 다가가니 그네처럼 가볍게 보이던 다리는 거대한 강철로 웅장한 몸체를 드러낸다. 잔뜩 긴장한 채 한발한발 내딛고… 인파에 떠밀려 중간쯤 다다르니 온통 푸르스름한 기운에 신비롭기도 하고 공중에 붕~ 떠있는 느낌으로… 다리 밑 천길만길 낭떠러지는 너무나 아찔해 쳐다볼 수조차 없다. 숨죽인 채 앞사람의 뒷모습만 쳐다보며 간신히 다리를 벗어나자 이제야 안도의 숨을 쉰다.

자~ 이제 공포의 철계단이 남아있는데… 일단 점심을 먹고 힘을 내기로… 잠시 맛있게 식사를 한 후 철계단 앞에 다다른다. 그런데 으~ 맙소사~ 멀리서 바라보는 것보다 훨씬 더 까마득한 철계단은 공중에 휘청휘청... 보는 것만으로도 벌벌... 여기를 어떻게 오르지... 한참을 망설이다 떠밀리듯 철계단에 발을 올리고 한발한발... 몸을 잔뜩 웅크린 채 오로지 발판만 보고 괜찮아... 괜찮아... 괜찮아... 이렇게 숨죽이며 거의 꼭대기에 다다르자 갑자기 철계단이 흔~들~흔~들... 간이 콩알만 해져 어질~어질... 그런데 기막히게도 그 아찔한 순간에도 하늘은 왜 그리도 파란지... 세칸, 두칸, 한칸, 땡~! 아~ 드디어 도착... 휴우~ 이제야 안도의 숨을 쉬며 움켜쥔 손에 힘이 풀린다. 뒤돌아 계단을 바라보니 역시 공포의 철계단이다. 게다가 저멀리 흔들흔들 구름다리가 웅장한 바위와 함께 강인한 인상을 준다. 지난주 천관산이 여성적이라면 여기 대둔산은 남성적이라고 할까.

　이제 정상으로 발길을 돌리고... 이렇게 어마어마한 코스를 두 개나 통과하니 정상에 대한 부담감이 줄어든다. 잠시 후 역시 예상대로 별 어려움 없이 정상에 도착하지만 아무리 봐도 탑이 너무 인공적이고 안 어울린다는 느낌을 지울 수가 없다.

　인증사진을 찍은 후 하산길에 접어들고... 왼쪽 그늘진 길모퉁이를 내려오다 미끄러지며 꽈당~ 엉덩방아를 찧는다. 얼떨결에 잽싸게 일어나 아무 일도 없는 듯 얼마 후 낙조대에 도착한다. 해지는 광경이 아주 멋지다는데 뭐 특별히 눈에 띄는 것은 없다.

　다시 되돌아 이제 본격적으로 내려가는데 까마득히 돌계단이 시작되고... 잠시 후 철난간이 함께 내려간다. 다리가 뻐근할 무렵 왼쪽으로 팻말(칠성봉)이 보이고 발길을 돌리니 요새처럼 바위로 둘러싸인 공간은 동굴에 들어온 듯하고 거대한 칠성봉이 한눈에 들어온다. 곧이어 다시 길을 재촉하며 돌계단을 내려가고 또 내려가고... 끝인가 싶으면 또 내려가고... 오메~ 징징... 설악산, 용문산 너덜길보다 한술 더 뜨며 급기야 도로가 나오는데 내려서는 마지막 순간까지 계단이 이어진다. 휴우~ 이렇게 산행은 마무리되고 길고긴 너덜길을 하니 디 발건하게 된 셈이다.

감악산(양주)
2016년 11월 13일 017

유래 예로부터 바위 사이로 검은빛과 푸른빛이 동시에 쏟아져나온다 하여 감악산, 즉 감색 바위산이라 불렀다.

지난달 구름다리를 개통하였는데 다리의 길이가 국내 최장이란다. 얼마나 길까? 지난주 대둔산의 다리와는 어떻게 다를까? 아침부터 비가 추적추적 내리고 어느새 범륜사 입구에 도착하니 이미 관광차들이 즐비하고 물밀 듯 관광객들이 줄지어 올라가고 있다. 이제는 다행히 비가 그치고 기온도 온화하다.

그들과 합류하여 얼마쯤 올라가니 데크전망대에 북적한 인파들… 알고보니 구름다리는 산속에 있는 것이 아니고 여기 산밑에 있다는 것이다. 이쪽 도로와 저멀리 야트막한 동산을 직선으로 잇고 있는 다리는 대둔산의 구름다리보다 길지만 밑으로 낭떠러지가 그리 아찔하지 않고 다리구조도 좀더 안정적이다. 그래서 그런지 아니면 지난주 경험이 쌓인 덕분인지 여기는 덜 불안하다. 아슬아슬 다리를 건넌 후 동산의 전망대에서 저멀리 다리를 바라보니 관광객들로 가득 찬 구름다리가 길기는 길다. 이제 되돌아 관광객들 사이를 비집고 다시 데크전망대에 다다른다.

이제 범륜사 쪽으로 사찰을 지나 너덜길을 오르는데 다행히 가파르지는 않다. 얼마 후 바위 사이로 풍경이 보이기 시작하고 그 밑은 직벽으로 아찔하다. 좀더 오르니 돌문(통천문)이 보이고 그 너머 역시 천길낭떠러지… 암릉을 따라 오랜 소나무 가까이에 올라서니 팻말(장군봉)이 보이고 저기 산객들이 떼를 지어 오르고 있다. 잠시 후 오른쪽으로 임꺽정봉을 잠깐 다녀온 후 밧줄난간을 잡고 아래로 쭉~ 내려간다.

그런데 맙소사~ 술술 내려온 만큼 가파르게 치솟아 있는 나무계단… 위로 오를수록 급경사에 계단폭도 높다. 가쁜 숨을 몰아쉬며 한발한발 힘들게 올라서니 와아~ 매스컴의 위력으로 인산인해를 이루고 있는 산객들… 발디딜 틈없이 시끌벅적한 산객들은 구름다리를 다녀온 후 물밀 듯 몰려들어 이 널따란 공간이 와글와글 정신없다. 산객들 사이로 애써 인증사진을 찍고 주변을 둘러보니 시야가 막혀 답답하다.

　발길을 돌려 내려가는 하산길은 고맙게도 오르막처럼 너덜길이 아니고 흙길이 나온다. 오르막의 바위들은 다 어디로 갔는지... 부드러운 흙과 낙엽으로 발이 편안하고 내려갈수록 그 많던 사람들은 어디로 갔는지 하나도 보이지 않는다. 얼마 후 팻말(까치봉)을 뒤로하며 길모퉁이를 돌아나오니 저멀리 구름다리가 하얗게 아른거린다. 잠시후 팔각정에 올라 주변을 두리번두리번.... 이제야 정상에서 볼 수 없었던 탁트인 경치가 펼쳐진다.

　이제 범륜사로 향하고... 부처상, 십이지신상, 코끼리상들 사이로 종일토록 보지 못했던 빨간 단풍이 흐드러지게 피어있다. 이리저리 사찰마당을 돌며 사진을 찍고 단풍길을 따라 다시 출발점의 구름다리 입구에 다다른다. 그런데 아침에 그렇게 북적하던 산객들은 온데간데없고 저멀리 구름다리만이 텅 빈 채 곧게 치닫고 있다.

# 마니산
2016년 12월 18일 018

유래 우두머리로서 그 자리인 나라를 영원히 지킨다는 의미가 있다

예로부터 유배지이기도 한 이곳은 단군제단이 있고 전국체전이나 큰 체육행사시 채화봉송을 이곳 참성단에서 한다니 역사탐방 하는 느낌이다.

차에서 내려 입구쪽으로 가니 선수돈대(*뱃머리 포구가 잘 보이는 해안가나 접경지역에 쌓은 소규모 관측 방어시설)라는 낯선 단어가 팻말에 써있다. 계단을 따라 십 여분쯤 빙둘러 성벽이 보이고 안으로 들어가니 벽에는 해안가 쪽으로 망을 볼 수 있도록 조그맣게 구멍이 나 있다. 잠시 해안을 살핀 후 숲길을 따라 오르는데 구름 낀 날씨는 초겨울답지 않게 온화하다. 길가 여기저기 묘지가 눈에 띄고 상봉을 지나 마을풍경이 눈에 들어온다. 그런데 점점 바람이 불기 시작, 헬기장을 지나 조그만 공터가 나올 때까지 계속된다. 바람을 등지며 오르막을 올라서니 저 아래로 가로질러 임도가 보인다. 산속에 뜬금없이 웬 도로? 천천히 아래쪽으로 내려가는데 갑자기 오소리 사체가 눈에 띄어 화들짝 놀란다.

놀란 가슴으로 임도를 건너 맞은편 언덕을 오르는데 왼쪽으로 사찰이 보인다. 오르막은 점점 가팔라지고 마침내 계단도 가파르게 이어진다. 첫번째 계단을 시작으로 372개의 계단은 다리를 후들거리게 하고 데크전망대에 올라서니 하늘은 여전히 구름이 낀 채 풍경이 희미하다. 곧이어 흙길을 휘돌아가니 성벽쪽으로 다시 계단이 이어지고 숨가쁘게 봉우리에 올라서니 널따란 광장이 펼쳐진다.

평평히 쌓아올린 넓은 제단, 향로에서는 향내가 솔솔솔... 그 옆으로 수호나무가 늠름하게 서있다. 이 향로에서 성화를 채화하는 걸까? 탁트인 시야에 주변의 풍경이 한눈에 들어오고 바다가 시원스레 펼쳐진다. 참성단을 뒤로하며 계단을 내려오니 헬기장 구석에 정상봉이 서있다. 일행과 함께 사진을 찍은 후 이제 내려가기 시작한다.

그런데 지금까지와 달리 계속 바위길 이어지고 조심조심 암릉을 내려가는데 오른쪽 길을 통제한다. 방향을 돌려 왼쪽 칠선녀계단으로 올라서니 다시 암릉길이 이어진다. 점점 바람은 세차고... 암릉길은 아슬아슬... 바다풍경은 좀더 가까이... 밧줄을 잡고 바위를 내려가는데 연두색 철망 안의 오래된 소나무가 눈길을 끈다. 이어 아슬아슬 돌무더기를 내려오고 시루떡 바위를 지나니 드디어 평지가 나온다. 휴우~ 숨을 돌리며 덩그러니 놓인 물개바위를 지나 땅거미가 밀려오는 너덜길을 서두른다. 이제 저멀리 도로에 가로등이 환하게 반짝인다.

민주지산
2017년 01월 15일 019

유래 민두름(밋밋)한 산이 첩첩산중으로 둘러싸여 있다는 의미.

민주지산은 민주주의를 연상시킨다. 이 산을 중심으로 민주화 운동이라도 벌였나? 하지만 산은 아주 태고적 형성되었는데… 암튼 민주적인 이산은 얼마나 민주적일는지…

이른 아침 서울을 빠져나가 영동에 도착, 차에서 내리니 이미 차들이 즐비하고 수많은 산객들이 줄지어 올라가고 있다. 겨울답게 쌀쌀한 기온은 바람없이 햇살이 환히 비추니 등산하기 안성맞춤, 눈쌓인 길은 걸을 때마다 뽀드득 뽀드득… 연두색 철망을 따라 너머로 물한계곡이 쭉~ 이어진다. 바짝 마른 계곡은 앙상한 나무가지와 낙엽들로 눈과 뒤엉켜 초췌하지만 여름에는 제법일 것같다. 어느덧 삼거리에 다다르니 슬슬 콧잔등에 땀이 배어 패딩을 벗는다.

곧이어 오른쪽 지름길을 따라 다시 갈림길에 이르고 이번에는 왼쪽으로 휘돌아간다. 경사진 너덜길은 갈수록 두텁게 눈이 쌓이고 급기야 새하얀 세상으로 바뀐다. 혹시 상고대를 볼 수 있지 않을까 기대했지만 곧이어 낙엽이 수북이 쌓인 숲길이 나온다. 축구 골대 모습을 하고 있는 나무를 통과, 계속 미끄러운 눈길로 결국 아이젠을 한다. 좀 무겁긴 하지만 훨씬 안정적으로 오르는데 일행 중 하나는 그냥 버티다 꽈당~ 넘어진다. 오를수록 기온은 더 쌀쌀해지고 나뭇가지에 눈이 희끗희끗 쌓여있다. 잠시 후 넝쿨이 뒤엉켜 동굴을 이루고 그 위에 눈이 탐스럽게 쌓여 있다. 하얀 동굴을 배경으로 사진도 찍고 그 속에서 잠시 동심으로 돌아가 본다. 이제 그곳을 휘돌아 나오니 저멀리 가파른 계단이 치솟아 있고 갈림길(쪽새골)을 지나 계단을 오르기 시작한다.

잠시 후 널따란 공간에는 이미 도착한 산객들로 분주하고 정상석 쪽으로 길게 줄이 서있다. 파아란 하늘에 흰구름… 광활한 능선들이 첩첩산중을 이루는데 설악산이 화려함이라면 이산은 수묵화라고 할까...

　잠시 맞난 점심을 먹고 훈훈해진 기운으로 석기봉을 향해 발걸음을 옮긴다. 그런데 하나둘 바위가 보이더니 가파른 암릉에 밧줄이 내려와 있다. 오를수록 난이도가 높아지지만 그동안 힘을 길러서인지 거뜬히 올라가진다. 신기하고 대견스러운 순간이다. 첩첩산중 저멀리 백룡이 하늘로 치솟듯 구불구불 무주 스키장이 보인다.

　이제 내리막길은 햇볕에 눈이 녹아 질퍽이고 철쭉군락지를 지나 우뚝 솟은 바위를 지나니 평지가 이어진다. 잠시 후 팔각정에 이어 삼도봉(충청도,경상도,전라도가 한곳에 모이는 봉우리) 표지판이 나오지만 시간상 다음을 기약하고 곧장 내려가기로 한다. 나선형으로 완만하게 내려가는 내리막은 먼 거리지만 걷기가 편안하다. 이제 왼쪽으로 계곡이 보이고 잣나무 숲이 시원스레 펼쳐진다. 이어 삼도봉에서 내려오는 길과 이쪽 길이 합쳐지는 삼거리가 나온다. 곧이어 구름다리를 건너니 아침에 지나왔던 물한계곡이 다시 펼쳐진다. 그런데 갑자기 119구급차가 올라오고 다른 일행 중 부상자가 생겼단다. 삼도봉을 안가고 그냥 내려온 것이 참 다행이라 생각을 하며 서둘러 내려간다. 드디어 주차장에 도착하니 이제야 비석과 옹기항아리들이 눈에 들어온다.

# 명지산

2017년 02월 19일 020

유래 산의 형세가 마치 주위 산들의 우두머리와 같다는 의미.

명지산은 대학교 이름이 떠오르며 그곳과 무슨 연관이 있는 것인지 갸우뚱하게 된다. 요즘 피로가 누적되어 차에 타자마자 꾸벅꾸벅… 한 시간 반쯤 익근리에 도착한다.

입구 쪽으로 감시초소를 지나 승천사 일주문이 나오고 계곡 따라 온통 하얗게 얼음이 뒤덮여 얼음세상으로 변해있다. 구름 낀 하늘은 간간히 햇볕이 나지만 얼마 되지 않아 벌써 열이 나기 시작한다. 패딩을 벗어 허리에 묶고 한동안 돌블럭을 따라 명지폭포 가는 길을 만나지만 하산길에 들르기로 한다. 하늘높이 치솟은 송신기를 지나 계곡의 다리를 건너고 이어 갈림길에 다다른다.

오른쪽으로 가파른 길은 중간중간 눈과 얼음이 덮여 미끌미끌… 다행히 햇볕이 따스하고 바람이 없어 천천히 오를만하다. 얼마 후 축축 처진 나뭇가지들과 괴목들이 뒤엉킨 채 마치 쥬라기 시대의 수풀처럼 음침한 너덜지대가 나온다. 시간을 거슬러 원시인이 된 듯 조심조심 뒤엉킨 수풀을 빠져나오고… 잠시 숨을 돌리니 저멀리 계단이 보인다. 이제 너덜길보다 낫겠지 하며 계단을 오르는데 웬걸~ 오르고 또 오르고… 계속되는 계단은 대략 한시간 정도쯤 지나서야 끝이 난다.

기진맥진 간신히 계단 위에 올라서니 살랑살랑 부는 바람에 조금씩 눈발이 흩어진다. 그런데 이상하게도 이 정도 추위에 맞은편에서 내려오는 산객들이 푹 눌러쓴 모자에 머플러로 얼굴까지 꽁꽁 무장하고 종종걸음으로 내려온다. 그리고 하는 말이 정상으로 갈수록 바람이 엄청 부니 단단히 준비하고 가란다. 대체 어느 정도 이기에… 잠시 멈춰서 그들처럼 단단히 무장을 하고 천천히 앞으로 간다. 정말로 바람이 세지고 눈발도 굵어지고 길은 온통 눈으로 쌓여 미끌거린다. 갈수록 세차지는 바람에 얼굴이 따갑기까지

하고 갑작스런 날씨변화로 짧은 능선길이 한없이 길게 느껴진다. 이제 가까스로 정상이 보이지만 바람이 너무 심하게 부니 주변풍경은 고사하고 코앞의 길도 제대로 못 볼 지경이다. 이전의 너덜길과 수많은 계단은 이에 비하면 새발에 피인 셈이다. 천신만고 끝에 정상석에 다다르지만 바람이 극에 달해 날아갈 것만 같고 더구나 정상석 주변은 바위로 둘러싸여 아슬아슬… 간신히 정상석(명지산 1,267m)을 잡고 얼른 사진만 찍고 내려온다.

 이제 바람을 피해 서둘러 내려가기 시작. 온통 눈이 하얗게 덮인 내리막은 급경사로 살얼음판이 따로 없다. 겨우겨우 천천히 급경사와 바위길을 내려오니 시간이 많이 지체되고 있다. 하지만 무사히 내려와 다행이다. 이제는 완만한 길이니 서둘러 내려가고 얼마후 다리를 건너 다시 갈림길에 돌아온다. 이어 명지폭포 팻말이 보이고 급경사 계단을 내려가니 깊숙한 요새처럼 거대한 절벽이 둘러싸여있다. 가까이 다가갈수록 요새에 숨겨진 거대한 폭포가 하얗게 드러나는데… 시원하게 폭포수가 쏟아져 내리는 것이 아니고 그대로 얼어붙은 폭포수가 보석처럼 박혀있다. 그 아래 연못도 함께 꽁꽁 얼어붙어 마치 거대한 조각상을 연상케 한다. 이 폭포가 여름에는 어떤 모습을 하고 있을까… 아쉬움으로 이제 땅거미가 몰려오기 전 서둘러 주차장으로 향한다.

태백산

2017년 02월 26일 021

유래 단군시대 신성불가침의 땅으로 여겼던 '소도'에서 유래, 백두산에서 이름을 본따고 산 정상에는 하늘에 제사를 올렸던 천제단이 있으며 산입구에는 국조단군을 모신 단군성전이 위치하고 있다.

지난해 소백산 눈꽃산행을 다녀오면서 윗동네인 태백산(1,567m)에 대한 기대가 컸고 예상과 달리 소백산(1,439m)보다 오르기가 수월하다는 것이다. 왜 그런지 이상하지만 일단 오르기 쉽다니 부담감이 덜하다. 그런데 차가 서울을 빠져나가 가는 동안 의문이 풀린다. 태백산은 출발지점이 800여m, 실제 오르는 높이가 700여m로 산 자체도 부드러운 육산으로 경사가 완만하단다. 이제 목적지 화방재에 도착, 차에서 내리니 햇볕이 따스하게 내리쬐고 바람 한점 없다. 하지만 제법 눈이 쌓여 아이젠을 장착한 후 패딩을 허리에 묶은 채 오르막을 따라가기 시작한다. 그런데 이상하게도 이토록 많은 눈에도 불구하고 나뭇가지는 온통 앙상한 회색빛이다.

저기 우뚝 솟아있는 사길령 표지석을 지나 가파른 언덕을 오르는데 널찍하니 오르기가 한결 수월하다. 얼마후 산령각에서 잠시 숨을 돌린 후 드디어 능선길에 다다른다. 이제 발걸음이 가벼워지고 여전히 햇볕도 쨍쨍~ 바람도 없다. 잠시후 오랜만에 바위와 고사나무가 보이는데 밑에는 천길 낭떠러지... 위에는 파아란 하늘... 곧이어 유일사 휴게소에는 갑자기 산객들로 와글와글~ 북적북적~ 점심을 먹기도 하고 사진을 찍기도 하고 사찰 쪽으로 오가기도 하고...

그들을 뒤로하며 계단을 따라 널따란 광장(고사목지대)에 들어서니 와아~! 형형색색 펼쳐지는 고사목들... 처음 보는 광경에 눈이 휘둥그레지고 입이 다물어지지 않는다. 수천 년도 넘었을 주목, 철쭉나무, 반원을 그리며 쓰러진 나무, 가지가 멋지게 뻗은 사스래나무, 아름드리 소나무, 뱀처럼 꼬인 고사목, 하늘로 치솟은 고사목, 속이 텅빈 고사목, 대문처럼 서있는 고사목... 온갖 고사목들이 모두 이곳에 몰려온 듯 이 하얀 공간은 까만 보석들로 가득하고 위로는 드넓은 하늘이 눈부시도록 파랗고...

아쉬운 발길을 돌려 장군봉에 이르니 저멀리 첩첩산중을 배경으로 천제단이 까마득히 보인다. 서둘러 그곳에 다다르니 육중하게 쌓아진 제단은 위엄이 있고 안에는 한배검이라는 비석도 있다. 다시 계단을 내려서 정상석(태백산 1,567m) 쪽으로 향하는데 저 앞에 길게 줄이 서있다. 줄에 합류하여 간신히 인증사진을 찍고 발길을 돌리니 저멀리 첩첩산중이 굽이굽이 그림처럼 펼쳐지고…

이제 천천히 내려가는데 비록 눈이 쌓였지만 완만하여 걷기가 수월하다. 곧이어 파란 지붕에 허름한 건물(단종비각)이 보이고 무상한 세월이 느껴진다. 얼마후 커다란 사찰(망경사)에 다다르니 그 앞에 약수(용정)가 있어 물을 마신 후 화장실을 다녀온다. 서둘러 당골 쪽으로 향하는데 어떤 산객들은 비닐을 타고 좋아라 비명을 지르며 내려간다. 어느덧 잣나무 숲에 이르고 향긋한 내음에 기분이 상쾌해진다. 쭉 뻗은 나무들 사이로 눈 쌓인 계단이 완만하게 내려가고 이어 철교가 나온다. 다리를 건너니 조금씩 눈발이 흩어지더니 잠시후 이내 펑펑 쏟아지기 시작한다. 산행 중에는 햇볕도 쨍쨍, 바람 한점 없더니 다 내려와 눈이오니 얼마나 날씨가 고마운지…

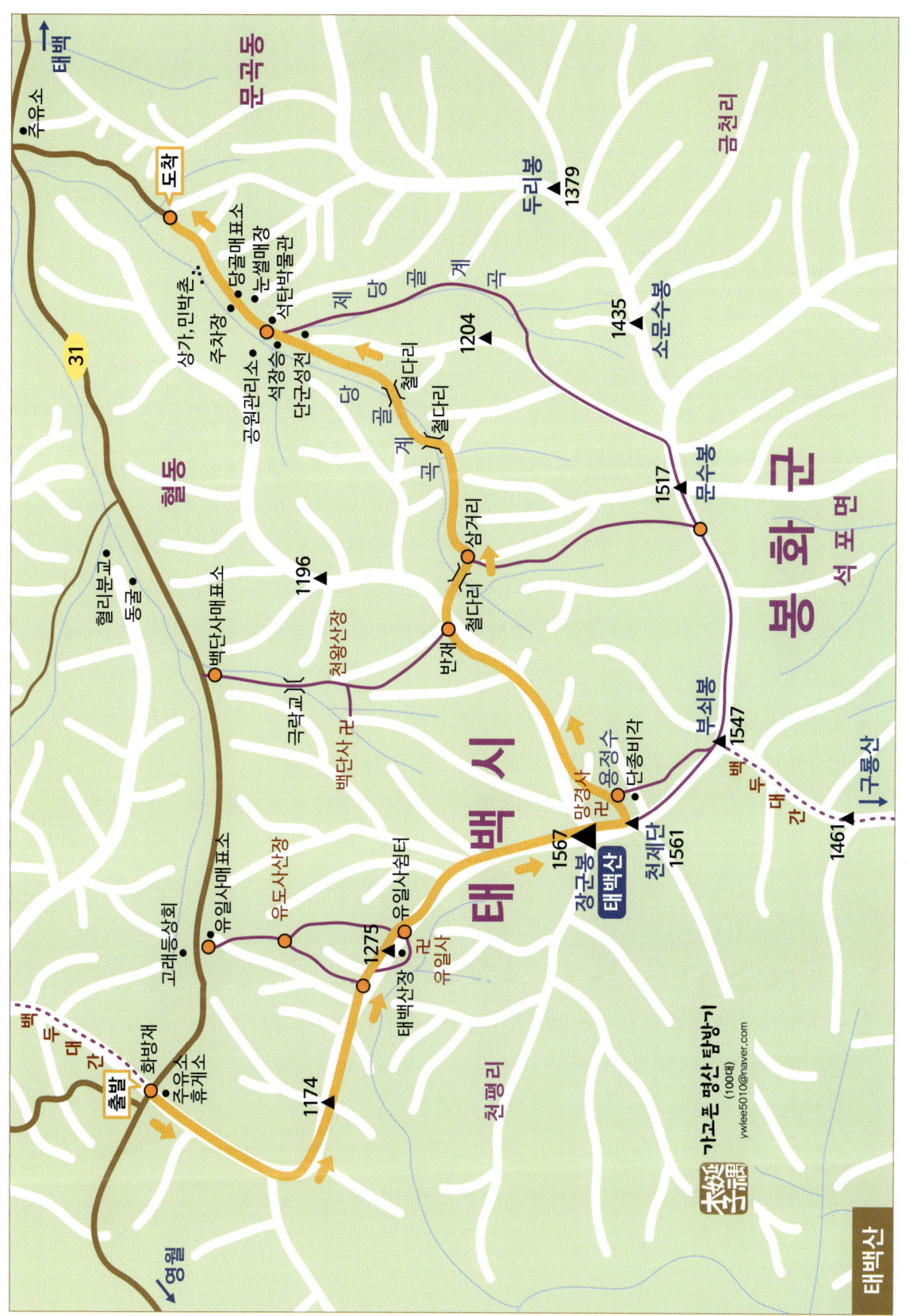

도락산

2017년 03월 05일 022

유래 깨달음을 얻는 데는 나름대로 길(도)이 있어야 하고 거기에는 또한 즐거움이 따라야 한다는 뜻에서 우암 송시열이 직접 지은 이름.

도락산은 앞에 '식'자를 넣으면 '식도락', 중간에 '시'자를 넣으면 '도시락', 이래저래 뭔가 먹는 것과 연관되니 어쩐지 소풍가는 아이처럼 들뜬 느낌이 든다. 요즘 허리 통증으로 배낭의 짐을 최소한으로 줄여 넣고 서둘러 단양에 도착하니 9시쯤, 며칠 쌀쌀하던 기온이 오늘은 햇볕이 따스하게 내리쬐고 바람도 없다.

산입구에 도착, 패딩을 벗어 배낭에 매달고 기분좋게 오솔길을 걷는다. 이어 계곡의 다리를 건너고 오르막계단을 올라서니 여기저기 바위들이 보이기 시작한다. 갈수록 커다란 바위가 아슬아슬 치솟아있고 그 와중에 놀랍게도 바위틈에 소나무가 단단히 뿌리를 내리고 있는 것이 아닌가... 잠시후 언덕에 올라 뒤돌아보니 회색빛이었던 바위가 햇빛에 반사되어 하얗게 마치 오징어가 고개를 내밀고 있는 것같다. 곧이어 샌드위치처럼 넓적한 바위들이 설악산의 공룡능선을 떠올리게 한다.

이제 암릉지대를 지나 가끔씩 고사목이 보이더니 응달진 오르막이 이어진다. 눈쌓인 비탈은 중간중간 얼음까지 얼어있어 아이젠을 하고도 엉금엉금... 나무뿌리도 잡고 때로는 바위 모서리도 잡아당기며 간신히 기어오른다. 다행히 바람도 없고 오르막이 그다지 길지 않으니 고마울 따름이다.

이렇게 애쓰며 언덕을 올라서니 다시 이어지는 암릉길... 여기저기 암벽들이 아슬아슬 수려하고 저멀리 구불구불 계단이 롤러코스터처럼 공포스럽다. 지난가을 대둔산의 암릉계단이 떠올라 벌써부터 겁나고 긴장감에 애꿎은 에너지바를 하나 꺼내먹는다. 잠시후 드디어 공포의 계단 앞에 다다르니 이게 웬일인가... 계단은 지금까지 중 가장 편안한 경사에 미끄러지지 않도록 타이어 고무까지 깔려 있으니... 뜻밖의 깜짝 선물에 오르막계단이지만 발걸음이 가벼워진다. 두리번두리번 주변의 웅장한 암벽들에 감탄하며 계단을 올라서니 거대한 바위들이 코앞에 다가오고... 저멀리 암봉은 밤톨을 깎아놓은 듯 통째로 바위이다. 곧이어 신선봉에 다다르니 탁트인 시야에 그림같은 풍경이 펼쳐지고 우아한 노송이 유구한 세월을 느끼게 한다.

이제 팻말(내궁기마을)을 지나 널따란 공간이 펼쳐지고 한쪽에 둥그런 정상석(도락산 964m)이 보인다. 시야는 꽉 막힌 채 답답하고 좀전 신선봉이 정상풍경을 대신한다.

되돌아 다시 신선봉을 거쳐 삼거리에 도착하고 이제는 오른쪽으로 내려가기 시작한다. 그런데 응달진 내리막은 얼음이 녹지않아 미끄럽고 다시 아이젠을 꺼내 신는다. 조심조심 한참을 내려오며 이제나저제나 평탄한 길을 고대하지만 아뿔싸~ 다시 오르막... 하산길의 오르막은 몇 배로 힘들고 그나마 길이 미끄럽지 않으니 다행이다. 커다란 바위전망대를 지나 힘겹게 봉우리에 올라서니 팻말(제봉)이 보인다.

잠시 숨을 고른 후 다시 내려가는데 울퉁불퉁 너덜길은 영~ 속도가 나지 않고 그렇다고 훨훨 날아갈 수도 없고... 경치는 아름답지만 발길은 고행이고... 간신히 너덜길을 벗어나 흙길에 접어드니 이제야 안도의 숨을 내쉬는데 반갑게도 저기 마을이 보인다. 곧이어 주차장에 되돌아오고 가는 길에 잠시 들른 사인암... 병풍처럼 둘러싼 거대한 절벽이 마치 청동기시대 유물같고 그 자체로 거대한 박물관을 연상케 한다. 그 놀라운 광경을 바라보며 어느새 피로는 눈녹듯 스르르...

월출산
2017년 03월 19일 023

유래 산이 서해에 접해있기 때문에 달을 가장 먼저 맞이한다는 의미.

산봉우리에 걸려있는 달이 얼마나 아름다우면 월출산일까? 지난해 가야산에서 감탄사를 연발하며 넋이 빠져 있을 때 일행들 왈, 월출산은 이것보다 더 기막히고 가야산이 여성적이라면 월출산은 남성적이라고, 그 후로 점차 궁금증은 커지고... 이른 아침 서둘러 장장 5시간 후 목적지에 도착, 요즘 부족했던 잠을 보충하니 머리가 개운해진다. 차에서 내리니 이미 많은 산객들이 줄지어 산입구 쪽으로 향하고 따스한 햇살이 완연한 봄을 느끼게 한다.

길 양옆으로 도톰한 동백 잎이 햇빛에 반짝반짝 탐스럽고 가끔씩 빨간 꽃망울들이 망울망울 삐져나와있다. 입구에 들어서니 빼곡한 대나무 숲에 가끔씩 묘지가 보이고 초입인데도 벌써부터 제법 커다란 바위들이 널려있다. 앞으로 갈수록 파리하게 산의 윤곽이 보이기 시작하고 광암터 삼거리 팻말이 나오자 마을풍경이 보이기 시작한다.

저기 펑퍼짐한 바위 꼭대기에 눈사람처럼 바위가 솟아있고 그 넓적한 바위를 휘돌아 나오니 저멀리 첩첩산중 거대한 암릉들... 가까이든 멀리든 거칠거칠 거무스름한 바위가 웅장한 무게감을 더한다. 오를수록 기묘한 모양의 능선들이 호기심을 부르고 우뚝우뚝 솟아있는 바위에 탄성이 절로 난다. 주변의 소나무들은 분재처럼 탐스럽고 저기 오른쪽에 정상봉이 보인다. 아련하던 암릉들 사이사이로 육중한 철계단이 굽이굽이 올라가고 마치 거대한 공룡이 울퉁불퉁 뼈를 드러낸 채 하늘로 치솟는 모습이다.

그런데 그렇게 위협적이던 계단은 막상 가까워지자 가파르지도 않고 간격도 적당하니 오르기가 편안하다. 오를수록 주변의 시야는 넓어지고 산에 있는 돌이란 돌은 모두 여기 모여 있는 것처럼 어디를 둘러봐도 돌 천지다. 그것도 마치 설악산의 비경처럼 자신의 모습들을 한껏 뽐내며 수려하게 펼쳐진다.

어느덧 계단을 올라서니 고층빌딩처럼 거대한 바위가 가까이 다가오고 어떻게 오르나 걱정하던 것이 얼마나 기우였던지... 산은 바위들로 험악하나 잘 닦여진 등산로로 야트막한 산을 타는 것보다 더 수월하게 느껴지고 수많은 노고에 감사할 따름이다. 바게트빵, 물개, 고래 바위들 사이로 꼬불꼬불 빠져나오니 식빵바위 사이로 정상봉이 더 가까이 보인다. 높이 치솟은 암벽 옆으로 다시 철계단이 이어지고 거친 바위표면에는 재색 빛 이끼가 쫘악~ 번져있다.

이윽고 광암터 삼거리에 도착하니 다시 마을풍경이 보이고 이제 정상쪽으로 발걸음을 옮긴다. 커다란 암벽 사이로 오랜만에 흙길이 나오고 이곳을 휘돌아가니 웬걸, 나오라는 정상은 보이지 않고 끊임없이 가파른 계단이 이어진다. 숨을 헐떡이며 힘겹게 한발 한발 오르는데 저 위에 사람인(人)자 모양의 통천문이 보인다. 이윽고 위에 올라 문을 통과하니 와아~ 끝없이 이어지는 첩첩산중... 괴암능선들... 사방 어디를 둘러봐도 암벽... 암벽... 암벽... 뿐이다. 도대체 얼마나 바위가 많으면 이렇게 사방팔방 바위들로 가득 차 있을까... 분주한 산객들 사이로 간신히 정상석(천황봉 809m) 사진을 찍은 후 경치에 흠뻑 취하고... 이산 역시 설악산처럼 두고두고 와보고 싶은 산이다.

이제 아쉬움을 뒤로한 채 다시 통천문을 나와 삼거리에 도착, 천황 주차장 쪽으로 내려가기 시작한다. 편안한 흙길은 완만하게 내려가고 경포대 삼거리를 지나 계단이 이어진다. 잠시 후 저기 거대한 암벽에 아슬아슬 줄타는 산객들 모습이 보이고 암벽 밑으로 돌아나오니 다시 흙길과 계단이 반복된다.

그런데 이렇게 한동안 수월하던 내리막에 갑자기 너덜오르막이 나타나고 흡사 설악산 마등령 고개처럼 울퉁불퉁 거친 협곡은 그때의 기억을 떠올리게 한다. 그 경험으로 부담을 떨치며 편히 너덜길을 올라서니 또다시 거대한 바위산이 사방을 에워싸고 있다. 천천히 철계단을 내려가는데 저멀리 붉은 태양은 이글이글 녹아들고... 파란 하늘은 붉게 타오르고... 저 밑으로는 주황색 구름다리가 아슬아슬 이어진다. 이윽고 거대한 다리 앞에 다다르니 육중하게 뻗어있는 다리 밑으로는 천길만길 낭떠러지... 아찔아찔... 움찔움찔... 애써 두려움을 누른 채 앞만 보고 서둘러 다리를 건넌다. 이어 작은 쉼터를 지나 정신없이 아래로아래로... 어느덧 숲에는 동백과 대나무들로 빼곡하다. 이어 부지런히 숲을 빠져나오니 저 앞에 널따란 주차장이 보인다.

팔봉산
2017년 04월 09일 024

유래 여덟 개의 산봉우리가 줄지어 있다는 의미.

팔봉산은 봉우리가 여덟개라서 팔봉산일까? 봉우리 하나 넘는 것도 힘든데 어떻게 여덟개를 넘을 수 있을지... 이른 아침 서둘러 목적지에 도착하니 쌀쌀한 기온에 약간 구름이 끼었지만 상쾌하다. 그런데 저멀리 보이는 오밀조밀한 봉우리들이 심상찮고 저 봉우리들이 팔봉을 이룬단다. 실제로 8봉이 밤송이처럼 옹기종기 모여있고 워낙 오밀조밀해 한눈에 들어온다. 이쪽에서 저쪽 봉우리를 펄쩍뛰면 닿을 것같은데 저기를 하루종일 산행한다니... 매표소에서 입장료 천오백원을 내고 입구를 통과, 등나무 아취 계단을 내려가니 연두색 다리가 산을 잇고 있다.

이어 숨차게 통나무 계단을 오르고 좀전에 쌀쌀하게 느껴졌던 기온이 이제는 더워 겉옷을 벗는다. 잠시후 능선에 올라서고 초입부터 커다란 암벽이 떡~ 버티고 서있다. 조심조심 바위를 잡고 힘껏 봉우리에 오르니 홍천강 줄기도 보이고 저멀리 능선들이 아련하다. 이어 계단을 오르니 구들장만한 돌에 팔봉산1봉이라고 쓰여있다.

조심조심 바위를 내려와 길게 내려진 밧줄을 잡고 철발판을 아슬아슬 올라간다. 주변의 바위들은 거칠거칠 마치 굴껍질이 바위로 굳어진 것처럼 우툴두툴하다. 봉우리에 올라서니 2봉 정상석이 앙증맞게 앉아 있고 오른쪽으로 울긋불긋 당집이 서있다. 시원한 바람에 태극기가 휘날리고 저멀리 마을풍경이 한눈에 들어온다. 그리고 저기 봉우리가 굴껍질을 쌓아놓은 듯 입체감이 화려하다.

이어 커다란 바위에 다다르니 아찔한 수직계단이 하늘로 치솟아 있고 다행히 철봉 손잡이를 잡고 조심조심 계단을 올라선다. 넓적한 바위 중앙에는 밤톨 모양의 정상석(3봉)이 솟아있고 주변풍경은 주차장이 보일만큼 한층 더 시야가 넓어진다.

이제 천천히 철계단을 내려가고 갈림길이 나온다. 왼쪽은 해산굴, 오른쪽은 우회로

길, 해산굴을 통과하는 것이 이 산의 백미라 하니 그쪽으로 향한다. 그런데 굴 입구가 진행 방향이 아니라 옆으로 있어 보기에 그냥 암벽처럼 보인다. 철다리를 건너 바위 앞에 다다르니 굴은 전혀 예상 밖이다. 당연히 깊은 동굴이라 상상했는데 얕게 움푹 들어간 암벽에는 두개의 커다란 바위가 사람인(人)자 모양으로 기대어있고 그 밑으로 사람 하나 빠져나갈 정도의 조그만 구멍이 뚫려있다. 천천히 앞으로 다가가 보기에는 쉽게 빠져나갈 것같은데 막상 오르려니 발디딜 곳이 마땅치 않아 팔에 온몸의 무게를 지탱해야하는 상황이다. 팔이 부들부들 떨리고 결국 일행의 도움으로 간신히 굴을 빠져나오니 휴우~ 팔에 힘이 쭉~ 빠진다. 이제 가벼운 마음으로 4봉 쪽으로 향하니 커다란 소나무 밑에 정상석 바위가 자리잡고 있다.

이어 나무계단을 내려가 다시 철계단을 조심조심 올라가니 고사목 앞에 삼각김밥 모양의 정상석(5봉)이 앙증맞게 앉아있다. 아침에 꾸물대던 날씨는 햇볕이 쨍쨍하니 마을 풍경이 더 선명하게 다가온다.

뒤돌아 천천히 철계단을 내려오니 길 한가운데에 커다란 바위가 솟아있고 중간쯤에 산악회 리본이 빼곡히 매달려있다. 이곳을 돌아나오니 아슬아슬 암벽에 가파른 철계단이 치솟아있다. 조심조심 계단을 올라서니 소나무 밑 커다란 바위에 위태롭게 정상석(6봉)이 놓여있고 낭떠러지여서 접근하기가 어렵다. 간신히 사진을 찍고 앞쪽을 바라보니 꿈틀꿈틀~ 마치 공룡이 살아움직이는 것처럼 7봉 능선이 펼쳐진다.

이제 철계단을 내려서고 이어지는 가파른 암벽에는 아슬아슬 철난간 밧줄이... 힘껏 줄을 잡고 엉금엉금 기어 봉우리에 다다르니 팔이 후들거리고 기운이 쭉~ 빠진다. 반들반들 쑥떡처럼 생긴 정상석(7봉)이 바위높이 앉아있고 파아란 하늘에는 흰구름이 한가로이 떠있다. 저멀리 시원하게 펼쳐지는 마을풍경 사이로 8봉이 솟아있고 마치 해변의 거대한 따개비군상 모습을 하고 있다. 뒤돌아 지나온 봉우리들을 바라보니 역시 굴껍질을 쌓아놓은 것처럼 울퉁불퉁... 바닷가 모습을 연상케 한다.

이제 마지막 봉을 향해 조심조심 내려오는데 갑자기 경고판이 보이고 갈림길이 나온다. 아마도 8봉 오르기가 위험한가보다. 오르막은 경고문에 걸맞게 상당히 가파르고 철제발판과 철제손잡이가 바짝 긴장하게 만든다. 그런데 실제 올라보니 위험하지만 밧줄을 타는 것보다 오히려 단촐하고 도중에는 철계단이 이어져 감지덕지 오른다. 드디어 8봉에 올라서니 바위높이 식빵조각 모양의 정상석이 서있고 그 위로 소나무가 시원한 그늘을 드리운다. 휴우~ 여덟 봉우리를 다 넘었다는 안도감으로 이제 편안해지고 경치를 두리번두리번... 아롱아롱 봄기운이 마을을 감싸고 파아란 강물이 넘실넘실 생기롭다.

이제 천천히 내려가고 갈수록 가까이 보이는 마을과 짙초록빛 강물이 신비하다. 소라껍질 모양 바위를 지나니 철난간으로 이어지는 가파른 내리막이 아찔하다. 공포의 급경사에서는 마침내 뒤돌아 난간을 움켜잡고 뒤로 내려온다. 가도~ 가도~ 계속되는 이놈의 급경사...팔도 후들거리고 다리도 아프다. 봉우리가 뾰족하다보니 내리막도 급경사이고 철난간이 계속 이어지나보다. 이렇게 내려가기도 힘든데 이 많은 난간들을 설치하느라 얼마나 고생했을지... 드디어 징한 철난간이 끝나고 이제 수직 철계단이 이어진다. 아슬아슬 수직계단이지만 좀전의 철난간 보다는 수월하게 내려온다. 휴우~ 드디어 평탄한 길에 내려서고 탁트인 강물(홍천강)이 시원스레 펼쳐진다.

강가의 암벽을 따라 산책로를 휘돌아가고... 흔들다리를 건너고... 동굴모양의 암석도 통과하고... 각양각색 암석에 감탄하며 무엇보다 오염되지 않은 맑은 강물에 너무나 순수해진다.

올망조망 여덟 개의 봉우리들, 펄쩍펄쩍 뛰면 금방 닿을 듯... 막상 올라보니 역시 만만치 않구나! 하지만 아기자기 수려함에 감탄 또 감탄, 특이한 산의 구조가 오래오래 기억에 남을 듯....

금수산

유래 본래 백운산이었는데 조선중기 퇴계 이황이 비단에 수를 놓은 듯 몹시 아름다운 경치에 감탄하여 금수산으로 바꾸었다 한다.

2017년 04월 16일 025

이 산은 산속에 짐승들이 많이 살아서 금수산일까? 아니면 금실로 수놓은 것처럼 아름다워서 이런 이름이 붙여진 것일까? 이제 완연한 봄기운에 여기저기 꽃소식이 들려오고 파릇파릇 돋아나는 나뭇잎들이 싱그럽다. 이른 아침 서둘러 제천에 도착, 차에서 내리니 평온한 시골마을에는 분홍, 노랑, 하얀꽃들이 앞다투어 시끌벅적 화려하다.

보문정사 입구와 복사꽃이 눈부신 과수원을 지나 산입구에 도착, 오른쪽으로 너덜길을 따라가니 계단과 너덜길이 반복되고 이내 칡넝쿨과 등나무들이 얼기설기 엉켜있는 정글숲에 다다른다. 더구나 숲속 한가운데는 여기저기 고사목까지 널브러져 마치 쥬라기시대 세트장같은 느낌이 든다. 그 침침한 정글을 벗어나니 잠시후 계단이 이어지고 가끔씩 진달래가 눈에 띈다. 두리번두리번 꽃들을 바라보며 계단을 올라서니 이제 가파른 오르막이 기다린다. 혹시 이 오르막쯤에는 토끼나 다람쥐 혹은 오소리나 까마귀 그도 아니면 뱀이라도… 하지만 능선에 올라설 때까지 새소리도 들리지 않는다. 아무래도 금수산의 금수는 짐승이 아닌가보다. 능선을 따라 앞으로 갈수록 커다란 바위들 사이로 마을풍경이 보이기 시작하고, 저 앞에 다시 오르막이 기다린다. 오르고 또 오르고, 길가에는 진달래와 노란 야생화가 햇빛에 반짝인다. 꽃을 벗삼아 어느덧 힘든 오르막을 올라서니 살랑살랑 바람이 불고 앙증맞은 노란꽃이 언덕에 쫘아악~ 깔려있다. 그리고 길가에 두개의 커다란 바위가 기둥처럼 서 있고 그 사이로 마을풍경이 한눈에 들어온다. 얼마후 삼거리에 도착하니 정상0.5km 팻말이 서있고, 커다란 바위를 돌아서니 급경사 나무계단이 이어진다. 숨차게 계단을 올라서고, 곧이어 철계단이 정상을 향해 치솟아있다. 위로 오를수록 탁트인 풍경이 시원스레 펼쳐지고 곧이어 정상 전망대에 올라선다. 커다란 암석 위에 찐빵처럼 둥그스름한 정상석(금수산1,016m)이 놓여있고, 주변의 풍경은 겨울에서 깨어나 봄을 향해 한껏 기지개를 켜고 있다.

　이제 천천히 내려가기 시작, 저멀리 청풍호수와 마을풍경이 보이고 겨우살이 군락지를 지나 다시 철계단을 오르니 시야가 막힌 커다란 공터에 둥그스름한 정상석(망덕봉) 놓여있다. 이제 상천주차장 쪽으로 향하니 나무계단이 이어지고 너덜길이 나온다. 이제 바위가 연속되니 철난간과 내리막 계단이 반복되고, 주변에는 기괴하게 생긴 바위들이 빌딩처럼 솟아있다. 계속되는 바위를 이제 직접 타고 내려가고, 저멀리 하얀꽃이 만발한 마을풍경이 노래 '나의 살던 고향'을 연상케한다. 그리고 이러한 비단결처럼 아름다운 모습에서 금수산 이름이 지어진 것이 아닐까… 드디어 조심조심 암벽길을 벗어나니 왼쪽에 거대한 바위계곡(용담폭포)이 나오고, 위쪽에 두개의 웅덩이가 초록빛을 띠고 가운데로 물줄기가 흘러내린다. 마치 거대한 복주머니 두 개가 마주한 모습은 여름 장마철에는 폭포가 장관을 이룰 것같다. 이제 아쉬운 발길을 돌려 마을 쪽으로 내려오니 복숭아꽃이 만발하고 산에는 하얀 산벚꽃이 지천이다. 그리고 마을은 인적없이 고요한데 꽃들은 온갖 화려함으로 아름다운 봄을 만끽하고 있다.

마이산

2017년 04월 23일 026

유래 마이산은 1억년 전 담수호의 지각변동으로 융기 형성된 수성암, 원래 용출봉으로 불리다 조선태종이 남행하여 그 모양이 말의 귀와 같다하여 마이산이라 이름지었다한다. 동쪽은 수마이산(680m), 서쪽은 암마이산(687.4m)

마이산은 귀여운 아가의 볼록한 이마가 떠오르고 한때 유행했던 마이마이 카세트가 떠오른다. 마이가 무슨 뜻일까…? 이른 아침 서둘러 진안에 도착, 차에서 내리니 주차장이 아닌 도로 옆, 출발지점이 여기부터다.

초입부터 여기저기 묘지가 눈에 띄고 오르막이 가파르다. 워낙 따뜻한 기온으로 얼마되지 않아 땀이 배고 봄도 되기 전에 여름이 된 것같다. 열기를 느끼며 고개에 올라서니 진달래, 소나무들 사이로 마을풍경이 보이고 바둑판처럼 반듯한 농경지들이 선명하다. 길옆 커다란 바위는 시멘트 자갈을 발라놓은 듯 자갈돌이 잔뜩 박혀 울퉁불퉁, 묘하게 색깔도 회색빛이다. 철난간을 잡고 조심조심 바위에 올라서니 시야가 훤히 트이며 정상석(광대봉)이 서있다. 그런데 저멀리 피라밋처럼 우뚝 솟은 봉우리가 참으로 특이하게 보인다.

천천히 광대봉을 내려오니 평탄한 능선길이 펼쳐지고 부지런히 갈림길에 다다른다. 오른쪽 산벚꽃이 만발한 언덕을 돌아나오니 저기 금빛으로 빛나는 사찰건물(금당사)… 주변의 불상들도 모두 금색이다. 가까이 앞마당에 이르니 탁트인 시야에 저멀리 피라밋 봉우리가 더 뚜렷하고 이제는 회색빛을 띠며 좀더 뭉툭하게 보인다.

이어 가파른 언덕을 따라 조심조심 전망대(비룡대)에 올라서니 저멀리 피라밋이 좀더 가까이… 마치 거대한 배가 파도를 가르며 유유히 귀항하는 모습…

이제 숲길을 따라 꼬불꼬불… 오르락내리락… 가도가도 나올 듯 나오지 않는 봉우리… 좀전 전망대에서 볼 때는 금방 도착할 것같았는데… 거의 지쳐갈 무렵 이윽고 나무들 사이로 하얀 암벽이 보이고 가까울수록 바위 표면이 자세히 보인다. 그런데 역시 자갈이 덕지덕지 붙어있고 군데군데 둥그렇게 웅덩이처럼 파여 있다. 문득 까마득한 우주공간이 연상되며 화가 정광영의 [집합] 시리즈 그림들이 스쳐지나간다.

거대한 봉우리 밑에 다다르니 개미보다 더 작아지는 느낌이고 코앞의 벽마저도 축구장보다 커 보인다. 곧이어 가파른 돌계단을 따라 암봉 가까이 올라서니 저멀리 까마득히 이어지는 암벽길... 주변은 코앞의 벽만 보일뿐 전후좌우 아무것도 보이지 않는다. 암벽을 따라 벽을 만져보고... 손톱으로 긁어보고... 벽을 밀어보고... 역시 벽면은 회색빛 모래자갈 어패류가 박혀있다. 이렇게 거대한 봉우리를 시멘트 공사로는 만들지 못할테고 아무래도 이 봉우리는 우주 탄생 즈음 바다에서 솟은 듯...

이렇게 암벽을 돌아나오니 까마득히 데크계단이 이어진다. 완만하게 시작하는 계단은 오를수록 가팔라지고 갈수록 지쳐간다. 얼마후 어떤 산객이 그냥 포기하고 내려가는데 역시 뒤따라 내려가고 싶다. 산행 막판 지쳐있는 상태에서 더구나 이렇게 가파른 계단을 오르려니 다리가 천근만근... 후들후들... 죽을 맛이다. 계단은 왜 이토록 길고 긴지... 드디어 천신만고 끝에 계단을 올라서니 널따란 공터에 정상석(암마이봉687.7m)이 우뚝 서있고 글씨체가 말이 힘차게 달리듯 휘날리는 형상이다. 바로 옆에는 숫마이봉이 높이 치솟아 있고 아직은 오르지 못하는 통제구역이란다. 이렇게 나란히 인접해있어 보는 방향에 따라 하나로 보이기도하고 둘로 보이기도하고... 높다랗게 솟아있는 봉우리들은 마치 63빌딩에서 롯데월드 빌딩을 바라보는 느낌이랄까... 탁트인 시야는 공포의 높이에 현기증이 날 정도이고 풍경이 흔들흔들 멀미가 난다. 때마침 바람까지 심하게 부니 거대한 배가 거센 파도를 만난 듯...

곧장 서둘러 내려가기 시작, 무엇에 쫓기듯 반사적으로 튕겨 내려가고... 부지불식 순식간에 아래로... 아래로... 오를 때는 그토록 힘들더니 휴우~ 어느덧 계단 아래로 내려선다. 잠시후 두 거대한 봉우리(암마이봉, 숫마이봉) 사이로 완만하게 이어지는 계단... 웅장한 동굴을 빠져나가 듯 조심조심 계단을 내려오니 조그만 사찰(은수사)이 보인다. 그런데 와아~ 빼곡히 들어찬 탑들... 사찰주변을 촘촘히 에워싸고 있는 탑들은 마치 거대한 사막의 무수한 선인장들처럼 하늘을 향해 간절히 기도하고... 지금까지 이렇게 무진장 늘어선 돌탑은 처음 본다. 하지만 촉박한 시간으로 탑사 안쪽까지는 들어가지 못한 채 입구에서 아쉬운 발길을 돌린다. 언젠가 기회가 된다면 이쪽 탑사를 시작으로 정상에 오를 수 있기를... 이제 시간에 쫓겨 정신없이 뛰어가고... 휴우~ 이제야 저기 널따란 주차장이 보인다. 그런데 이미 약속한 시간은 지나고...

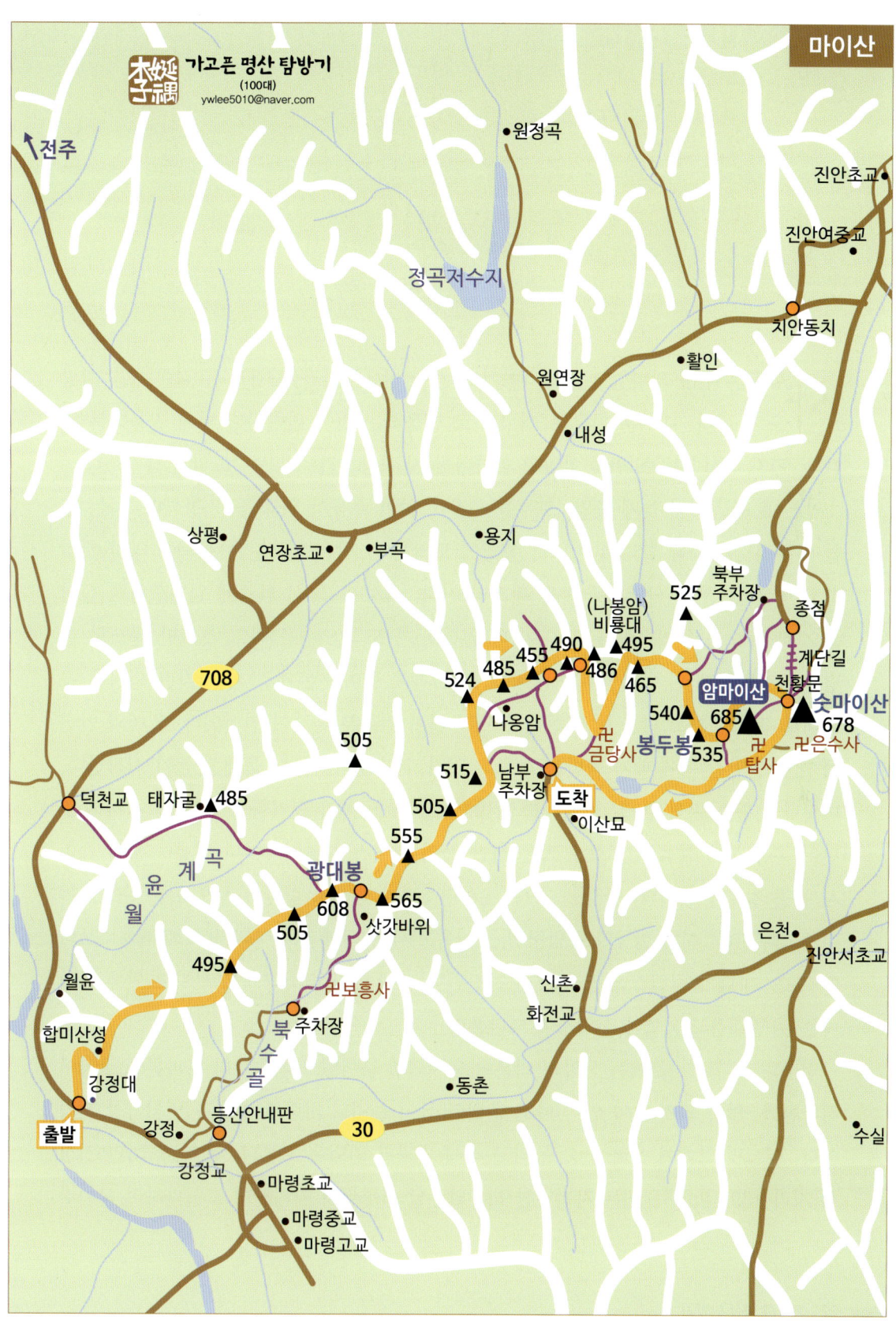

사량도

유래 섬의 상도와 하도 사이의 동강이 긴 뱀처럼 생겼다하여 붙여진 이름.
(蛇梁島)

2017년 04월 30일 027

사량도는 무슨 의미일까를 생각하기도 전에 발음부터가 '사량도'를 잘못하면 '사랑도'가 된다. 대부분 이렇게 '사랑도'로 발음하는 것이 편하니 그렇게 발음하는 것 같다. 필자 역시 '사랑도'인줄 알았고 얼마나 섬이 사랑스러우면 사랑도일까 생각했다.

암튼 토요일 저녁 늦게 출발, 모두들 조용히 앉아 소등이 되고 잠을 청한다. 차는 쉼없이 목적지를 향해 달리고 어느덧 통영에 도착한다. 밖은 칠흑같은 어둠에 약간 쌀쌀하고 꼭두새벽부터 식당으로 밥을 먹으러 간다. 식사 후 낯선 환경에 얼떨떨하며 삼삼오오 배가 오기를 기다린다. 드디어 배(일신호)가 도착(6시)을 하고 조그만 문으로 한 명씩 탑승하는데 마치 다람쥐가 상자 속으로 쏙쏙 들어가는 것같다. 기다란 의자에 순서대로 꽉 들어차고 밖은 아직도 해가 뜨지 않아 검푸른 물결이 넘실댄다. 멀미와 안전에 대한 불안감 속에 배가 출발을 하고 저멀리 수평선과 하늘이 붉게 물들기 시작한다. 너도나도 일출을 찍겠다고 카메라를 창밖으로 겨누고 해가 뜨기를 기다린다. 서서히 주변이 온통 붉게 물들고... 콕~ 찍은 하얀 점이 스멀스멀 불어나더니 메롱~ 하며 슬며시 둥근 얼굴을 내민다. 찰칵... 찰칵... 셔터소리와 함께 우렁찬 탄성으로 한동안 해돋이에 심취한다. 이어 한동안 꾸벅꾸벅... 이윽고 배가 섬에 도착하고 밖으로 빠져나오니 탁~트인 바다가 시원스레 펼쳐진다. 잔잔한 파도에 햇빛이 하얗게 부서지고 언제 졸았냐는 듯 발걸음도 가볍게 산입구에 다다른다.

입구의 커다란 나무에는 산악회 리본이 덕지덕지 붙어있고 처음부터 가파른 오르막이 시작된다. 얼마 되지 않아 열이 나고 추웠던 몸이 풀리니 바람막이 옷을 벗어야할 지경이다. 어느덧 고개에 올라 한숨 돌리고 다시 가파른 언덕을 오른다. 잠시 후 까만 정상석(지리산397.8m *원래는 지리망산으로 맑은날 이곳에서 지리산이 보인다하여 붙여진 이름이란다)이 보이고 능선 좌우로 탁~트인 바다와 마을이 보인다.

이제 능선을 따라 점점 바위가 나타나고 납작한 과자를 켜켜이 쌓아놓은 것처럼 날카롭고 위험하다. 좀더 내려가니 거대한 암벽(책장바위)이 마치 도서관의 커다란 책장이 진열되어 있는 것처럼 산속의 도서관을 이룬다. 잠시후 사거리에는 산객들이 북적이고 이어 언덕에는 수많은 바위가 마치 공원묘지 비석처럼 촘촘히 서있다. 잠시후 언덕을 지나 커다란 바위(달바위)가 아슬아슬 서있는데 밑에는 낭떠러지... 공포감에 서둘러 내려오니 오르막 철계단이 기다린다. 숨가쁘게 계단을 오르고 이어 철난간이 이어진다. 좌우 어디를 봐도 아슬아슬 낭떠러지... 경치는 더할 나위없이 아름답고... 저멀리 희미하게 정상이 보인다. 하지만 그것은 순간뿐... 두려움에 난간을 꽉~잡고 앞만 보고 걷는다. 드디어 정상, 울퉁불퉁 암봉에는 정상석(가마봉)이 우뚝 서있고 주변은 현기증이 날 정도로 아슬아슬하다.

이제 철난간을 잡고... 바위를 타고... 조바심치며 널따란 바위에 다다르니 맙소사~ 저기에 또다른 봉우리가... 게다가 바로 앞에는 거의 직각으로 아슬아슬 철계단이 내려가고... 아찔한 계단은 숨죽이며 뒤돌아 내려갈 수밖에... 간신히 계단을 내려서니 아뿔싸~ 또다른 계단이 연거푸 두 개나 이어지고 있다. 잠시후 다 내려오자 팔과 손에 얼마나 힘을 주었던지 덜덜 떨린다. 다음 봉우리로 오르는 언덕도 너무나 가팔라 중간에 구조물이 설치되고 연이어 오르막 계단이 이어진다. 오를수록 시원스레 시야가 트이고 힘들게 지나온 길들이 소용돌이치듯 파노라마를 그리며 넘실넘실...

그런데 잠시후 눈이 휘둥그레... 저기 아찔한 출렁다리가 천길만길 낭떠러지... 보기만 해도 공포스런 저 다리를 어찌 건너야할지... 입구에 도착하기도 전에 오금이 절이고 두근두근 심장이 헐떡인다. 드디어 입구... 이를 어쩌지... 망설이고... 망설이고... 일행들은 거의 다 건너갔는데 무서워 발이 떨어지질 않는다. 주저주저 망설이고 있는데 누군가 뒤에서 등을 떠밀고... 얼떨결에 걸음마를 떼고... 거의 끌려가다시피 질질... 다리가 흔들흔들하니 정신이 아득해지고... 털썩 주저앉으려는 찰나 순식간에 끌려간다. 휴우~ 잠시 숨을 돌리며 정신을 차리니 맙소사~ 또다시 공포의 다리가... 으~ 어찌하라고... 다시 질질 끌려 간신히 다리를 건너고... 휴우~ 안도의 숨을 쉬며 뒤돌아보니 대견하기도 하지만 다리위에서 경치 바라보기는 꽝~ 된 셈이다.

아쉬움을 뒤로하며 가벼운 발길로 내려가고 점점 웅성임 소리가 들려온다. 잠시후 널따란 공터에는 산객들로 분주하고 온통 자갈로 덮여있는 바닥에는 하얀 정상석(옥녀봉)이 우뚝 서있다. 거의 손때가 묻지 않은 것을 보니 세운지 얼마되지 않은 것같다.

　잠시 숨을 돌린 후 이제야 숲길 따라 편안히 내려가기 시작한다. 얼마후 저멀리 항구가 보이고 내려갈수록 시원한 바다가 가까이 다가온다. 이윽고 무사히 항구에 도착, 꼬르륵~ 배가 고프다. 급한 대로 에너지바를 오물거리며 배에 오르니 항구가 서서히 뒷걸음질치고… 지나왔던 산능선들도 뒷걸음치고… 저멀리 아찔한 두개의 구름다리도 이제는 겨우 한 뼘도 되지 않은 채 후~ 불면 날아갈 것만 같다. 점점 섬(사량도)은 아스라이 사라지고 망망대해는 햇살이 하얗게 퍼져나간다.

지리산
2017년 05월 07일 028

유래 어리석은 사람이 머물면 지혜로운 사람이 된다고 해서 붙여진 이름으로 수많은 은자들이 이 산에 숨어 도를 닦으며 정진해 오고 있다. (智異山)

지리산은 설악산 못지않게 유명하니 기대도 크고 궁금증도 크다. 상상하기에 무성한 숲, 시커먼 곰이 험악한 비탈언덕을 마구 파헤치고 보통 사람은 감히 올라갈 생각도 못할 오르막… 문득 작년 설악산 산행에서 지리산은 설악산보다 볼거리는 없지만 산행하기는 수월하다는 얘기가 떠오른다. 드디어 기다리던 시간이 다가오고 토요일 저녁(밤11시쯤) 서울을 빠져나간다. 불편한 잠으로 눈만 감은 채 시간은 가고 도중 휴게소에 내려 우동을 먹는다. 한시간 후쯤 목적지 백무동에 도착(3시반경)하니 칠흑같은 어둠속에 랜턴 불빛이 분주하다. 하나둘 불빛 따라 어둠을 뚫고 잠시 후 팻말(장터목 5·8km 세석6·5km)에 다다른다.

　캄캄한 어둠속, 장터목 쪽으로 랜턴을 밝히며 비몽사몽 산으로 올라가는 기분이란… 그래도 다행인 것은 좋은 날씨에 설악산을 경험삼아 덜 당황스럽다. 꿈인지 생시인지 헷갈리며 부지런히 걷는데 돌돌돌~ 물 흐르는 소리가 들린다. 얼마후 하동바위 팻말이 나오지만 깜깜한 어둠으로 바위는 보이지 않는다. 어둠속 산행은 마치 꿈속에 다리만 기계적으로 움직이는 것같고 이제 급경사인지 힘들어진다. 잠시후 숨가쁘게 올라서니 산죽이 보이더니 하늘에 희미하게 별이 빛난다. 산죽 사이로 이름 모를 보랏빛 꽃들이 고개를 푹 숙인 채 널려있고 바로 옆에는 팻말(소지봉)이 서있다.

　이제 서서히 어둠이 걷히고 하늘이 희미하게 밝아오자 시계가 다섯시를 가리키고 있다. 점점 낯선 꽃들이 여기저기 보이고 급기야 언덕에 쫙~ 깔려있다. 어느덧 커다란 바위에 다다르니(장터목1·5km) 이제 완전히 어둠이 걷히고 살랑살랑 바람이 분다. 잠깐 한숨 돌린 후 일출을 기대하며 부지런히 발걸음을 옮기니 저기 서서히 능선이 보이기 시작한다. 서둘러 진달래가 핀 산모퉁이를 돌아나오니 시야가 트이며 저 앞에 통나무집(장터목 대피소)이 보인다. 그런데 설악산 중청 대피소가 떠오르며 그때만큼은 신기한 느낌이 덜 하다.

이윽고 대피소에 도착, 취사장에는 이미 산객들로 꽉 들어차 있고 겨우 자리를 비집고 들어간다. 복작복작 아침식사를 하고 밖으로 나오니 바람이 심하게 불며 갑자기 추워진다. 추위를 피해 서둘러 출발, 가파른 돌계단은 끝이 보이지 않는다. 다행히도 이 오르막이 오늘 산행중 젤 가파른 코스라니 좀 견딜 만하고 더구나 힘들게 오르니 열이 나서 추위가 풀린다. 그런데 아차~ 일출… 이제야 바람에 쫓기느라 일출을 못본 것이 생각난다. 그러나 이미 떠오른 해를 어찌하랴…

잠시 후 능선에 올라서니 시야가 탁~트이며 여전히 바람이 분다. 점점 널따랗게 펼쳐지는 벌판에는 목장길처럼 능선길이 저 멀리까지 보인다. 그런데 이상하게도 산중턱마저 나무 한그루 없이 허허벌판… 듬성듬성 보이는 고사목은 왠지 황량하고 마치 화마나 대홍수가 휩쓸고 간 흔적처럼 황폐… 필시 무슨 사연이… 마침 제석봉 알림판이 보인다. 글을 읽고 난 후 이 황량한 벌판에 대한 의문이 풀린다. 곧이어 전망대에 올라 풍경을 바라보지만 세차게 부는 바람에 얼른 내려올 수밖에…

점점 고사목 지대가 멀어지고 이제야 숲속다운 모습이 이어진다. 잠시후 저기 커다란 암벽이 버텨 서있고 산객들이 그쪽으로 줄지어가고 있다. 가까이 앞에 다다르니 신기하게도 커다란 절벽에 아슬아슬 굴(통천문)이 뚫려있다. 굴은 묘하게도 커다란 바위 하나가 양쪽 바위기둥에 얹혀 그것이 천정 역할을 하고 있다. 깊이가 그렇게 깊지는 않지만 밖으로 빠져나가는 가파른 철계단이 위로 이어지고 천천히 계단을 오른다.

잠시후 밖으로 나오니 다시 바람이 심하게 분다. 길 양쪽으로는 간간히 고사목이 보이고 산모퉁이를 돌아나오니 탁트이는 시야… 저기 하늘 높이 거대한 암봉이 솟아있다. 이제 암릉을 따라 조심조심 바위길을 오르고 점점 다가오는 암봉은 거대한 제단처럼 웅장하다. 드디어 봉우리에 올라서니 널따란 공간에는 산객들로 분주하고 거세게 불어대는 바람으로 몸을 가누기도 힘들 정도다. 간신히 정상석(천왕봉1915m, 한국인의 기상 여기서 발원되다)에서 사진을 찍고 몇 걸음 밑으로 내려가자 거짓말처럼 바람이 멈추고 따스하게 햇볕이 내리쬔다. 이제야 바위에 걸터앉아 휴식을 취하며 경치를 바라보니 주변에는 제법 많은 바위들이 둘러싸여있다.

이제 눈에 한가득 풍경을 담으며 내려가기 시작하고 암벽으로 둘러싸인 내리막은 고맙게도 여유로운 계단이 이어진다. 불과 몇 년 전만해도 이 구간은 직접 바위를 타고 위험하게 내려갔다니 이제는 얼마나 다행인지… 내려가기는 편안한데 밑에서 올라오는 산객들은 힘들어 기진맥진 땀을 뻘뻘 흘린다.

내려갈수록 바위는 멀어져가고 점점 진달래가 울긋불긋… 곧이어 신기하게도 나무줄기가 빨간 것이 아마도 이곳의 희귀종인 듯… 잠시후 저기 절벽 아래 산객들이 옹기종기 모여 있다. 가까이 다가가니 커다란 절벽 틈에서 물(천왕샘)이 졸~졸~졸…. 이어 생뚱맞게 빨간 우체통이 보이는데 가까이 다가가니 그것은… 구급상자…!

이제 진달래 군락이 펼쳐지고 여기저기 하얀 자작나무가 눈에 띈다. 그런데 원대리의 자작처럼 항상 곧은 줄만 알았던 나무는 구불구불 휘어진 것이 훨씬 자연스럽고 멋져 보인다. 한편 길가에는 새벽어둠속에 보았던 그 보랏빛 꽃(얼레지)들이 이제는 꽃잎이 하늘을 향해 뒤로 발랑 뒤집혀있고 꽃술은 땅에 코를 박고 있다. 앙증맞은 모습에 절로 미소가… 마치 춤추는 발레리나, 멋진 피겨의 김연아, 올백으로 빗어 넘긴 모델, 가녀린 치와와 강아지… 이런 모습들이 아른아른… 참 신기하고 재미있는 꽃이다.

이제 어느덧 개선문 바위에 이르고 점점 지쳐 평탄한 길이 나오기를 바라지만 한동안 계속 경사진 바위길이 이어진다. 기진맥진 주변의 풍경이 눈에 들어오지 않을 무렵 고맙게도 법계사 입구가 나오고 곧이어 로터리 대피소가 보인다. 산객들로 북적한 대피소는 장터목보다 좀 넓어 보이고 화장실을 다녀온 후 물과 간식을…

다시 힘을 얻어 내려가고 다행히 이제부터는 너덜이 아닌 숲길이 이어진다. 상쾌한 공기에 정신없이 내려가다 보니 오른쪽 계곡에는 하얀 바위가 둥글둥글 이어지고 잠시 후 갑자기 날렵한 바위가 나타나는데 칼로 자른 듯 하늘높이 치솟아 있다.

이제는 완만한 오솔길에 계곡의 물소리도 시원하고 이 얼마만의 편안함인가… 이어지는 계곡의 다리 밑으로 매끄러운 돌들이 하얗고 햇볕에 맑은 물빛이 반짝인다. 다리를 건너 널따란 공간에 이르니 작은 매표소 지붕이 뜨거운 여름처럼 햇볕에 작렬한다. 곧이어 아스팔트를 따라 내려가고 얼마후 반갑게도 저기 차들이 즐비하게 서있다. 서둘러 차에 오르니 오랜 숙제를 끝마친 것처럼 마음이 가벼워진다.

주흘산

2017년 06월 18일 029

유래 문경시의 주산으로 새가 살고 있는 산이라는 주을산의 발음이 변화된 것이다.

두 주동안 글을 쓰지 못했다. 그동안 열흘에 걸쳐 시간을 쪼개고 잠을 줄여가며 힘들게 마무리한 글(황매산)이 피로누적 때문인지 커서를 잘못 눌러 그만 날려버리고 말았다. 일주일은 어떻게 살릴지 알아보느라 보내고 또 한주는 복원되지 않는다는 사실에 상심하며 꼬박 몸살을 앓았다. 그렇게 안타까운 마음으로 황매산은 내년에 다시…

몸살을 훌훌 떨치며 이른 아침 서둘러 세시간 반쯤 문경에 도착, 넓은 주차장에는 이미 차들이 즐비하고 눈부신 햇살 아래 산객들이 분주하다. 산이름이 어려워 산도 험하지 않을까 염려되지만 서둘러 매표소와 박물관을 지나 생태보존공원에 진입한다. 임도를 따라 신나게 달리는 수레차를 보며 이런 평탄한 길에 왜 저런 수레차가 필요할까 의아하다. 새재비와 과거길비, 사과나무, 여기저기 옛문화 흔적에 두리번두리번… 성문 쪽으로 향하는 눈길이 바쁘다. 쨍쨍 내리쬐는 햇볕에 흙길은 먼지가 풀풀 날리고 길가의 사과나무와 원두막을 바라보며 주흘제1관을 통과한다. 그런데 공원처럼 타임캡슐광장이 펼쳐지고 이것은 몇백년 후에나 공개된다니 새삼 인생무상이 느껴진다. 광장 오른쪽으로 옛유적들을 따라 갈림길(직진은 여궁폭포, 왼쪽은 주흘산)에 다다르고 직진하여 앞으로 향한다.

잠시 후 은은히 대중음악소리가… 아련한 음악소리에 두리번두리번… 왼쪽 언덕에 휴게소 카페가 보인다. 이어 하나둘 바위들이 나타나더니 이내 계곡이 이어진다. 그런데 바짝 마른 계곡은 바위들이 하얗게 나뒹굴고 물 한방울 없는 바닥은 텅빈 가을 들녘처럼 허탈하다. 주변의 나무들이 시들지 않고 파릇파릇 무성한 것이 오히려 신기할 정도다. 오랜 세월 반질반질 닳은 나무다리는 거대한 계곡의 장난감처럼 작아 보이고 연이은 바위들은 뜨거운 햇볕에 뻥~ 터질 것처럼 잔뜩 달궈있다. 그런데 얼마후 갑자기 작은 물소리가... 소리만으로도 시원해지며 갈증이 풀리는 느낌이 든다. 서둘러 앞으로... 저기 거대한 암벽(여궁폭포)이 수직으로 치솟아 있고 웅성웅성 산객들의 소리가 들려온다. 가까이 다다르니 갑자기 동굴 속에 들어온 것처럼 웅장하고 폭포가 시원스럽다. 하지만 가뭄으로 폭포수는 쫄쫄쫄... 웅덩이는 옹달샘...

이제 다리를 건너 지그재그 비탈길을 올라서니 천길낭떠러지 저 멀리로 폭포가 보인다. 이어 거대한 바위를 돌아나오니 역시 물 한방울 흐르지 않는 계곡이 이어지고 정신없이 오르다보니 어느덧 계곡의 끝에 닿는다. 이제 그늘진 언덕을 올라 돌탑 근처에 다다르고 이어 갈림길에 팻말(왼쪽은 혜국사, 오른쪽은 정상)이 나온다.

오른쪽으로 산허리를 휘돌아 나오니 쭉 뻗은 금강소나무가 멋지게 줄지어있고 곧이어 맑은물이 흐르는 약수터(대궐터샘)에 도착한다. 잠깐 숨을 돌린 후 다시 숲길 따라 부지런히 가는데 저기 까마득한 계단... 가까이 다다르니 완만하게 이어지는 계단은 폐타이어가 부착되어 푹신하고 게다가 적당히 그늘이 드리워져 여름 날씨에 이만하면 감지덕지다. 그러나 이제나저제나 정신없이 오르지만 끝은 보이지 않고 뒤따라오던 산객마저 투덜투덜... 계단수가 무려 1,004개(실제는 1,230개로 아파트 60여층 정도의 높이)나 된다며 울상이다. 오르고... 또 오르고... 중간중간 물을 마시며 그래도 나무그늘 이어서 고맙고, 비가 오지 않아 고맙고, 춥지 않아 고맙고, 가파르지 않아 고맙고... 이렇게 위안하며 다시 힘을 내고... 또 오르고... 또 오르고... 휴우~ 드디어 끝... 만세... 마지막 계단을 올라설 때는 저절로 만세 소리가 나온다.

이제 완만하게 이어지는 숲길은 상쾌함이 더하고 얼마후 다시 계단 앞에 이른다. 하지만 좀전과 비하면 아무것도 아니고 이제 조금씩 하늘과 마을풍경이 아른거린다. 잠시 후 커다란 암벽(V모양) 사이로 마을풍경이 활짝 열리고 이어 사거리(직진 주흘산, 좌 제2관문, 우 월복사, 후 혜국사)에 다다른다.

직진하여 얼마되지 않아 널따란 공터가 펼쳐지고 한쪽에 정상석(주흘 주봉1075m)이 우뚝 서있다. 탁트인 시야에 시원스레 펼쳐지는 풍경... 첩첩한 능선들에 둘러싸인 올망졸망한 마을이 자연 그 자체다. 그런데 어디가 어딘지 도통 알 수가 없으니...

이제 영봉으로... 그런데 지금까지의 널따란 숲길과 달리 구불구불 겨우 한사람 다닐만큼 좁다란 흙길은 나무들도 키가 작다. 그럼에도 계속 그늘이 이어진다는 것이 얼마나 감사한지... 이렇게 좁은 길을 따라 오르락내리락 어느덧 삼거리(영봉, 제2관문)에 다다르고 잠시후 산객들이 웅성이는 영봉에 도착한다. 정상석(주흘 영봉1106m) 인증 후 주변을 둘러보니 사방은 주봉과 달리 움푹 들어간 느낌으로 꽉 막혀 있다.

　다시 삼거리에 되돌아와 제2관문 쪽으로… 숲길은 거짓말처럼 넓고 고목들이 즐비하게 늘어선 숲으로 바뀐다. 한참후 숲을 빠져나와 이제 자갈길이 평탄하게 이어지고 이 길이 끝날 쯤 눈이 휘둥그레… 갑자기 온 언덕을 뒤덮고 있는 돌탑들… 오랜 세월 비바람에도 어떻게 저토록 꿋꿋이 서있는지… 그저 신기하기만 하다.

　점점 탑들이 멀어져가고 산허리를 돌아 나오니 물 한방울 없는 계곡에는 바위들이 하얗게 드러나 애타게 물을 기다리고 있다. 매끌매끌한 자갈들을 뒤뚱이며 길고 긴 너덜 계곡을 내려오니 반갑게도 흙길이 이어진다. 그런데 이런 흙길도 꽤 오랫동안 계속되니 발바닥에 불이난다. 이제 숨을 헐떡이며 겨우 제2관문을 통과한다.

　그런데 갑자기 여기저기 관광객들이 눈에 띄고 팻말(제1관1.5km)이 보인다. 뛰다시피 정신없이 내려가고… 길가폭포, 산불됴심비, 소원성취탑, 꾸구리바위, 교구정, 용추 마당바위, 조령원터, 사극촬영지… 그런데 이쯤 내려와서야 비로소 계곡에 물이 조금씩 흐르고 산객들이 발을 담그며 좋아라 비명을 지르고 있다. 하지만 시간에 쫓겨 계속 서둘러 내려가고… 이제 지칠 대로 지쳐 다리가 잘 떨어지지 않을 무렵 저기 임도에 아침에 보았던 수레차가 연달아 오가는 것이 보인다. 저거다…! 저거 타고 내려가자…! 급하게 수레차에 올라타니 바람이 씽~씽~ 이제야 수레차가 다니는 이유를 알겠다. 잠시 후 매표소 앞에 정차한 수레차는 다시 뒤돌아가고 서둘러 주차장으로 뛰어가니 아직도 몇 명이 도착을 하지 않고 있다. 휴우~ 살았다… 미안한 마음이 조금은 놓이며 기다려 준 산객들이 그저 고마울 따름이다.

용봉산

2017년 06월 25일 030

유래 용의 몸집에 봉황의 머리를 얹은 듯한 형상에서 유래.

용봉산은 용처럼 생긴 산이라는 것인가? 그다지 산은 수려할 것같지 않은데 더운 날씨에 산행이나 힘들지 않고 맑은 공기 실컷 마시고 온다면 감사한 일이다.

이른 아침 서둘러 어느덧 홍성에 도착, 매표소에서 입장료(천원)를 내고 임도를 따라 오르기 시작한다. 길가의 암자에는 집채만 한 미륵불이 서투른 윤곽을 드러내고 날씨가 은근히 후덥지근하다.

위로 오를수록 여기저기 바위가 보이더니 얼마가지 않아 널찍한 바위가 나온다. 이제 이런 정도는 거뜬히 올라서고 잠시후 커다란 바위 너머로 벌써부터 희미하게 마을풍경이 보인다. 여기저기 바위틈의 작달막한 소나무들과 멋진 바위들에 눈이 바쁘게 움직인다.

이제 높다란 돌탑을 지나 투석봉에 올라서니 탁트인 시야에 생동감 넘치는 암릉들…아기자기 솟아있는 바위들은 마치 가야산(합천)을 축소해 놓은 듯 시선을 뗄 수 없게 한다. 돌계단을 올라 암릉지대에 이르니 각양각색의 바위들이 아슬아슬하고 부드러운 곡선이 우아하다.

곧이어 치솟아 오른 암벽을 기둥삼아 돌계단을 오르니 갑자기 눈이 휘둥그레… 부드러운 바위에 둘러싸인 정상석(용봉산381m)이 마치 구중궁궐 용상처럼 위엄있고 당당하게 솟아있다. 지금까지 중 가장 아름다운 정상석모습인 것같다.

이제 최영장군 활터 쪽으로… 도중에 잠시 사자바위를 들른다. 바위에 올라서니 저 멀리 거대한 암벽이 기묘하게 이어지고 머리를 질끈 묶은 소녀모습에 한동안 눈을 떼지 못한다. 암릉의 바위들은 하얗게 빛나며 신비에 싸여있다. 조심조심 내려와 활터 쪽으로 향하니 저 앞에 팔각정이 보인다. 가까이 이르니 정자는 반질반질 옻칠이 되어있고 탁트인 시야에 마을풍경이 한눈에 들어온다. 그 옛날 최영장군의 씩씩한 모습이 그려지기도 하고...

　다시 삼거리에 되돌아와 이제 노적봉으로 향한다. 섬처럼 웅장하게 솟은 암벽을 따라 데크길을 휘돌아가고 잠시후 신기한 광경에 발걸음을 멈춘다. 바위틈의 자그마한 소나무가 옆으로(위쪽이 아닌) 뻗어있고 인고의 세월(백년 정도 되었다함)을 보내느라 몸체가 울퉁불퉁 단단해 보인다.

　곧이어 암벽을 돌아나오니 내리막계단이 이어지고 밑에서 치솟아 오른 소원바위와 행운바위 정수리가 훤히 내려다보인다. 그곳에는 산객들이 내려가며 돌을 던졌는지 자잘한 돌들이 잔뜩 흩어져있고 아래로 내려서니 까마득히 치솟은 두 개의 바위는 아예 꼭대기조차 보이지 않는다.

　능선을 따라 다시 계단을 올라서니 널따란 암봉(악귀봉)에는 기기묘묘한 바위들이 조각품처럼 멋지고 저멀리 웅장한 병풍바위가 한껏 기대감을 부추긴다. 조심조심 바위를 내려오자 갑자기 산객들이 왁자지껄 줄을 서있고 앞에는 매끄러운 물개바위가 방금 바다에서 튀어나온 듯 팔짝팔짝 생동적이다. 그 옆에는 삽살개바위가 장난기 가득 귀엽고 산객들은 앞다퉈 사진찍느라 분주하다.

　복잡한 틈을 비집고 앞으로... 앞으로... 팻말(내포문화숲길)을 지나 용바위 쪽으로 향한다. 나뭇잎 사이로 저멀리 다시 병풍바위가 보이고 바위에 대한 기대가 한층 더 고조된다. 어느덧 용바위에 다다르니 산더미처럼 웅장한 암벽이 하늘로 치솟아 코앞의 바위만 보일뿐 이것이 어떻게 용의 모습인지... 아마도 멀리서 바라볼 때 그렇게 보이나보다. 간신히 바위에 오르니 시원스레 펼쳐지는 경치가 일품이지만 아슬아슬 낭떠러지가 움찔움찔...

　조심조심 내려와 이제 기대하던 병풍바위 쪽으로 향하는데 갑자기 길쭉하게 치솟은 바위가 나타난다. 살금살금 위에 오르니 신기하게도 맨 꼭대기에 욕조만한 웅덩이가 파여있고 가뭄 때문인지 물 한방울 없이 깨끗하다. 날름 안으로 들어가 사진을 찰칵~ 하늘은 푸르고 발아래 그림같이 펼쳐지는 풍경... 공중에 붕~ 떠있는 듯... 새처럼 훨훨 나는 듯...

　다시 조심조심 내려와 그곳을 돌아나오니 이번에는 널따란 바위가 광장처럼 펼쳐지고 밑에는 천길만길낭떠러지... 멀리서 바라볼 때는 바위가 꽤 높고 험악해 보였는데 막상 오르고보니 이렇게 넓고 오랜 세월 마모되어 부드러운 선이 우아하게 흐른다. 한쪽에는 잠시 쉬고 가라는 듯 의자바위가 빈자리를 내어준다. 저멀리 앞쪽 암릉들도 선이 부드럽고 한없이 너그러운 풍경이다.

　잠시 숨을 돌린 후 이제는 하산... 덕숭산과 연계라서 가루실 고개에서 그쪽으로 내려간다. 시간상 덕숭산은 오르지 못한 채 주차장으로 가서 일행들과 합류하는 것이다. 서둘러 가루실 고개에 다다르니 삐뚤빼뚤 좁은길에 내려갈수록 가파른 골짜기... 푸석푸석 흙먼지가 날리고 심지어 나뭇가지를 잡고 내려가기도 한다. 마치 황정산의 하산길처럼 황당하고 다른 점은 거리가 좀 짧다는 것.

　힘겹게 숲을 빠져나와 자갈도로를 가로지르니 길가에는 망초(?)인지 하얀 들꽃들이 싸락눈처럼 이리저리 일렁인다. 잠시후 회색도로에는 햇빛이 쨍쨍~ 등줄기에 땀은 흐르고 어디가 어딘지도 모르겠다. 더구나 얼마나 더 가야 주차장이 나올지도 암담하기만 하다. 약속시간은 다가오는데 시간은 자꾸 가고...

　택시! 택시를 부르자...! 잠시후 천만다행으로 택시가 오고 아슬아슬 시간 안에 도착한다. 새삼 택시의 필요성을 절실히 느끼고 앞으로는 시간안배를 잘해서 다녀야겠다.

구봉산
2017년 07월 16일 031

유래 아홉 개의 봉우리로 이루어져 구봉산이라 한다.

맙소사~ 봉우리가 아홉 개나…? 더구나 요즘 비가 와서 후덥지근하고 푹푹 찔 텐데… 이른 아침 서둘러 한 시간쯤 지났을까 비가 쏟아지더니 급기야 들이퍼붓기 시작한다. 한동안 앞이 안보일 정도로 무섭게 내리치던 비가 다행히도 전라도 쪽에 다다르니 거짓말처럼 말끔해지고 주차장(진안)에 도착하니 뽀송뽀송하기까지…

차에서 내려 푸르른 신록과 농작물들이 무성한 마을길을 따라가고 긴 가뭄 끝에 비가 와서 땅이 흠뻑 물을 머금고 있다. 길옆의 보라빛 도라지꽃이 싱그럽고 산입구는 시원한 그늘이 이어진다. 계곡에는 맑은 물이 콸콸콸~ 흐르고 몇 주 전 바짝 메마른 주흘산 계곡이 떠오른다.

울퉁불퉁 자갈길을 지나 통나무계단을 오르니 나뭇잎 사이로 마을풍경이 보인다. 얼마 되지 않아 철계단이 나오는데 페인트 냄새가 솔솔나고 끈적끈적하게 짚어지는 철난간이 더 무덥게 느껴진다. 가능한 빨리 이 계단을 벗어나기 위해 마구마구 오르니 중간쯤에서는 숨차고 다리가 천근만근 무거워 잘 디뎌지지 않는다. 한박자 쉬고 다시 마구마구… 숨을 헐떡이며 계단을 올라서니 저멀리 시원스레 파란강물이 보인다. 그런데 앞쪽으로 울퉁불퉁 솟아있는 봉우리가 약간은 실망스런 순간, 퍼뜩 강원도 팔봉산이 스쳐간다.

능선을 따라 철계단이 이어지고 곧이어 제1봉(668m) 표지석에 올라선다. 비교적 넓은 공간은 아슬아슬한 팔봉산(강원도)의 암봉들과 달리 안정감이 있다. 제2봉(720m)은 코앞의 조그만 언덕을 오르니 바로 있고, 다시 밧줄을 잡고 내려가 계단을 오르니 곧 제3봉(728m)이 나온다.

이제 통나무 계단을 따라 산허리를 돌아나오니 저기 정자가 보이고 옻칠한 목조건물(구름정)은 꽤 정성들인 솜씨다. 정자의 밑에는 제4봉(752m) 표지석이 서있고 이층에는 시원하게 전망이 트인다.

　구름정을 뒤로 하며 철계단을 내려가니 바로 앞 웅장한 구름다리... 아찔하여 앞만 응시한 채 천길만길낭떠러지를 살금살금 건넌다. 이윽고 다리를 벗어나 이층전망대에 오르니 저아래 구름다리가 나무그늘에 매달린 망사침대처럼 편안하고 시원하게 느껴진다. 전망대에서 내려오니 한쪽 구석에 제5봉(742m) 표지석이 놓여있다.

　곧이어 계단을 따라 저기 봉우리(제6봉732m)가 볼록 솟아있다. 봉우리가 많기도 하지만 이렇게 금방금방 나오니 이러다 너무 일찍 하산하는 게 아닌가 할 정도다.

　6봉을 내려와 다시 계단을 오르는데 위험하게 절리된 바위들이 사고예방을 위해 안전장치가 이어진다. 곧 제7봉(739.8m) 표지석에 다다르니 주변의 바위들은 블록처럼 금이 가있고 그중 하나를 잡아빼니 힘없이 빠진다.

　이어 계단을 내려오니 조그만 다리가 이어지고 벼랑사이로 저수지와 마을풍경이 빠끔히 보인다. 오르막계단을 따라 제8봉(780m) 표지석에 올라서고 이제 한 봉우리(9봉)만... 저멀리 일곱개 봉우리가 지그재그 아름다운 모습으로 이어지는데 9봉 쪽 짙푸른 봉우리가 험하지나 않을까 염려된다.

　이제 9봉 쪽 돈내미재에 다다르니 산객들이 북적이고 음푹 들어간 골짜기에는 바람이 시원하게 불어온다. 산객들은 어디(9봉, 주차장)로 갈 것인지 설왕설래... 이들은 왜 여기서 망설이는지... 그리고 팻말에는 정상0.5km가 1.5km로 고쳐져 있다. 뭔가 불안한 이 느낌... 대체 어떤 길이 펼쳐질지...

　천천히 정상(9봉) 쪽으로... 완만한 조릿대길을 지나 골짜기로 들어가니 바위들은 온통 이끼와 습기들로 축축하고 미끌미끌 조심조심 다리를 건넌다. 시꺼먼 계곡에는 물이 쫄쫄쫄 흐르고 곧이어 가파른 오르막계단이 이어진다.

　그런데 계단 턱까지 높아 한번에 오르기가 쉽지 않고 중간중간 몇 차례 쉬지 않고서는 도저히 다리가 떨어지지 않는다. 쉬며쉬며 간신히 전망바위에 다다르니 8개의 봉우리가 한눈에 들어오고 물한모금 마신후 다시 출발...

　이제나저제나 능선만을 바라며 힘들게 비탈길을 오르니 나오라는 능선은 아니나오고 다시 통나무계단이 까마득히 이어진다. 꽤 많은 계단에 숨이 차고 다리가 덜덜 떨린다. 안간힘으로 계단을 벗어나니 맙소사~ 이게 웬걸... 더 가파른 계단이 메롱~ 더구나 계단 턱까지 높아 한발로는 도저히 오를 수가 없고 중간 턱을 밟고 올라서야 한다. 되돌아

갈 수도 없고 눈물을 찔끔 삼키며 간신히 올라서니 휴우~ 드디어 능선...

여기저기 보라빛 야생수국이 하늘하늘... 우아한 꽃잎은 그늘에도 제법 아름답고 싱싱하다. 꽃의 재롱에 어느새 갈림길(정상, 복두봉, 운장대)에 다다르고 이제야 왜 산객들이 돈내미재에서 망설였는지 그리고 0.5km를 1.5km로 바꿔놨는지 이해가 된다.

이제 가벼운 마음으로 널따란 공터에 다다르니 한쪽에 정상석(구봉산 천황봉 1,002m)이 서있다. 탁트인 시야에 저멀리 지나온 봉우리들이 아름답게 이어지고... 잠시 벤취에 앉아 간식을 먹고...

고맙게도 완만한 내리막은 풍경마저 한눈에 들어오고 내려갈수록 봉우리 전체(9개봉) 모습이 뚜렷이 보인다. 이어 멋진 소나무숲을 지나 바람재에 도착하니 다시 가파른 길이 이어지지만 곳곳에 안전장치가 되어있어 내려가기 수월하다. 그런데 골짜기에 이르자 마치 원시림에 들어온 것처럼 등나무들이 얼기설기 복잡 미묘하다.

얼마후 드디어 평탄한 길이 나오더니 서서히 마을이 보이기 시작한다. 길가에는 아침에 보았던 꽃(도라지꽃)보다 더 많은 도라지꽃들이 펼쳐지며 까만 인삼밭 하우스와 대조를 이루고 있다. 이어 아스팔트 도로를 따라 드디어 주차장이 보이고 저멀리 지나온 봉우리들이 장난감처럼 작게 보인다. 신기하게도 봉우리 사이에 걸쳐있는 다리는 채 한 뼘도 안돼 보이고...

선운산
2017년 07월 23일 032

유래 신선이 구름 속에서 참선을 한다는 뜻.

선운산은 송창식의 노래 '선운사'가 어렴풋이 귓가에 맴돈다. 어떤 연유로 그런 노래가 나왔는지 모르겠지만 선운산에 대한 기대가 한층 고조된다.

이른 아침 창밖에 제법 비가 세차게 오고 있다. 비몽사몽 거의 고창에 다다를 무렵 신기하게도 하늘이 뽀송뽀송… 땅도 뽀송뽀송… 날씨가 너무 고맙고 감사하다. 차에서 내리니 습한 기운이 스물스물… 천천히 길을 따라 길옆 송악(천연기념물)을 지난다. 일주문에 다다르니 고목들이 즐비하게 늘어서있고 후덥지근한 날씨로 복분자(특산물) 아이스크림을 사먹는다. 잠시후 선운사 담장을 따라 오른쪽으로 돌아가니 푸르른 녹차밭이 끝없이 펼쳐진다.

팻말(석상암)을 지나 숲길에 들어서자 시원하기는커녕 바람 한점없는 눅눅한 공기는 무겁고 답답한 느낌이다. 고목과 수풀들이 뒤엉켜 어수선하고 오랜 가뭄으로 계곡의 이끼와 돌들이 우중충하다. 이런 계곡도 얼마 되지않아 슬며시 사라지고 땀이 콧잔등에 송글송글… 등에 주루룩…

휴우~ 드디어 능선길(마이재)에 올라서니 공기가 한결 가벼워 숨쉬기가 수월하다. 능선을 따라 어느새 정상(수리봉335m)을 지나 잠시후 포갠바위에 다다른다. 탁트인 시야에 마을풍경이 훤히 보이는데 갑자기 가랑비가 흩날리기 시작한다.

서둘러 견치산 방향으로… 얼마후 입구에 도착하니 다행히 비가 그치고 나뭇잎 사이로 거대한 암봉(국사봉)이 보인다. 가까이 다다르니 탁트인 시야에 사방의 풍경이 한눈에 들어오고… 바위에 파란색동판(국사봉)이 붙여있다.

발길을 돌려 능선을 따라가고…. 잠시후 대나무가 빼곡한 숲(소리재)을 통과하자 갑자기 시야가 탁트이며 딴 세상 같다. 저멀리 낭떠러지 절벽길을 따라 거대한 바위들이 두둥실 떠있고... 암릉을 따라갈수록 점점 바위들이 웅장하게 다가온다.

이윽고 팻말(용문굴)에 다다르고 낙조대, 천마봉을 다녀와서 이곳에서 하산하기로 한다. 직진하여 낙조대 쪽으로... 제법 가파른 계단에 숨도 차오르고 등줄기에 땀이 주루룩... 힘겹게 위에 올라서니 저 앞에 빌딩만한 암벽이 치솟아있고 천길낭떠러지 옆으로 마을풍경이 평화롭다. 저녁 무렵 이 바위를 배경으로 해가 지는 모습이 너무나 아름다워 낙조대라고 한단다. 용문굴과 함께 여기 역시 드라마(대장금) 촬영장소이기도 하고...

조심조심 낙조대에서 내려와 삼거리(용문굴, 천마봉, 배맨바위)에 다다르고 이제 천마봉 쪽으로 향한다. 잠시후 와아~ 거대한 암벽은 봉우리 전체가 하나의 돌덩이로 끝이 보이지 않는다. 바위에 파란동판(천마봉)이 붙여있고 암벽 밑으로는 천길만길낭떠러지... 너무나 아찔하여 현기증이 날 정도이다. 탁트인 시야에 저멀리 도솔암의 하얀 암벽들... 마치 거대한 배를 타고 망망대해를 누비는 느낌으로 가히 정상의 풍경을 능가한다.

아쉬움을 뒤로하며 다시 삼거리에 되돌아오고 이제 용문굴 쪽으로 내려간다. 잠시후 신기하게도 길쭉한 암석이 다리처럼 길게 누워있고 아래는 뻥~ 뚫려 고가 밑에 있는 느낌... 꽤 넓은 공간은 동굴 속처럼 깊이 들어가 아늑하고 이곳 역시 드라마(대장금) 촬영장소로 유명해진 곳이란다.

이제 동굴을 통과해 내려가기 시작... 조심조심 너덜길을 따라 왼쪽으로 도솔암이 보이고 점점 나무그늘이 시원하게 이어진다. 이윽고 짙은 녹음 속에 선운사가 보이고 갑자기 산객들이 불어난다. 즐비하게 늘어선 상가가 북적북적 생기가 넘치고 그들 사이로 서둘러 주차장으로 향한다.

대야산
2017년 08월 06일 033

유래 정상이 대야를 엎어놓은 모습이라 이름이 유래되었다고 한다.

대야산은 세숫대야라도 챙겨가 계곡물을 사정없이 퍼붓는 엉뚱한 상상을 한다. 습하고 무더운 날씨로 산에 오르기도 전에 땀범벅이 되지나 않을는지…

이른 아침 서둘러 목적지 괴산에 도착하는 동안 에어컨으로 시원하게 왔지만 차에서 내리니 훅~ 치닫는 열기… 산입구 쪽으로 야트막한 언덕을 넘으니 돌로 지어진 산장이 보이고 계곡 따라 쭉~ 나무데크길이 이어진다. 계곡에는 벌써부터 물놀이하는 산객들이 자리 깔고 텐트 치고 먹을 것 준비하고… 좋은 자리는 이미 다 점령하고 있다. 무당소에는 제법 많은 산객들이 보트를 타고 물장구를 치며 신나고… 잠시후 용소바위가 나오는데 용의 발자국은 보이지 않는다.

용추계곡에는 널따란 암반 위에 맑은 물이 흐르고 깊은 웅덩이는 노란 안전띠가 둘러 있다. 노란띠 안에는 하트모양의 깊고 신비한 연못이 있는데 급경사로 위험하단다. 안전요원이 물놀이객들을 지켜서있고 위로 갈수록 암반이 더 넓게 펼쳐진다. 바라만 보기에도 아까운 계곡이 시원스레 이어지고 그 어느 여름계곡이 이 정도로 멋질까… 아쉬움 가득 계곡을 따라가다 한순간 계곡이 뚝~ 끊기더니 산허리를 휘돌아간다.

이제 숲속으로 들어가나 했는데 다시 물소리가 들리며 널따란 계곡에 산객들이 옹기종기 물놀이를 하고 있다(월영대) 와아~ 암반위에 흐르는 물은 더 이상 맑을 수 없고 그 물을 머금고 있는 암반은 더 이상 깨끗할 수 없다. 어떻게 이토록 맑을 수 있는지… 얼른 이곳을 벗어나야한다. 안 그러면 눌러앉을 수도 있으니…

아쉬움 가득 물소리를 뒤로하며 밀재에 다다르고 이제는 점점 오르막이 가팔라진다. 잠시후 널따란 바위에 올라서니 파란하늘과 사방의 풍경이 보이고 바위 밑에는 샛노란 원추리꽃이 반갑다. 곧이어 대문처럼 치솟은 바위에는 거북바위가 고개를 쭉~ 내밀고 샌드위치처럼 솟아있는 바위에는 이름모를 들꽃이 피어있다. 암릉을 따라 거대한 삿갓바위가 넓적한 등짝을 내밀며 하얗게 일광욕을 하고 있다.

점점 저멀리 시야가 트이기 시작... 어느새 또다시 거대한 바위 앞에 다다른다. 그런데 신기하게도 아주 웅장한 바위가 두 개의 조그만 바위에 고인 채 공중에 떠있고 그 밑으로는 동굴처럼 공간이 뚫려있다. 그 밑을 통과할 때는 괜히 어깨가 잔뜩 웅크려들고 조마조마 겁이 난다.

잠시후 웅장한 바위를 돌아나오니 저멀리 정상이 아른아른... 내리막계단을 따라 노란 원추리꽃이 환하다. 곧이어 갈림길(중대봉)에 다다르니 우뚝솟은 정상과 오르막계단이 뚜렷이 보인다. 조그만 다리를 건너는데 골짜기에서 부는 바람이 에어컨처럼 시원하다. 이윽고 정상을 향해 오르막계단을 오르고...

드디어 널따란 암봉에 정상석(대야산930.7M)이 반갑게 서있다. 탁트인 시야... 시원스런 풍경... 하늘이 유난히도 파랗다. 주변은 난간으로 빙둘러 위험을 방지하고 햇볕이 쨍쨍 내리쬔다. 잠시 더위를 피해 그늘로 들어가 간식을 먹는다.

이제 천천히 내려가고... 잠시후 끝이 보이지 않는 데크계단(피아골)이 이어진다. 몇 년 전만해도 여기는 험한 내리막으로 밧줄을 타고 힘들게 내려갔단다. 내려가고... 또 내려가고... 끝이 보이지 않을 것같던 계단이 드디어 멈추는데 자그마치 피아골 구간 전체가 데크계단이다. 기나긴 계단을 벗어나자 얼마되지 않아 다시 월영대가 나오고 이제 계곡에는 산객들이 거의 보이지 않는다.

곧이어 아름다운 계곡을 따라 내려가고... 이산은 굳이 대야로 물을 끼얹지 않아도 충분히 시원하고 두고두고 와보고 싶은 산이다.

청량산

2017년 08월 27일 034

유래 뛰어난 산수절경과 맑은 물이 중국 화엄종의 성스러운 산으로 간주되는 청량산과 비슷하다는 데서 연유한 것으로 전해진다. (淸凉山)

청량산은 시원한 청량음료가 떠오른다. 산의 경치가 이 음료처럼 맑고 짜릿할까? 다행히 날씨가 맑고 쾌청한 것이 며칠 새 여름에서 가을로 바뀐 듯 바람이 서늘하게 느껴진다. 그러고보니 청량한 날에 청량산을 오르게 된 셈이다. 봉화에 10시 반쯤 도착, 차에서 내리니 온통 산으로 둘러싸인 숲이 현기증이 날만큼 푸르고 울창하다.

초반부터 계단을 따라 힘겹게 오르니 곧바로 밧줄 보호선이 이어진다. 밧줄길 따라 커다란 암벽이 나오는데 그 밑에 조그만 동굴이 보인다. 입구의 목판은 글씨가 흐려 무슨 글자인지 모르겠고 잠시후 팻말(청량사, 응진전)이 보인다. 응진전 쪽으로 돌계단과 나무계단을 숨가쁘게 오르니(전망대) 가야할 봉우리들을 한눈에 들어온다.

이어 산허리를 휘돌아 갑자기 거대한 암벽들이 나타나기 시작한다. 자갈과 모래가 섞인 울퉁불퉁한 바위가 마치 마이산 암벽과 비슷하고 다른점은 얼룩덜룩 이끼 낀 바위에 나무들이 들쭉날쭉 잘도 자라고 있다. 심지어 저기 암자(응진전)를 품고 있는 거대한 암벽은 빼곡한 나무들로 아예 바위는 보이지도 않는다. 암자는 침묵하고 나무는 무성하게 자란다.

이어 암자를 뒤로하며 숲길을 돌아나오니 연화봉이 뚜렷하고 중턱쯤 청량사가 제법 넓게 터를 잡고 있다. 곧이어 커다란 암벽에 굴이 움푹 들어가 있는데 이름표(총명수)가 보인다. 침침한 굴에는 물이 고여 있고 글귀(가뭄이나 장마에 상관없이 수량이 일정하고 신라말 최치원 선생이 이 물을 마시고 더 총명해졌다)와 함께 조그만 스텐 바가지가 걸려 있다.

곧이어 어풍대를 지나 김생굴 쪽으로 가파르게 오르니 청량사와 연화봉이 더 가까이 보인다. 잠시후 거무스름한 암벽에는 이끼가 덕지덕지... 위에서는 가느다란 물줄기가 주루루... 마치 고생대 동굴을 연상케 한다. 잠시후 거대한 암굴지대(김생굴)가 펼쳐지는데 가로로 길게 이어지며 움푹 들어가 있다. 이곳은 통일신라시대 김생이 글씨를 연마했던 곳으로 굴 앞쪽에는 각양각색 돌탑들이 쌓여있고 바위는 특이한 모양으로 절리되어있다.

  신기한 굴을 뒤로하며 데크계단을 내려가니 자소봉쪽 팻말에 가파른 오르막이 시작된다. 비탈길을 오르고 다리를 건너 철계단을 오르고... 등줄기에 땀을 느끼며 다시 나무계단을 오르고 가파른 비탈을 오른다. 능선이 나오기를 애타게 기다리며 앞을 보니 맙소사~ 급경사 철계단이 아찔하게 솟아있다. 거의 직각에 가까운 계단은 보기만 해도 뒤로 넘어갈 것처럼 아슬아슬... 난간을 꽉잡고 천천히 발을 내딛으며 앞만 보고 집중한다. 내려오는 산객들은 거의 뒤돌아 내려오고 서로 부딪치지 않게 조심한다. 힘겹게 위에 올라서니 하늘이 유난히도 파랗고 흰구름이 눈부시다. 발걸음을 옮기는데 팔과 손이 후들후들~ 난간을 너무 꽉 쥐었나보다. 저기 하늘높이 치솟은 암벽은 거뭇거뭇 이끼가 번져있고 틈사이로 작달막한 나무들이 뽀족뽀족... 마치 파란하늘에 정원이 둥둥 떠있는 것처럼 울퉁불퉁 입체감이 살아있다. 참으로 신기한 풍경이다. 정상석(자소봉)에서 사진을 찍은 후 다시 조심조심 급경사 계단을 내려가고...

  밑에서는 암벽을 바람막이삼아 산객들이 옹기종기 점심을 먹고 있다. 그들을 뒤로하며 언덕을 오르니 울퉁불퉁 치솟은 바위에 탁필봉이라고 쓰여있다. 곧이어 철계단을 올라서니(연적봉) 와아~ 자소봉과 탁필봉 정수리가 공중에 둥둥... 마치 두 개의 하늘정원이 허공에 헤엄치듯 아찔하다. 이것이야말로 하늘정원 모습이 아닐까... 저멀리 구름다리와 장인봉, 첩첩능선들이 끝없이 이어지고...

  계단을 따라 내리락(뒷실고개)오르락... 내리락(골짜기)오르락... 이윽고 저기 연두색의 기다란 구름다리가 휘영청 모습을 드러내고 이쪽(자란봉)과 저쪽(선학봉)을 시원스레 관통하고 있다. 천천히 힐끔힐끔 아래를 내려다보니 천길낭떠러지... 숨죽이며 가능한 빨리 서두르고 앞만 응시한 채 긴 다리를 벗어나자 휴우~

  이제 조심조심 계단을 내려가 갈림길(정상, 청량폭포)에 다다르고 다시 숨차게 철계단을 올라선다. 널따란 공간에 정상석(장인봉870m)이 우뚝 서있고 시야가 막혀 답답하다. 사진을 찍은 후 전망대 쪽으로 다가가니 이제야 아득한 낭떠러지 위에 시야가 탁트인다. 이제 갈림길로 되돌아가고...

이어 가벼운 마음으로 청량폭포 쪽으로… 그런데 얼마되지 않아 등나무와 칡넝쿨이 얼기설기 애먹이며 가파르게 이어진다. 정신없이 내려가고… 또 내려가고… 얼마후 앞만 보고 걷는데 어디선가 음악소리가… 때마침 반갑게도 가파른 길도 멈추고 길모퉁이에 기다란 나무의자가 나온다.

잠깐 물을 마신 후 이제 지그재그 시멘트 내리막길이 이어진다. 그런데 멈출 듯~ 멈출 듯~ 계속되는 내리막은 다리도 후들거리고 점점 발가락이 아파온다. 휴우~ 드디어 평탄한 길에 아스팔트 도로가 나오고 맑은 계곡물이 시원하게 흐른다.

반야봉
2017년 09월 03일 035

유래 불교에서 지혜를 뜻하는 말인 반야(般若)에서 유래되었다 한다.

반야봉은 반야심경의 반야에서 따온 이름일까? 특히 뱀사골로 내려오는 길이 유명하다는데 골짜기에 뱀이 얼마나 많으면 그렇게 부르는지…

비몽사몽 졸며 성삼재에 도착하니 밖은 칠흑같이 어둡고 새벽이라 쌀쌀하다. 동트기 전 랜턴불빛 따라 다행히도 길이 완만하여 어두운 길을 수월하게 걷는다. 이미 설악산을 무박으로 다녀온 터라 그때처럼 어수선하고 두렵고 뭔가 불안했던 것과 달리 차분해진다. 게다가 길마저 평탄하니 한결 마음이 가벼진다. 점점 날이 밝아오기 시작… 날씨는 벌써 더위가 한풀 꺾이고 가을기운마저 느껴진다. 상쾌한 공기가 잘 닦여진 길를 따라 기분좋게 이어지고… 어느덧 그림같은 산책로가 끝이 난다.

오른쪽으로 계단을 따라 오를수록 하늘이 시원스레 뚫리고 햇살이 비스듬히 비친다. 고개(노고단고개)에 올라서자 이미 해가 떠올라 햇빛이 찬란하다. 얼마후 목조건물(노고단 대피소)이 보이더니 산객들이 분주하게 움직인다.

잠시 휴식한 후 이제 노고단 쪽으로… 앞으로 갈수록 저멀리 하얀 구름에 뾰족한 송전탑이 보인다. 이윽고 널따란 공터에 다다르자 커다란 바위와 피라밋 돌탑이 우뚝서있다. 그런데 아무리 둘러봐도 노고단 이름이 보이지 않으니…? 맙소사~ 노고단은 여기가 아니고 오른쪽 저기 언덕 위로 올라가야한다고…

데크길을 따라 여기저기 들꽃들이 흩어져있고 천천히 언덕을 올라간다. 널따란 전망대에는 산객들이 분주하고 와아~ 신세계… 그림같은 풍경이 실제로 눈앞에… 망망운해가 너무 부드러워, 속을 까맣게 모른 채 마구 뒹구니, 하얀 솜사탕… 저 요동치는 운해를, 저 넘쳐흐르는 하얀 홍수를 무슨 수로 따라가리오…

눈에 가득 운해를 담고 되돌아 고개로 내려오고 이제 숲길을 따라간다. 잠시후 전망대에 이르니 좀전의 그 아득했던 운해는 거의 사라져가고 끝없는 능선들이 파랗게 실체를 드러내고 있다.

이제 헬기장을 지나 조그만 공터에 이정표(돼지령)가 나온다. 왜 하필이면 돼지령이지...? 이어 임걸령 샘에 이르니 옹달샘이 쫄쫄쫄... 아무리 가물어도 마르지 않는다니 귀한 샘물인 것 같다. 그런데 임걸령이 누구지...?

저 앞에는 지금까지의 완만한 길과 달리 가파른 언덕이 이어진다. 오르막 돌계단을 따라 어여쁜 들꽃들이 힘겨운 걸음을 위로해 주고 주구장창 언덕 오른다. 휴우~ 드디어 고개에 올라서니 팻말(노루목)이 서있고 거의 정상이니 좀더 힘을 내자.

숲길을 따라 여기저기 주목나무가 눈에 띄고 대부분 허옇게 고사되어 뭔가 휑한 느낌이 든다. 이윽고 저 앞에 거대한 암벽과 함께 가파른 철계단이 보인다. 저 계단만 오르면 정상인가보다. 서둘러 철계단을 올라서니 맙소사~ 나오라는 정상은 아니나오고 다시 능선길이 이어진다.

에휴~ 무거운 다리를 이끌며 능선길을 돌아가고 다시 하얀 밧줄로 이어진 로프길이 계속된다. 점점 시야가 트이지만 나올듯 나올듯 쉽게 나오지 않는 정상... 다시 로프길을 돌아가니 저 위쪽으로 커다란 바위가 보인다.

드디어 봉우리에 올라서니 와아~ 탁트인 시야... 파란하늘에 흰구름이 뭉실뭉실... 빵 반죽처럼 둥그런 모양의 정상석(반야봉1,732m)이 가운데쯤 서있고 저멀리 풍경들이 한없이 평화롭다.

이제 내려가기 시작, 내리막은 이리도 술술... 순식간에 삼도봉 갈림길에 다다른다. 곧이어 반달가슴곰 사진을 지나 암봉(삼도봉)에 오르니 삼도(전라남*북도 경상남도)를 상징하는 청동표지가 보이고 저멀리 시야가 탁트인다. 그런데 어디서 몰려왔는지 날파리 떼들이 무섭게 달려들어 도망치듯 암벽을 따라 우회길로 돌아나온다.

곧이어 데크길을 따라 오르막계단을 오르고 다시 이어지는 까마득한 내리막계단... 주구장창 이어지는 계단은 대야산 하산길(피아골)계단보다 더 길게 느껴진다. 드디어 계단을 벗어나 널따란 데크쉼터(화개재)에 이르니 맙소사~ 왼쪽으로 내려가는 반선(뱀사골)은 거리가 자그마치 9키로가 넘는다. 지나온 길과 거의 맞먹는 거리라니... 뱀이 길기는 길구나...!

마음을 단단히 먹고 천천히 내려가기 시작... 다행히 가파르지 않은 계단을 내려가고 또 내려가고... 계단을 벗어나 철다리를 건너니 뱀사골탐방지원센터가 나온다. 곧이어 또다시 다리를 건너 계속 내려가고... 또 내려가고... 그나마 평탄하게 내려가니 얼마나 다행인지...

이렇게 주구장창... 점점 지쳐갈 무렵 이제야 계곡이 이어지며 커다란 웅덩이에 밑바닥이 훤히 보이는데 낙엽과 이끼가 끼어 깨끗해 보이지는 않는다(간장소) 곧이어 휘영청 기다란 다리 아래로 커다란 암벽이 나무들로 가려져 어둠 컴컴하고 뭐가 뭔지 분간하기 어렵다(제승대) 다시 다리를 건너니 병 모양으로 길쭉한 웅덩이가 제법 물색깔이 시퍼렇다(병소) 얼마되지 않아 제법 큰 웅덩이에 물도 에머랄드 빛으로 제일 웅덩이 같은 느낌이 든다(탁용소)

잠시후 신선길이 나오는데 이곳을 통과하면 신선이 되는 건가? 데크길 따라 계곡의 바위들이 대체로 커다랗고 어떤 것은 거의 암벽수준... 비록 이렇게 큰 바위들이지만 나름대로 조화를 이루며 아름답게 늘어서있다. 데크길이 거의 끝날 쯤 초록빛으로 넘실대는 연못(돗소)이 참으로 신기해 보인다. 드디어 신선길이 끝나고 곧이어 매표소 입구에 다다른다.

그런데 신선길을 통과했는데도 신선이 되어있지 않고, 뱀사골을 다 내려왔는데도 뱀은커녕 뱀조심 문구조차 찾아볼 수 없으니...?

불갑산
2017년 09월 17일 036

유래 불교의 '불'자와 육십갑자의 '갑'자에서 유래.

불갑산은 뭔가 불타오르는 듯한 느낌이 든다. 봄의 울긋불긋 진달래 철쭉일까? 가을의 붉은 단풍일까? 아니면 또다른 어떤 것이 걷잡을 수 없이 번져나고 있는 걸까… 낯선 기대로 어느덧 영광에 도착하니 이미 많은 차들이 도착하여 산객들이 분주하게 움직인다. 마을은 꽃 축제로 벌집을 쑤셔놓은 듯 왁자지껄…

산입구로 가는 임도에는 처음 보는 꽃(붉은 상사화)들이 무리지어 울긋불긋… 특이하게도 꽃잎이 꽃술처럼 가늘게 휘어져 잎과 꽃술이 애매하고 더구나 길쭉한 줄기에 잎까지 없으니 엉성하고 초라해 보이기까지 한다. 그런데 오를수록 길가에는 붉은 꽃무리들이 불이 번지듯 퍼져나가고 이상한 것은 햇빛이 없는 빼곡한 나무그늘인데도 꽃은 보란 듯 싱싱하고 생기가 넘친다. 아마도 이 꽃은 그늘에서 자라나보다. 한동안 꽃에 취해 걷다보니 어느덧 저 앞에 데크계단이 보인다. 계단을 오르는 동안에도 붉은 꽃무리들이 만발하고 다 올라서니 거짓말처럼 붉은 무리들이 사라진다.

이제 전형적인 숲길을 따라 전망대에 다다르니 저멀리 불갑사가 보인다. 이어 조그만 정자를 지나 산객들이 웅성웅성… 커다란 굴 앞에는 어흥~ 호랑이 동상이 버티고 서있고 뒤에는 둥그렇게 굴이 뚫려 있다. 마치 원시시대 움집처럼…

호랑이를 뒤로하며 잠시후 커다란 바위(노적봉)에 올라서니 저멀리 주차장이 까마득히 보인다. 그런데 맙소사~ 빼곡히 들어찬 차들이 도로에도 끝없이 늘어서 빈 공간이 보이지 않는다. 저렇게 많은 차들로 산에도 점점 산객들이 불어나고 그들에 떠밀려 법성봉에 도착하니 다시 불갑사 전경이 그림처럼 들어온다.

이어 어느덧 투구봉에 다다르니 다시 붉은 꽃무리가 나타나기 시작한다. 꽃무리를 따라 나무계단을 오르고 꽃들은 장군봉까지 계속 이어진다. 줄곧 이어지던 꽃길은 바위가 나오기 시작하자 멈추고 잠시후 팻말(노루목)이 나온다.

　암릉을 따라 천천히 바위에 올라서니 탁트인 시야... 파란하늘에 흰구름이 유난히도 눈길을 끈다. 이어 돌계단을 오르고... 아슬아슬 거대한 낭떠러지 암벽을 돌아나오니 정상을 향한 데크계단이 보인다. 108개의 계단은 올라갈 때마다 번뇌가 하나씩 사라진다는데... 이윽고 계단에 올라서니 갈림길(연실봉, 해불암)이 나온다.

　곧이어 언덕길을 따라 널따란 공터에 다다르니 북적이는 산객들로 정신없고 한쪽에는 길게 줄을 늘어서있다. 한참을 기다리다 드디어 차례가 돌아오고 재빨리 정상석(연실봉 510m) 사진을 찍는다. 막상 주변은 시야가 트이지 않아 답답한데다 밀려드는 산객들로 겨를 없이 다시 갈림길로 발길을 돌린다.

　이제 해불암 쪽으로 내려가기 시작, 구불구불 골짜기에는 다시 상사화무리들이 하나 둘 보이고 내려갈수록 점점 붉은 기운이 빠르게 번져나간다. 꽃무리들은 초입에서 보았던 것보다 훨씬 더 넓게 퍼져나가고 급기야 언덕 전체가 온통 붉은색으로 물들어있다. 심지어 바위들이 울퉁불퉁한 계곡길에도 물은 없는데 마치 촛불을 켜놓은 듯 붉은 꽃무리들은 화려하다. 이렇게 상사화 촛불 사이로 정신없이 내려오니 커다란 암벽이 서있다. 곧이어 바위를 돌아나오자 와아~ 붉은 물결... 전국의 상사화란 상사화는 모두다 여기에 모여있는 듯 언덕과 주변 모두가 온통 붉은빛으로 일렁이고 있다. 팻말에 이곳이 동백골로 되어있지만 이토록 지천으로 핀 상사화를 볼 때 상사골이라고 해야되는 건 아닌지... 산객들 역시 울긋불긋 빼곡하여 사람인지 꽃인지 구분하기 애매하고...

덕항산

2017년 10월 01일 037

유래 화전을 할 수 있는 평평한 땅이 많아 덕을 봤다는 의미에서 '덕메기산'에서 유래, 한자로 덕항산으로 표기함. (德項山)

덕항산은 투박한 옹기로 만들어진 커다란 항아리가 떠오른다. 그 안의 먹음직스런 떡, 오랜세월 익어가는 된장이나 고추장, 간장...

이른 아침 서둘러 삼척에 도착하니 이미 해는 중천에 떠있다. 산입구를 향해 시멘트 도로를 따라 잠시후 매표소가 나온다. 웬 매표소? 사찰이나 문화재라도? 가까이 다가가니 왼쪽은 환선굴, 오른쪽은 대금굴, 각각 양쪽에서 요금을 받고 있다. 환선굴은 산 중턱쯤에 있고 대금굴은 반대쪽 아래로 더 내려가야 한단다. 그런데 동굴이 얼마나 대단하면 요금까지 받고 입장을 시키는지... 일단 레일을 타고 환선굴에 잠깐 들른 후 오르기로...

구름 낀 하늘에 아직 단풍없는 계곡은 여전히 물소리가 시원스럽고 곧이어 승강장에 도착한다. 잠시후 레일을 타고 슝~~~ 올라가니 정말 눈 깜짝할 사이 동굴 앞에 다다른다. 그런데 와아~ 어마어마한 동굴(동양 최대의 동굴)이... 뜻밖의 거대한 동굴에 잠깐 낯선 곳에 관광 온 느낌이 든다. 동굴 안은 컴컴해서 전등이 쭉~ 이어지고 안으로 들어갈수록 점점 규모는 커져간다. 그런데 이상한 점은 대부분 이런 거대한 동굴은 천정에 종유석이 고드름처럼 뾰족뾰족, 기묘한 형태의 괴석들이 천정을 꽉~ 채우며 악세서리를 주렁주렁 달고 화려한데 이곳은 아무런 악세서리도 없이 단지 성당의 천정처럼 높이 치솟아 있다. 만약 웅장한 음악이 울려퍼진다면 음이 잘 모아지는 그런 텅빈 공간... 또는 미켈란젤로의 천지창조 그림이 살아 움직이는 듯하고... 화려하지는 않지만 많은 상상을 불러일으키는 동굴은 한편으론 종교적인 느낌도 든다. 시간상 오래 머물 수는 없고 기회가 된다면 동굴만 따로 보기로...

이제 환상에서 빠져나와 다시 속세로 돌아오니 가파른 오르막이 기다리고 있다. 삐뚤빼뚤 너덜오르막을 정신없이 오르고 어느덧 저 앞에는 구멍이 뻥뚫린 커다란 바위(천연동굴)가 나온다. 마치 통천문처럼 생긴 굴을 통과하여 전망대에 올라서니 천길낭떠러지… 아래 골짜기를 사이로 맞은편의 암벽이 아찔아찔 방대하다.

　잠시후 가파른 철계단을 내려오니 다시 오르막이 시작된다. 열기를 느끼며 숨차게 오른 전망대(제1전망대)에는 좀전과 다른 각도로 시야가 트인다. 이어 벼랑 끝에 설치된 제2전망대는 골짜기가 이곳을 중심으로 빙~ 돌고 있는 느낌이다. 한편 저멀리 가야할 능선들이 한눈에 들어오고 다시 가파른 오르막이 시작된다.

　까마득해 보이던 능선도 어느새 중턱에 올라있고 앞에 약수터 팻말이 보인다. 그런데 팻말만 있고 약수터는 보이지 않으니… 오호라~ 그쪽 길은 오른쪽으로 희미하게 살짝 나있다. 조그만 약수터에는 물이 쫄쫄쫄… 잠시 물을 마신 후 다시 가파른 언덕이 시작된다. 다행히 이번에는 밧줄이 이어지고 조금은 수월하게 능선에 올라선다.

　휴우~ 앞에 팻말(자암재)이 보이고 이제 가벼운 발걸음으로 헬기장을 지나 환선봉에 다다른다. 그런데 약간 실망스럽게도 환선봉은 환선굴과 달리 그저 평범한 봉우리 모습이고 시야가 트이지 않아 답답하다.

　한편 여기부터는 벼랑길위험 표지판이 나올 만큼 낭떠러지 절벽이 아슬아슬 이어지고 발끝에 돌이 툭툭 차인다. 아찔한 만큼 탁트인 시야에 저멀리 풍차도 보이고 마을의 주차장이 쌀알보다 작게 보인다. 이제 빼곡한 숲길로 들어가 오르락내리락… 드디어 쉼터에 다다른다. 이곳에서 정상에 갔다가 되돌아와 하산하는 것이다.

　곧이어 경사진 오르막을 오를수록 대야산 정상구간과 비슷한 느낌이 들고 다행히 어렵지 않게 정상에 다다른다. 그런데 아무리 둘러봐도 정상석은 보이지 않고 표지석(덕항산 1,071m)만 덩그러니… 게다가 시야도 트이지 않아 답답하고…

　허탈한 마음으로 쉼터에 되돌아오니 다행히도 가파른 내리막은 철계단으로 수월하게 내려가고 가끔씩 울긋불긋 단풍이 보인다. 그런데 가도가도 끝없는 계단(926개)은 내려가기 망정이지 오르막이면 에고~에고~ 소리가 절로 날 것같다. 관절이 안좋은 경우는 내리막도 힘들겠고… 이 기나긴 철계단은 커다란 바위를 지나 대문같은 고개를 넘자 휴우~ 드디어 끝이 나고 이제 철난간이 이어진다.

　난간을 꽉잡으며 조심조심 장암목에 다다르니 후두둑… 빗방울이 한두방울… 그래도 거의 다 내려왔으니 다행이다. 연이어 내려오는데 저멀리 모노레일이 휘이익~~~ 선을 그으며 환선굴을 향해 치닫고... 동굴 입구는 쥐구멍처럼 작게 보인다. 저 조그만 입구로부터 봉우리 전체가 텅빈 동굴이라니... 마치 저 봉우리 자체가 거대한 항아리를 눕혀 놓은 형상으로 그 안에 덕을 가득품고 있는 것은 아닐는지...

어느덧 발길은 팻말(고뎅이) 앞에 내려서고 이제는 하얀 밧줄이 지그재그 이어진다. 내려갈수록 가팔라지는 내리막은 급경사임에도 불구하고 주구장창 내려간다. 밧줄을 의지하지만 힘든 길이니 더 길게 느껴지고 팔이 후들후들 떨린다.

휴우~ 드디어 징한 밧줄길이 멈추고 이제는 반갑게도 완만한 오솔길이 나온다. 이어 편안하게 다리를 건너니 아침에 지나갔던 시멘트 도로가 나온다. 그런데 맙소사~ 갑자기 후두둑... 후두둑... 빗방울이 굵어지며 발길을 재촉한다. 서둘러 주차장을 향해 뛰기 시작... 감사하나이다... 이렇게 무사히 내려온 후 비를 내려주셔서...

명성산
2017년 10월 22일 038

유래 왕건에게 쫓기던 궁예가 망국의 슬픔을 통곡하자 산도 따라 울었다는 전설에서 유래. (鳴聲山)

명성산은 명지산과 이름이 비슷하니 형제 같다는 느낌이 든다. 명지산은 지난겨울 험한 산세와 눈보라에 호되게 고생하고 하산길이 미끄러워 쩔쩔맸던 기억이 난다. 그러면 과연 명성산은 어떤 모습일는지… 일단 산행지가 서울 근교라서 좀 느긋하게 포천에 도착하니 여기저기 억새꽃 축제 플랭카드가 펄럭이고 주변의 산들은 울긋불긋 단풍이 곱게 물들어가고 있다.

단풍과 억새꽃을 보려는 관광객들까지 합류, 산입구 쪽으로 가는 계곡길은 물밀 듯 복잡하다. 널따란 계곡에는 여기저기 행락객들이 모여앉아 간식을 먹고 시원하게 뚫린 단풍계곡 따라 찌푸린 하늘에서는 가끔씩 빗방울이 흩날린다. 잠시후 철다리 앞에 다다르니 밑의 웅덩이에는 낙엽이 흩어져있고 바위와 자갈들은 하얗게 바닥을 드러내고 있다. 이어 데크길에는 단풍이 짙어가고 계곡의 바위들은 점점 널따란 암반으로 변한다. 그런데 시퍼런 웅덩이가 나오더니 암벽이 치솟고 다시 파란 웅덩이가… 전망대에 올라 내려다보니 그것은 2단 폭포(등룡폭포)로 가뭄 때문에 하얗게 몸체를 드러내고 있다. 폭포절벽은 시커멓게 메마른 물자국만… 웅덩이도 낙엽이 둥둥…

폭포를 지나 널따란 공터에 다다르니 간이 포장마차에서는 산객들이 웅성웅성 간식을 먹고 눈에 띄는 낯선 안내문 '총소리가 들려도 놀라지 말라'

그들을 뒤로 하며 발길을 서두는데 길가 여기저기 억새꽃이 보이기 시작한다. 오를수록 흰물결이 번져가더니 급기야 언덕 전체를 뒤덮는다. 갑자기 널따란 길에는 풍경을 찍는 셔터소리… 오르내리는 산객들로 인산인해를 이루고… 이어 능선(명성산 억새바람길)에 올라서니 와아~ 탁트이는 시야에 끝없이 펼쳐지는 흰물결… 그 하얀 갈대 속에 구불구불 갈색 데크길… 그 길따라 울긋불긋 줄지어 올라가는 산객들… 그들 따라 흰물결을 가르며 구름 위를 걷고... 여기저기 배경삼아 연달아 셔터를 눌러댄다.

점점 멀어지는 하얀 풍경을 아쉬워하며 어느덧 궁예약수터에 다다르니 궁예의 한을 달래주는 샘물이 나온다. 이어 저멀리 팔각정이 보이고 하얀바람을 가르며 언덕을 올라간다. 곧이어 정자에 올라서니 저멀리 하얀 억새군락이 파스텔톤으로 아스라이 펼쳐진다. 특이하게도 골짜기의 양쪽으로만 억새가 하얗게 일렁이고 그 너머에는 나무들이 빼곡히 우거져 있다. 아마도 골짜기를 중심으로 큰 화재가 난 것은 아닐까...? (*이곳은 6.25 전쟁 때 격전지로 나무들이 모두 사라지고 이런 억새단지가 되었다한다) 정자 옆에는 명성산 비석과 빨간 우체통이 서있고 산객들 대부분은 곧장 하산길로 내려간다.

이제 정상을 향해 점점 멀어지는 억새군락은 마치 누런 황소 등을 바리캉으로 밀어놓은 것처럼 휑하다. 저멀리 가야할 능선들이 한눈에 들어오고 오른쪽 능선에는 이상하게도 하얀도로(군부대 길)가 지그재그... 마치 하얀 흉터처럼 삭막해 보인다. 이제야 초입에서 보았던 낯선 안내문(총소리가 들려도 놀라지 말라)이 이해되고 언제쯤 저 도로가 푸른나무로 메워질는지... 이어 하나둘 바위가 보이기 시작하더니 잠시후 저멀리(왼쪽) 산정호수와 마을풍경이 한눈에 들어온다.

조심조심 암벽지대를 지나 헬기장(정상, 삼각봉, 용화저수지)에 다다르고 이어 정상쪽으로 다시 갈림길(정상, 신안고개)에 도착한다. 이곳이 정상에서 되돌아온 후 하산하는 지점이다. 다행히도 완만한 오르막은 발걸음을 가볍게 하고 수월하게 정상에 올라선다. 널따란 공간에 정상석(명성산923m)이 서있고 앞쪽으로 시야가 트여있다. 울긋불긋 가을 풍경이 한창이고 때마침 하늘에는 먹구름 사이로 강렬한 햇살이... 마치 연극무대의 조명처럼 신비하게 빛나고...

잠시후 환상에서 깨어나 갈림길에 되돌아가고 이제 신안고개 쪽으로 내려가기 시작한다. 갈수록 울긋불긋 짙어지는 단풍은 계곡의 바위와 아름답게 어우러지고 감탄사를 연발하며 어느덧 고운단풍도 계곡도 끝나간다. 이제 오솔길을 따라 신안고개에 다다르고 얼마되지 않아 임도가 이어진다. 주구장창 임도를 내려오니 펜션마을... 서산에는 해가 뉘엿뉘엿... 호수(산정호수)에는 가을이 잔잔히 깊어가고...

주왕산

2017년 10월 29일 039

유래 중국의 왕족 주도가 당나라에서 반정을 하다 실패하여 이곳에 와서 은둔하였는데 나옹화상이 이곳에서 수도하며 산이름을 주왕산으로 하면 고장이 복될 것이라고 하여 부르게 되었다고 한다.

주왕산은 탐스런 단풍, 특히 붉은색 단풍의 진수를 볼 수 있을 것같은 느낌이… 이른 아침 서둘러 청송에 도착하니 주변에는 사과밭이 즐비하고 도로 중간중간 사과를 판매하고 있다. 사과와 단풍축제로 인산인해를 이루는 주차장에는 차들 역시 빼곡, 구름낀 날씨는 서울보다 온화하다. 임도를 따라 상가에는 식당과 토속물품들이 즐비하다. 입장료를 내고 사찰(대전사) 앞마당을 지나니 저멀리 거대한 암봉이 우뚝 솟아 있고 잠시후 삼거리 산입구(오른쪽 정상, 왼쪽 폭포)에 도착한다.

정상 쪽으로 나무계단을 오르고.. 돌계단을 오르고… 숨가쁘게 전망대에 올라서니 저멀리 거대한 암봉이 더 가까이 보인다. 이제 가파른 비탈을 따라 힘겹게 오르는데 시야가 트이며 저멀리 능선을 에워싼 병풍바위가 장관을 이루고 있다. 이어 단풍들과 어우러진 기암괴벽들을 바라보며 얼마후 저멀리 마을에 관광차들이 꼬리에 꼬리를 물고 있는 모습이 보인다.

산속에도 점점 산객들이 불어나고 이제 데크계단을 오르기 시작한다. 복식호흡(코로 숨쉬기)을 하며 중간에 쉬지않고 계단을 올라서니 대견하기도 하고 신기하기도 하다. 이어 몇 걸음 가자 윙~~~ 소리와 함께 산객들의 웅성거림이 들려오고 잠시후 널따란 공터가 나온다. 그런데 길게 줄서있는 산객들 머리위로 윙~~~ 윙~~~ 드론이 맴돌고 산객들은 신기한 듯 바라보고 있다. 시야도 답답하고 공중에 드론만 빙~~~빙~~~ 얼마후 차례가 돌아와 정상석(주봉 721m)사진을 찍고 하산하기 시작한다.

다행히도 완만한 내리막은 쭉~쭉~ 수월하게 삼거리(칼등고개)갈림길에 다다른다. 이제 후리메기 쪽으로… 역시 고맙게도 편안하게 내려간다. 그런데 길가의 소나무들이 군데군데 칼자국으로 보기 흉하고 일제 때 송진채취 흔적이 남아있는 것일까…? 잠시후 갈림길(후리메기와 절구폭포)에 다다르니 내리막 계단이 이어진다.

계단을 내려서자 하나둘 단풍이 보이기 시작, 갈수록 넓어지는 계곡은 가을이 한창이다. 다리를 건너고 건너는 사이 곱게 물든 단풍은 현란하게 이어지고 계곡은 가을풍경을 뽐내는 거대한 동굴 같다. 얼마후 후리메기 삼거리를 지나고 점점 화려해지는 단풍은 단풍의 진수라는 생각이 든다.

이어 후리메기 입구를 지나 길모퉁이를 돌아나오니 팻말(용연폭포)이 보이고 어디선가 산객들의 탄성소리가 연거푸 들려온다. 폭포가 얼마나 대단하기에 저런 감탄이… 덩달아 기대에 부풀어 암벽길을 따라 발길을 서두르고…

잠시후 저기 거대한 폭포가… 가까이 다가갈수록 폭포의 실체가 하얗게 드러난다. 2단폭포는 그 위용이 어마어마… 짙푸른 물웅덩이가 섬뜩하고 거무스름한 암벽들이 동굴처럼 깊숙이 파여 마치 고생대의 미라처럼 기이한 모습을 하고 있다. 이런 시퍼런 웅덩이의 물이 다시 천길낭떠러지로 쏟아져내려 이번에는 호수만큼이나 넓은 연못을 이루고 있다. 물의 깊이도 얼마나 깊은지 빛깔이 거의 까맣게 보일 정도이고 낙수의 길이도 상당히 길어 멀리서도 그 웅장함이 느껴진다. 지금이 이정도인데 여름 장마철에는 얼마나 격렬하게 폭발할까… 이 폭포야 말로 그림에서 보아왔던 바로 그런 상상의 폭포다. 아까 산객들의 탄성이 헛된 소리가 아니었음을…

이제 발길을 서둘러 언덕을 돌아가니 팻말(절구폭포)이 보인다. 잠시후 신기하게도 침침한 협곡에는 거대한 절벽이 동굴을 이루고 점점 깊숙이 들어갈수록 널따란 공간에는 기이한 모습을 한 폭포가 솟아있고 앞에는 맑은 웅덩이가… 가까이 다가가니 2단으로 된 아담한 폭포가 특이하게도 위쪽에 웅덩이가 깊숙이 파여 물이 한가득 고여 있다. 그리고 그 물이 연이어 회색빛 암석 위로 하얗게 쏟아지고… 그 밑의 에메랄드빛 웅덩이는 잔잔히 소용돌이치고 …

아쉬움을 뒤로 한 채 오솔길을 따라 길모퉁이를 돌아나오니 갑자기 산객들이 북적북적… 거대한 암벽이 시선을 압도하고… 내려갈수록 정체되는 산객들로 거의 멈추다시피 한다. 겨우겨우 떠밀려 폭포(용추폭포)가 보이고… 거대한 협곡을 이루고 있는 암벽은 보는 각도에 따라 변화무쌍… 옛 구중궁궐의 비경에 비할 바가 아니다. 신기하게도 꽁꽁 숨겨진 폭포는 용솟음치듯 소용돌이치고 자연의 위대함에 감탄에 감탄… 마치 고생대 속으로 순간 이동한 듯 협곡이 주는 충격에 한동안 넋을 잃는다.

잠시후 저절로 인파에 떠밀려 앞으로 앞으로 밀려가고 협곡은 점점 멀어져만 간다. 곧이어 학이 둥지를 틀고 살았다는 학소대가 높이 치솟아있고 이어 떡시루를 쌓아놓은 듯한 시루봉은 먹음직스런 떡이 생각난다. 저멀리 하늘로 치솟은 급수대는 어떻게 저 높은 절벽 위로 물을 급수했는지…

거의 도착할 무렵 아들바위에는 산객들이 던져놓은 자갈들이 수북이 쌓여 있고 잠시 후 다리가 나온다. 이윽고 드디어 출발지점의 삼거리에 다시 도착한다.

칠갑산
2017년 11월 05일 040

유래 우주만물 생성의 7대 근원과 육십갑자의 으뜸인 갑자가 합쳐진 이름.

칠갑산은 이미 대중가요로도 널리 알려져 산이름은 익숙하다. 얼마나 산세가 험준하고 굽이굽이 골이 깊으면 그런 애절한 노래까지 만들어졌을까…?

이른 아침 서둘러 청양에 도착하니 한적한 산골에는 다행히 날씨가 쾌청하고 온화하다. 산입구로 가는 길목에는 목각장승이 줄지어 마을의 수호신 역할을 하고 〈콩밭매는 아낙네상〉이 호미를 들고 수줍게 앉아 대중가요를 상징하고 있다. 식당가를 지나 주렁주렁 빨간 감이 열려있고 일주문(장곡사)을 통과하여 곧 장곡사에 다다른다. 절 주변 언덕에는 때 아닌 눈처럼 하얗게 들국화가 지천으로 피어있고 약수터에 사리탑도 보인다.

숲길을 따라 지그재그 오른 후 나무계단이 이어지고 꽤 많은 계단은 숨이 차오른다. 등줄기의 열기로 바람막이 옷을 벗고 시원하게 위에 올라서니 다시 낡은 돌계단이 이어진다. 흩어진 낙엽을 헤집으며 조심조심 돌계단을 올라서니 저기 거북바위가 보인다. 그런데 보호줄 안의 거북바위는 그냥 평범한 바위처럼 보이는데…?

이제 능선을 따라 낙엽길을 바스락~ 바스락… 푹신한 능선길은 한동안 오솔길처럼 멋지게 이어진다. 얼마후 이런 편안한 길은 가파른 데크계단으로 바뀌고 숨차게 오른다. 계단 중간쯤 전망대(칠갑산 아흔아홉골 촬영장소)에 이르자 탁트이는 시야… 겹겹이 둘러싸인 골짜기가 그야말로 골 깊은 골짜기의 진수를 보여준다. 저토록 골이 깊으니 그런 애절한 노래(칠갑산)가 나왔나보다. 만약 패러글라이딩이나 헬리콥터를 타고 저 위를 날면 어떤 기분이 들까…

이어 계단을 올라서니 팻말(정상0.25km)이 보이고 가벼운 발걸음으로 정상을 향한다. 잠시후 널따란 공간의 정상석(칠갑산 560m)에는 산객들이 줄을 서있고 여기저기 벤취에서는 즐겁게 식사를 하고 있다. 탁트인 시야에 빼곡한 능선들이 한눈에 들어오지만 어디가 어딘지는 알림판의 설명에도 도통 알 수가 없다.

　간단히 식사를 한 후 밧줄을 잡으며 가파르게 내려오니 완만한 오솔길이 이어진다. 내리막에 오솔길이라니 이렇게 고마울 수가… 여유롭게 낙엽길을 걷는데 얼마후 나무 사이로 파란 강물이 보이기 시작한다. 이어 산객들의 웅성임 소리가 들리고 저멀리 희긋희긋 다리가 보인다. 점점 가까울수록 곧게 뻗은 다리가 널따란 호수(천정호)를 이등분하며 치닫고 있다.

　호수 앞 데크계단, 단풍이 울긋불긋한 호숫가/ 그림자마저도 곱게 드리우고…/ 잔잔한 물결 위에는 하얀 햇살…/ 휘영청 늘어진 다리 저멀리로/ 청양고추 탑이 빨갛게 치솟아/ 참으로 맵도다!

　다리입구에 다다르니 약간은 두렵지만 천천히 발걸음을 내딛고… 꽉 잡은 밧줄이 물결따라 자연스레 흔들~흔들~ 출렁~출렁~ 처음에는 아찔하더니 이내 평정이 된다. 아마도 다리 아래가 천길낭떠러지가 아니고 가까이 물이 보이니 안정되는 게 아닐까… 이렇게 일렁일렁 다리를 건넌 후 뒤돌아보니 다리가 참으로 길기는 길다. 전망대에는 청양을 대표하는 빨간 고추 탑이 높이 치솟아 있고 잔잔한 호수 저멀리에는 단풍이 울긋불긋 고운 그림자를 드리우고 있다. 이제 가을로 물든 호수를 뒤로하며 주차장으로 발걸음을 옮긴다.

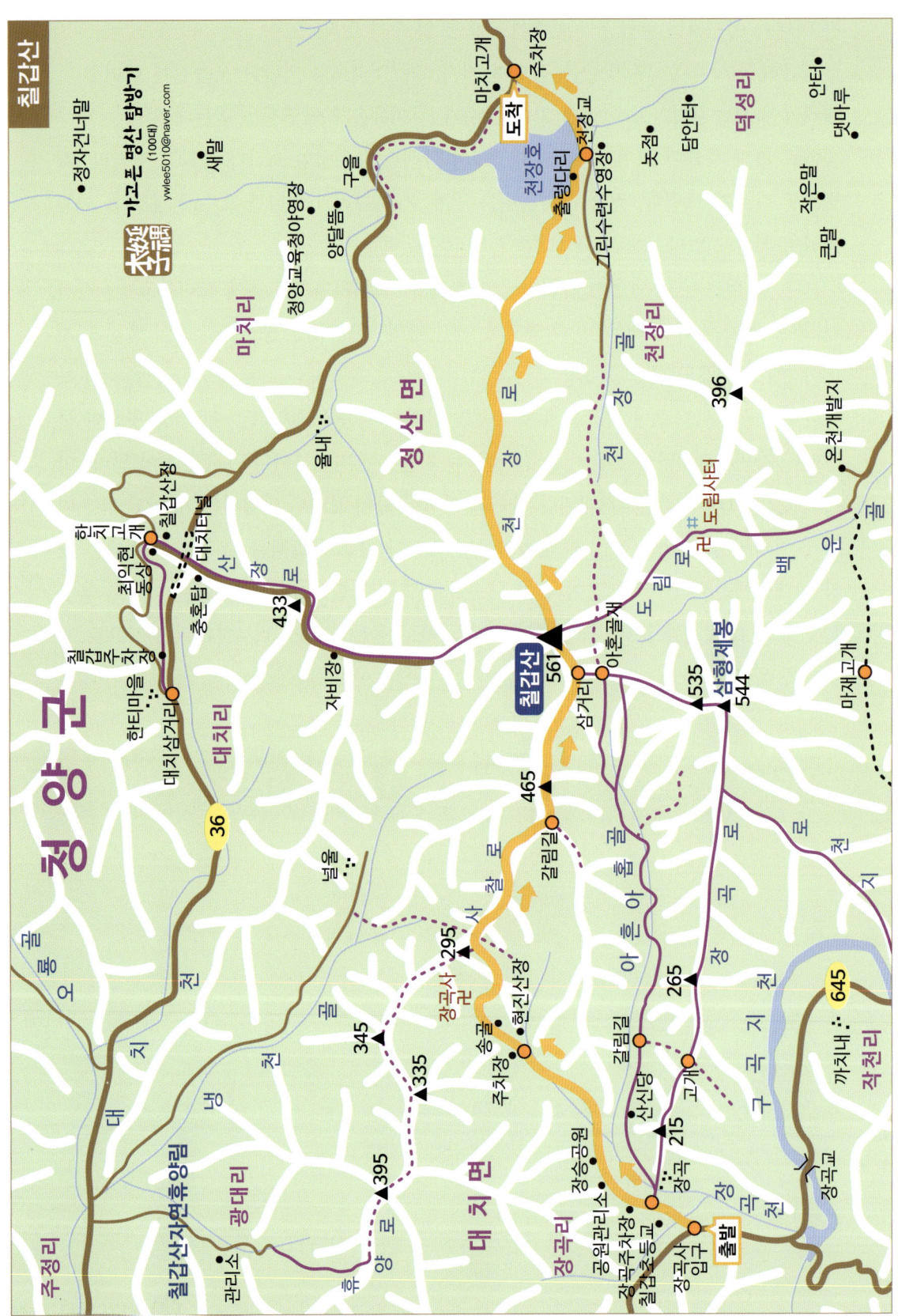

 속리산
2017년 11월 12일 041

유래 세속을 떠난다는 의미로 신라말 최치원의 시에서 유래했다한다.

속리산은 법주사, 미륵불상, 정이품소나무... 이런 것들이 떠오른다. 익히 알아서가 아니고 답안지에 여러 번 체크한 기억이 남아서일게다. 이런 기억속의 것들을 직접 볼 수 있다니... 이른 아침 서둘러 보은에 도착하니 쌀쌀함을 넘어 춥고 서리가 내려 영하의 날씨다. 차가운 햇볕을 따라 종종 걸음으로 산입구를 향해 가고 잠시후 매표소가 나온다.

표를 내고 일주문을 통과, 임도에는 오래된 나무가 빼곡히 늘어서있다. 세조길 부터는 옛길에 대한 향수를 불러일으킬 만큼 온통 고목 일색이다. 아까 마을 입구에 힘들게 버티고 있는 정이품송과 달리 여기 고목들은 아직도 멀쩡하니 세월을 무색케한다. 데크길을 따라 향그런 솔잎향이 스치고 하얀 성에가 사각사각...

잠시후 뜻밖에 널따란 호수가 나타난다. 잔잔한 물결 위에 자욱이 물안개가 피어오르고.../하얀 안개 속으로 햇살이 눈부시다./ 황홀한 광경에 저절로 발걸음이 멈추고/ 물안개의 현란함에 넋을 잃는다./ 점점 강열해지는 햇살.../ 야금야금 눈녹듯 사라지는 물안개../ 과연 자연의 왕은 태양이런가....

이제 환상에서 벗어나 데크길을 따라가니 세심정 삼거리(왼쪽 문장대, 오른쪽 천왕봉)가 나온다. 천왕봉을 향해 세심정을 지나고 이어 널따란 계곡에는 바위들이 한가득... 바위너덜길을 따라 부지런히 조그만 암자(상환암) 앞에 다다른다. 암자로 오르는 계단에는 오를 때마다 계단턱에 이름이 새겨져 있다. 새로 지은 암자를 보니 아마도 시주를 공양한 사람들의 이름인 듯... 말끔한 암자의 앞에는 학소대 절벽이 높이 치솟아 있고 그 위에는 신기하게도 소나무들이 무성히 자라고 있다.

암자를 뒤로 하며 좀더 오르니 커다란 바위 두개가 서로 기대어 사이에 문(상환석문)

처럼 공간이 뚫려있다. 석문을 통과하니 조릿대가 이따금씩 바지를 스치고 배석대를 지나 숨차게 계단을 오른다. 곧이어 삼거리(천왕봉0.6km, 문장대)에 다다르니 갑자기 조릿대가 물밀 듯 펼쳐진다. 이곳은 천왕봉에 갔다 되돌아와서 문장대쪽으로 가는 곳이다.

땅이 보이지 않을 만큼 빼곡한 조릿대가 걸을 때마다 사각사각… 덩달아 나무들도 울창하다. 금방 도착할 것같은 정상은 이렇게 숨이 차는데도 보일 기미조차 없이 다시 팻말(0.3km)이 나온다.

이제 조릿대 숲에서 벗어나 시야가 트이고 능선길이 이어진다. 암봉에 가까울수록 여기저기 바위들이 많아지고 이윽고 봉우리에 올라서니 탁트인 시야가 시원스럽게 펼쳐진다. 줄을 늘어서있는 산객들 사이로 정상석(천왕봉1,058m)이 보이고 푸른 기운에 휩싸인 풍경이 장관을 이룬다. 산객들은 점점 불어나 북새통을 이루고 여유롭게 관망할 틈을 주지 않는다.

다시 삼거리로 되돌아와 이제 문장대 쪽으로 향하고 여전히 길가에는 조릿대가 무성하다. 그런데 길 중앙에 떡하니 동굴처럼 생긴 바위가 버텨서있고 아까 상환석문보다 커 보인다. 석문을 통과하니 와아~ 갑자기 기암괴석들이 여기저기 정신없이 튀어나오고… 눈이 휘둥그레 두리번두리번… 멀리서 보면 아기자기 귀여운 모습이지만 가까이 다가갈수록 거대함에 압도된다. 물개가 하늘을 바라보고, 악어가 헤엄치고, 곰이 웅크리고… 이들을 따라 언덕을 올라서니 거대한 암봉(비로봉)이 인자하게 미소 지으며 아래를 내려다본다. 절벽 사이로 고개를 넘으니 또다시 웅장한 바위가 오리모양으로 주둥이를 떨구는 모습이 귀엽기도 하다.

암릉길 따라 시야가 탁트이고 두리번두리번 다시 고개를 넘으니 저기 범상치 않은 거대한 암벽(입석대)이 보인다. 가까울수록 층층이 쌓인 바위는 마치 거대한 추상조각품이 하늘을 떠받치고 있는 듯하다.

그 웅장함에 정신없이 걷다보니 어느새 높다란 벼랑 앞에 다다른다. 저기를 어찌 오르지… 그런데 놀랍게도 밑부터 꼭대기까지 바위를 일일이 파서 계단을 만들었고 돌로 쌓은 것보다 안정적으로 보인다. 더구나 왼쪽에는 철난간이 설치되어 한결 수월하게 오른다.

조심조심 벼랑위에 올라서니 와아~ 굽이굽이 이어지는 암릉들… 이어 전망대에 이르니 저멀리 웅장한 문장대가… 족두리 모양으로 치솟은 봉우리에 산객들이 꿈틀꿈틀... 지그재그 올라가는 철계단이 멀리서 보기에도 무시무시...

　이제 암릉을 따라 서두르고 잠시후 다시 거대한 암벽(신선대) 앞에 다다른다. 바위 사이로 펼쳐지는 풍경이 일품이고 잠시 시간을 잊게 한다.

　곧이어 삼거리를 지나 휴게소(청법대)에 이르니 간단한 먹거리를 판매하고 있고 산객들은 여기저기 벤취에서 쉬고 있다. 한숨 돌리며 저멀리 지나온 풍경들을 바라보니 굽이굽이 어찌나 수려한지...

　이어 문장대에 대한 기대로 발걸음이 빨라지고... 드디어 언덕을 오르니 저기 아래 널따란 광장에 갑자기 산객들이 북적북적... 천천히 아래로... 다시 암봉을 향해 계단을 올라서니 돌블럭 깔린 널따란 공간에는 정상석(문장대)이 한자와 한글로 두개나 서있다. 그리고 다시 철계단이 이어지는데 아까는 그렇게 무시무시하게 보였건만 막상 코앞에 있는 계단은 경사가 완만하게 안정적으로 올라간다. 드디어 봉우리에 올라서니 생각보다 널찍한 공간은 마당처럼 평평하다. 멀리서 족두리 모양처럼 보였던 것이 이해가 된다. 빙둘러 사방에는 철난간이 설치되어 있고 탁트인 시야에 장엄한 기운... 자연스런 조화... 웅장한 파노라마... 시선을 뗄 수 없는 감동적 풍경이 순간순간 숨을 멎게 한다. 정상인 천왕봉보다 문장대가 더 유명한 이유를 알 것같다.

　넘치는 눈호사를 누리며 아쉬운 발길을 돌리고 이제 하산길에 접어든다. 내려가는 길은 가파르지도 않고 이어지는 낡은 돌계단은 오랜 세월을 느끼게 한다. 길가에는 고목들이 즐비하고 가끔씩 만나는 바위들도 둥글둥글 마모되어 있다. 어떤(?) 휴게소를 지나 계곡이 이어지고...

　얼마후 다리를 건너자 지금까지 보이지 않던 단풍이 하나둘 눈에 띄기 시작, 내려갈수록 울긋불긋 가을다운 모습이 펼쳐진다. 단풍진 임도를 따라 발길을 서두르고 어느덧 세심정 삼거리에 다시 되돌아온다. 여기부터는 주차장을 향해 걷고... 또 걷고... 머릿속에는 필림처럼 아름다운 풍경들이 스쳐가고...

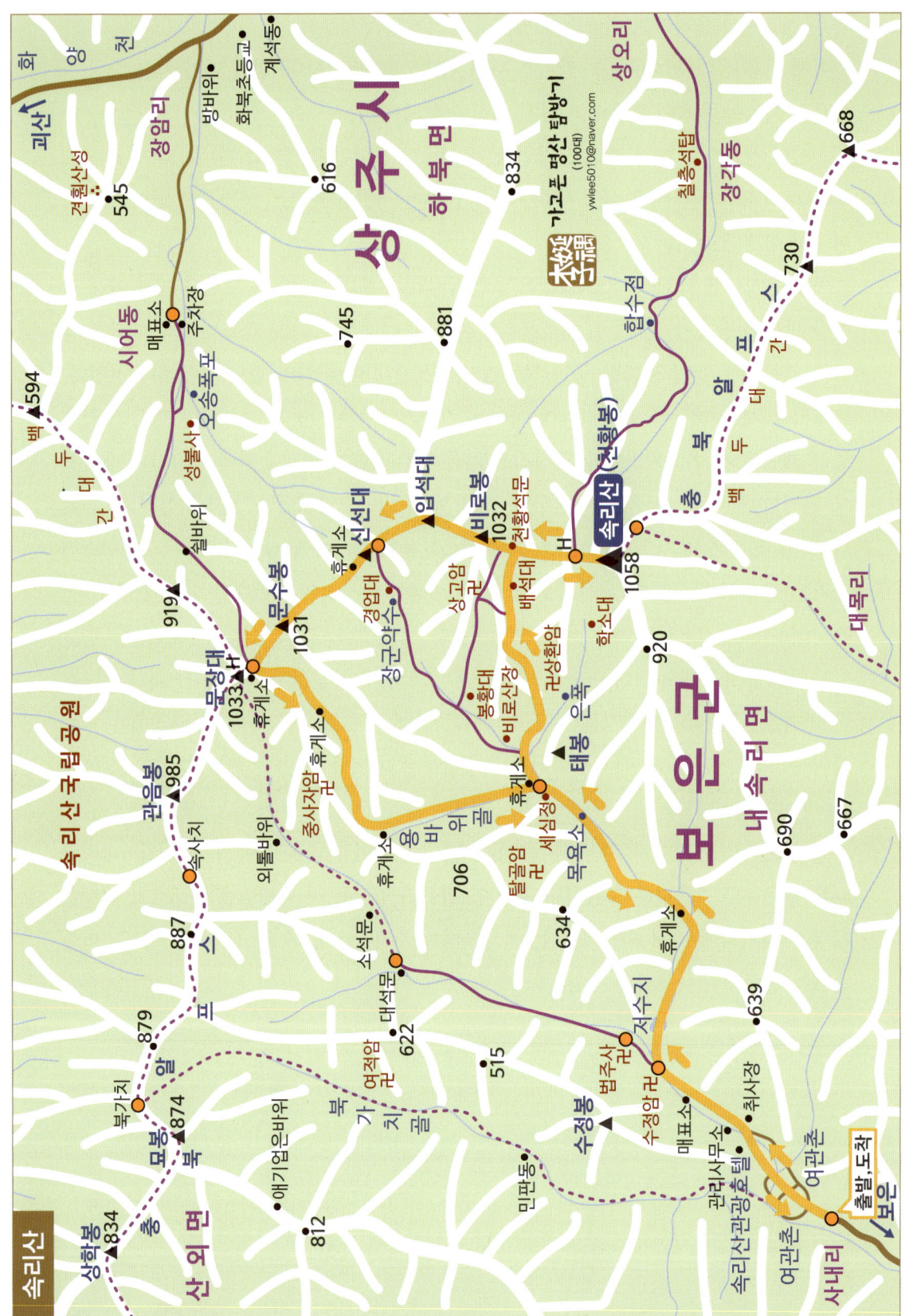

금오산

2017년 11월 19일 042

유래 삼국시대의 승려 아도가 저녁노을 속으로 황금빛 까마귀가 나는 모습을 보고 금오산이라 이름 지은 것에 유래.

금오산에는 금광이라도 묻혀있는 걸까? 이산은 산 자체보다 정치적 현상이 떠오른다. 이른 아침 서둘러 구미에 도착, 기온이 영하로 내려갔는지 겨울옷에 오리털자켓까지 입었지만 얼굴과 귀가 시리다. 차에서 내려 산입구로 가는 아스팔트 위에는 바람에 단풍잎들이 이리저리… 콘크리트나 쇠로 만들어진 주변 시설물들은 휑하니 더 추워 보이고 금오산성 사적비도 썰렁하다.

완만한 산입구의 계단을 따라 늘씬한 소나무들이 하늘을 가리고 가끔씩 울긋불긋 단풍 사이로 돌탑들이 보인다. 금오동학 암벽을 지나 산성문(대혜문)에 올라서니 옛산성이 비탈을 따라 이어지는데 끝자락은 나무들에 가려져 이내 자취를 감추고 있다.

제법 울창한 단풍들 사이로 돌탑들이 뾰족뾰족… 잠시후 약수터(영흥정)를 지나 해운사 입구에 이른다. 언덕 위 해운사를 지나 돌계단을 오르는데 저멀리 웅성웅성 산객들 소리가 들려온다. 가까이 다다르니 아찔하게 치솟은 절벽 가운데로 까맣게 물자국이 선명하고 옆으로는 울퉁불퉁 고드름이 하얗게 열려있다. 밑의 웅덩이도 바닥이 드러나 낙엽이 뒹굴고 돌에 낀 이끼도 말라붙어 허옇게… 한여름 장마철에는 제법 웅장하겠지만 지금은 춥고 을씨년스럽게 보인다.

썰렁한 폭포(대혜폭포)를 지나 오르막 계단 앞에 다다르니 계단 끝이 보이지 않는다. 숨을 크게 들이쉬며 천천히 오르니 그나마 숨이 덜 차는데 중간쯤에는 열기로 자켓을 벗고 오른다. 후들거리는 다리를 이끌며 계단을 올라서니 널따란 바위 전망대…

저멀리 희끗희끗 마을풍경이 펼쳐지고 햇빛에 공장지대가 하얗게 두드러진다. 이어 울퉁불퉁 너덜길을 따라 잔돌들이 여기저기 뒹굴고 흙먼지가 풀~풀~ 마치 채석장의 잔해들처럼 마구 흩어져있다. 더구나 주변에는 소나무들로 길에는 낙엽도 없고 하얗게 메마른 흙뿐이다. 풀풀 먼지를 날리며 걷는데 저멀리 우뚝솟은 절벽이 암릉과 절경을 이루며 가던 발길을 멈추게 한다. 잠깐 숨을 돌린후 이제야 낙엽이 수북이 쌓인 숲길이 나오고 얼마되지 않아 가지런히 돌로 쌓은 담장길이 이어진다.

　담장을 따라 고개를 넘고 산허리를 휘돌아가니 갑자기 거의 평지와 다름없는 숲이 나오고 나무도 활엽수로 바뀌어 낙엽이 수북이 쌓여있다. 바람을 막아줘 기온도 온화하고 완만하게 오르막이 이어진다. 잠시후 넓고 말끔한 헬기장이 나오는데 이상하게도 그 말끔함이 오히려 삭막함을 자아낸다.

　이제 사방의 경치가 눈에 들어오기 시작하고 좀더 오르니 무시무시한 철탑이 보인다. 이어 울퉁불퉁한 바위에 현월봉 정상석이 서있는데 옛날 정상석이라는 안내문이 쓰여있다. 몇 걸음 오르니 넓고 안정적인 바위에 새로운 정상석(현월봉977m)이 우뚝 서있고 저멀리 바다까지도 보일 만큼 사방이 시원하게 트여있다. 대리석을 흩어놓은 것처럼 하얀 마을풍경... 그곳을 끼고 흐르는 강물은 파란 물감을 쓱싹~ 그어 놓은 것처럼 앙증맞다. 파란하늘에 쌀쌀한 바람이 발길을 재촉하고 서둘러 약사암 쪽으로...

　절벽을 따라 계단을 내려가는데 암자 지붕이 보이고 마당에 내려서자 암자가 벼랑 중간쯤 붙박이장처럼 아슬아슬... 어떻게 이런 위치에 암자가 있는지... 마당 앞쪽으로는 철난간이 설치되어있고 아래로는 천길낭떠러지... 무너질 듯 아찔한 절벽 사이로 마을풍경이 한눈에 들어온다. 출렁다리로 연결된 작은 봉우리에 범종을 품고 있는 팔각정이 보이고 산객들은 흔들흔들 건너고 있지만 도저히 용기가 나지 않아 멀리서 구경만 한다. 절벽을 바람막이 삼아 따스한 햇볕 아래 잠시 점심을 먹는다.

　이제 마애석불 쪽으로 숲길을 내려가니 절벽 틈에 고드름이 매달려 있고 그 사이로 약숫물이 떨어지고 있다. 고드름에 겨울을 실감하며 천천히 내려가는데 다시 절벽 앞에 조그만 돌탑들이 서있고 절벽 틈에 아까보다 큰 웅덩이가 보인다. 옆에는 촛불과 향로만 있고 불상은 보이지 않는다. 잠시후 산객들 소리가 들려오고 서둘러 도착하니 와아~ 뜻밖의 광경이... 거대한 마애보살상(*고려시대 추정, 보물 제490호)이 인자하게 서있고 부드러운 곡선이 오랜 세월을 말해주고 있다.

　이어 산모퉁이를 돌아나오니 자잘한 돌들이 툭툭~ 차이고 저기 우뚝우뚝 돌탑들이 보이기 시작한다. 내려갈수록 점점 돌탑들이 불어나더니 급기야 고사목으로 만든 대문에 다다르니 오형돌탑 문패가 걸려 있다. 다섯가지 형태의 돌탑인가? 돌탑을 쌓은 사람이름인가? 오형제가 돌탑을 쌓았다는 것인가...? 아무튼 대문에 들어서자 와아~ 멀리서 보는 것보다 훨씬 많은 돌탑들이 산재해 있고 기기묘묘한 형태로 쌓아놓은 돌탑들은 보기만 해도 위태위태 가냘픈데 어떻게 이렇게 비바람을 견디어 왔는지 신기하기만 하다. 누군가 이 많은 탑들을 쌓기 위해 얼마나 많은 공을 들였을지...(*이것은 뇌병변 장애를 앓다 세상을 떠난 손주 형석이를 위해 김할아버지가 십여년 동안 정성들여 쌓은 돌탑으로 금오산의 '오'와 형석의 '형'자를 합쳐 '오형'돌탑이라 이름 지었다함) 주변풍경 역시 탁트인 시야에 멋지게 펼쳐진다.

돌탑들이 오래도록 무사하기를 바라며 잠시후 바위너덜지대가 이어지더니 저기 철탑이 우뚝 서있다. 이제 조심조심 깔딱고개를 내려가고... 얼마후 무사히 대혜폭포에 다다른다. 이제 오전에 들르지 않았던 도선굴로 향하고...

천천히 오르막 돌계단에 올라서니 뜻밖에 아찔한 절벽이 나타나다. 절벽 허리쯤 굵은 쇠말뚝 철난간이 이어지고 벼랑길을 따라 아득한 천길낭떠러지... 반질반질 미끄러운 벼랑길은 특히 겨울철에는 매우 위험할 것같다. 조심조심 벼랑길을 휘돌아가니 커다란 동굴입구가 나오더니 길이 멈춘다. 그런데 커다란 입구와 달리 동굴은 깊지 않고 안쪽에 조그만 불상이 있다는데 컴컴해서 보이지 않는다. 천정은 까맣게 그을고 바닥은 산객들의 흔적들로 얼룩덜룩... 하지만 탁트인 시야에 들어오는 풍경은 마치 높은 별장에서 내려다보는 것처럼 아늑하고 시원하다. 다시 발길을 돌려 벼랑길을 내려가고 곧이어 주구장창 주차장을 향해 내려간다.

덕유산
2017년 12월 17일 043

유래 덕이 많은 너그러운 어머니 같은 산이라 해서 붙여진 이름.

덕유산은 넉넉하고 부드러운 느낌에 산이름 중 가장 맘에 드는 산이다. 겨울 눈쌓인 광경이 특히 볼만하고 곤도라를 타고 오른다니 이색적인 등산에 약간은 소풍가는 느낌도 든다.

이른 아침 서둘러 무주덕유산리조트에 도착하니 온통 하얀 눈에 차가운 바람이 옷깃을 꽁꽁 여미게 한다. 곤도라 탑승장에는 산객들이 길게 줄을 늘어서있고 건물 뒤쪽에서는 벌써부터 스키객들이 새처럼 훨훨 날고 있다. 대기줄에 합류하여 차례를 기다리는데 곤도라의 차가운 기계소음으로 더 춥게 느껴진다. 곤도라는 오전 승강시 예약해야 되고(10시30분, 11시30분, 12시30분) 하강시에는 매표하고 차례로 내려오면 된다고 한다.

많은 산객들로 한시간 넘게 기다려 차례가 돌아오고 8명씩 탑승을 한다. 붕~ 아찔한 기운과 함께 아래를 내려다보니 까만 점들(스키객들)이 하얀 평원을 이리저리... 펜으로 콕~ 찍으면 멈출 것만 같다. 아직 스키장 외에 주변 산에는 눈이 보이지 않고... 잠시후 거의 도착할 무렵(약15분쯤) 갑자기 심하게 바람이 불더니 주변의 산들이 온통 하얗게... 상고대도 반짝반짝... 하늘도 온통 파랗고... 마치 동화속 새처럼 훨훨 날아오르는 듯... 순간의 황홀함과 감동은 긴 여운을 남기고... 곤도라는 정류장으로 들어가 멈춰선다.

밖으로 나오니 광활한 눈밭평원... 게다가 세찬 바람과 투명한 햇빛으로 추위가 움찔하다. 옷을 단단히 여미고 아이젠을 장착, 눈밭을 따라 바람을 뚫고 한발한발 탐방지원센터에 다다른다. 곧이어 산객들을 따라 가파른 계단을 오르고 다행히 점점 바람은 잦아들고 길도 하얗고 나무들도 하얗고 온통 하얗다. 능선길에는 하얀 눈동굴이 이어지고 눈쌓인 나무가지들은 영락없는 사슴뿔 모양을 하고 있다. 마치 꿈길을 걷듯 하얀왕국의 새가 되어 유유히 터널을 빠져나간다. 그런데 또다시 세찬바람이... 넥워머로 얼굴을 가리지만 코도 시리고 귀도 시리고... 왜 산객들이 까맣게 눈만 내놓고 얼굴 전체를 가리는지 이해가 된다. 다음 산행부터는 꽁꽁 싸맬 수 있게 준비해야겠다.

세찬바람을 가르며 비탈길을 올라서니 하얗게 시야가 트이고 산마루에 봉긋이 눈쌓인 바위가 보인다. 이제 능선길인가 싶은데 바람은 더 세차게 불고 산객들은 길게 줄을 서서 사진찍느라 분주하다. 벌써 정상(향적봉1,614m)...? 이 추위에 반갑기도 하고 어이없기도 하고... 아마도 곤도라를 타고 올라와서 이렇게 정상이 빠른가보다. 널따란 공간은 온통 하얀 눈으로 덮여있고 시원하게 펼쳐지는 능선들도 온통 하얗게... 한동안 줄을 서서 이윽고 차례가 돌아와 카메라셔터를 누르자 갑자기 카메라가 꺼져버린다. 맙소사~! 왜 하필 이때 핸드폰이 고장나는지... 이를 어쩌지... 주변 경치를 더 둘러보고 싶지만 핸드폰 작동도 안되고 바람이 워낙 심해 쫓기듯 발길을 서두른다.

바람부는 능선을 따라 중봉 쪽으로 발걸음을 재촉하고 다행히 완만하게 이어지는 능선은 잠시후 내리막 계단이 나온다. 조심조심 계단을 내려가니 대피소가 나오고 휴~우~ 이제야 세차던 바람이 잦아든다. 산객들이 대피소 안팎에서 웅성웅성... 라면 끓이는 냄새가 솔솔... 추위와 허기로 그들 틈에서 뜨거운 컵라면을 먹고나니 이제야 몸이 풀리고... 훈훈해진 기운으로 중봉을 향해 발걸음을 옮긴다.

대피소에서 멀어질수록 다시 바람이 불어오고 길가의 나무들은 바닷속의 산호처럼 눈꽃이 탐스럽다. 바람부는 하얀능선은 끝없는 사막을 가르는 느낌... 시리도록 파아란 하늘은 일촉즉발의 화약고처럼 아찔... 이윽고 중봉에 도착하자 오히려 정상보다 좀더 가까이 능선들이 보이고 바람도 세차게 몰아친다. 그리고 저멀리 하얗게 이어지는 능선이 남덕유산으로 향하는 길이라니 언제쯤 그곳에 갈는지...

바람에 떠밀리다시피 되돌아 대피소 쪽으로 향하고 하얀 바닷속을 헤엄치듯 서둘러 대피소에 다다른다. 이제 백련사 쪽으로 내려가기 시작하고 다행히도 바람이 잦아들어 온화한 느낌이 든다. 그런데 한동안 완만하던 내리막은 갈수록 경사가 심해져 밧줄을 잡기도하고 나뭇가지를 잡기도한다. 심한 경사로 올라오는 산객들은 이 추위에도 땀을 흘리며 연거푸 거친 숨을 몰아쉰다. 다리는 후들후들... 길은 미끌미끌... 시야는 답답하고... 이렇게 애먹이는 내리막을 간신히 내려서니 어디서 왔는지 앙증맞은 새 두마리가 나뭇가지 사이로 촐랑촐랑... 재빨리 주머니에 있는 핸드폰을 꺼내 찰칵~ 그와 동시에 아앗~! 새가 호록~ 날아가버린다. 에휴~ 새도 날아가버리고… 어~? 그런데 핸드폰이 다시 작동되다니…(*나중에 알고보니 기계도 일정 온도가 내려가면 작동이 안된다고)

이어 한동안 내려가니 저 아래로 건물이 어른어른… 내리막 계단이 가파르게 이어진다. 조심조심 계단을 내려가니 사찰(백련사) 쪽으로 조그만 나무다리가 나온다. 다리를 건너 널따란 마당에는 하얗게 눈이 쌓여있고 여러 채의 법당들이 빙둘러 있다. 이미 도착한 산객들은 처마 밑에 옹기종기 휴식을 취하고 어떤 이들은 법당에 들어가 기도를 드린다.

잠시후 사찰을 벗어나 임도를 따라가는데 구천동33경 탐방안내도가 나온다. 기대에 부풀어 핸드폰을 만지작거리며 내려가는데 이제나 저제나 안내팻말만 지나고 계곡은 온통 하얀눈으로 덮여 뭐가뭔지 구분이 안된다. 가도가도 계곡은 하얀침묵 뿐… 그 유명한 무주구천동의 찬란한 여름을 끝없는 침묵으로 기다리고 있다.

멋진 계곡의 모습을 못내 아쉬워하며 터덜터덜 내려오고 있는데 휴우~ 저 앞에 휴게소가 보인다. 얼마후 천동탐방센터… 공원관리사무소… 이쯤에 주차장이 나오면 좋으련만 주차장은 마을 쪽으로 한참을 더 내려간다. 드디어 저기 앞에 차가 보이니 이제야 마음이 가벼워진다.

무등산
2018년 01월 07일 044

유래 비할 데 없이 높은 산 또는 등급을 매길 수 없는 산이라는 뜻.

무등산은 완만한 능선이 광활하게 펼쳐지며 마치 지리산을 닮았을 것같고 아빠의 넓은 어깨에 무등타는 아이의 천진스런 모습이 떠오른다.

이른 아침 서둘러 4시간 후쯤 안양산 둔병재에 도착, 차에서 내리니 도로변 길가… 휴양림 입구에서는 입장료를 받는다고 도로변에 그냥 산객들을 쏟아놓고 차는 떠나버린다. 다행히 날씨가 춥지 않아 가을날처럼 쾌청하고 눈이라고는 눈씻고 봐도 보이지 않는다.

그런데 이게 웬일… 선두가 오르고 있는 곳은 낙엽이 수북이 쌓여있는 가파른 비탈, 미끄러지고… 푹푹 빠지고… 길도 보이지 않는 가파른 언덕을 거의 기다시피 40여분을 힘들게 오르니 휴우~ 안양산을 가리키는 팻말이 나온다.

이제 완만한 오르막에 갈대숲이 이어지고 잠시후 전망대에 올라서니 저멀리 하얀 풍차가 그림처럼 돌아가고 정상이 수줍은 듯 안개에 숨어 있다. 하늘거리는 갈대에 가을의 허전함을 스치며 봉우리에 올라서자 널따란 공터에 일렁이는 갈대들… 한가운데에는 덩그러니 정상석(안양산)이 서있고 산객들은 한겨울 때 아닌 가을 황금들녘을 찍느라 분주하다.

이어 시원하게 뚫린 능선을 따라 가도가도 철쭉군락이 펼쳐지더니 갈림길(들국화)에 데크계단이 나온다. 계단은 울퉁불퉁 암봉(낙타봉)으로 이어지고 저멀리 마을풍경이 보인다. 완만히 낙타능선을 타고 내려오자 다시 암벽지대(능선암)로 오르막이 이어진다.

숨가쁘게 능선에 올라서니 탁트이는 시야… 저멀리 광주 시내가 더 가까이… 앞쪽에는 뾰족한 송신탑이 보인다. 저기가 장불재란다. 웅장한 능선을 따라 사방이 뻥~ 뚫려 앞에는 장불재… 왼쪽에는 광주시내… 오른쪽은 또다른 길.. 뒤돌아서면 지나온 능선들이 둥그렇게 포물선을 긋고 있다. 앞으로 갈수록 탑은 괴물처럼 커지고 조그맣게 대피소 건물이 보인다. 그런데 갑자기 어디서 나타났는지 산객들이 개미떼처럼 몰려있고 널따란 공간은 활기로 가득하다.

 이윽고 대피소에 다다르니 꽤 큰 건물은 장불재 공간이 공원처럼 워낙 널찍해서 상대적으로 성냥갑처럼 작게 보인다. 이 널따란 공간에는 각자 다른 코스로 올라온 산객들이 왁자지껄 옹기종기 우왕좌왕… 그야말로 도떼기시장을 방불케 한다. 그들 틈에 끼어 간단히 점심을 먹은 후 눈앞에 보이는 입석대를 향해 발걸음을 재촉한다.

 그런데 하얗게 눈쌓인 입석대를 기대하건만 눈은 고사하고 햇볕이 쨍~쨍~ 땀이 날 것 같으니… 따스한 햇볕을 등지며 돌계단을 오르는데 꽤 많은 산객들이 내려오고 있다. 곧이어 높이 치솟은 암벽(입석대)들에 눈이 휘둥그레… 길쭉길쭉 세로로 자른 듯(주상절리) 하늘 높이 치솟은 웅장한 바위들… 고층 빌딩숲을 연상케하는 이 자체가 하나의 거대한 도시 같다. 이 정도의 광경이라면 굳이 하얀눈이 쌓이지 않아도 충분히 경이롭고 힘들게 찾아온 가치가 있다. 하얗게 눈쌓인 모습은 다음에…

 이제 서석대를 향해 오르고 승천암에서 바라보는 입석대의 뒷모습이 지나온 능선들과 멋스럽게 어울린다. 이어 돌블럭을 따라 돌계단을 오르고 주변에는 나무 한그루 없이 갈대와 억새풀만 황금들녘을 이룬다. 저멀리 봉우리(서석대)에는 거대한 바위가 파란 하늘에 둥실 떠있고 산객들이 그곳을 향해 울긋불긋 개미떼처럼 꿈틀댄다. 오를수록 바위들이 늘어나고 꼭대기에 다다랐을 때는 온통 바위들로 덮여있다. 가운데에는 정상석(서석대1,187m)이 서있고… 하늘을 찌를 듯 치솟아 오른 바위들은 입석대 바위들 보다 더 거대하고 웅장하여 새삼 자연의 위대함을 실감케 한다. 온 천하가 발아래인데 저기 구름에 가려진 천왕봉(군사통제지역)은 언제쯤 가볼 수 있을는지…

 이제 중봉으로 향하고… 그런데… 잠시후 문제(?)발생… 까마득히 내려가는 돌계단에 반은 눈 반은 빙판… 아이젠을 꺼내 아무리 애를 써도 등산화에 들어가지 않고… 오호라~ 어찌 이런 일이… 아이젠이 자꾸 벗겨져 튼튼한 것으로 다시 구입 했는데 그것이 오히려 이런 난관에 빠뜨리다니… 아이젠은 잘 늘어나는 것이 생명인가… 다행히 일행의 도움으로 조심조심 내려가지만 위태위태한 계단은 한동안 계속된다. 이토록 애먹이는 길은 왜 이다지도 길게 느껴지는지… 천신만고 끝에 계단을 벗어나자 휴우~ 눈물이 날 지경이다.

이제 빙판길이 끝나고 마음을 추스르며 발길을 서두른다. 잠시후 진흙길을 따라 삼거리(중봉)에 다다르니 저멀리 중봉 정상이 훤히 바라보인다. 그러나 하산길인데 다시 오르막을 오르려니 에휴~ 압박감이 밀려오고... 길이 미끄럽지 않은 것만으로도 다행이라 여기며 발걸음을 서두른다. 얼마후 가쁜 숨을 몰아쉬며 봉우리(중봉)에 올라서니 세찬 바람이 콧등의 땀을 씻어주고 커다란 바위에 정상석이 우뚝 서있다. 계속되는 바람은 이제 추위를 느끼게 하고 주변을 둘러볼 겨를도 없이 발걸음을 재촉한다.

봉우리에서 멀어질수록 점점 바람이 잦아들고 시야도 좁아간다. 이윽고 숲길로 들어서 한동안 정신없이 내려가고... 어느 순간 돌계단이 가파르게 이어진다. 이 못된(?) 돌계단은 주구장창 계속되고... 어찌나 가파른지... 에휴~ 다리도 후들거리고 거의 지쳐갈 무렵 겨우겨우 돌계단을 내려선다. 이제 가파른 숲길을 내려가고 여전히 애먹이는 내리막은 주변을 둘러볼 여유를 주지 않는다. 휴우~ 드디어 가파른 내리막에서 벗어나니 이제야 안심이 되고 팻말(왼쪽 토끼등, 오른쪽 너덜길)이 보인다.

그런데 어째... 불길한 예감이... 토끼등, 너덜길이라니... 정작 기다리던 늦재, 원효사 방향은 눈씻고 봐도 없다. 이를 어쩐담...? 대장님께 전화하니 길을 잘못 들었고 너덜길 쪽으로 가서 큰 임도로 나오라는 것이다. 맙소사~! 어찌 이런 일이... 급할수록 돌아가라 했거늘 갈림길에서 다시 한번 길을 확인하고 내려와야 했는데...

마음을 진정하며 너덜길 쪽으로... 그런데 이게 웬일... 너덜길이 아닌 너덜비탈이 산 전체를 덮으며 온통 바위투성이... 만약 이런 황당한 상황만 아니라면 더없이 멋진 광경이라 감탄하겠지만 지금은 이 너덜비탈이 한없이 부담스럽고 얄궂을 수가 없다. 정신을 집중하며 너덜비탈의 너덜길을 가로지르고 드디어 너덜길이 끝난다.

다시 숲길이 이어져 안심이 되는데 잠시후 어~? 막다른 골목... 엎친 데 덮친 격으로 앞에는 칡넝쿨, 등나무들이 뒤엉켜 정신없고... 온몸을 긁키며 간신히 넝쿨을 빠져나오니 맙소사~ 다시 너덜비탈이 까마득히... 이를 어쩌나... 눈앞이 캄캄... 좀전의 너덜비탈은 너덜길이라도 가로로 이어졌는데 여기는 비탈내리막에 아예 길도 없고 발자국 흔적도 없으니... 산 너머 산, 첩첩산중... 시간은 자꾸 가고... 다리는 후들거리고... 속은 바짝바짝 타들어가고... 무섭고... 겁나고... 마음을 졸이며 조심조심... 괜찮아, 괜찮아... 좀더 힘을 내고... 드디어 부들부들 비탈을 내려서니 맙소사~ 철조망(출입금지구역)이 둘러있다. 출입금지구역... 그럼 그렇지...

철조망을 뚫고 간신히 임도에 내려서니 긴장이 풀리며 눈물이 핑~ 돈다. 휴우~ 이제 살았다…

곧이어 평탄한 임도를 따라 걷다가… 뛰다가… 또 걷다가… 가도가도 주구장창 이어지는 임도… 급기야 옆구리가 당기고 다리가 후들거려 뛸 수가 없다. 잠시 멈춰 숨을 고르고 이제는 천천히 걸을 수밖에… 이윽고 늦재 갈림길을 지나 부지런히 걷고… 또 걷고… 얼마후 저기 사찰(원효사)이 보인다. 곧이어 사찰을 지나 널따란 주차장에 다다르니 주룩~ 눈물이 난다. 서둘러 차에 올라 아무 생각 없이 잠을 청한다.

함백산

유래 크게 밝다는 뜻.

2018년 01월 14일 045

함백산은 태백산의 줄기로 무엇보다 산 높이가 1572.9m나 되는 높은 산이지만 차량으로 이미 1330m(만항재)나 오른다니 일단 부담이 없어진다.

이른 아침 서둘러 만항재에 도착하니 11시, 하얗게 덮인 눈이 햇빛에 눈부시고 주차장에는 많은 관광버스와 자가용들이 북새통을 이룬다. 쏟아져 나온 산객들은 각자 등산 채비에 분주하고 급한 이들은 이미 등산 대열에 끼어 산을 오르고 있다. 그런데 산을 향해 이어지는 대열은 끊임없이 꼬리에 꼬리를 물고 아예 울긋불긋 인간띠를 이루고 있다. 기온도 온화하고 햇빛도 쨍쨍… 일단 아이젠을 꺼내 등산화에 장착하는데 이번에는 잘 늘어나 수월하게 들어간다. 지난번 무등산에서 애먹었던 일이 떠오르며 썬그라스와 모자를 쓴다.

길게 늘어선 대열에 합류하여 초입부터 눈쌓인 비탈길을 오르지만 산객들이 워낙 많아 속도도 나지 않고 힘도 덜든다. 그런데 이렇게 한동안 가다보니 시간이 너무 많이 지체되어 대열을 이탈할 수밖에… 이제 조금씩 앞을 추월해 나간다. 두터운 눈이 걸을 때마다 푹석푹석 설탕처럼 흩어지지만 스팻치가 막아주고 아이젠이 제 역할을 톡톡히 한다. 어느덧 작은 봉우리(창옥봉)에 올라서니 몇몇 산객들이 쉬고 있고 저멀리 높다란 봉우리가 보인다.

마음의 준비를 하며 천천히 내려가는데 갑자기 왁자지껄~ 웅성웅성… 이윽고 내리막을 내려서니 갑자기 펼쳐지는 널따란 광장… 널따란 도로… 수많은 산객들과 관광버스가 서로 뒤엉켜 꼼짝달싹 못하고 있다. 놀이공원의 주차장을 방불케 하는 광장은 불어나는 산객들로 인산인해를 이루고 정상을 향한 행렬이 개미떼처럼 늘어서있다.

대열에 합류하여 급경사를 오르기 시작하고 오르막을 따라 계속 굵은 밧줄이 이어진다. 멀리서 보기에는 금방 오를 것 같았는데 막상 오르기 시작하니 급경사에 미끄럽고 더구나 많은 산객들의 정체로 만만치가 않다. 줄을 잡고 오르니 일단 안심은 되지만 힘들게 가다 서다를 반복하니 애가 탈 노릇이다.

가까스로 능선에 다다르니 저 높이 뾰족한 송신탑이 보이고 여기저기 산객들이 분주하다. 곧이어 바위로 둘러싸인 봉우리에 올라서자 갑자기 세찬 바람이 몰아치고 정상석은 산객들로 둘러싸여 아예 보이지도 않는다. 첨성대처럼 높은 탑 주위에는 앞다퉈 사진 찍으랴 난리법석이고 아마도 그 앞에 정상석(함백산1,572m)이 서있는 것같다. 저멀리 첩첩이 둘러싸인 능선들은 종횡무진 몰려가는 소떼들처럼 생동감이 넘치고 그 광활함이 시선을 압도한다. 계속되는 거센 바람에 떠밀리다시피 봉우리를 내려오고...

바람을 가르며 천천히 다음 행선지로 향하는데 산림청 직원 두명이 파견을 나온 것인지 산객들이 몰려있는 정상석 쪽을 조심스레 바라보고 있다. 이렇게 공무원까지 동원되다니 산객들이 엄청 몰리기는 몰렸나보다.

이제 헬기장을 지나 오른쪽으로 내려가는데 여기저기 고사목들이 눈에 띄고 내려갈수록 피폐한 고목 사이로 푸른색 주목이 싱싱하다. 푹~푹~ 눈을 헤치며 어느새 널따란 평지... 제법 많은 산객들이 옹기종기 모여앉아 점심을 먹고 일부는 계속 앞으로 줄지어 가고 있다.

줄에 합류... 몇 걸음 앞으로 가자 맙소사~ 다시 오르막이... 부담감에 사탕을 입에 넣으며 천천히 발걸음을 내딛는다. 오르막은 그나마 빙판길도 아니고 경사도 그렇게 심하지 않아 다행이다. 얼마후 입안의 사탕이 다 녹지 않았는데 능선이 보이고 곧이어 숨차게 고개에 올라선다. 그런데 주변은 빽빽한 나무들로 시야가 답답하고 길가에는 길쭉한 정상목(중함백 1505m)이 서있다.

이어 능선을 따라 눈을 헤치며 가는데 갑자기 탁트이는 시야... 뜻밖에 나타나는 전망대... 저멀리 시원하게 펼쳐지는 풍경들... 하얀능선의 하늘은 왜 저리도 파란지... 발걸음을 재촉하는 발끝에 설탕처럼 하얀눈이 흩어지고... 대설원의 하늘은 눈이 시리도록 파랗다. 무엇에 홀린 듯 정신없이 발걸음을 내딛고... 어느덧 삼거리에 다다른다. 널따란 공터에는 산객들이 둘러앉아 간식을 먹고 있고 잠시 숨을 돌린 후 이제 왼쪽(적조암)으로 방향을 돌려 내려가기 시작한다.

평탄한 내리막은 구불구불 나선형을 그리며 내려가고... 한참을 내려가자 갑자기 길이 멈추며 언덕이 서있다. 그리고 길모퉁이의 커다란 나무에는 산악회 리본이 다닥다닥 붙어있고 왼쪽으로 가파른 내리막이 이어진다. 다행히도 내리막은 햇볕이 쨍~쨍~ 이미 눈이 녹아 뽀송뽀송한 흙길은 미끄럽지가 않다. 덕분에 가파른 내리막을 수월하게 내려오니 적조암 입구가 나온다.

  암자는 왼쪽으로 좀더 올라가야한다니 그냥 계속 직진하여 내려간다. 그런데 내리막이 점점 눈길로 바뀌더니 잠시후 갑자기 빙판이… 그것도 아래로 경사지며… 막판에 어찌 이런 일이… 너도나도 콱~콱~ 얼음을 깨며 얼음과 실랑이를… 드디어 깨진 발자국을 따라 엉금엉금 기어 간신히 빙판구간을 벗어난다. 빙판길 정말 애물단지… 다시 눈길이 이어지고 얼마되지 않아 산객들의 웅성임 소리가 들려온다. 곧이어 주차장에 다다르니 이미 도착한 산객들 사이로 진돗개 한 마리가 꼬리를 치며 반기고 있다.

백운산(동강)
2018년 01월 21일 046

유래 흰구름이 늘 끼어 있는데서 유래.

백운산은 이름이 좋아서 그런지 100대 명산에서 세 개씩이나 되고 그중 이번에는 동강이 바라보이는 산으로 강의 풍경이 장관이란다. 원래 일정은 가리왕산이었는데 평창 올림픽 관계로 입산금지 되어 백운산으로 변경되었다.

  강의 풍경을 상상하며 이른 아침 서둘러 정선에 도착한다. 차에서 내리니 뿌옇게 안개 낀 잠수교를 가로질러 강물이 흐르고 이 강줄기가 산봉우리에서 바라보면 장관을 이룬다니 기대가 된다. 길을 따라 산입구 쪽으로… 길가에는 먹거리를 거둬들인 빈 밭들이 휑하고 검은 비닐들이 산만하게 나풀나풀 나뒹군다. 구름 사이로 반쯤 내민 햇빛은 조명처럼 안개를 비추고 바람 한점없는 기온은 봄날 같다. 뽀송한 흙길은 산입구에서 멈추고 이제 오르막이 시작된다.

  낙엽이 수북이 쌓인 오르막은 오를수록 경사가 급해 미끄럽지만 지난번 무등산의 초입(비탐방길) 보다는 수월하다. 경사가 급하니 금방 숨이 차는데 잠시후 나무계단이 이어진다. 꽤 길게 이어지는 계단은 계속 숨이 차고 이번에는 밧줄 난간길이 이어진다. 힘껏 밧줄을 잡아당기며 앞을 보니 맙소사~ 또다시 이어지는 통나무 계단… 이런 경우를 된비알이라고 하던가… 인내심을 발휘하며 다시 힘들게 올라서자 와아~ 이렇게 온화한 날씨에도 상고대가 하얗게… 아쉽게도 일부는 햇볕에 녹아 이슬이 맺혔지만… 잠시 상고대를 바라보며 팻말(정상1.1km) 앞에서 물을 마신다.

  기운을 되찾으며 다시 데크계단을 오르기 시작하자 점점 상고대는 사라지고 햇볕은 따스하다. 등줄기에 땀을 느끼며 이제는 바람막이 옷도 거추장스러워 허리에 묶으니 시원하고 가뿐하다.

  이어 울퉁불퉁 암릉길이 시작되고 오른쪽은 굵은 밧줄로 이어진 천길낭떠러지… 직각으로 절리된 바위는 마치 사량도의 벼랑길과 비슷한 느낌이 들고 아찔하다. 아슬아슬한 벼랑을 따라 바위틈에는 고사목들이 멋지고 그 중 신기하게도 사슴뿔을 꼭 닮은 것도 있다. 벼랑 쪽으로 드디어 강을 낀 풍경들이 보이기 시작… 그런데 오호라~ 어찌 이런 일이… 온통 하얀 안개로 뒤덮인 풍경은 강렬한 햇빛에 겨우 강줄기만 희긋희긋…

이제 안개가 걷히기를 바라며 산허리를 휘돌아가니 저멀리 정상이 보인다. 그런데 숲에는 이상하게도 참나무들이 기형적으로 비틀어지고 구부러지고 심지어 겨우살이처럼 불룩 튀어나온 것이 사람들의 세상살이와 닮아있다. 이곳을 지나자 가파른 오르막에 더구나 하얗게 눈이 쌓여있다. 울며 겨자 먹기로 아이젠을 꺼내 신발에 장착하고 조심조심 오른다. 다행히도 보기보다는 오르기가 좀 수월하고 잠시후 위쪽에서 산객들 웅성임 소리가 들려온다.

곧이어 널따란 공간이 펼쳐지며 이미 도착한 산객들이 옹기종기 점심을 먹고 있다. 웬일로 정상석(백운산1,087m)에는 산객들이 줄을 서있지 않다. 이산은 할미꽃이 유명하다는데 아마도 봄에 많이 찾아오나보다. 여유롭게 정상석 사진을 찍고 사방을 둘러보니 시야도 그리 트이지 않고 강물도 보이지 않는다. 간단히 점심을 먹고 천천히 내려간다.

하산길은 가파른 낭떠러지길이니 조심하라는 당부를 되새기며 조심조심 발길을 내딛는다. 내리막은 삼거리까지는 완만하게 이어지더니 팻말(칠족령 방향)을 지나자 왼쪽으로 천길만길 낭떠러지길이 이어진다. 보호줄로 이어지는 중간중간 추락위험 팻말이 서있는데 그곳에서 바라보는 풍경은 영락없이 강을 낀 경치가 아주 수려하다. 순간의 아름다움에 영원한 승천객이 되지 않기를… 이제는 다행히 안개가 걷히고 제대로 강을 낀 경치가 보인다. 위험한 만큼 그 어디에서도 볼 수 없는 수려한 모습… 구불구불 초록의 강줄기가 섬산을 부드럽게 포위하며 휘돌아가고 산자락은 초록의 강줄기를 기꺼이 품어 안는다. 마치 초록색 뱀이 둥글게 똬리를 틀다가 다시 꿈틀꿈틀 움직이는 모양… 이러한 강의 수려한 풍경은 내려가는 내내 각도에 따라 시시각각 변화무쌍하다.

낭떠러지를 따라 줄곧 가파르고 위험한 내리막길은 연이어 굵은 밧줄을 잡고 내려오며 시간이 많이 걸린다. 장갑에는 밧줄에서 묻어나는 하얀 비닐가루가 덕지덕지 달라붙고 줄을 잡고 오르락내리락하다보니 다리뿐만 아니라 팔도 만만찮게 후들거린다.

이제 밧줄길이 멈추고 철계단이 이어진다. 조심조심 계단을 내려오니 낭떠러지 위에 높다란 돌탑이 보인다. 돌탑 사이로 저멀리 강의 풍경이 장관을 이루고 넋을 잃게 만든다. 잠시후 무심코 돌아서는데 돌탑 밑에 네모난 검은 대리석이 보이고 누군가의 추모 글귀가 새겨져 있다.

　좀더 주의를 기울이며 조심조심 내려가고 얼마후 삼거리가 나온다. 이어 칠족령 쪽으로 야트막한 봉우리에 올라서니 저 밑으로 널따란 공터가 보인다. 밧줄을 잡으며 아래로 내려오니 칠족령 팻말(앞쪽은 제장, 오른쪽은 전망대)이 서있다.

　잠시 숨을 돌린후 제장 쪽으로... 이제 밧줄을 잡지 않고 가려나 했는데 맙소사~ 널따란 공터 아래로 다시 가파른 내리막이... 게다가 지그재그 하얀 밧줄이 까마득히... 에휴~ 줄을 잡고 조심조심... 다행히 눈이 쌓이지 않아 그나마 수월하고 점점 마을이 가까이 보인다. 긴 인내 끝에 드디어 기나긴 밧줄 내리막길이 끝나고 휴우~ 이제 마을 주차장 쪽으로 발걸음을 옮긴다. 길가에는 끝없이 과수원이 이어지고 잠시후 마을 쪽으로 돌아나오니 저멀리 강물이 보인다. 서둘러 강가에 다다르니 온종일 산에서 바라보았던 초록색 강이 거대한 암봉을 품은 채 잔잔히 흐르고 있다.

가지산

2018년 01월 28일 047

유래 '가치(까치)메'의 옛 이두문자 표기로 까치산이라는 뜻.

가지산은 엉뚱하게도 보라빛 가지나물이 떠오르고 산 근처에 대규모 가지밭이 있는 것은 아닌지... 이른 아침 서둘러 5시간 후쯤 울산(석남터널)에 도착한다. 주중에 바짝 춥던 날씨가 다행히 많이 풀려 마음이 가벼워진다. 넓은 공터에는 조그만 매점이 있고 한쪽에는 가파른 데크계단이 이어진다.

새롭게 설치된 튼튼한 계단은 숨차며 콧잔등에 땀이 송글송글 맺히는데도 끝이 보이지 않는다. 결국 바람막이 옷을 벗어들고 돌아서는데 다른 산객들은 휙휙~ 추월해 올라가고 저런 강인한 힘은 어디서 나오는지... 숨을 헐떡이며 계단을 올라서니 다시 돌계단이 이어진다. 날씨가 포근해 번거롭게 아이젠을 하지 않아도 되니 그나마 다행이다. 잠시후 팻말(가지산3km 석남터널0.4km)이 나오자 잠시 물을 마시며 숨을 돌린다.

다시 침목계단을 오르고 돌무더기를 지나고 드디어 고개(가지산2.5km)에 올라서니 휴우~ 능선이 펼쳐진다.

이제는 순탄한 자갈길이 이어지고 마치 반야봉(지리산) 초입과 비슷하다는 생각이 든다. 갈수록 마을풍경이 보이기 시작하더니 얼마후 팻말(가지산1.6km)과 함께 간이매점이 보인다. 그런데 갑자기 산객들이 북적북적... 시끌벅적... 아마도 다른 방향에서 올라오는 산객들이 이곳으로 몰려드나보다. 바로 앞에는 데크계단이 지그재그 끝이 보이지 않는다.

왁자지껄 경상도 사투리 속에 중간쯤 오르자 거대한 암벽(쌀바위)이 보인다. 이어 숨차게 계단을 올라서니(가지산1.1km) 탁트인 시야에 마을풍경이 시원스럽다. 이제 너덜길을 따라 점점 커다란 바위들이 나타나고... 급기야 저 앞에 암봉이 보인다.

조심조심 봉우리에 기어올라 주변을 두리번두리번... 꿋꿋하게 서있는 나무에 명찰

(중봉)이 붙어있다. 그런데 갑자기 바람이 불어오고 서둘러 정상 쪽으로 발길을 재촉한다. 그런데 맙소사~ 빙판길이… 눈이 아니라 너덜바위에 반질반질 빙판이… 일단 아이젠을 장착하고 바짝 긴장하며 조심조심… 다행히 빙판은 그렇게 길지 않다.

애먹이는 길을 뒤로하며 이제(가지산0.4km) 숲길을 따라 오르고 여기저기 바위가 눈에 띈다. 이어 푸른 조릿대가 빼곡하고 문득 속리산 정상 무렵의 길고 긴 조리대길이 떠오른다. 잠시후 거대한 암벽이 떡 버텨서있고 조심조심 바위를 기어오른다. 이윽고 저 위로 손톱만한 태극기가 바람에 나부끼고 산객들이 개미 만하게 보인다.

가까스로 정상에 올라서니 시야가 탁트이며 주변은 온통 바위투성이로 바람이 심하게 불고 있다. 그런데 뜻밖에도 대장님이 이리저리 다니며 산객들의 안전을 살피고 계신다. 대부분은 뒷모습조차 보기 어려운데 이런 모습을 보니 대장님이 얼마나 고마운지… 바위 꼭대기에 위태하게 서있는 정상석(가지산加智山 1,241m)은 먹는 가지와는 거리가 멀고 바람만 세차게 휘몰아친다. 쓰러질 듯한 바람으로 겨우 인증사진만 찍고 돌아선다. 저멀리 능선들은 푸르름 속으로 아스라이 멀어져가고 하늘은 저토록 파랗고 파랗다…

바람에 떠밀리다시피 이제 쌀바위 쪽으로… 그런데 뜻밖에도 내리막 계단에는 수북하게 눈이 쌓여있다. 다시 아이젠을 꺼내 장착, 조심조심 침목계단을 내려간다. 하지만 계단을 벗어났는데도 눈쌓인 길은 계속 이어지고 그나마 빙판길이 아니어서 다행이다. 점점 길은 완만해지고 바람도 조금씩 잦아든다. 노란 억새가 빼곡한 헬기장을 지나 다시 침목계단을 내려가는데 저기 거대한 암벽이 보인다.

이어 산허리를 휘돌아니 거대한 바위(쌀바위)가 형체를 드러내고 널따란 공터가 펼쳐진다. 이미 도착한 산객들은 옹기종기 점심을 먹고 허름한 대피소에서는 간단한 편의식을 판매한다. 빌딩처럼 웅장하게 치솟아있는 암벽은 아찔한 생동감이 넘치고 어떻게 저런 곳에서 쌀이 나왔다는 것인지 이해하기가 쉽지 않다.

잠시후 발길을 돌려 내려가는데 황송하게도 널따란 임도는 거의 눈이 녹아 흙길이고 햇볕이 따스하게 내리쬐고 있다. 이제 아이젠을 벗어들고 발걸음도 가볍게 삼거리를 지나 전망대에 다다른다. 탁트인 시야에 첩첩으로 둘러싸인 시내(울산)가 한눈에 들어오고 파란하늘에 태양이 눈부시다.

다시 내려가는 길도 평탄한 임도로 하산길이 이렇게 수월한 길일 줄이야… 편안한 마음으로 얼마간 내려가니 이제는 시멘트 도로가 이어진다. 그런데 잠시후 팻말(직진 임도, 오른쪽 샛길)과 함께 오른쪽으로 샛길이 나온다.

　방향을 바꿔 오른쪽으로 발길을 돌리니 비탈길이 가파르게 이어진다. 줄곧 내려가는 숲길은 주구창장 참으로 길기도하다. 내리막이기 망정이지 오르막이었다면 에고~ 에고~ 소리가 절로 나올 것같고... 한참후 거의 지쳐갈 무렵 저 밑으로 다시 임도가 보인다. 가까스로 임도에 내려서니 휴우~ 팻말에 4.2km라고 쓰여있다.

　잠시 숨을 돌린후 석남사 쪽으로... 절 입구에서 다시 왼쪽 주차장을 향해 내려간다. 내려갈수록 주변은 공원처럼 넓어지고 저기 도로에 휑하니 일주문이 서있다. 이윽고 문을 통과하니 반갑게도 바로 앞에 주차장이 보인다.

백덕산

2018년 02월 04일 048

유래 겨울철에 내린 하얀 눈이 늦봄까지 산봉우리를 덕스럽게 덮고 있어 백덕산이라 함.

백덕산은 문득 하얀 백설기가 떠오른다. 그토록 눈쌓인 모습이 소담스러울까... 이른 아침 서둘러(두 시간 반쯤) 평창(문재터널)에 도착하니 하얀 눈이 수북이 쌓여있다. 차에서 내리자마자 바로 아이젠을 장착, 도로에 인접해 있는 산입구 쪽으로 향한다. 일부 산객들은 벌써 후다닥 산속으로 사라지고 차가운 날씨에 내리쬐는 햇빛은 날까롭게 반짝인다. 온통 눈으로 덮여있는 길은 밟을 때마다 뽀드득~ 뽀드득~ 경쾌한 소리가 나고 눈의 깊이도 알맞게 두툼하다.

새하얀 언덕 위에 나무가지들은 엑스레이를 찍은 것처럼 쭉쭉 생명선들이 드러나고 지그재그 나선형으로 올라가는 길은 무엇보다 빙판길이 아니어서 안심이 된다. 잠시후 조심조심 팻말 앞에 다다르고 이제 오른쪽으로 가파르게 오른다.

이윽고 저멀리 철탑을 바라보며 능선길을 뽀드득... 뽀드득... 추위도 잊게 하는 하얀 눈길은 마음까지도 하얗게 물들이고 어느덧 헬기장에 도착한다. 벌써부터 비닐천막 안에서 점심을 먹는 산객들도 있고 탁트인 풍경을 감상하기도 한다.

햇빛을 등지며 다시 뽀드득... 뽀드득... 주변의 바위들도 온통 눈으로 덮여 두리뭉실 형체만 드러나고 줄곧 하얗다. 얼마후 삼거리(문재)에 다다르니 나뭇가지에 하얀 솜털이 뽀송뽀송... 갈수록 솜털이 짙어지더니 급기야 하얀 상고대로 변하고... 길옆의 높이 치솟은 바위가 하얗게 눈이 쌓이니 영락없는 백설기 떡이다.

조릿대길 따라 눈에 파묻힌 조릿대가 눈을 뚫고 나오려고 뾰족뾰족~ 안간힘을 쓰고 있다. 눈을 헤치며 언덕을 가파르게 올라서고 파란 하늘에 저멀리 정상봉이 선명하게 보인다. 이어 능선을 따라 널따란 삼거리(백덕산0.5km, 먹골4.7km)에 다다르니 여기저기 하얀 비닐천막이 찐빵처럼 둥그렇게 놓여있다. 그리고 그 안에서 산객들이 추위를 피해 점심을 먹고 있다.

그들을 뒤로하며 정상을 향해 발길을 서두르고... 잠시후 웅성웅성 소리와 함께 산객들이 우르르 몰려있다. 가까이 다가가니 기형적으로 높다랗게 치켜 올라간 나무가 마치 서울대 정문 모양으로 길 한가운데 놓여있다. 그리고 이 문을 통과해 서울대를 들어가고 정상을 다녀온 후 서울대를 나온다는 것이다. 그래서 서울대를 나온 산객이 된다는 것(?)...

문을 통과하여 위로 오를수록 상고대가 하얗게 피어있고 길은 점점 가팔라지기 시작한다. 커다란 바위에 다행히 바람은 불지 않지만 서서히 길이 미끄러워진다. 정상이 코앞인 시점에 짧지만 길게 느껴지는 애물단지를 만난 셈이다. 조심조심 애먹으며 정상에 올라서니 그리 넓지 않은 공간에 정상석(1,350m)이 서있고 그나마 분주한 산객들로 사진찍기도 버겁다. 세찬 바람 속에 저멀리 하얀 능선들은 끝이 없고... 꾸역꾸역 올라오는 산객들로 비좁은 공간은 북적북적...

떠밀리다시피 다시 삼거리 쪽으로 향하고... 얼마후 삼거리에 되돌아오니 여전히 비닐천막들이 여기저기 찐빵처럼 부풀어있다. 이제 먹골(4.7km)쪽으로...

능선을 따라 완만하게 내려가는 길은 걷기가 수월하고 뽀드득~ 뽀드득~ 경쾌한 소리에 정신없이 내려간다. 어느덧 널따란 공터(왼쪽 비네소골, 직진 먹골)가 나오고 역시 중앙에는 비닐천막이 찐빵처럼 둥그렇게 부풀어있다.

이어 먹골 쪽으로 한참을 내려가니 커다란 바위가 나오는데 꼭대기에 네모모양의 까만 무언가 붙어있다(*공병호 추모동판) 바위를 돌아나오자 이 산에서는 처음으로 하얀 밧줄이 나오기 시작하지만 경사가 그리 급한 것은 아니다. 이렇게 비교적 수월하게 먹골재에 다다르고 이제는 평탄한 계곡길이 이어진다.

커다란 정수장을 지나 별장지대에 이르니 계곡을 가로지른 조그만 다리가 나온다. 다리를 경계로 마침내 눈길이 멈추고 온종일 함께한 아이젠을 벗으니 갑자기 몸이 붕~ 새털처럼 가벼워진다.

# 조 계 산
2018년 02월 11일 049

유래 옛이름은 송광산 이었는데 고려 희종 때 조계산으로 바뀐 것이다.

조계산은 조계사와 뭔가 인연이 있는 것일까? 고요히 둥지를 틀고 있는 사찰이 떠오르며 이른 아침 서둘러 차에 오르니 창밖에 함박눈이 소담스레 내린다. 창에 튕기듯 획획~ 사라지는 하얀 눈이 동심을 불러일으키지만 한편으로는 산행이 염려된다. 이윽고 목적지에 다다를 무렵 다행히도 눈이 그치고 잠시후 순천에 도착한다. 차에서 내리니 신기하게도 그 많던 눈은 어디로 갔는지 눈은커녕 기온마저 온화하다.

일단 아이젠을 하지 않고 출발하니 발걸음이 가볍고 더구나 이게 웬 횡재인지 가로수 길의 신선한 공기가 봄내음이 물씬난다. 매표소에서 입장료(이천원)를 내고 발길을 서두르는데 벌써 저기 선암사 입구가 보인다. 사찰 가까이 여기저기 사리탑들이 보이고 앙상한 나무들은 벌써 봄을 기다리고 있다. 승선교와 어우러진 계곡이 아름답고 경내에 들어서니 삼인당 연못에 불교용품을 매점이 나온다(왼쪽 송광사, 오른쪽 선암사)

왼쪽(송광사)으로 향하고... 잠시후 나뭇가지에 가려진 조그만 암자(대각암)가 보인다. 이어 길가에는 조릿대가 빼곡히 들어서있고 사각사각 조릿대를 스치며 언덕을 오르기 시작한다. 대나무 숲을 지나고 침목계단을 오르고... 비탈길을 오르고... 줄곧 완만하고 넓게 이어지는 길은 오르막이라는 생각을 잊을 만큼 순탄하다.

그런데 마냥 순탄할 것만 같던 길은 뜻밖에 왼쪽으로 대규모 너덜지대가 나타나며 그 순탄함을 깨버린다. 비탈 전체가 온통 바위로 덮여있는 너덜은 지금까지와 달리 눈도 쌓여있고 게다가 어름도 보인다. 이를 어쩌나... 끌려가듯 미적미적 너덜지대에 다다르니 갈 길이 막막하다. 일단 아이젠을 장착하고 조심조심 발을 내딛으며 천천히 앞으로... 다행히 저멀리 너덜 끝이 훤히 보이니 덜 무섭고 막상 너덜길에 들어서자 보기보다 덜 막막하다. 정신을 바짝 차리며 한발한발... 미끄럽다싶으면 네발로 엉금엉금...

애면글면 가까스로 언덕에 올라서니 휴우~ 살았다... 대견하다...

이제 가뿐한 마음으로 널따란 공간(향로암터)에 다다르니 산객들이 시끌벅적 점심을 먹고 있다.

잠깐 숨을 돌린후 오른쪽(정상쪽)으로 몇 걸음 오르자 팻말(장군봉0.4km)이 나온다. 그런데 팻말의 화살표에 누군가 '빡셈'이라고 써놓았다. 아마도 거의 다왔다고 방심하다가 뜻밖에 진땀을 뺀 모양이다. 뭔가 심상찮은 기운에 마음을 단단히 먹고 천천히 발걸음을 옮긴다. 예상대로 오르막은 지금까지와 달리 가파른 경사에 굵은 밧줄을 잡고 올라가고 이어 통나무 계단이 이어지더니 또다시 울퉁불퉁 너덜길이 나온다. 그야말로 빡셈의 연속이다.

숨을 몰아쉬며 드디어 봉우리에 올라서니 산객들 웅성임 소리와 함께 저 앞에 둥그런 돌무더기가 보인다. 가까이 다가가니 정상석(매끄러운 계란형 돌에 한자로 장군봉 885m)이 바위에 위태롭게 서있고 사진찍기도 불편하다. 주변시야는 빼곡한 나무들로 희미하고 구름 낀 하늘만 뻥~ 뚫려 있다.

북적이는 산객들을 뒤로하며 보리밥집 방향으로... 역시 내리막은 술술 잘도 내려가고 어느새 커다란 바위(배바위)에 도착한다. 응달진 언덕에는 떡가루를 뿌려놓은 듯 흰 눈이 희끗희끗... 세차게 불어오는 바람에 추위가 오싹~ 패딩을 꺼내 입는다.

곧이어 나무계단을 따라 천천히 내려가니 조릿대길이 빼곡히 이어지고... 삭각사각 조릿대를 스치며 이윽고 작은 굴목재에 다다른다.

이제 방향을 돌려 오른쪽(보리밥집 방향)으로 내려가는데 갑자기 길이 좁아진다. 잠시후 나타나는 계곡은 소복한 눈으로 바위들이 올록볼록 찐빵처럼 보인다. 곧이어 다리(장박3교)를 건너 이제는 계곡을 따라 내려가고... 얼마후 2교를 지나 1교를 건너니 팻말(보리밥집 방향)이 나온다.

서둘러 산허리를 휘돌아가니 산객들의 웅성임 소리와 함께 저멀리 왼쪽으로 건물(밥집)이 보인다. 곧이어 오른쪽으로 화살표 팻말(원조집)이 보이고 몇 걸음 올라가니 뜻밖에도 비닐천막으로 둘러쳐진 허름한 임시건물이 나온다. 안에는 산객들이 웅성웅성... 먹자골목의 포장마차처럼 왁자지껄... 배고프던 차에 맛있게 밥을 먹고 밖으로 나오니 이 깊은 산속 도떼기시장(밥집)은 1980년부터 시작됐다는 팻말이 보인다.

가득 에너지를 충전하고 이제 송광사 쪽으로... 넓은 숲길을 따라 좀 올라가니 대피소(배도사)가 나오는데 맙소사~ 다시 오르막이… 하산길인데 뜬금없이 오르막이라니…더구나 밥까지 빵빵하게 먹었는데 오르막을… 나름 푸짐하게 먹은 밥에 대한 보답인가…

꾸역꾸역 언덕 비탈을 도 닦는 심정으로, 밥에 대한 보답으로 오르고… 또 오르고… 어느덧 조릿대길이 나온다. 사각사각 조릿대를 스치며 구불구불 고개에 올라서니 뜻밖에 널따란 공터가 나온다. 여기저기 벤취도 있고 까만 비석(굴목재)도 서있다. 그리고 무엇보다 반가운 것은 여기부터는 진짜 내리막이라는 사실…

이제 마음도 가벼워지고 발걸음도 가벼워지고 게다가 길도 넓고 완만하다. 길에는 흰 눈 대신 낙엽이 뒹굴고 푸른 조릿대가 빼곡히 이어진다. 상쾌한 공기를 마시며 자그마한 대피소를 지나 한참을 내려오니 계곡길이 이어진다.

그런데 이상하게도 계곡은 꽝꽝 얼어붙어 있는데 주변은 눈 하나 보이지 않고 길에 밟히는 흙도 금방이라도 새싹이 돋을 것처럼 부드럽다. 얼마후 계곡을 가로질러 데크다리가 나오고 연이어 계곡 따라 서너번 다리를 건너니 어마어마한 규모의 송광사가 나온다.

고색창연한 사찰은 세월의 무게감에 숙연해지고 규모가 상당하여 둘러보는 시간도 꽤나 걸릴 듯싶다. 입구 쪽을 둘러보는 것만으로도 그 상당한 모습이 느껴지고 이렇게 크고 오래된 사찰일 줄이야…

이제 사찰을 뒤로하며 널따란 도로를 따라 내려가고… 이윽고 산객들이 북적대는 식당가에 도착한다. 관광지답게 한옥으로 지어진 건물들 사이로 송광사 간판들이 즐비하고 그 건물들 뒤쪽으로 탑승할 차가 보인다.

그런데 조계산에는 조계사가 없나…?

달마산

2018년 02월 25일 050

유래 이 산은 인도에서 중국으로 건너가 선종의 시조가 된 달마대사가 머무를 만큼 산세가 뛰어나다는데서 유래했다. 기록상으로 고려의 무외 스님이 처음으로 이 산을 달마산으로 불렀다.

달마산은 언젠가 보았던 독립영화 "달마가 동쪽으로 간 까닭은"이 떠오른다. 내용이 철학적이고 난해해서 무슨 내용인지 이해가 되지 않았고 다만 화면에 붉은 노을과 일몰... 활활 타오르는 장작불... 이런 잔상들이 내면에 잠재된 삶과 죽음에 대한 의문을 흔들고 있었다.

이른 아침 서둘러 장장 5시간 후 해남에 도착하니 서울과 달리 화창하고 봄날 같다. 주차장(미황사)에서 곧바로 일주문을 통해 경내로 들어가니 상당히 넓은 공간에 법당이 자리하고 있다. 주변의 동백꽃망울들은 톡~ 치면 폭발할 것처럼 잔뜩 긴장해있고 성질 급한 놈들은 이미 빨갛게 얼굴을 내밀고 있다. 법당 뒤쪽에는 달마산이 병풍처럼 둘러싸여 한폭의 그림같다.

왼쪽(산입구)으로 발걸음을 옮기니 밟히는 흙은 금방이라도 새싹이 돋아날 것처럼 부드럽다. 길가에는 동백과 소나무, 대나무와 조릿대들이 서로 어우러져 여름이 아닌데도 푸른 숲이다. 싱그런 숲에 상쾌한 공기가 발걸음을 가볍게 하고 비단길 따라 산허리를 돌아가니 팻말(땅끝천년숲옛길)이 나온다.

이제 점점 가팔라지는 비탈은 숨을 헐떡이게 하고 잠시후 널따란 공간(헬기장)이 나온다. 누런 억새풀이 양탄자처럼 포근히 깔려있고 한켠에서는 벌써부터 옹기종기 점심을 먹고 있다.

그들을 뒤로하며 서두르는데 이제 동백은 사라지고 앙상한 나무와 푸른 조릿대들이 무성하게 펼쳐진다. 길은 점점 너덜길로 바뀌고 커다란 바위들이 여기저기... 이윽고 전망대에 올라서니 저멀리 마을풍경이 보인다. 곧이어 아찔한 바위 사이로 미황사가 한눈에 들어오고 가파른 경사로 숨차고 땀이 난다.

잠시후 저기 고개에서 산객들의 웅성임 소리가 들려오고 위에 올라서자 뜻밖에 정상이 (달마산470m)... 야호~ 얼떨결에 횡재한 느낌... 왁자지껄 사진을 찍고... 옹기종기 점심을 먹고... 높다란 돌탑 너머로 탁트인 시야... 첩첩한 능선에 끝없이 이어지는 바다와 하늘... 한가로이 흩어진 마을풍경...

이제 능선을 따라 내리막 데크계단을 내려가는데 옆에는 거대한 기암괴석(문바위)이 솟아있고 계단은 쭉~ 골짜기 아래까지 내려간다. 곧이어 문바위를 벽 삼아 커다란 바위를 힘겹게 기어오르니 가파른 오르막계단이 이어진다. 그런데 계단을 따라 하늘 높이 치솟은 암벽들... 병풍처럼 이어지는 풍경은 여기가 설악산이인지... 월출산인지... 기기묘묘한 바위들에 휘둥그레... 오르락 내리락 계속되는 너덜길에도 힘든 줄 모르고 어느덧 삼거리(대밭)에 다다른다.

숨을 고르며 발걸음을 옮기는데 여전히 길 양쪽으로는 탁트인 풍경이 펼쳐지고 저기 다시 울퉁불퉁 거대한 기암절벽(하숙골재)이 보인다. 잠시후 천천히 계단을 올라 커다란 암벽을 돌아나오니 와아~ 여기가 가야산인가... 오목조목 펼쳐지는 만물상은 어디에 눈을 두어야할지 어리둥절...

이제 저기 봉우리(떡봉)로... 내내 너덜오르막이 이어지지만 아름다운 풍경으로 힘들 겨를이 없고 갈수록 바다가 가까이 보인다. 봉우리(떡봉)에 올라서니 고맙게도 여기부터는 바위없이 평탄한 숲길이 이어진다.

이제는 쭉쭉~ 속도가 빨라지고 벌써 저기 뾰족한 송신탑과 또다른 암벽능선이 보인다. 송신탑을 향해 주구장창 내려가고... 이윽고 세갈래 길이 나온다. 그런데 웬일인지 팻말이 없다. 오른쪽 저 위에는 별장처럼 서양식 건물(도솔암)이 보이고 왼쪽은 누런 매트길... 잠깐 망설이다 직진하니 이제야 팻말(도솔봉 주차장)이 나온다.

한참후 숲에서 벗어나자 시원스레 펼쳐지는 바다... 잠시후 뜻밖에 넓은 공터가 나오더니 저기 아찔한 절벽 사이로 오묘한 조화를 이루고 있는 바위들... 그 너머로 아련한 마을풍경과 끝없는 바다... 그리고 붉게 물든 하늘...

아쉬운 발길로 왼쪽 산허리를 돌아나오니 언덕위에 도솔봉 주차장(왼쪽 군부대, 오른쪽 마봉리 주차장)이 나온다. 곧이어 시멘트 도로를 따라 주차장(마봉리) 쪽으로 내려가고... 저멀리 바다가 일렁이는 땅끝마을은 붉은해가 뉘엿뉘엿... 이 형언할 수 없는 광경에 그 옛날 달마도 이곳에 머물지 않을 수가 없었으리라...

팔영산

2018년 03월 04일 051

유래 팔봉의 그림자가 멀리 한양까지 드리워져서 팔영산이라고 한다.

팔영산은 그림자가 여덟개 있다는 얘긴가? 그렇다면 산봉우리 여덟개가 물에 비치는 모습인가?

　이른 아침 굵은 빗방울이 쉴새없이 유리창을 씻어내리고… 장장 4시간 반쯤 고흥에 도착하니 안개비로 촉촉이 젖어있는 차들이 즐비하게 서있다. 비옷을 입을지 말지 망설이고 있는데 봄날 같은 날씨로 금방 더워진다며 그냥 바람막이 옷을 입고 떼져 몰려가고 있다. 바람막이를 입은 채 도로를 따라 능가사에 이르고 입구에서 사진을 찍은 후 담장을 돌아나온다. 다리를 건너 도로가에는 사찰의 부도가 즐비하게 서있고 관광지답게 야영장, 기와 가마터, 팔영소망탑 등 여러시설이 산객들을 반긴다. 높다란 소망탑을 지나 억새길을 오르니 산입구에 여전히 안개비가 흩날린다.

　평지를 걸었는데도 벌써부터 더워지기 시작하고 흙길은 금방이라도 새싹이 돋을 것처럼 촉촉하다. 홀연히 봄은 찾아오고 있는 것인가… 얼마되지 않아 너덜길이 골짜기를 따라 이어지고 물기를 머금은 바위들은 미끌미끌… 우윳빛 안개는 시야를 가리고… 까탈스런 너덜길은 꽤나 애먹이더니 얼마후 돌무더기가 나오고서야 순조로운 오솔길로 바뀐다. 곧이어 산허리를 휘돌아나오자 정자가 서있고 옆에는 커다란 바위가 강아지처럼 버티고 있다(흔들바위)

　이제 유영봉0.6km을 향해 침목계단을 오르고… 묘지를 지나고… 잔뜩 기대에 부풀어 발걸음이 빨라지고 있다. 하나둘 비에 젖은 바위에 얼마되지 않아 팻말(유영봉 0.2km)이 나오고 안개는 여전하다. 곧이어 유영봉 사거리에 다다르니 왼쪽으로 거대한 암봉이 솟아있고 가파른 계단이 안개에 묻혀있다. 계단을 따라 점점 안개는 짙어지고 사방은 하얗게 아무것도 보이지 않는다. 꿈속을 걷듯 암봉에 올라서니 널따란 바위에 희미하게 정상석(유영봉 제1봉)이 서있고 주변은 온통 하얗게 안개뿐이다. 하얀 공간은 까만 공간처럼 단지 아득할 뿐...

아쉬움을 뒤로하며 잠시후 다시 거대한 기암괴석이 아슬아슬 철계단을 내어준다. 짙은 안개로 풍경도 천길낭떠러지도 보이지 않지만 대신 무섭지가 않다. 계단을 벗어나 팻말(성주봉0.1km)이 나오고 절벽을 따라 다시 철계단이 이어진다. 이윽고 암봉을 올라서니 정상석(성주봉 제2봉)만 덩그러니 서있고 주변은 온통 하얀 안개뿐...

풍경이 보이지 않으니 바로 3봉(생황봉)쪽으로... 안개속에 가파른 암벽길이 무섭고 뾰족뾰족한 난간을 당기며 미끄러지지 않으려 애를 쓴다. 힘겹게 올라 두리번두리번... 하지만 정상석은 보이지 않고 다시 너덜 언덕이... 안개는 더욱 짙어지고 언덕을 오르자 어떻게 된 일인지 다시 내리막 계단... 내려가는 내내 희미하게 보이는 암벽들은 공룡이나 괴물 같고... 이럴 땐 도깨비 방망이나 여의봉을 휘두르고 싶은 생각이 굴뚝같다.

결국 헛물만 켜고 잠시후 또다른 암봉에 올라서니 어~? 사자봉(제4봉)이... 그럼 생황봉(제3봉)은 어떻게 된거지...? 아~ 이럴 수가... 제3봉 정상석을 그냥 지나치고 말았으니...

황당함을 누르며 조심조심 오로봉(제5봉)에 올라서자 역시 안개가 하얀장막을 치고 이렇게 외치는 소리가... 담에 오면 보여주지 메롱~

조심조심 봉우리를 내려와 바위를 돌아나오니 거의 직각으로 치솟은 암벽에는 철난간이 아찔하다. 밑에는 감히 쳐다보지도 못하고 위쪽만 바라보며 난간을 힘껏 잡아당긴다. 팔이 후들후들 다리가 덜덜 힘겹게 올라왔건만 역시 주변은 하얀 안개뿐... 코앞에 정상석(두류봉 제6봉)만 희미하게 보인다.

이제 데크계단을 따라 절벽을 휘돌아 내려오고 내내 풍경은 보이지 않는다. 계단을 내려서자 오랜만에 흙길이 이어지고 두류봉 사거리를 지나 고층빌딩처럼 치솟은 암벽지대에 다다른다. 우뚝우뚝 솟아있는 암벽들은 산속의 도시모습을 연상케하고 가운데 널따란 공간은 마치 카페에 들어온 것처럼 아늑하다. 잠시 간식을 먹으며 한숨 돌리고... 곧이어 왼쪽으로 계단을 올라 앞을 보니 커다란 바위가 앞을 가로막고 있다. 잠시후 아슬아슬 통천문을 통과하고 암릉을 따라 칠성봉(제7봉)에 올라서니 반달모양의 정상석이 안개에 묻혀있다.

아쉬움을 달래며 계단을 내려서고 연속되는 암릉을 따라 다시 거대한 암봉이 보인다.

가까이 다가선 암벽은 아무런 장치도 되어있지 않아 애먹이고 발이 닿지 않는 곳에서는 위에서 잡아당겨 간신히 올라선다. 고래등같은 바위에는 적취봉(제8봉) 정상석이 아슬아슬 서있고 역시 주변은 하얀 안개뿐...

  이제 정상만 오르면 되니 좀더 힘을 내고... 다시 너덜길을 따라 적취봉 삼거리(왼쪽 깃대봉0.5km, 오른쪽 탑재1.1km)에 다다르니 벌써 정상을 찍고 돌아온 산객들이 삼삼오오 탑재 쪽으로 하산하고 있다. 서둘러 정상(깃대봉) 쪽으로 발걸음을 옮기니 고맙게도 평탄한 숲길이 이어지고 널따란 헬기장에 팻말(깃대봉0.2km)이 보인다. 곧이어 나지막한 바위길을 지나자 갑자기 저 앞에 송전탑과 철조망이 뾰족뾰족... 얼기설기 연결된 전선들은 시야를 어지럽히고 더구나 뿌연 안개까지... 숨막히는 능선을 따라 송전탑에 다다르니 평평한 돌무더기 위에 정상석(깃대봉609m)이 서있다. 주변에 전깃줄이 얼마나 많이 둘러싸여 있는지 정상석을 중심으로 어느 방향으로 각도를 잡든 카메라에 전선이 찍히고 하얀 안개로 까만 줄이 더욱 복잡해 보인다.

  이제 삼거리로 되돌아가 홀가분한 마음으로 계단을 내려가는데 맙소사~ 로프줄에 엮인 바위길이 기다리고 있다. 에휴~ 종일 너덜길이라니... 골짜기로 이어지는 너덜길은 만만치 않고 편백숲에 도착할 때까지 안전에 대한 경각심을 일깨우는 네 번의 평상(심폐소생술이 그림과 함께 설명)을 만나게 된다.

  이제야 너덜길이 편안한 흙길로 바뀌고 쭉쭉뻗은 편백나무에서는 은은한 향이 스쳐온다. 온종일 안개로 꽉~ 차있던 코끝이 편백 향으로 뻥~ 뚫리고 마음도 시원스레 확~ 풀린다. 가뿐한 마음으로 어느덧 탑재 삼거리에 다다르고 곧이어 능가사 방향으로 주구장창 내려간다. 얼마후 드디어 넓은 도로가 나오고 서둘러 주차장 쪽으로... 이윽고 널따란 주차장의 차들이 산객들을 반기고 재빨리 차에 오른다. 그런데 기다렸다는 듯 안개비가 굵은 빗방울로 바뀌며 세차게 퍼붓기 시작... 얼마나 다행스럽고 감사한지... 언젠가 다시 올 때는 밝은 태양이 반기길 바라며 조용히 잠을 청한다.

구병산

2018년 03월 11일 052

유래 속리산 휴게소가 있는 마로면 적암리에서 북쪽을 바라보면 아홉 개의 암봉이 동서로 마치 병풍을 두른 듯하다고 하여 생긴 이름이다.

구병산은 허리가 잘록한 호리병이나 병풍을 펼쳐놓은 모습이 떠오른다.

이른 아침 서둘러 보은에 도착하니 파아란 하늘에 온화한 날씨다. 그런데 이렇게 화창함에도 산 정상에는 많은 눈이 쌓여 아이젠을 해야한다는 것이다. 요즘 한동안 남쪽 산행으로 아이젠을 빼놓고 다녔는데 오늘 역시 날씨가 좋아 빼놓고 왔다. 이를 어쩌지… 방심하다 한방 얻어맞은 느낌이다. 앞으로는 3월말까지 갖고 다녀야겠다. 다행히 산행코스가 원점회귀이고 오른쪽은 길며 눈쌓인 길이고 왼쪽은 짧으며 가파른 길이란다. 일단 왼쪽으로 올라간 후 하산은 맞은편에서 올라온 산객들에게 물어본 후 결정하기로 한다.

도로를 따라 마을 어귀에는 제법 많은 집들과 널찍한 농지들이 전형적인 농가의 모습이다. 삼거리에서 왼쪽으로 빈 벌판을 끼고 오르기 시작, 벌써 저멀리 둥그런 모양의 위성 모습이 보인다. 가까이 다가갈수록 점점 거대해지는 위성은 시선을 압도하며 여러 개가 솟아있다. 길가에 인접한 높은 철조망은 빙~ 둘러 요새를 이루며 철통방어를 하고 안의 모습은 비밀이다. 곧이어 꽤 많은 묘지들을 지나 이제야 산입구가 나온다.

앙상한 숲길 따라 산허리를 돌아가니 조그만 목조다리가 고풍스럽다. 다리를 건너 바짝 메마른 골짜기에는 바위가 어지럽게 널려 있고 낙엽만 수북이 쌓여있다. 너덜길 따라 넝쿨가지들도 심란하게 널브러져 있고 너덜의 연속이다. 도저히 속도를 내서 갈 수 없는 불편한 길이다. 그래도 다행인 것은 아직까지 눈이나 얼음이 보이지 않을 뿐더러 햇볕도 쨍쨍하고 기온도 온화하다. 이 상태로 정상까지 간다면 굳이 아이젠이 필요할까…? 하지만 끝까지 가봐야…

잠시후 저기 커다란 암벽이 보이는데 꽤 넓은 직벽은 이끼로 거무칙칙 기다란 고드름이 열려있다. 밑에는 얼음조각과 지금까지 보이지 않던 눈이 희끗희끗… 앞쪽은 비를 피할 수 있을 만한 넓이의 굴이 쑥~ 들어가 있는데 쌀이 나왔다는 전설로 쌀난바위라 한다고.

암튼 희끗희끗 눈이 보이기 시작하니 아이젠을 어쩌나… 주춤주춤 바위를 돌아나오니 저기 다시 거대한 암벽이 솟아있는데 골짜기처럼 갈라져 있다. 중앙에는 가파른 계단이 올라가고 이끼 낀 커다란 바위에서는 가느다란 물줄기가 쏟아져 내리고 있다. 계단을 오를수록 암벽의 위력에 압도되고 마치 거대한 동굴에 들어온 느낌이다.

쏴~아~ 쏟아지는 폭포 소리를 들으며 계단을 올라서니 다시 너덜길이 이어지고 좀 더 많은 눈이 희끗희끗… 하지만 다행히도 햇볕이 계속 쨍쨍~ 지그재그 오르막길도 아직은 아이젠 없이 오를 만하다. 눈쌓인 오르막을 조심조심 오르고… 이제 콧등에서 땀이 배기 시작한다. 패딩을 벗어 허리에 묶고 한발한발 오르다보니 이윽고 저 위로 파란 하늘과 맞닿은 고개가 보인다. 반가움에 기운이 나는 것같고 발걸음도 가벼워진다.

잠시후 드디어 고개에 올라서니 맙소사~ 갑자기 거짓말처럼 눈이 푹푹 쌓여있고 산객들은 아이젠을 하느라 분주하다. 오르막과 능선이 이렇게 극명하게 다르다니… 이제 혹시나 하는 기대는 무너지고 보아하니 더 이상 아이젠 없이는 갈 수가 없는 상황… 오호라~ 정상도 못가고 이대로 되돌아가야 되다니… 팻말에는 구병산0.1km라고 되어 있고 벌써 정상을 찍고 내려오는 산객들이 분주하게 내려간다.

그런데 정상을 찍고 내려오던 대장님이 아이젠을 벗어주며 여기서 기다릴 테니 그것을 신고 정상을 다녀오라고 한다. 와아~! 이렇게 고마울 수가… 염치불구하고 아이젠을 신고 정상을 향해 발걸음을 옮기는데 능선길은 말만 능선길이지 갈수록 좁아지는 길은 한사람 밖에 다닐 수 없는 좁은 외길로 밑으로는 천길낭떠러지… 위로는 비탈진 언덕… 외줄타기 하듯 미끄러운 눈길을 조심스레 올라가고 맞은편에서 내려오는 산객들과 마주칠 때는 멈춰 비킨다. 어쩌면 이렇게도 길이 좁고 위험한지…

이렇게 아슬아슬 정상에 올라서니 북적북적한 산객들은 인증사진을 찍으려 길게 줄을 서있다. 정상석(구병산877m)은 납작한 돌에 한글과 한자가 병행되어 있었는데 뭔가 자연스럽지 않다. 가뜩이나 아이젠 때문에 마음이 편치 않은데 주변은 안개가 끼어 희미하고 바람마저 심하게 분다. 그래도 정상에 올랐으니 감사하고 다시 조심조심 삼거리로 내려가기 시작한다.

미끄러운 눈길은 오르막보다 내리막이 더 애먹이고 조심조심 간신히 삼거리에 되돌아온다. 이제 어디로 하산할 것인가 선택할 시간… 신선대 쪽으로 내려가는 길은 정상가는 길보다 더 험하고 미끄러워 더구나 아이젠 없이는 위험하다는 것, 결론은 올라왔던 길로 다시 내려가는 수밖에…

이렇게 정상을 찍고 내려가는 하산길은 세월아 네월아 쉬엄쉬엄 내려가고… 그래도 시간이 많이 단축되어 지금까지 산행 중 가장 빠르게 하산한다. 만약 신선대(오른쪽)쪽으로 출발했더라면 정상도 못 오르고 중간에 그냥 내려올 뻔했고 대장님 덕분에 다행히 정상에 오르게 되었다. 그런데 자꾸만 아쉬움이 남아 다음에는 신선대 쪽으로 올라보리라…

감악산(원주)
2018년 03월 18일 053

유래 검푸른 바위산이라는 뜻인데 바위 사이로 검은빛과 푸른빛이 보인다는 데서 유래. 지금도 감악산을 영험하게 생각하여 전국에서 무속인들이 이 산을 찾으며 일부 산악회도 이 산에서 시산제를 지내기도 한다.

감악산은 감색 빛의 그림자가 드리운 산...?

이른 아침 서둘러 원주에 도착하니 강원도지만 기온이 온화하고 구름에도 시야는 괜찮은 편이다. 황둔교 다리를 따라 식당 앞을 지나니 바로 산입구다.

초입부터 비탈진 언덕에 낙엽이 수북이 쌓여있고 소나무와 참나무가 서로 뒤엉켜 시야를 어지럽게 한다. 숨을 헐떡이며 저멀리 마을 쪽을 바라보니 이상하게도 그쪽으로만 짙은 안개가 모락모락 모닥불처럼 하얗게 마을을 덮고 있다. 이어 푹신한 흙길 따라 능선에 올라서니 팻말(정상2.17km)과 함께 조금씩 마을풍경이 보이기 시작한다.

수북이 쌓인 낙엽과 함께 오르락내리락... 이제 하나둘 바위가 나타나고 이윽고 바위전망대에 올라선다. 탁트인 시야... 안개에 싸였던 마을은 광활한 능선 한가운데에 구겨진 휴지처럼 허옇게 보인다.

잠깐 숨을 돌린 후 다시 능선을 따라가고 얼마후 줄을 서있는 산객들이 보인다. 정상도 아닌데 웬 줄을? 점점 앞으로 가며 정체된 곳이 드러나기 시작하고... 깊게 골진 낭떠러지 중앙에 아찔하게 밧줄이 내려와 있고 한사람씩 그 줄을 잡고 올라간다. 조금씩 줄은 앞으로 다가가고... 빙둘러 산객들의 시선은 줄타는 산객에 집중되어 마치 줄타기 써커스를 구경하듯 손에 힘을 꽉 준다. 까악~까악~ 주변을 맴도는 까마귀들 소리가 마치 감악~감악~ 들리니 까마귀 소리를 따서 감악산으로 이름지은 것이 아닌가하는 싱거운 생각도 든다.

이런저런 잡념 속에 드디어 차례가 돌아오고... 가까이 다가가 아찔하게 내려온 밧줄을 당기며 천천히 오르기 시작한다. 낭떠러지는 응달이어서 군데군데 얼음이 밟히고 더구나 바위구간도 있어 오르기가 만만치 않다. 애써 간신히 능선에 올라서니 팔이 얼떨떨하고 다리도 후들거린다. 이 구간에 계단설치를 한다면 무슨 문제가 있는 것일까…?

다시 호흡을 가다듬으며 발걸음을 내딛고 잠시후 커다란 암봉이 보인다. 삼층으로 쌓아진 거대한 바위는 떡시루같기도 하고 석탑같기도 하고… 소나무와 운치있게 어우러진 그 모습이 멋져 보인다. 바위를 돌아나오니 시야가 트이지 않아 답답한데 여기가 제1봉이란다.

이어 몇 걸음 내딛자 이번에는 직벽 바위를 밧줄을 타고 내려가는데 짧지만 만만찮은 구간이다. 잔뜩 긴장을 하며 천천히 내려서니 기운이 쭉 빠진다. 이제 숨을 고르며 능선을 따라가고 잠시후 다시 커다란 바위에는 굵은 밧줄이 내려와 있다. 그런데 밧줄을 잡으니 바위가 너무 높아서 발이 닿지를 않는다. 다행히도 옆의 위회로를 돌아나와 꼭대기를 바라보니 고대의 성벽처럼 위엄있게 솟아있는 암벽은 금방이라도 용감한 장병들의 함성소리가 들리는 듯하다. 곧이어 암벽을 따라 조심조심 위에 올라서니 팻말(정상 0.58km)과 함께 나무 사이로 빼꿈이 마을풍경이 보인다.

이제 숲길을 따라 낙엽을 헤치며 가는데 가끔씩 녹지 않은 얼음이 허옇게 배를 드러내놓고 있다. 서둘러 산허리를 돌아나와 천길낭떠러지 꼭대기에 다다르니 시야가 탁~ 트인다. 산객들은 이리저리 분주하고 중앙에는 오래된 소나무가 버티고 서있다. 하늘에는 까마귀들이 허공을 날갯짓하고… 이 전망 좋은 곳이 제2봉이란다.

이제 3봉 쪽으로 대문 바위를 지나고 암봉을 향해 아슬아슬 이어지는 밧줄을 당긴다. 계단도 오르고 쇠발판도 밟고… 가파른 암벽길은 팔이 후들거리고 긴장의 연속이다. 정신을 바짝 차리며 바위에 올라서니 꼭대기에서 산객들 웅성임 소리가 들려온다. 다시 밧줄을 당기며 힘껏 위에 올라서고 뜻밖에 널따란 공간에는 하얀 정상석(원주시 감악산 930m)이 덩그러니 서있고 주변은 뿌연 안개로 시야가 답답하다.

이제 가벼운 마음으로 밧줄을 잡고 내려오니 암벽길을 따라 가파른 언덕이 보인다. 하산길에 언덕이…? 불안한 마음을 누르며 고개에 올라서니 널따란 공간(월출봉)이 펼쳐진다. 양쪽으로 커다란 바위(동자바위)가 진을 치고 옆에는 팻말(백련사, 계곡코스) 서있다. 주변의 빼곡한 나무들이 시야를 가려 답답하고… 그런데 이런 곳에서 어떻게 달뜨는 모습을 구경하지…?

발길을 돌려 계곡코스 쪽으로… 다행히 완만하고 널찍한 숲길은 마음의 여유를 주어 두리번두리번 내려간다. 온통 회색빛으로 물든 숲은 흡사 철학자의 백발처럼 심오하고 나무와 동화되는 느낌이다. 잠깐의 환상 속에서 깨어나 바위길을 지나니 삼거리(천삼산, 창촌)가 나온다.

곧이어 오른쪽(창촌)으로 산허리를 따라 지그재그 내려가고... 응달진 내리막은 낙엽 속에 얼음이 숨겨져 바짝 주의를 기울인다. 얼마후 조심조심 낙엽을 헤치며 가는데 얼음과 바위들이 희끗희끗 보이기 시작한다.

곧이어 계곡이 이어지고 아직 얼음이 채 녹지 않은 바위틈에서 돌돌돌~ 맑은 물소리가 경쾌하다. 서너 차례 냇물을 건너니 싱그런 편백숲길이 이어지고 이윽고 마을이 보이기 시작한다. 산모퉁이를 돌아 드디어 마을도로가 이어지고 저멀리 주차장 쪽에서 산객들의 웅성임 소리가 들려온다.

웅성웅성~ 북적북적~ 산객들이 모여들고... 널따란 주차장에서는 간단히 상을 차린 후 무사산행을 위한 제를 올린다. 모두 함께 음식을 나눠먹으며 한해의 무사산행을 기원한다.

천성산

2018년 04월 01일 054

유래 원효대사가 천명의 대중에게 화엄경을 설법하여 천명 모두가 득도한 곳이라 하여 이름 지어짐.

화엄늪 1만년 고산습지의 원형이자 생태유전자은행.

천성산은 하늘에서 내려주신 성지인가? 뭔가 거창하다. 혹시 그 흔적으로 산 어딘가에 오래된 제단이나 성터가 남아있는 것은 아닌지…

이른 아침 서둘러 양산에 도착(5시간 후쯤)하니 벌써 오전이 다 지나고 있다. 차에서 내리니 온화한 햇살이 봄날처럼 싱그럽다. 그런데 저기 화장실 건물이 특이하게도 항아리처럼 둥그런 모습으로 이 지역의 특산물을 상징하는 것같다. 잠깐 화장실을 들른 후 산입구 쪽으로 발걸음을 옮기니 다리(홍룡교)가 나온다. 곧이어 왼쪽으로 방향을 틀어 계곡물을 건넌다.

평탄한 숲길을 따라 얼마후 갈림길에 다다르고 왼쪽(윗길)으로 오르기 시작한다. 회색빛 나무들 사이로 울긋불긋 진달래가 삭막한 숲에 생기를 불어넣고 풀풀~ 흙먼지 속에서는 금방이라도 파란새싹이 튀어나올 것만 같다. 줄곧 이어지는 오르막은 점점 숨을 가쁘게 하고 콧등에 땀이 송글송글 맺힌다. 초입부터 얇은 티에 벗을 것도 없는데 벌써부터 여름날처럼 덥고 성급한 산객들은 이미 반팔을 입고 있다.

오르막은 험하거나 가파르지는 않지만 주구장창 오르고 좀 가파른 곳에서는 통나무로 턱이 만들어져있다. 누런 갈대와 낙엽 사이로 가끔씩 진달래 산수유 꽃이 방긋방긋… 꽃의 위로를 받으며 하나둘 바위가 나타나기 시작하더니 저멀리 희미하게 마을이 보인다. 발끝에 하나둘 돌이 차이고 얼마후 푸른 조릿대가 빼곡하게 펼쳐진다.

이제 반갑게도 경사가 완만해지고 평탄한 길을 따라 의자바위, 기묘한 추상바위들이 이어진다. 곧이어 능선을 따라 온통 회색빛 나무들 천지이고 잔잔한 음악이 흐르듯 침묵의 기운이 감돈다.

어느덧 발걸음은 언덕에 올라서고 갑자기 뻥~ 뚫린 허허벌판… 더 이상 나무하나 보이지 않는 광활한 억새평원은 파아란 하늘과 맞닿아 끝없고... 발길을 서두를수록 점점 더 광활해지는 억새밭... 와아~ 앞을 봐도... 뒤를 봐도... 사방 어디를 둘러봐도 누런 황금물결... 갑자기 광활한 사막에 떨궈진 느낌이고 어떤 그림 속에 들어가 있는 듯하다. 어디선가 웅장한 음악이 황금능선을 휘감으며 메아리치고... 저멀리 정상이 까마득히 보인다. 두리번두리번... 꿈길을 걷듯 일렁이는 억새숲을 헤치며 갈림길에 다다르니 안내판(화엄늪 습지보호지역)이 서있다.

이제 바람을 가르며 경사진 비탈을 올라서니 잠시후 길가에는 연두색 철망이 이어진다. 중간중간 [과거지뢰지대]라는 문구가 붙여있고 연두색 철망길은 생각보다 꽤 멀어 거의 정상 코앞까지 이어진다.

이윽고 연두색길이 끝나자 시원스레 시야가 트이고 뒤돌아보니 저멀리 올라오는 산객들이 마치 사막에서 꿈틀대는 개미떼 같다. 곧이어 정상 코앞에는 푹신하게 멍석이 깔려있고 양옆으로 밧줄이 이어진다. 카펫 위를 걷는 느낌으로 편안하게 정상에 올라서니 널따란 공간에는 정상석(원효봉922m)이 서있고 그 맞은편에 제단처럼 쌓아올린 평화의 탑이 솟아있다. 시원스레 이어지는 능선 위로 하얀 햇살이 눈부시고 광활한 벌판에 황금들녘이 끝없이 일렁인다.

이제 탁트인 갈대숲을 따라 철탑이 보이고 오른쪽으로 거북모양 바위가 나타난다. 곧이어 데크길이 이어지더니 삼거리(원효암, 천성산 제2봉)가 나온다.

데크길을 따라 전망대를 다녀와서 원효암 쪽으로 내려가기로 한다. 갈대습지를 가로질러 전망대에 다다르니 제2봉으로 향한 데크길이 구불구불 뱀처럼 이어진다. 그리고 보이는 것은 온통 황금들녘뿐...

이제 발길을 돌려 삼거리에 되돌아오고 원효암 쪽으로 내려가기 시작한다. 오래된 아스팔트길은 군데군데 갈라지고 파이고 흙이 허옇게 드러나 있다. 도로가에는 여전히 갈대와 억새풀들이 하늘하늘... 가끔씩 노란 산수유꽃과 강아지꽃들이 반긴다.

천천히 데크다리에 다다르고 계속 원효암 쪽으로 내려간다. 얼마후 오른쪽으로 샛길이 이어지더니 곧이어 원효암이 나온다. 조용히 절 앞마당을 지나 완만하게 언덕을 내려오자 팻말(홍룡사 방향)이 나온다.

부지런히 내려가고 또 내려가고... 저 아래 어디선가 쏴아아~ 물소리와 함께 웅성웅성... 반가움에 발걸음이 가벼워지고 서둘러 언덕을 내려선다. 그런데 뜻밖에 계곡이 아닌 시멘트 도로가 이어지며 산객들과 관광객들이 북적북적… 차들이 여기저기… 이와 동시에 좀전의 그 고요하고 평온한 꿈에서 화들짝 깨어난다.

   도로를 따라 물소리 쪽으로 발걸음을 재촉하고… 저 앞에 쏴아~ 쏟아지는 폭포수는 사찰(홍룡사)담장을 끼고 위아래 이단으로 힘차게 흘러내린다. 구불구불 데크길을 따라 폭포 가까이 다가가니 쏴아~ 폭포수의 물방울이 튀어 차갑고 빙~ 둘러싼 거대한 암벽은 동굴에 들어온 느낌이다. 위아래 두 개의 웅덩이는 가뭄인데도 꽤 많은 물이 고여 있고 아마도 장마철에는 폭포가 장관을 이룰 것같다. 시원스런 폭포에 피로가 씻어내리고 되돌아 가벼운 발걸음으로 데크길을 내려간다.

   곧이어 다시 시멘트 도로를 따라 일주문을 통과하자 시원스레 계곡이 이어지고 잠시 후 다리(홍룡교)를 건넌다. 천천히 계곡물에 내려가 발을 담그니 시원… 엊그제가 겨울 같은데 벌써 계곡물에 발을 담그고 있으니…

덕룡산

2018년 04월 08일 055

유래 임진왜란 때 용이 조화를 부려 마을에 먹구름을 덮어 마을의 큰 화를 면하게 되었는데 그 후로부터 용의 은덕에 보답코자 덕룡산으로 부르게 되었다.

덕룡산을 보통 주작덕룡이라 하는 것을 보면 주작산과 연계해서 산행하는 경우가 많은 것같다. 혹시 주작산이 덕룡산보다 규모는 작지만 빼어나게 아름다운 것은 아닌지… 산행지와 거리가 멀고 연계산행이어서 무박으로 토요일 저녁 늦게 서울을 빠져나간다. 새벽 산행을 위해 애써 잠을 청하지만 차의 진동과 낯설음에 정신은 말똥말똥… 꾸벅꾸벅 졸다 말다… 그럭저럭 시간이 지나고 강진에 도착하니 새벽3시 반쯤, 칠흑같은 어둠에 약간은 쌀쌀… 패딩을 입고 겉에 바람막이를 겹쳐 입는다.

헤드랜턴을 켜고 캄캄한 어둠을 밝히며 따라가고… 이것이 꿈속인지 현실인지 헷갈리는데 길은 아랑곳하지 않고 점점 오르막이 이어진다. 얼마후 덥기 시작해 패딩을 벗고 고개를 드니 이제야 하늘에 별이 반짝이는 게 보인다. 그러나 이 캄캄한 새벽, 오르막에 바위까지 올라야 하니 하늘에 있는 별을 감상할 여유가 없다. 바위가 어떻게 생겼는지 보이지도 않을 뿐더러 환한 대낮에 올라도 쉽지 않은 바위를 불빛 따라 겨우 발끝의 감각만으로 올라야하니 별을 바라볼 겨를이 있을랴… 하지만 어쩌다 평평한 바위에 올라 하늘을 힐끔… 역시 서울에서는 볼 수없는 별이 반짝… 반짝… 곧이어 다시 거친 오르막을 오르고… 이렇게 한동안 조마조마 오르는데 서서히 어둠이 걷히기 시작한다.

점점 주변의 모습들은 그림자처럼 드러나기 시작하고 어둠은 썰물처럼 하늘로 증발하여 사라지는 느낌이다. 이제 옆에 있는 산객들도 보이고 나무도 바위도 저멀리 능선도 제 모습을 드러내기 시작한다. 일단 주변의 모습들이 보이니 조마조마한 마음이 안정된다. 이렇게 잠깐도 보이지 않으면 불편한데 눈이 안보이는 분들은 평생 얼마나 힘들까… 이제 주변이 훤하니 올라선 바위모습도 보이고 저기 전망대에 북적북적한 산객들도 보인다. 아마도 저기에서 일출을 기다리나보다.

서둘러 그들이 있는 전망대에 올라서니 탁트인 시야에 일출직전의 숨막히는 고요함... 새벽공기 속에 꿈틀꿈틀 막 잠에서 깨어나려는 아침 ... 용광로처럼 붉게 퍼져나가는 하늘과 검푸른 바다... 어슴푸레한 능선들은 새벽의 고요함 속에 몸을 움츠리고... 줄지어선 산객들은 바위에 위태롭게 서있는 정상석(동봉)에서 인증사진을 찍고 있다. 그러고보니 여기는 전망대가 아니고 동봉...

인증사진을 찍은후 이제 서봉 쪽으로... 그런데 다시 길게 줄이 늘어서 차례를 기다리고 있다. 점점 가까이 보이는 벼랑길은 급경사로 아슬아슬 발판이 박혀있다. 한사람씩 조심조심 내려가다보니 길게 줄을 설 정도로 정체가 되고 서로서로 배려를 하고 있다. 점점 날이 밝아 그나마 다행이고 두려움을 누른 채 조심조심 내려선다.

바로 그때 앞의 커다란 암봉(서봉)과 뒤쪽(동봉)의 거대한 암벽 사이로 활~활~ 타오르는 하늘... 핏빛으로 일렁이는 바다... 온통 붉은 하늘과 수평선 위로 샛노란 점하나... 점점 계란 노른자처럼 커지더니 화산이 폭발하듯 온 하늘에 퍼져나가고... 이내 찬란하게 떠오른다. 겨우 사과만한 저 태양이 온 우주를 밝히다니...

이제 주변은 환하게 드러나고 암릉으로 둘러싸인 산의 모습이 한눈에 들어온다. 곧이어 바위를 기어오르는데 환하게 바위가 보여 안심이 되고 더구나 거리가 짧아 금방 봉우리에 올라선다. 탁트인 시야에 저멀리 유난히도 뾰족뾰족한 암벽들... 길죽길죽 고래이빨 같기도 하고 상어이빨 같기도 하고... 한쪽에 서있는 정상석(서봉)은 동봉보다 안정적이지만 바람이 심하게 분다.

바람에 떠밀리다시피 조심조심 아래로 내려오니 산객들이 길게 줄을 서있다. 행렬에 합류, 점점 가까이 다다르니 맙소사~ 섬뜩한 벼랑길에 아슬아슬 밧줄을 타고 내려가는 것이 아닌가... 차례가 돌아올수록 바짝 긴장이 되고 크게 심호흡을 한다. 드디어 낭떠러지가 눈앞에... 정신을 집중, 줄을 꽉 움켜잡으며 조심조심 발을 내딛는다. 타잔이 줄을 타듯 바위 턱을 밟고 한발한발... 팔이 후들후들 떨리고 온몸이 붕~ 떠가듯 간신히 바닥에 내려서니 기운이 쭉 빠진다. 휴우~ 살았다~! 이제 두 봉우리(동봉, 서봉)를 모두 통과했으니 조금은 마음이 가벼워진다.

주변에 지천으로 피어있는 진달래는 아쉽게도 며칠 전 갑자기 내린 눈으로 데친 채소처럼 시들시들 축 처져있다. 이어 암릉을 밧줄과 쇠발판을 이용해 아슬아슬 올라서고 다시 아찔하게 내려가고... 긴장 속에 정신없이 오르락내리락... 몇 개를 넘었는지도 모르겠고 바위가 어떻게 생겼는지도 모르겠다. 단지 이 험한 암릉을 무사히 통과하기 위해 본능적으로 코앞의 바위에만 집중할 뿐...

이렇게 조마조마하며 암릉구간을 내려서니 오랜만에 시원하게 능선길이 뚫린다. 그런데 저 앞에 또다른 암봉이 기괴한 모습으로 우뚝 서있다. 축 쳐진 진달래를 따라 잠시 후 삼거리(수양마을 방향))에 다다르니 아슬아슬 역삼각형으로 치솟은 바위가 특이하고 꼭대기에서 산객들이 사진을 찍고 있다. 잠시 멈춰 뒤돌아보니 힘들게 오르내렸던 암릉이 마치 거대한 공룡이 허공을 질주하듯 역동적으로 펼쳐진다.

다시 정신을 바짝 차리며 험한 암벽 쪽으로 다가가니 뜻밖에도 오른쪽으로 평탄하게 우회길이 이어진다. 휴우~ 다행이다~! 숲길은 얼마 되지않아 바위너덜길이 이어지더니 내려갈수록 점점 수풀들이 우거져 있다. 이윽고 숲속을 빠져나오자 시야가 탁 트이며 저멀리 지나온 암봉이 우뚝 솟아있다.

이제 완만하게 이어지는 초원길에는 야생화가 여기저기... 가끔씩 무성한 산죽들을 헤집고 활짝 핀 진달래가 산뜻하다. 얼마후 덩그러니 묘지가 나오더니 커다란 나무에 리본이 주렁주렁 매달려있다. 리본을 뒤로하며 서둘러 언덕을 올라서니 평평한 공간(첨봉)이 나온다. 탁트인 시야... 파란하늘과 바다... 오목조목한 마을... 우리가 지나온 능선들과 가야할 능선들이 그림처럼 아련히 펼쳐진다.

숨을 고르며 다시 능선을 따라가고... 하나둘 동백꽃이 보이기 시작한다. 주렁주렁 탐스럽게 핀 꽃이 사과나 홍시같이 먹음직스럽다. 과일 대신 에너지바를 입에 물며 발걸음을 서두르고 잠시후 조그만 봉우리 입구에 팻말(주작산덕룡봉0.13km)이 나온다. 그런데 주작산은 뭐고 덕룡봉이라니... 그러면 벌써 주작산에 도착했다는 말인가...? 곧이어 봉우리에 올라서니 여기저기 산객들이 사진을 찍고 한쪽에서는 옹기종기 간식을 먹고 있다. 팻말에는 덕룡봉정상이라 쓰여있고 정상석에는 주작산이라 쓰여있다. 이상하다? 여기가 정말 주작산인가...? 얼떨결에 벌써 주작산에 오르다니... 이런 날도 다 있구나~! 이제 고개(작천소령)에서 하산하기만 하면 되니 마음이 가벼워진다.

곧이어 다시 능선을 따라 주구장창 내려가고... 잠시후 맞은편 암릉이 수려하게 펼쳐진다. 지나온 능선만큼이나 아름다운 광경에 어느덧 발길은 평평한 공간에 멈추는데 뜻밖에 가파른 언덕이 저 아래로... 밑으로는 보통의 협소한 휴식공간과 달리 공원처럼 널따란 공간이 펼쳐진다. 널찍한 도로가 구불구불 이어지고 산객들이 이리저리 개미떼처럼 몰려있다.

　올라오는 산객들과 마주하며 비탈을 따라 지그재그 내려가고 아래의 광경이 훤히 내려다보여 금방 도착할 것같은데 생각보다 꽤 많이 내려간다. 이윽고 밑으로 고개(작천소령)에 다다르니 산객들이 휴식하며 간식을 먹고 있다. 그런데 잠시후 주작산에 오르려한다는 것이다. 주작산에 오른다고…? 좀전에 주작산을 지나왔는데…? 그건 덕룡봉이고 주작산은 도로를 가로질러 다시 위로 올라가야한다는 것… 아마도 주작산은 좀전 능선 위에서 휘황찬란하게 보였던 그 암릉인 것같다. 어쩐지 두개의 산을 얼떨결에 이렇게 빨리 넘는다 했더니… 결국 횡재는 막을 내리고… 에휴~ 다리도 아프고 이렇게 지쳐있는데 산을 하나 또 넘어야한다니… 그런데 그때 자신 없는 사람은 오른쪽으로 도로를 따라가다 저수지를 지나 오소재 주차장에 도착하면 된단다. 그렇게 그곳에서 주작산을 다녀온 산객들과 합류를 하는 것이다.

　주작산이 궁금하지만 다음을 기약하고 주저없이 도로를 따라 내려가기 시작한다. 길가에는 동백꽃, 진달래꽃이 아직도 시들지 않은 채 활짝 피어있고 하얀 산벚꽃이 화려하다. 앙상한 나뭇가지에서는 새싹들이 앙증스레 고개를 내밀고 내려갈수록 널따란 농지들이 펼쳐진다. 드넓은 하늘에는 솜구름이 뭉게뭉게… 저멀리 푸른 저수지가 시원스럽다.

　가까이 다다르니 호수처럼 널따란 저수지는 수량이 풍부하다. 왼쪽으로 저수지를 따라 주구장창 내려가니 햇빛이 쨍쨍 내리쬐는 아스팔트가 나온다. 살랑이는 봄바람과 함께 부지런히 걷고 또 걷고… 드디어 주차장에 도착하니 2시간 반… 휴우~ 이제 차안에서 휴식하며 산객들이 올 때까지 기다리면 된다. 주작산에 대한 아쉬움은 남지만 덕룡산을 무사히 내려온 것만으로도 얼마나 다행스런 일인가… 이제 편안히 잠을 청한다.

두륜산
2018년 04월 15일 056

유래 두륜산의 주봉(정상)은 가련봉이지만 두륜산이란 이름은 만일재를 사이에 두고 정상 남쪽에 솟아있는 두륜봉에서 나왔다. 두륜은 산꼭대기가 둥글다는 뜻이다.

두륜산은 낡은 수레바퀴를 연상시키고 기억도 가물가물한 [수레바퀴 아래서]라는 소설이 떠오른다. 내용은 희미한 채 커다란 수레바퀴 이미지가 향수를 불러일으키고…

이른 아침 서둘러 거의 정오 무렵 해남에 도착한다. 연두빛 나뭇잎들이 싱그러움을 더하고 화창한 햇볕이 완연한 봄을 안겨준다. 일기예보의 미세먼지 주위보는 이 산속에서는 해당되지 않는 먼나라 얘기일 뿐…

바로 앞 도로에 들어서자 해남관광안내도와 산입구 팻말(오소재 약수터)이 보이고 완만한 숲길은 가냘픈 잎들로 생기가 가득하다. 여름을 준비하는 초록의 싱그러움을 만끽하며 평탄하게 오르지만 오르막은 오르막인지라 얼마 안가서 덥기 시작한다. 바람막이 옷을 배낭에 질끈 매고 시원하게 산죽을 헤치고 나오니 울창한 동백나무에 빨간꽃이 사과처럼 주렁주렁 열려 있다.

왼쪽 협소한 계곡에는 물줄기가 졸졸… 위로 갈수록 이내 물이 말라있고 어쩌다 햇볕 드는 둔덕에는 이름모를 노란꽃 하얀꽃 보라꽃들이 앙증맞게 고개를 들고 있다. 갈수록 하늘이 시원하게 열리더니 키작은 나무들이 파란 산죽과 함께 빼곡히 펼쳐진다. 저기 고개가 하늘에 맞닿은 것을 보니 능선이든 낭떠러지든 뭔가 나올 것만같다. 점점 앞으로 드러나는 막다른 정체… 그것은 뜻밖에도 축구장만한 잔디광장(헬기장)… 널따란 공간에는 산객들이 옹기종기 점심을 먹기도 하고 한쪽에는 두륜산 안내도와 팻말(오심재)이 서있다. 잠깐 멈춰 간단히 간식을 먹고 다시 정상쪽으로…

작달막한 나뭇가지에는 가녀린 잎들로 연두빛이 감돌고 파란 산죽들은 아까보다 더 무성하고 우악스럽게 자라고 있다. 돌계단을 오르며 하늘과 맞닿은 암봉이 보이고 아마도 저기가 정상인 듯... 코앞의 커다란 바위 꼭대기에는 새모양 바위가 살포시... 위에 올라서니 널찍한 바위에 새모양 바위(흔들바위)가 앉아있고 그 위에서 산객들이 사진을 찍고 있다. 탁트인 시야에 능선들이 한눈에 들어오고 유난히 정상 쪽에 몰려있는 암릉들은 마치 성벽을 차곡차곡 쌓아올린 듯 쭉~ 연이어 있다. 바위투성이인 저곳을 올라야 한다니 두렵기도 하지만 멋진 풍경이 기대되기도 한다.

곧이어 가팔라지는 오르막은 숨차고 콧잔등에는 땀이 밴다. 여전히 길가에는 산죽들이 무성하고 회색빛 나무들이 빼곡하다. 이제 저 앞에 고개가 보이고 그 너머로 허옇게 암봉이 보인다. 가까스로 고개에 올라서니 와아~ 놀라운 광경... 아까처럼 널따란 잔디광장(헬기장)에는 산객들이 개미떼처럼 조그맣게 보이고 바로 앞에는 둥그런 암봉이 웅장하게 솟아있다.

정상이 가까워지니 한시름 놓이고 기대감에 발걸음이 가벼워진다. 하지만 엎어지면 코닿을 것처럼 보여도 막상 오르니 암봉을 중심으로 몇 차례나 지그재그 올라가고 오를수록 거친 바위길이다. 까마득한 암벽은 마치 석굴에 들어온 느낌이고 높은 빌딩 옆을 지나가는 듯하다. 거대한 암벽에 위압감을 느끼며 모퉁이를 돌아나오니 갑자기 바람이 심하게 불어온다.

바로 앞에는 데크계단이 암봉을 향해 아슬아슬 올라가고 심한 바람에 일단 가던 길을 멈추고 바람막이 옷을 입는다. 뻥 뚫린 사방은 심한 황사로 희미하고 아까 차에서 내렸을 때와는 천양지차다. 마치 수많은 철새들이 떼지어 몰려다니는 것처럼 하늘에는 온통 황사비로 얼룩져있고 움찔하게 두려움마저 느껴진다. 모자끈을 단단히 조인후 조심조심 계단을 오르기 시작, 심하게 요동치는 바람은 공포감을 더하고 감히 계단 밑 천길낭떠러지를 내려다볼 수가 없다. 치솟은 암벽에 시선을 고정하며 무서움에 간신히 위에 올라서니 저 앞에 또다른 암벽이 떡 버티고 서있다.

그나마 이번에는 계단 밑으로 무시무시한 낭떠러지가 보이지 않으니 다행이다. 하지만 데크계단을 올라서니 이제는 공포의 낭떠러지 철난간이 암벽을 따라 휘돌아간다. 곧이어 가파르게 이어지는 계단은 거의 정상쯤에서 멈추고 주변은 온통 무시무시한 암벽뿐이다.

이제 위에서 내려온 쇠줄을 잡고 쇠발판을 밟으며 막판 암벽길을 아슬아슬 간신히 올라선다. 널따란 암봉에는 산객들로 분주하고 바위 가장자리에는 까만 정상석(노승봉)이

가로로 놓여있다. 가까이 다가가 아래를 내려다보니 으윽…! 현기증이 날만큼 아찔한 낭떠러지… 너무나 아찔하여 아예 밑에는 보이지도 않는다. 사방은 뻥 뚫리고 여전히 황사는 뿌옇고… 공포감에 서둘러 발길을 돌려 정상 쪽으로…

내리막 데크계단을 따라 펼쳐지는 암릉은 마치 공룡이 꿈틀대듯 생동감이 넘치고 그 입체감이 장관을 이룬다. 그중 제일 높은 암봉에는 산객들이 개미떼처럼 꿈틀꿈틀… 곧이어 계단을 내려서니 삼거리(가련봉)가 나온다.

이어 몇 걸음 올라가자 다시 구불구불 줄기차게 이어지는 계단… 어떻게 저런 위태로운 암벽에 이런 아슬아슬한 계단을 만들었는지 놀라지 않을 수가 없다. 위로 오를수록 계단 오른쪽에는 옛날(계단 설치 이전)에 밟고 올랐던 철발판이 그대로 남아 있고 어떻게 이런 발판을 딛고 아슬아슬 올랐는지 아찔하기만 하다.

이렇게 공포의 계단을 벗어나 드디어 암봉에 올라서니 아찔한 낭떠러지벼랑 위에는 정상석(가련봉700m)이 아무렇지도 않은 듯 태연히 앉아 있다. 그리고 이런 웅장한 모습에 걸맞지 않게 이름이 예쁘기까지 하다. 뭔가 가련한 사연이라도 있는 것인가? 주변은 온통 암벽… 암벽… 암벽…. 그리고 아래로는 현기증이 날만큼 아찔한 낭떠러지… 뒤돌아보니 저멀리 험한 길을 어떻게 지나왔나 싶고… 거대한 암봉을 휘감고 있는 데크계단은 마치 휘돌아가는 수레바퀴 발자국 같고 하늘로 용솟음치는 용의 모습 같기도 하다. 이제 아찔한 공포감으로 까마득히 멀미감을 느끼며 조심조심 정상을 내려가기 시작한다.

꿈틀거리는 암릉을 따라 내리막 데크계단을 내려서고 다시 쇠발판을 밟고 암벽을 천천히 오르는데 바위틈에 핀 진달래가 반갑다. 한동안 암릉을 따라 오르락내리락… 그런데 맙소사~ 저 앞에 또다시 암봉이 보인다. 저멀리 손바닥만한 공간(헬기장)에는 산객들이 붓으로 콕콕 찍어놓은 듯 작게 보이고 암봉으로 오르는 길은 실타래를 풀어놓은 듯 희미하다.

너덜길을 지나 계단을 마구마구 내려가니 내리막 언덕이 나타나며 좀전 손바닥만하게 보였던 헬기장은 운동장 만하게 커지고 산객들도 한뼘 만하게 커 보인다. 줄곧 계단을 오르내리다 오랜만에 부드러운 흙을 밟으니 마음이 편안해지고 앞에 널따란 잔디장을 보니 축구라도 한판 해야될 것같은 여유로운 마음이 생긴다.

천천히 언덕을 내려와 잔디장(헬기장)에 도착, 산객들은 여기저기 휴식하고 입구에

서있는 팻말(만일재)은 두륜봉을 가리키고 있다. 잠깐 물을 마신후 아까 실타래처럼 구불구불한 길을 따라 언덕을 오르니 암벽을 돌아 철난간이 이어진다. 그리고 오르막 돌계단... 이어 철난간... 그런데 맙소사~ 그 징한 데크계단이 다시 시작된다.

좁은 협곡 사이로 지그재그 줄기차게 올라가는 계단... 어느 순간 고개를 드니 신기하게도 구름모양의 커다란 바위가 협곡 사이에 둥그렇게 얹혀있다. 조심조심 구름문을 빠져나오자 드디어 계단이 멈추고 이제 숲길이 이어진다.

산죽길을 따라 삼거리에 다다르니 팻말(왼쪽 대흥사2.05km, 오른쪽 두륜봉0.1km)이 서있고 여기서 두륜봉을 다녀온 후 대흥사 쪽으로 내려가기로 한다.

이제 평탄한 산죽길은 울퉁불퉁 암벽길로 바뀌고... 바위 모서리를 잡으며 꼭대기에 올라서니 평평한 공간에는 산객들이 분주하고 한쪽에 까만 정상석(두륜봉)이 서있다. 저멀리 올록볼록한 암릉이 우아한 자태로 솟아있고 다만 아쉬운 것은 황사가 뿌옇게 심술을 부리고 있다는 것.

되돌아 다시 삼거리에 도착, 데크계단(대흥사 방향)을 따라 하얀 산벚꽃이 화사하고 푸른 동백나무가 산뜻하다. 꽃들과 함께 길고긴 데크계단을 벗어나니 포근한 오솔길이 이어진다. 길가에는 무성한 산죽과 동백나무가 짙은 녹음을 드리우고 싱그런 향이 코끝을 스친다. 이런 비단길은 진불암 팻말이 나오자 시멘트 도로로 바뀌고 얼마후 삼거리(왼쪽 시멘트 도로, 오른쪽 표충사 방향)가 나온다.

표충사 쪽으로 다시 비단길이 이어지고 싱그러운 동백과 낙엽 쌓인 흙길이 부드럽다. 길을 따라 상쾌하게 발걸음을 옮기고 어느덧 왼쪽으로 계곡이 보인다. 돌돌돌 들리는 물소리는 내려갈수록 낭랑하게 커지고 매끄러운 바위가 오목조목 아름답다. 점점 물소리가 멀어져가고 나뭇잎 사이로 사찰건물이 보이기 시작한다.

서둘러 사찰담장 가까이 이르자 하늘이 뻥 뚫리며 팻말(표충사)이 나온다. 그런데 사찰이 너무나 넓어 끝이 보이지 않는데다 아래로 대흥사까지 연이어진다. 대형 사찰지구는 웬만한 작은 동네수준으로 어디가 어딘지도 모르겠고 주차장 쪽으로만 부지런히 내려간다. 고색창연한 사찰은 타임머신을 타고 옛날로 되돌아간 느낌이고 그 웅장한 규모에 압도된다. 저멀리 대흥사 뒤쪽으로는 굽이굽이 힘겹게 오르내렸던 암릉이 한뼘도 되지 않은 채 솟아있다. 오물오물 몰려있는 암릉 모습이 부처님 얼굴을 닮았다는데 정말로 부처님이 누워있는 것같다.

이제 일주문을 지나 다리를 건너고 잠시후 유선관이라는 오래된 한옥이 나온다. 여러 채로 이루어진 한옥은 정원이 꾸며있고 지금도 한식당을 운영하고 있단다. 이어 도로를 따라 사리탑도 보이고 동백꽃도 보이고 줄지어선 고목이 운치를 더해준다.

얼마후 주차장이 보여 두리번두리번 차를 찾는데 어찌된 일인지 보이지 않는다. 전화를 하니 30분 정도 더 내려가서 또다른 주차장이 있다는 것... 즐비하게 늘어선 고목을 따라 주구장창 도로를 내려가고... 드디어 일주문을 통과하니 매표소 앞으로 널따란 주차장이 보인다. 휴우~ 덩그러니 서있는 차가 반갑고 이제야 하루의 피로가 몰려오며 서둘러 차에 오른다.

비슬산

2018년 04월 22일 057

유래 천지가 개벽할 때 산의 정상부근에 배를 맺던 바위 형상이 비둘기처럼 생겨 '비들산'이라 하다가 이것이 비슬산으로 변한 것이라고 한다.

비슬은 유추하기가 좀 어려운데 얼핏 거미줄에 맺힌 이슬이 떠오르고 옛여인의 족두리 위에 가냘프게 떨고 있는 구슬이 떠오르기도 하고…

이른 아침 안개비가 하얗게 차창을 흐리며 마음을 심란하게 하고 4시간 후 대구에 도착한다. 기대와 달리 안개비는 가랑비로 바뀌어 흩날리고 비옷을 입을지 말지 망설인다. 결국 비옷을 걸치며 유가사 쪽으로… 도로를 따라 높다랗게 걸려있는 프랭카드에는 휴양림 일원에서 참꽃축제를 한다고 써있다. 그쪽으로 몰려드는 많은 인파로 오늘 산행은 정상 부분만 다녀오기로 한다. 유가사 일주문을 지나자 슬슬 열기가 오르며 비옷이 답답한데 다행히 비도 거의 그쳐가고 있다. 비옷을 배낭에 넣고 시원한 바람을 스치며 잠시후 계곡의 조그만 다리를 건넌다.

곧이어 사찰(유가사) 주변에는 여기저기 수많은 돌탑들이 흩어져있고 안쪽으로 들어가니 언덕에 연산홍이 빨갛게 피어있다. 그리고 자연석이 아닌 시멘트 돌에 부처님 말씀이나 싯귀가 쓰여 있는데 뭔가 어색한 느낌이… 산입구의 나무에는 바람에 펄렁이며 알록달록한 리본이 길을 안내하고 있다.

촉촉한 숲에는 갓피어난 나뭇잎들이 싱그럽고 가늘게 흩날리는 안개비로 나무들이 흠뻑 물기를 머금고 있다. 고목을 따라 완만하게 너덜지대를 지나고 얼마후 소나무와 참나무가 빼곡한 삼거리(왼쪽 천왕봉 정상, 오른쪽 대견사)에 다다른다.

왼쪽(정상)으로… 이제 제법 경사가 가팔라지더니 너덜지대를 가로질러 데크계단이 올라간다. 천천히 계단을 벗어나지만 계속되는 숲길은 변화도 없고 볼거리도 없고 시야도 꽉 막혀있다. 참으로 재미없는 길이다. 여전히 뿌옇게 흩어지는 안개비가 그치기를 바라며 그럭저럭 삼거리에 다다르니 급경사길과 완경사길로 갈린다.

완경사길로 오르지만 갈수록 경사는 가팔라지고 여전히 변화가 없는 숲길은 안개로 시야가 뿌옇다. 그때 제법 널따랗게 펼쳐지는 너덜언덕... 온통 바위로 뒤덮인 언덕은 문득 대규모 산사태를 연상시킬 만큼 무자비하게 언덕을 뒤덮고 있다. 다행히 너덜지대를 우회하며 오르고 가끔씩 분홍빛 진달래가 눈에 띈다. 그런데 점점 숲길이 희미해지며 길따라 나뭇가지에 리본이 묶여있다. 행여 길을 잃을까 리본에 집중하며 부지런히 오르고 다행히도 점점 시야가 밝아진다. 이윽고 여기저기 진달래가 떼지어 피어있고 휴우~ 드디어 능선길에 올라선다.

　곧이어 왼쪽으로 능선을 따라 휘돌아가니 삼거리(오른쪽 정상, 왼쪽 하산길)가 나오고 정상 쪽으로 향한다. 길가의 나무들은 분재처럼 작달막하고 누런 억새풀이 무성하게 우거져있다. 바위틈에는 이따금씩 진달래가 활짝 웃고 점점 하늘이 훤히 뚫리고 있다. 갈수록 황금갈대가 일렁이고 분홍빛 진달래가 보석처럼 빛난다. 저멀리 뿌연 하늘 아래로 손톱 만하게 팻말과 정자가 보이고... 점점 드넓게 펼쳐지는 황금평야...

　가까이 정자에 다다르니 시끌벅적하게 산객들이 점심을 먹고 한쪽에서는 길게 줄을 서있다. 긴 줄에 합류하여 커다란 바위를 보니 정상석(천왕봉1,083m)이 아슬아슬 세워있다. 산객들 사이로 인증사진을 찍은 후 주변을 둘러보니 아름다운 정원이 따로 없다. 가까이 바위와 함께 어우러진 진달래는 어여쁜 새색시 같고 저멀리 안개 속에 잠긴 발그레한 진달래는 하늘에서 내려온 아기천사 같다. 아까 오르는 길에는 아무런 변화 없이 무덤덤하고 지루했는데 이런 선물같은 풍경이 펼쳐지다니... 이것만으로도 그간의 보상으로 충분하고 감사한다.

　이제 안개에 싸인 진달래를 뒤로하며 다시 삼거리로 되돌아가고... 내려갈수록 언제 비가 왔냐는 듯 하늘의 먹구름이 산뜻하게 걷히고 바위틈의 발그레한 진달래가 아가 볼처럼 사랑스럽다. 암벽 사이로 하얗게 피어오르는 구름에 신선놀음이 따로 없다.

　어느덧 팻말(유가사 방향)에 번쩍 정신이 들고 곧이어 꽤 긴 데크계단이 이어진다. 계단을 따라 탁트인 시야... 파아란 하늘에는 뭉게구름이 둥실둥실... 유쾌한 발걸음은 어느덧 긴 계단을 가볍게 내려서고 이제는 숲길에 굵은 밧줄이 이어진다. 비교적 완만한 내리막은 어렵지 않게 계단과 숲길이 반복되더니 이윽고 아까 지나갔던 삼거리에 되돌아온다. 가벼운 마음으로 사찰(유가사) 앞마당에 다다르니 언덕에 피어있는 연산홍이 유난히도 눈부시게 빨갛다.

화 왕 산
2018년 04월 29일 058

유래 과거 화산활동이 활발해 불뫼 또는 큰불뫼로 불리었는데 거기에서 이름이 유래되었다한다.

화왕산은 천경자의 그림, 꽃광주리나 꽃왕관을 쓰고 삐딱하게 앞을 응시하고 있는 여인의 모습이 떠오른다. 꽃의 화려함 속에 어떤 무감각한 공허함이랄까, 한껏 절제된 감정이...

이른 아침 서둘러 4시간 후 창녕에 도착한다. 차에서 내리니 햇볕은 쨍쨍~ 모래알은 반짝~ 어? 모래알은 없다 아스팔트라서... 참으로 화창하고 온화한 날씨다. 모자와 썬그라스를 쓰고 임도를 따라 관룡사 쪽으로 향한다. 잠시후 사찰 입구에는 차량과 산객들로 북적이고 안쪽은 높은 담장과 고목들로 잘 보이지 않는다.

담장을 따라 산길다운 흙길이 이어지고 푸른 나뭇잎들이 제법 무성하게 자라고 있다. 갈수록 경사가 가팔라지고 점점 바위너덜의 연속이다. 가끔씩 산벚꽃이 위로가 되고 어느덧 나뭇잎 사이로 희미하게 능선과 마을이 보이기 시작한다. 잠깐 물을 마신 후 이제 지그재그로 이어지는 밧줄을 잡고 오르니 좀 힘이 덜든다. 천천히 밧줄을 당기며 저기 하늘과 맞닿은 능선이 보이고 반가운 마음에 좀더 힘을 낸다.

이윽고 바위에 올라서니 팻말(관룡산 방향)과 함께 시야가 탁~ 트인다. 저멀리 암릉을 따라 하얀밧줄이 지그재그... 암봉은 뱃머리처럼 치솟아 하늘에 우뚝 서있고... 울긋불긋 암릉을 따라 오르는 산객들... 하늘은 파랗고 겹겹한 능선에는 구름이 하얗다.

살랑살랑 불어오는 바람... 지그재그 밧줄 따라 아찔한 낭떠러지가 이어지고 조심조심 암봉 올라선다. 평평한 공간에 커다란 바위(회전의자 모양)가 보이는데 주변을 두리번거려도 정상석은 보이지 않는다. 여기가 정상처럼 보였는데...

잠깐 숨을 돌린 후 천천히 내려오니 이제는 부드러운 흙길... 한동안 지그재그 이어지는 길을 부지런히 오르고 점점 산객들 소리가 가까이 들려온다. 드디어 능선에 오르니 널따란 공간에는 산객들이 분주하고 어찌된 일인지 또 정상석이 보이지 않는다. 두리번 두리번 주변을 살피는데 정상석은 왼쪽으로 열 발자국쯤 더 가야된다고…

잠시후 널따란 헬기장이 펼쳐지며 나무그늘 아래로 말끔한 정상석(관룡산754m)이 서있고 높이가 무릎 정도 밖에 안된다. 여기저기 그늘에서 맛난 점심을 먹고 그들 틈에서 간단히 식사를 한다.

이제 화왕산 쪽으로… 낭랑한 새소리와 함께 평탄한 능선을 따라가고 한동안 오솔길이 길고 길게 이어진다. 이윽고 통나무 계단이 나오더니 뜬금없이 가로질러 임도가 보인다. 산속에 웬 도로? 잠시후 사거리(정간재)에는 임도가 양쪽 마을로 향하고 관룡산과 화왕산은 직진으로 이어진다.

직진하여 자갈길을 따라 쉼없이 걷고 또 걷고… 좀 지쳐갈 무렵 저기 길모퉁이에 파란하늘이 보인다. 분명 뭔가가 나올 것같은 예감에 발걸음을 재촉하고… 이윽고 가까이 다다르니 시야가 탁트이며 왼쪽으로 철망이 쭉… 게다가 산악회 리본이 빼곡히 묶여 꽃을 피우고 있다.

그런데 리본을 따라 슬며시 옛초가집이… 이런 산꼭대기에 웬 초가집? 곧이어 화왕산 스토리길 안내도(허준세트장)가 나온다. 울타리 안에 들어가니 타임머신을 타고 옛날로 돌아간 느낌이고 긴 도포 자락을 날리며 둥그런 갓을 쓴 허준선생이 문을 열고나올 것만같다. 뒤쪽 언덕을 배경으로 여러 채의 한옥세트장은 조그만 옛시골 마을을 연상시고 옛사람들의 순박하고 고단한 삶이 느껴진다. 점점 낡아져가는 세트장은 문화재가 아닌 세트장이라는 한계와 흘러가는 시간으로 초췌해 가고 있다. 점점 이곳이 어떻게 변할는지… 세트장 밖 왼쪽으로는 조그만 연못이 있고 뒤쪽으로 약수터가 있지만 물이 말라있다.

세트장을 뒤로하며 정상 쪽으로… 길을 따라 가끔씩 철쭉이 피어있고 산모퉁이를 돌아나오니 저멀리 높다란 성문(동문)이 파란 하늘에 솟아있다. 가까이 다다를수록 웅장한 규모의 성벽은 커다란 돌로 꼼꼼히 쌓아있고 얼마나 많은 사람들이 동원됐을지 입이 다물어지지 않는다.

드디어 성문에 올라서니 와아~ 까마득히 펼쳐지는 황금대평원… 성벽으로 빙 둘러싸여 있는 평원은 가운데를 중심으로 움푹하여 거대한 분화구를 연상시킨다. 누런 벌판 사이로 구불구불 하얀 길들이 실타래를 풀어놓은 것같기도 하고 가르마를 타놓은 것같기도 하고...

　오른쪽으로 성벽을 따라 이름 모를 풀들과 앙증맞은 꽃들이 피어있고 광활한 공간은 허공에 붕~ 떠있는 느낌이다. 오를수록 성벽은 낮아지고 지면과 성벽의 높이가 같아질 쯤 저 아래로 동그랗게 호수같은 것이 보인다. 제게 무엇일까...? 이윽고 능선에 올라 아래를 내려다보니 마치 로마의 콜로세움에 서있는 듯 귓가에 쟁쟁히 들려오는 소리... 치열한 경기에 열광하는 함성... 칼이 부딪치는 날카로운 쇳소리... 짐승의 처절한 울부짖음...

　이 숨막히는 환영들을 뒤로하며 저멀리 정상을 바라보니 산객들이 점을 찍어놓은 것처럼 아득하다. 앞으로 갈수록 낭떠러지에 피어있는 진달래가 눈부시고 암벽에는 갓 피어난 나뭇잎들로 생기가 가득하다. 쨍쨍한 햇살에 해맑은 꽃길은 모든 시름을 잊게 하고 발걸음마저 가볍게 한다. 어느덧 가파른 언덕을 올라서니 가까이 정상석(화왕산 756.6m)이 서있고 탁트인 시야... 저멀리 아래로 다시 성문(서문)이 보인다.

　유난히 파란 하늘을 바라보며 이제 구불구불 서문 쪽으로 내려오고... 점점 웅장하게 다가오는 성벽은 드넓은 벌판을 따라 쉼없이 이어진다.

　곧이어 가파른 언덕을 따라 배바위 쪽으로... 숨을 헐떡이며 거의 오를 무렵 저 아래로 헬기장이 동전 만하게 보인다. 이윽고 능선에 올라서니 웅장한 바위들이 솟아있고 부드러운 곡선을 이루는 바위들은 묘하게도 배모양을 하고 있다. 조심조심 위에 오르니 마치 배를 타고 망망대해에 떠 있는 느낌으로 아래로는 천길낭떠러지...

　이제 산불감시초소 쪽으로 내려가 제1등산로에 진입, 바위길은 속도도 나지 않고 위험하지만 순간순간 다가오는 멋진 모습에 힘든 줄도 모른다. 조심조심 바위를 오르락내리락... 어느새 시간가는 줄도 모르게 암릉구간을 빠져나오니 이제 평탄한 숲길이 이어진다.

　팔각정(자하정)을 지나니 숲길은 그야말로 비단길이고 어느새 순조롭게 화왕산장에 다다른다. 곧이어 도로 오른쪽으로 커다란 왕릉이 보이는데 마치 정상의 광활한 분지처럼 세월의 무한함이 느껴진다.

바래봉
2018년 05월 06일 059

유래 승려들의 나무 밥그릇인 바리때를 엎어놓은 모양의 산세에서 유래.
바래봉 철쭉의 유래 1972년 박정희 정권시절 "한국-호주 면양시범농장" 시작으로 바래봉 일대는 양떼들이 모조리 뜯어먹어 훼손되었고 다행히 독성있는 철쭉만 먹지 않아 지금까지 남아서 철쭉동산이 된 것이라 한다.

무엇을 바래서 바래봉 일까? 이번 봄을 기다리는 핵심은 바래봉이다. 기대가 크면 실망도 크다는데 만에 하나 실망하더라도 그 실체가 어떠한지 궁금하기 짝이 없다. 바래봉은 철쭉이 아름답다는데 부디 기대가 바램대로 되기를 바래본다.

이른 아침 창밖에 비가 내리니 마음이 가볍지 않다. 비가 그치기를 바라며 잠을 청하고 4시간 후 남원에 도착한다. 여전히 비는 내리고 앞마당(전북학생교육원)에 차가 정차한다. 각자 비옷을 챙겨 입느라 분주하고 치렁치렁 비옷을 펄럭이며 산입구 쪽으로 향한다.

얼마후(바래봉7.6km) 울긋불긋한 산객들의 행렬이 마치 풍어제 행렬처럼 결의에 차 있다. 물먹은 흙길과 갓피어난 나뭇잎들은 푸르름을 더하고 비가 내려 기온이 높은 것도 아닌데 오르막인지라 벌써 답답하다. 몇몇 산객들은 아예 비옷 없이 용감하게 오르고 가파른 계단에 숨이 찬다. 쉼터에 올라 물을 마신후 지그재그 흙길도 오르고 계단도 오르고... 주변에는 파아란 산죽과 나뭇잎만 빼곡할 뿐 철쭉은 눈씻고 봐도 보이지 않는다. 천천히 숨을 몰아쉬며 이윽고 세동치 삼거리에 다다르니 비옷의 습한 기운이 느껴진다.

이제 능선을 따라 바래봉 쪽으로 발걸음을 옮기고 길가에는 약초채취나 야영을 금지한다는 현수막이 걸려있다. 여전히 산죽은 무성하고 그 속에 가끔씩 철쭉꽃이 보인다. 걷고 걸어도 철쭉꽃은 찔끔찔끔... 꽃이 아직도 안 핀 것인지 아니면 벌써 다 떨어진 것인지... 혹시 저멀리 안개 속에 파묻혀 보이지 않는 것인지... 설마 이 정도의 철쭉으로 입소문이 그렇게 파다하지는 않을 텐데... 도무지 이거다 싶은 철쭉의 모습이 보이지 않는다. 이렇게 어느덧 부운치에 다다르고 잠깐 숨을 돌린다. 연이어 계속 바래봉 쪽으로...

잠시후 헬기장처럼 널따란 공간에 이르자 저멀리 능선에 서서히 안개가 걷히고 있다. 서둘러 언덕을 올라서니 와아~ 하얀 싸리꽃... 눈이 내린 듯 안개꽃처럼 화려하다. 곧이어 붉은 철쭉이 꽃천지를 이루고... 여기저기 눈을 어디에 둬야할지... 내려갈수록 길은 질퍽하고 맞은편에는 반달곰을 만났을 때 행동요령을 적어놓은 안내판이 서있다. 산 곳곳에 이런 안내판을 보니 반달곰은 지리산을 제일 좋아하나보다.

좀더 내려가니 고맙게도 질퍽한 길에는 카펫처럼 멍석이 깔려있고 마치 꽃대궐 축제에 온 듯 푹신푹신 걷기가 수월하다. 철쭉은 길 양쪽뿐만 아니라 아예 언덕 모두가 훨훨 불타오르듯 붉게 물들어 화사한 꽃 천지다. 꽃 속에 꽃... 꽃속에 파묻혀 시간가는 줄 모르게 유유히 발걸음을 옮기고... 어느새 아쉽게도 붉은 꽃길은 휙~ 지나가고 푸른 숲길이 이어진다.

그런데 잠시후 반갑게도 다시 꽃길이... 이번에는 안개 속에서 하얀색 붉은색 옅은색 짙은색 꽃들이 신비로이 유혹하고 뭔가 환상적 '비밀의 화원'을 이루고 있다. 꿈속을 걷듯 안개화원 속으로 미끄러져가고 이제 점점 비밀화원의 정체가 드러난다. 꽃들은 만개되지 않은 채 군데군데 무리지어 있고 한곳에 빼곡히 모여있는 것보다 숨통이 트인다. 꽃길을 따라 앞으로... 앞으로...

그런데 언덕을 오를수록 꽃도 사라지고 나무도 사라지고... 종국에는 잡풀들만 깔려있는 것이 흡사 목장길처럼 허허벌판... 주변은 온통 휑하니 허전하다. 언덕에 올라 아래를 내려다보니 자욱한 안개속... 꽃들은 보일락말락 숨바꼭질하고 하늘은 온통 회색빛이다.

천천히 언덕을 내려와 데크계단에 들어서자 와아~ 꽃천지.... 놀랍게도 붉은 철쭉이 안개속에 끝이 보이지 않는다. 꽃대궐 속 데크계단은 철길처럼 구불구불 이어지고 산객들은 바닷속 신비한 세계로 헤엄치는 듯 안개에 휩싸인 꽃밭을 누빈다. 잠시후 전망대에 오르니 짙은 안개에 파묻힌 꽃들은 하얀침묵 뿐... 그래 언젠가 다시 오리라...

아쉬움을 뒤로하며 다시 데크길에 돌아오자 구불구불하던 길이 갑자기 직선으로 쭉~ 뻗어나간다. 마치 모세의 기적처럼 바닷길이 열리듯 한순간 꽃천지를 양쪽으로 곧게 가른다. 더구나 꽃들은 하얀 안개로 파스텔 빛을 띠며 신비함을 더하고... 이제 아쉽게도 서서히 꽃천지 길은 끝나가고 저기 앞에 하늘과 맞닿은 고개가 보인다. 천천히 고개에 올라서니 팔랑치 팻말(바래봉1.5km)이 서있다.

길을 따라 철쭉은 듬성듬성... 좀전 꽃길과 대조적으로 이제 나무가 빼곡한 숲길이 이어진다. 푸른 조릿대가 무성하고 가끔씩 붉은 철쭉과 하얀 철쭉이 번갈아가며 들쭉날쭉... 이제는 오히려 하얀 철쭉이 더 많이 보인다.

어느덧 숲을 벗어나 하늘이 열리고 한동안 걷고 또 걷고... 얼마후 다시 데크길에 붉은 철쭉이 이어지지만 좀전처럼 그렇게 환상적이지는 않다. 데크길을 벗어나자 이번에는 하얀 싸리꽃이 붉은 철쭉과 어우러져 환상의 조화를 이루고 있다. 비교적 짧은 구간이지만 절묘하게 어우러진 모습은 어느 순간 못지않게 아름답다. 이렇게 꽃들과 함께 바래봉 삼거리(오른쪽 바래봉0.6km, 왼쪽 용산주차장4.2km)에 이르고 정상에 다녀온 후 주차장 쪽으로 하산한다.

질퍽한 길을 따라 멍석으로 카펫길이 이어지고 그 길이 끝나자 점점 경사가 가팔라지기 시작한다. 주변의 나무나 꽃들도 점점 줄어들어 듬성듬성... 잠시후 가파른 데크계단이 이어지고 이제 주변에는 풀들만 무성하다. 허허벌판에는 안개가 자욱하고 점점 세차게 불어오는 바람이 자꾸만 모자를 벗기려한다. 볼거리 없는 시야에 계단만 꾸역꾸역 오르고 잠시후 저 위에 뭔가 어른어른... 혹시 정상인가... 반가움에 좀더 힘을 내어 힘껏 올라서니 맙소사~ 정상석이 보이지 않는다.

애써 평정을 유지하며 다시 오르는데 여전히 안개는 뿌옇고 다리는 후들후들, 거센 바람은 오르막을 더욱 애먹이게 한다. 바람을 가르며 간신히 전망대에 올라서니 널따란 데크 한가운데에 둥그스름한 정상석(바래봉1165km)이 서있다. 여전히 시야는 안개로 희미하고 세찬 바람에 모자가 훌러덩 벗겨진다.

모자를 단단히 잡고 서둘러 내려오는데 안개에 싸인 허허벌판은 역시 휑한 모습이다. 무슨 연유로 이런 높은 봉우리가 나무하나 없이 허허벌판을 이루고 있는 걸까... 이윽고 다시 삼거리에 되돌아오니 휴우~ 마음이 편안해지고 발걸음이 가벼워진다.

돌블럭으로 정비된 길을 따라 철쭉이 화사하게 피어있고 가도가도 돌블럭길이 이어지니 산길치고는 참으로 정비가 잘 되어있다는 생각이 든다. 너무나 튼튼하게 정비되어 산길이 아니고 오히려 차가 다닐 수 있도록 만든 차도라는 생각이 든다. 국립공원이라서 이렇게 신경을 쓴 걸까...? 이렇게 지그재그 길을 따라 4km 정도를 주구장창 걷고 또 걷고...

이윽고 바래봉 탐방로 입구를 지나니 저멀리 마을이 보이기 시작한다. 바둑판처럼 반듯한 평야가 안개 속에 끝없이 펼쳐지고 길을 따라 푸른 초원이 쉼없이 이어진다. 초원을 따라 한동안 내려오니 알림판이 서있고 이곳은 가축유전자원을 관리보존하는 국가기관으로 출입금지구역... 음~ 그래서 이렇게...

곧이어 숲길을 따라 부지런히 내려가고... 점점 가까이 들리는 스님들의 불경소리 목탁소리... 이윽고 울긋불긋 연등이 이어지더니 운지사가 보인다.

목탁소리를 들으며 아래로아래로 내려가고 오른쪽으로는 철조망이 쳐진 식물원이 쭉~ 이어진다. 시끌시끌 노점상을 지나 널찍한 주차장에 도착하니 여전히 하얀 안개로 시야는 말이 없다.

황매산

2018년 05월 13일 060

유래 옛 우리말의 느른(黃) 뫼(山)(느른 평지의 의미)가 한자 순화운동으로 '황매(黃梅)'에 '산'자를 붙여 황매산이 되었다는 설이 있다.

황매산은 봄이면 철쭉이 지천으로 피어있다는데 왜 철쭉산이 아니고 황매산일까? 그렇다면 황매는 황매화가 아닌가보다.

암튼 황매화가 떠오르는 산에 철쭉꽃을 보기 위해 서두르고 4시간 후쯤 산청에 도착한다. 황매산터널 앞 임시주차장에 내리니 바람 한점없는 쾌청한 날씨가 고맙기 만하다. 어제까지만 해도 비가 내려 지난주 바래봉에서처럼 안개에 싸인 철쭉을 보게 되는 건 아닌지 조마조마 했는데 얼마나 다행인지…

곧바로 연결되는 산입구는 뽀송뽀송 흙길이 이어지고 점점 경사가 가팔라진다. 깊게 숨을 쉬며 나무계단도 오르고 진흙길도 오르는 동안 하나둘 철쭉꽃이 보이기 시작한다. 아직은 본격적인 군락이 아닌지 바래봉처럼 진붉은 색도 아니고 꽃봉오리들도 틈이 벌어져 엉성하다.

잠시후 팻말(너백이쉼터 0.4km)을 지나 강렬한 햇볕에 습한 기운으로 콧잔등에 땀이 배지만 반갑게도 제법 철쭉이 줄지어있다. 이윽고 꽃들과 함께 인고의 언덕을 올라서니 휴우~ 점점 하늘이 열리기 시작한다. 이제 길가에는 철쭉이 지천이고 저 앞에 산객들이 몰려있는 쉼터(너백이)가 보인다.

완만한 능선을 따라 하늘이 뻥~뚫리고 주변은 온통 붉은 철쭉으로 몽실몽실… 널따란 공터는 붉은 꽃들이 솜사탕처럼 부드럽게 감싸고 한켠에 팻말(정상1.6km)이 서있다. 여기, 저기, 어디를 봐도 온통 붉은 빛… 어느새 붉은 꽃밭에 동화되고 저멀리 파란 하늘과 시원스런 능선에 힘들게 올랐던 땀방울이 말끔히 사라진다.

이제 숲길이 이어지고 팻말(정상1.1km)을 지나니 산객들이 나무그늘에서 옹기종기 점심식사를 하고 있다. 잠시 그들 틈에서 간식을 먹고 정상0.9km지점을 지나니 처음으로 커다란 바위가 보이고 시원한 숲길이 이어진다. 이어 하늘이 열리더니 다시 철쭉이 보이기 시작한다. 저멀리 봉긋이 솟은 봉우리를 향해 산객들이 꿈틀꿈틀… 그들을 따라 철쭉 핀 오르막을 꾸역꾸역 오르고… 꽃들을 위로삼아 드디어 능선에 올라선다.

　꽃들과 함께 드디어 능선에 올라서니 탁트인 시야… 널따란 공간에는 산객들로 인산인해… 암봉(정상1,113m)에는 산객들이 다닥다닥 붙어 인봉을 이룬다. 아슬아슬 높다란 암봉… 감히 사진찍을 엄두도 못 낼만큼 북적한 암봉은 발디딜 틈도 없이 위험한 상태다. 이런 상황에 아무런 돌발사태가 발생하지 않는 것이 그저 신기할 따름이다. 정상석을 밑의 평평한 곳에 옮긴다면 좀더 안전할 텐데…

　정상석을 아래서만 지켜보다 다음 행선지로… 저멀리 광활한 벌판이 시원스레 펼쳐지고 드넓은 공간에 눈이 휘둥그레… 너덜내리막은 몰려든 산객들로 정체가 될 정도이고 줄을 서서 차례로 내려간다. 뾰족뾰족 이어지는 암릉 사이로 파아란 하늘과 시원스런 경치.. 곧이어 나무그늘 아래로 데크계단이 이어지고 천천히 아래로 내려간다.

　계단을 내려서자 나무그늘은 사라지고 광활한 평원에 쨍쨍한 햇볕이 강렬하다. 그리고 끝없이 펼쳐지는 붉은 철쭉… 꽃들 사이사이로 기차길처럼 구불구불 이어지는 데크계단… 크레파스로 쓱쓱 칠한 듯한 여러 갈래의 하얀 길… 개미떼처럼 길따라 어디론가 속속 사라지는 산객들… 어떻게 이런 높은 봉우리에 이토록 광활한 평원이 있을 수 있는지… 대규모 목장지대인가 아니면 화산분지인가…

　암튼 데크계단을 따라 한마리 개미가 되어 개미떼에 합류하고 갈수록 붉은 철쭉이 물밀듯 밀려오니 눈을 어디에 두어야할지… 가까이 다가가니 밀집되어 있는 꽃은 약간 밝은 빛을 띠어 분홍빛이고 진달래와 흡사하다. 그러고보니 여기 황매산 철쭉은 분홍빛이고 바래봉은 짙붉은 빛이다. 길고긴 데크길을 따라 꽃들에 묻혀 이리저리 숨바꼭질을 하고 모르는 사이 어느덧 데크길을 벗어난다.

　이제 하얀 흙길을 따라 다음 행선지로 발걸음을 옮기고 햇볕이 쨍쨍 내리쬐는 길목에는 벌써 아이스바를 파는 노점상이 보인다. 곧이어 오르막을 따라 산불감시초소 쪽으로 올라가고 점점 숨이 차오른다. 쨍쨍한 햇볕에 그늘 한점없는 오르막은 거의 파김치 상태가 되고 그나마 철쭉꽃들과 시원스런 시야로 힘을 얻는다. 이윽고 능선에 올라서니 저멀리 파아란 하늘과 맞닿은 고개에 산객들이 몰려있다. 가까이 다다르니 자그마한 초소에 팻말(모산재2.1km)이 서있고 저멀리 시야가 탁트인다.

드넓은 평원을 바라보며 시멘트 계단을 따라 또다른 철쭉군락이 펼쳐진다. 이번에는 보랏빛을 띤 철쭉이 신비롭게 일렁이고 이전과 또다른 느낌에 시선이 고정된다. 평지에 내려서니 널따란 공간에 하얀 대리석(제단)이 덩그러니 놓여있고 이곳에서 해마다 철쭉제를 올린단다.

서둘러 모산재 쪽으로... 요리조리 미로같은 꽃길을 따라 정신없이 오르다보니 앞에 태극기가 펄럭이고 주변은 아직까지도 철쭉이 지천이다. 잠깐 물을 마신 후 내려가는데 이제 점점 철쭉꽃은 사라지고 푸른 나무들이 즐비하게 이어진다. 시원한 숲길은 한동안 계속되다 갑자기 산객들이 북적북적... 팻말(모산재0.4km)이 보인다. 앞에는 가파른 오르막이 기다리고 지친 산객들은 기운을 충전하고 있다.

에너지바를 오물거리며 천천히 오르기 시작, 지친 상태에서 오르막이라니... 숨도 헐떡헐떡.. 다리도 후들후들... 천근만근 오늘산행 중 젤 힘들게 느껴진다. 능선만을 바라며 오르고 또 오르고... 휴우~ 드디어 능선에 오르니 팻말(모산재0.1km)이 보이고 잠시후 하늘이 열리기 시작한다.

곧이어 널따란 바위에는 산객들이 몰려있고 정상석(모산재)이 서있다. 뻥뚫린 하늘에는 솜구름이 둥실둥실... 맞은편 암릉에는 산객들이 줄지어 암벽을 오른다. 그 너머로 마을풍경과 능선들이 겹겹이 이어지고 용이 꿈틀대듯 암릉이 역동적으로 움직인다. 깨알같은 산객들은 개미처럼 꿈틀꿈틀... 암릉은 거대한 배처럼 둥실둥실...

이제 밧줄에 의지해 비탈을 내려가니 숲길이 나온다. 잠시후 다시 하늘이 열리며 눈앞에 펼쳐지는 하얀 암릉... 평평한 암반위에 웅장하게 솟아있는 바위들... 바위들 사이로 좀전의 암릉(맞은편)들이 더 가까이 보인다. 직각으로 치솟은 철계단은 보기만 해도 아찔하고 낭떠러지 사이로 강과 마을이 그림같이 펼쳐진다. 탁트인 시야에 어디선가 웅장한 음악이 들리는 듯하고 찬란한 햇빛에 파아란 하늘이 가슴 벅차다. 수려한 풍경에 아름다운 날씨... 이만하면 금상첨화가 따로 없으리라.

아쉬운 발길을 재촉하며 암릉을 내려오고 이제 덕만주차장 쪽으로 내려가기 시작한다. 한동안 완만한 숲길이 이어지더니 계곡을 지나 다리가 나온다. 곧이어 공원처럼 널따란 공간에 몇몇 편의시설이 보이고 이제 도로를 따라 부지런히 내려간다. 등산로 입구를 지나 휴우~ 드디어 저기 널따란 주차장에는 산객과 차들로 빼곡... 새삼 황매산의 인기를 실감한다.

조령산

2018년 05월 20일 061

유래 조령(鳥嶺)은 '새재'로 새들이 넘나드는 통로, 새도 쉬어가는 고개란 뜻이 있으며 문경새재라고 부르게 된 것은 영남사람들이 이 고개를 넘어 서울로 가는 국도였기 때문이다.

조령산은 새의 고개... 새가 고개를 넘을 정도면 고개가 아주 높다는 얘긴가? 산행 내내 고개를 오르락내리락 파김치가 되는 건 아닌지...

이른 아침 서둘러 2시간 후쯤 문경에 도착한다. 요 며칠 비가 오다 어제부터 쾌청하니 한결 마음이 가벼워진다. 썬그라스에 모자를 쓰고 아스팔트를 따라 터널(백두대간 이화령)을 통과하니 가까이 팔각정(이화정)이 나온다. 곧이어 뒤쪽으로 산입구...

가녀린 연두빛 나뭇잎들이 어느새 무성하게 자라 초록빛 시원한 그늘을 만들고 살랑살랑 부는 바람은 상쾌함을 더한다. 지그재그 완만한 숲길 따라 팻말(조령산1760m)을 지나고 얼마후 빙둘러 폐타이어 담장이 이어진다. 담장 위 넓은 공간에는 풀이 무성하고 아마도 헬기장인가보다.

빼곡한 숲길을 따라 잠시후 데크길이 이어지더니 졸졸졸 샘물(조령샘)이 흐른다. 물을 마신후 천천히 발걸음을 옮기는데 하나둘 하얀꽃(?)이 보인다. 곧이어 빼곡한 나무들 사이로 데크계단이 꽤 길게 이어지고 중간중간 서너번 쉬고서야 위에 올라선다. 그런데 갑자기 나무가 사라지고 하늘이 뻥 뚫리며 널따란 헬기장(조령산460m)이 펼쳐진다. 파란하늘에 흰구름이 역동적이고 널따란 공간에 햇살이 하얗게 부서지고 있다.

햇빛을 등지며 다시 숲속으로 들어가니 와아~ 빼곡한 잣나무숲에 갑자기 원시림에 들어온 듯하고 우람하게 쭉쭉뻗은 나무들이 대견스럽다. 이어 지그재그 완만한 숲길 따라 데크계단도 수월하게 올라선다.

그런데 널따란 공터 여기저기 산객들이 점심을 먹고 뜻밖에도 앞쪽에 정상석(조령산1,017m)이... 어느새 슬그머니 정상에 도착하다니... 마치 선물받은 기분이다. 정상석에는 새도 쉬어가는 조령산이라고 쓰여 있지만 쉬어가는 새는 한마리도 보이지 않는다.

두발로 오르기도 이렇게 수월한데 날아다니는 새가 왜 여기서 쉬어가는지... 파란하늘이 시원스럽고 나뭇잎 사이로 하얀 암릉들이 꿈틀꿈틀 생동감이 넘친다. 특히 가까이 암봉(신선암)은 봉우리 전체가 웅장하다.

이제 신선암 쪽으로... 완만한 숲길을 따라 데크계단이 주구장창 이어지고 고맙게도 시원한 그늘에 나뭇잎들이 눈을 상쾌하게 한다. 가볍게 계단을 내려서니 철늦은 철쭉이 반갑고 이제는 가파른 비탈을 오른다. 이어 갈림길(직진 신선암봉, 오른쪽 마당바위)에서 직진하여 산허리를 돌아나오니 갑자기 하늘이 열리고 내리막 데크계단이 이어진다. 저멀리 능선에 둘러싸인 마을과 하얀 신선암봉이 그림같고 신록으로 가득찬 대지는 푸른 생명력이 가득하다. 싱그런 나무들을 바라보며 계단을 내려서니 삼거리에 팻말(직진 신선암봉, 오른쪽 마당바위)이 서있다.

직진하여 비탈길을 밧줄을 당기며 오르니 아슬아슬한 암벽 위로 튼튼한 데크계단이 이어진다. 계단을 오를수록 점점 시야가 트이기 시작, 저멀리 마을풍경이 망망대해의 배처럼 작아 보이고 첩첩한 능선들은 끝없이 파란 하늘과 만난다.

신록에 감탄하며 계단을 올라서니 뜻밖에 고래등같은 바위에 굵은 밧줄이 내려와 있는 게 아닌가... 이 높다란 암벽을 밧줄 하나로 올라가야하다니... 두려움에 밧줄을 힘껏 잡고 단단히 발을 내딛는다. 막상 오르기 시작하니 두려움이 좀 가시며 점점 하늘이 가까이 다가오고 집채만 한 바위가 손에 닿는다. 곧이어 또다시 밧줄이 내려와 있고 이번에는 더 널따란 바위에 가까스로 올라선다. 그리고 두리번두리번... 그런데 아무리 둘러봐도 정상석(신선암봉)은 보이지 않는다. 탁트인 시야에 경치는 아름답지만 아찔한 낭떠러지가 가슴을 서늘하게 한다.

이제 발길을 돌려 숲속으로 들어가고 잠시후 나뭇잎 사이로 하얗게 암벽이 드러난다. 암벽을 휘돌아 다시 밧줄이 내려와 있고 꼭대기에서는 웅성웅성... 힘껏 밧줄을 당기며 올라서니 고래등처럼 널따란 바위에는 산객들이 점심을 먹고 한쪽에 팻말(신선암봉)이 서있다. 그런데 아무리 둘러봐도 따로 정상석은 보이지 않는다. 사방의 시야는 트였지만 좀전의 암벽 전망대가 훨씬 더 멋지다.

잠깐 간식을 먹은 후 이제 숲길을 따라 튼튼한 계단을 내려가고 내내 이어지는 짙은 녹음은 길고긴 계단을 수월하게 한다. 이어 작은 사거리에 다다르니 팻말(직진 깃대봉, 왼쪽 한섬지기, 오른쪽 문경새재 꾸구리바위)이 서있다.

그런데 맙소사~ 여기서 깃대봉 쪽으로 직진해야 되는데 오른쪽(꾸구리바위)으로 내려가는 황당한 실수를… 내려가는 내내(2시간 정도) 뼈저리게 고생한다. 만약 초행길이나 길눈이 어두운 산객들이 이 길로 내려간다면 그야말로 머리를 쥐어뜯고 싶으리라… 한마디로 거의 길이 보이지 않는다. 가끔씩 나뭇가지에 묶어놓은 리본 몇 개… 길을 표시하기 위해 쌓아놓은 작은 돌… 이게 전부다. 숨은 그림 찾기나 미로를 빠져나오는 것만큼이나 길찾기가 어려워 까딱하다 미아 되기 십상이다. 혹시 이 길로 내려간다면 무조건 계곡 쪽으로… 바라건대 가능한 이 길로 내려가지 말기를…

이제 황당한 꾸구리바위(오른쪽) 쪽으로… 거대한 암벽을 따라 낙엽쌓인 조릿대길을 내려가고… 갈수록 조릿대는 사라지고 낙엽과 돌들이 뒤섞인 비탈은 푹푹~ 발딛기가 불편하다. 울퉁불퉁… 아차하면 넘어질 것같은 너덜… 정신을 집중하며 아슬아슬… 이 길이 어서 끝나기를 바라며 왼쪽의 커다란 암벽을 벗어날 쯤 저 아래에서 물소리가 들리더니 이윽고 계곡이 나온다.

낙엽쌓인 계곡에는 등나무와 꺾어진 나뭇가지들이 서로 뒤엉켜 깨끗한 계곡의 이미지와는 정반대… 잠시동안은 이런 계곡을 바라만보며 내려가지만 얼마되지 않아 직접 건너야 되는 상황이 여러 번 반복된다. 낙엽이 물에 잠겨 있어 미끄럽고 징검다리도 없어 건너기가 애물단지 같다.

간신히 냇물을 건너자 이어지는 비탈언덕… 산객들이 오고간 흔적(발자국)이 거의 보이지 않으니 어디로 방향을 잡아야할지… 잠시 망설이다 오르락내리락… 어쩌다 나뭇가지에 묶인 리본이 발견되면 그나마 다행… 내려가다 보면 다시 망설이게 되는 상황이 온다. 계곡 따라 쭉~ 길이 있을 법도 한데 도통 길은 보이지 않고 계속 비탈과 위험한 계곡만 반복된다. 참으로 답답하고 답답한지고…

내려갈수록 계곡도 넓어지고 물도 많아지니 냇물 건너기가 위험하고 때로는 직접 징검다리를 만들고 건너야한다. 맙소사~ 이런 황당한 길을 만날 줄이야… 지금까지 이런 내리막길은 처음이다. 다행히 날씨도 좋고 계곡물도 어느 정도 빠졌기 망정이지 안 좋은 날씨거나 장마철이라면 위험하기 짝이 없는 길이다.

내려가고 또 내려가고… 여전히 길은 보이지 않고 계속 애가타고… 이렇게 애물단지 같은 길이 장장 2시간동안 이어지니 결국 모르는 사이 찔끔찔끔 눈물이 난다. 평탄한 길이라도 2시간은 쉽지 않은데 미로같은 황당한 길을 계속 이렇게 내려오니 저절로 눈물이 나고 허탈해진다.

　휴우~ 천신만고 끝에 드디어 숲길... 하얗게 쭉~ 이어지는 길이 이토록 반가울 수가... 나무와 풀들로 뒤덮인 길은 얼마나 인적이 드물면 길이 거의 보이지 않을 정도로 무성하게 자라있어 애써 그것들을 헤치며 내려가야 한다. 그래도 길이 보이니 다행...

　이렇게 정신없이 숲길을 헤치고 나오니 이게 웬일... 바로 앞에 홍수처럼 흐르고 있는 계곡물... 산 넘어 산이라더니 아직도 넘어야할 산이 버티고 있다. 이리저리 왔다갔다 아무리 징검다리를 찾지만 계곡의 돌들은 모두 물에 잠겨 조금의 곁도 주지 않는다. 할 수 없이 신발을 벗고 건널 수밖에... 조심조심 물에 들어가니 돌이 미끄럽기도 하고 물살에 뒤뚱뒤뚱 균형 잡기가 쉽지 않다. 거의 건널 무렵 고맙게도 지나가던 산객이 가방을 들어주어 그나마 한시름 놓고 건넌다. 그런데 이분도 좀전에 이 길로 내려왔는데 너무나 힘들어 쉬고 있는 중이라고...

　계곡물 덕분에 발은 자동으로 찬물 맛사지가 되고 이제야 마음 편히 임도를 따라 내려간다. 가벼운 발걸음은 어느덧 조령천을 지나 촬영장세트가 보이고 얼마되지 않아 조령1관문에 다다른다. 이어 문경새재 옛길보존비와 아리랑비가 이어지더니 휴우~ 드디어 차들로 빼곡한 주차장이 보인다.

대암산

2018년 05월 27일 062

유래 정상부가 큰 암석으로 이뤄져 있어 대암이란 이름이 붙었다고 하며 조선 영조 때 〈기묘장적〉〈인제읍지〉에 기록이 있다고 전한다.

대암산은 커다란 바위산? 얼마나 바위가 크면 이름까지 큰바위산이 되었을까... 한편 이산에는 용늪이라는 고층습원이 있는데 국내최초(1997년) 람사르 습지협약(1971년)으로 출입제한, 예약(산림청, 원주환경청, 문화재청 허가필수)을 해야 들어갈 수 있는 산이란다. 대체 바다가 아닌 산꼭대기에 늪지라니... 그 궁금증에 소풍날을 기다리는 꼬맹이처럼 손꼽아 기다리고...

이른 아침 서둘러 2시간 쯤 인제에 도착, 구불구불 도로를 따라 용늪안내소에 도착하니 인솔자 두분(선두, 후미)이 산입구까지 차로 안내한다. 탐방로 시점인 구름다리에 도착, 임시로 지어진 간이 화장실과 안내소가 있고 옆에는 팻말(용늪6.8km)이 서있다. 약간 구름 낀 하늘은 대체로 맑고 사방을 둘러싼 싱그런 나뭇잎들이 보기만 해도 시원스럽다.

허가증을 목에 걸고 계곡의 구름다리를 건너니 완만한 오르막이 이어진다. 푹신한 흙길은 썩은 낙엽이 가득하고 짙은 녹음에도 산나물이나 야생화가 지천으로 피어있다. 곰배령 길이 떠오르며 계곡의 우거진 나무 사이로 시원스레 물소리가 들려온다. 이윽고 빠끔히 계곡모습이 보이더니 가로질러 출렁다리가 나온다.

출렁출렁~ 좀 무섭긴 하지만 천천히 다리를 건너자 원시림은 점점 더 짙어지고 길가에는 물기가 질척질척... 가끔씩 도랑같은 냇물도 건너고 주변에는 야생화나 약초들이 지천으로 널려 있다. 꽃을 벗삼아 주구장창 오르고... 어느덧 어주구리 안내판(용늪 2.4km)이 보인다. 잠시후 나무로 된 대문이 나오는데 빗장까지 있는 것을 보면 개방시간 외에는 문을 잠가놓는 것같다.

문을 통과하니 길은 퇴적된 나뭇잎들로 푹신푹신~ 아예 흙은 보이지도 않을 정도이고 온갖 약초들이 뾰죽뾰죽 고개를 내밀고 있다. 운이 좋으면 정말 산삼이라도 만날 것처럼 온갖 약초 향이 진동한다. 이어 팻말(용늪1.7km)을 지나 몇 번 도랑을 건너는 사이 철늦은 철쭉꽃이 가끔씩 눈에 띈다. 그쯤에서 질척질척 습길이 나오는데 커다란 돌들로 징검다리가 놓여있다. 얼마되지 않아 활짝 핀 철쭉이 군락을 이루며 화사한 꽃길을 만들고 곧이어 넓은 돌블럭길이 나온다. 이런 산꼭대기에 이렇게 잘 정비된 길이 나오다니… 마치 바래봉 하산길처럼 튼튼한 임도가 이어진다. 블럭길을 따라 길옆에 약수터가 있고 저기 산객들이 웅성웅성 몰려있다.

　용늪 가까이 출입제한 안내판이 보이고 데크길이 습지 쪽으로 쭉~ 이어지고 있다. 여기부터는 해설사의 안내에 따라 한번에 일정인원(20명씩)만 들어갈 수 있고 선두가 나간 후 후미가 들어가는 식으로 운영된다. 입구 앞은 높다란 둑길로 가려져 그 너머에 무엇이 있는지 보이지 않고 뒤쪽으로 산봉우리만 봉긋이 솟아있다. 아마도 둑과 산봉우리 사이에 용늪이 있는 것 같은데… 궁금증이 한층 더 고조된다.

　이제 팀을 이루어 데크길을 따라 안쪽으로 들어가기 시작하고 길 양쪽으로 여전히 야생화와 약초들이 지천이다. 용늪안내판(생물1,180종)을 지나 이윽고 전망대가 가까이 다가오고 드디어 눈앞에 펼쳐지는 광경… 에계~ 이게 뭐지? 그저 지극히 평범하고 잡풀들이 무성한 좀 널따란 농지 정도… 이곳이 천여 종이 넘는 생물과 오천년 넘게 퇴적된 습지라니… 보기에는 그냥 농사를 지을 수 없는 땅을 방치해 잡초들이 무성한 허허벌판 정도… 터무니없이 너무 어마어마한 공간을 상상했나보다.

　곧이어 데크길을 따라 습지 안으로 들어가니 질척한 습지의 이름모를 생물들이 발소리에 놀라 잠을 깬다. 살금살금 다가가 자세히 살펴보지만 이렇게 많은 생물 중 막상 정확하게 아는 것은 거의 전무하다시피… 초록은 잎이요, 울긋불긋 고운 것은 꽃이라. 꿈틀꿈틀 움직이는 것은 생물이요, 졸졸졸 흐르는 것은 물이라. 이중 특이하게 눈에 띄는 것은 이탄층이라는 것인데 썩지 않은 이물질이 수천년 동안 퇴적되어 엠보싱처럼 올록~볼록~ 그 위에 부추처럼 가느다란 풀이 뭉텅이로 자라 마치 볏단을 묶어놓은 듯하다. 멀리서 바라보면 마치 올록볼록 양탄자를 깔아놓은 듯 푹신해 보인다. 한편 깊은 수렁에서는 미꾸라지가 나올 것같고 졸졸졸 흐르는 도랑에서는 가재나 송사리가 살고 있을 것같다. 데크길이 끝나갈 무렵까지 알 수 있는 것은 단지 가끔씩 철쭉꽃은 보이지만 용은 보이지 않는다는 것. 부디 끝없이 이어져온 신비의 늪이 잘 보존되기를…

이제 천천히 데크계단을 올라 늪지대에서 멀어져가고 이윽고 빗장이 있는 대문을 빠져나온다. 공터에는 산객들이 팀원들을 기다리고 한쪽에는 조그만 관리소가 보인다. 이제 정상 쪽으로… 철조망으로 이어지는 '지뢰' '미확인 지뢰'라는 표지판은 숲을 불안과 공포에 휩싸이게 하고 숨쉬기조차 조심스러워진다. 머릿속에는 수많은 필름들이 지나가고 길가에는 연이어 말뚝에 줄을 연결하는 작업이 진행 중이다.

어느덧 장사바위를 지나 언덕에 올라서니 나뭇잎 사이로 저멀리 암봉이 보인다. 정상에 대한 기대로 발걸음이 가벼워지고 퇴적된 낙엽을 헤치며 숨가쁘게 오른다. 그런데 막상 정상석은 보이지 않고 산객들과 팻말만 덩그러니… 정상은 암벽을 타고 좀더 올라야 된다고…

암벽은 오를수록 안전장치가 되어 있지 않아 발디딜 곳도 마땅치 않고 위태위태… 혼자서는 도저히 오르기가 힘들다. 서로 밀고 당기며 조심조심… 이윽고 두려움을 누른 채 간신히 위에 오르니 이것이 무슨 상황…? 정상석은 보이지 않고 16절 코팅지(대암산 1,316m)가 바위틈에 끼워져 있다. 탁트인 시야… 푸른하늘… 기암괴석… 주변의 전망은 수려하게 펼쳐지지만 바위가 위태롭고 무섭다. 벌써부터 내려갈 일이 걱정되고 풍경이 편안히 눈에 들어오지 않는다. 도움을 받아 간신히 바위를 내려오고… 평평한 곳에 내려서자 이제야 바위 모습을 뒤돌아본다. 기세등등한 바위가 멋져 보이지만 너무 무서워 움찔하다. 암봉이 이렇게 거대하여 대암산인가…? 암튼 암봉 중 젤 위험하게 올랐던 것같다.

이제 탐방안내소까지는 4km, 완만한 내리막을 따라 꽃들과 함께 내려오고 숲길은 오전의 오르막길과 비슷한 느낌이다. 단지 하산길이니 마음이 한결 가볍다는 것. 무사히 탐방안내소에 원점회귀, 여전히 쨍쨍한 햇볕~ 서둘러 시원한 계곡에 발을 담근다.

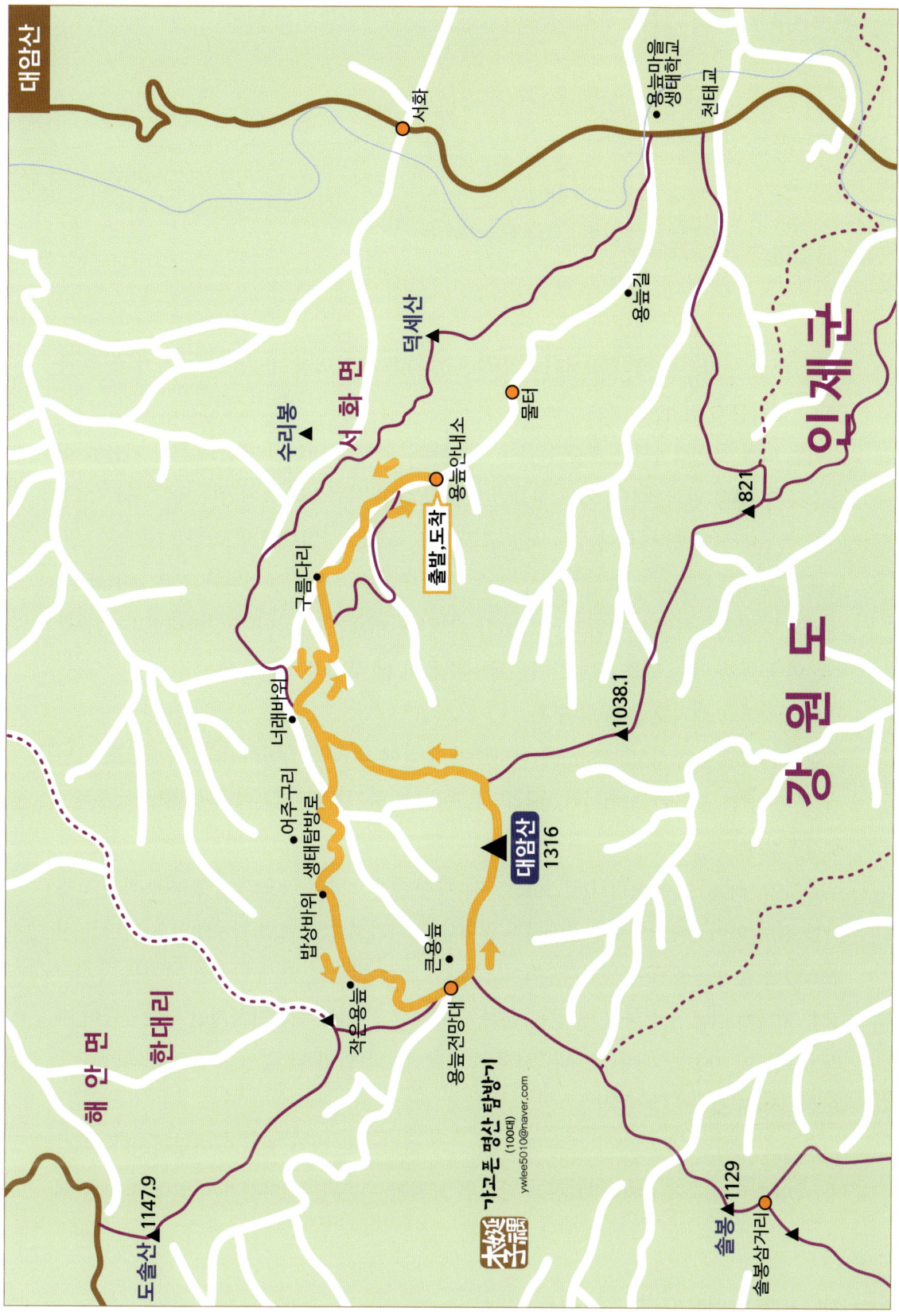

 **두타산**
2018년 06월 03일 063

유래 속세의 번뇌를 떨치고 불도수행을 닦는다는 뜻에서 유래.

두타산은 머리를 때려 잡념이나 안좋은 생각을 떨쳐버려 이곳이 수도하기 좋은 산이라는 뜻인가?

이른 아침 서둘러 4시간 후쯤 삼척에 도착한다. 차에서 내리니 제법 후끈한 기온에 짙은 녹음이 이제 완연한 여름이고 싱그런 나뭇잎 향이 시원스레 스쳐간다. 아스팔트 도로가에 백두대간(댓재) 비석이 우뚝 서있고 도로 안쪽으로 산입구가 바로 나온다.

팻말(두타산 6.1km)과 산불조심 현수막을 지나 숲속으로 들어가니 짙은 녹음에 야생초들이 청춘들처럼 발랄하고 싱그럽다. 그런데 이렇게 숲길이 뚜렷한데도 중간중간 리본이 묶여져 있는 것을 보면 한여름에는 수풀이 더 무성하고 겨울에는 수북이 쌓인 눈으로 길찾기가 쉽지 않은 모양이다.

잠시후 햇댓등(두타산5.7km)에 다다르니 뜻밖에 내리막이 이어진다. 하산길도 아닌데...? 어쩐지 불안한 느낌이다. 내리막은 여전히 중간중간 리본이 묶여져있고 수풀이 우거져있다.

곧이어 내리막이 멈추더니(5.2km) 이제 가파른 오르막이 나오려나 했는데 의외로 평탄한 길이 이어진다. 게다가 얼마되지 않아 여기저기 아름들이 소나무들이 나타나고 자연스럽게 늘어진 모습이 멋지다. 이어(3.9km) 굵은 밧줄길 따라 가끔씩 보이는 능선이 강한 햇볕에 이글이글 타고 있다. 다행히 습도가 높지 않아 견딜만하지만 나뭇잎들이 따가운 햇볕에 미동도 하지 않는다. 이제 오래된 소나무들이 더 많이 보이고 기괴한 모습으로 늘어진 것들도 눈에 띈다.

여전히 평탄한 길을 따라 통골재(2.1km)에 다다르자 점점 경사가 가팔라진다. 게다가 낙엽까지 수북이 쌓여 미끄럽고 잠시후 묘지가 나온다. 어디선가 라일락 향이 짙게 풍겨오더니 길 왼쪽으로 제법 넓게 라일락 군락이 펼쳐진다. 코끝을 스치는 향은 무거운 발걸음을 가볍게 하고 마음을 설레게 한다. 그 어떤 향수가 이토록 오묘할 수 있을까...

이제 점점 커다란 나무들이 사라지고 슬며시 스며드는 햇볕... 여기저기 붉은 은방울 꽃들이 흩어져있고 목장길처럼 연이어 통나무 울타리가 이어진다. 잠시후 널따란 공간에는 산객들이 분주하고 한쪽에 정상석이 우뚝 서있다. 한자로 된 정상석 글씨가 특이하게도 하얀색으로 굵게 음각되어 있다. 눈부신 햇살아래 파아란 하늘과 끝없이 이어지는 능선들... 잠시 숨을 돌리며 간단히 식사를 한다.

이제 발길을 돌려 무릉계곡(6.1km) 쪽으로... 평탄한 숲길 따라 웅장한 능선들이 점점더 가까이 보이고 따가운 햇볕이 날카롭게 나뭇잎을 뚫는다. 그 빛에 쫓겨 한동안 정신없이 수풀길을 헤쳐가고... 이윽고 팻말(조난사고 다발지역)이 나온다.

아마도 이곳부터는 내리막이 험한듯하니 약간 긴장이 된다. 곧이어 기괴한 모양의 바위가 우뚝 솟아있고 아래로 너덜내리막이 이어진다. 가끔씩 밧줄을 잡기도 하고 바위를 타며 조심조심 내려온다. 이렇게 애먹이는 바위지대가 대여섯번 반복되더니 이윽고 대궐터 삼거리(두타산2.2km)에 다다른다.

휴우~ 이제는 너덜길이 끝나고 평탄한 숲길에 각양각색 오래된 소나무가 길동무가 되어준다. 얼마후 이런 솔밭길은 점점 참나무들로 바뀌고 어느 순간 저 밑으로 낙엽이 수북이 쌓인 계곡이 보인다. 이제 계곡이 보이니 거의 다 내려온 것인가... 가까스로 아래 계곡으로 내려오니 팻말(깔딱고개입구)이 서있고 무릉계곡관리사무소가 아직도 2.6km나 된다.

마음이 급해지며 계곡을 건너 발걸음을 서두르고... 잠시후 두타산성 팻말을 지나 한참을 직진하니 산성12폭포를 가리키는 팻말이 나온다. 시간상 폭포는 다음을 기약하고 계속 직진... 이윽고 하늘이 뻥~뚫리더니 아찔한 낭떠러지 길이 이어진다.

시퍼런 골짜기 맞은편에는 거대한 암릉이 병풍을 펼치듯 이어지고 빼곡한 삼림은 숨이 멈출 듯 퍼렇고 투명하다. 낭떠러지의 퍼런 기운을 따라 조심조심 내려가니 널따란 바위에 돌탑이 우뚝 솟아있다. 두타산성(무릉계곡관리사무소 2.1km), 바위로 둘러싸인 주변은 시야가 뻥~뚫리고 특히 맞은편에 보이는 암릉이 아찔하고 웅장하게 펼쳐진다.

서둘러 가파른 비탈을 내려가고... 얼마후 계곡이 보이더니 가로질러 다리가 나온다. 다리 위에서 펼쳐지는 계곡은 한폭의 그림같고 특히 기묘한 바위들이 맑은 물과 어우러진 모습은 과연 무릉계곡이라... 하지만 시간상 오래 머물지 못하고 다음을 기약하며 이내 발걸음을 서두른다.

  계곡을 따라 마음이 급해지고 어느덧 연등행렬 속에 사찰(삼화사)의 뒷모습이 보인다. 곧이어 사찰 앞마당을 지나 다시 계곡이 보이고 저멀리 다리가 나온다. 여전히 아름다운 계곡에서는 시원스레 물놀이 광경이 펼쳐지고 발걸음은 빨라진다. 하지만 일주문을 통과하자 약속시간은 지나가고 급한 마음에 다리가 후들거린다. 이제 뛰기 시작... 숨을 헐떡이며 다리를 건너니 휴우~ 드디어 저기 널따란 주차장이 보인다. 늦어서 미안한 마음과 기다려줘서 고마운 마음에 심장이 두근거린다.

운장산

2018년 06월 10일 064

유래 서봉의 오성대에서 은거하던 조선 중종 때의 성리학자 운장 송익필의 이름에서 유래하였다고 전해지며, 19세기 중엽까지는 주줄산으로 불렀다.

운장산은 구름이 장사진을 이루고 있다는 것일까? 일기예보에 토요일 월요일에는 비, 일요일에는 갬, 날씨가 얼마나 고마운지...

이른 아침 서둘러 4시간 후쯤 완주에 도착한다. 구불구불 산속으로 차가 올라가고 울렁울렁 멀미가 날쯤 주차장에 다다른다. 푸른 나무들로 빼곡히 둘러싸인 한쪽 구석에는 피암목재 팻말(운장산2.2km)이 서있고 곧바로 울창한 산입구가 시작된다.

통나무로 된 계단을 숨차게 올라서니 부드러운 흙길이 짙은 녹음과 함께 이어진다. 가끔씩 나뭇가지에 리본이 묶여있고 거의 오솔길에 가까운 길은 어느덧 저멀리 마을이 보이기 시작한다.

조그만 쉼터에 이르자 비단길은 너덜길로 바뀌고 중간중간 밧줄이 이어진다. 얼마후 숨을 헉헉대며 커다란 바위를 돌아나오니 나무들 사이로 능선이 보인다. 소나무 숲을 지나 빼곡한 산죽길이 이어지고 얼마후 이런 깊은 산속임에도 봉분없는 묘비가 주인을 기다리고 있다. 가까이 산객들 웅성임 소리가 들리고 잠시후 널따란 공간에는 산객들이 주춤주춤 서성이고 있다. 팻말(운장대1.2km) 뒤쪽으로는 까마득한 급경사 계단이 기다리고...

잠깐 물을 마신후 천천히 통나무계단을 오르기 시작, 막상 급경사치고는 오르기가 수월한 편이다. 숨차게 계단을 올라서니 산죽이 쭉쭉뻗어 대나무 숲처럼 우거지고 밧줄길이 이어진다. 밧줄을 당기며 비탈을 올라가고(서봉0.1km) 이제 조금씩 나무들이 사라지며 하늘이 훤해진다. 이윽고 고개에 올라서자 탁트인 시야에 드넓은 하늘이 시원스럽다.

오른쪽으로 커다란 암봉이 솟아있고 산객들 웅성임 소리가 들린다. 서둘러 가까이 올라서니 널따란 바위에는 산객들이 점심을 먹고 가운데쯤에 네모 길쭉한 기둥(칠성대)이 서있다. 그럼 서봉은? 알고보니 칠성대가 서봉... 저멀리 봉우리(오성대)에 살포시 앉아 있는 산객들은 신선같고 파아란 하늘의 흰구름은 신령같다. 능선들에 둘러싸인 마을은 상어떼가 헤엄치듯 희긋희긋, 주변풍경은 방향 따라 변화무쌍하다. 이곳의 경치가 이렇듯 아름다운데 정상은 얼마나 더 아름다울까...

기대에 부풀어 정상 쪽으로 발걸음을 서두르고 숲길을 따라 왼쪽으로 커다란 바위(상여바위)가 솟아있다. 잠시후 초록색 철책으로 둘러싸인 기지국이 보이더니 뒤쪽으로 널따란 공터가 나온다. 돌무더기 위에 정상석(운장산1126m)이 보이고 나무로 에워싼 공간은 앞쪽만 트인 채 빙둘러 나머지는 답답하다.

서봉에서의 기대는 아쉬움으로 바뀌고 이제 슬슬 동봉 쪽으로 내려가기 시작한다. 울퉁불퉁 너덜길을 지나 꽤나 길게 데크계단이 내려가고... 이윽고 커다란 바위가 솟아있다.

코앞 가까이 보이는 거친 바위가 신기하고 그 틈에 앙증맞은 노란꽃들이 강인하다. 꽃들과 함께 계단을 올라서니 탁트이는 시야에 아련한 풍경들... 대문바위 사이로 보이는 마을풍경은 그림이 따로 없다. 높다란 별장에 올라선 듯 아찔한 낭떠러지... 그런데 정상석에는 동봉이 아닌 삼장봉이라 쓰여있다.

배낭 가득 맑은 공기를 담고 빼곡한 산죽길을 내려가고... 얼마후 삼거리(왼쪽 내처사동, 오른쪽 구봉산)에 다다른다.

왼쪽으로 산죽이 줄기차게 이어지고 녹음 짙은 내리막은 고맙게도 계속 완만하게 내려간다. 게다가 널찍한 통나무 계단은 내려가기 편안하고 중간에 쉼터도 나온다. 평탄한 길에 데크계단... 이렇듯 길이 수월하니 어느덧 내처사동0.6km 팻말에 이른다.

혹시 여기부터는 길이 험할까 싶은데 다행히도 쭉~ 완만하게 내려간다. 더구나 시원한 그늘까지 이어지니 여름산으로 안성마춤인 것같다. 이윽고 계곡을 가로지른 다리가 나오고 가재가 숨어있을 것같은 소박한 냇물이 흐른다.

다리를 건너 마을 쪽으로 내려가는 길에는 잡풀들이 무성히 자라고 띄엄띄엄 보이는 집들은 영락없는 두메산골 모습이다. 잠시후 송어횟집이 보이고 마당 주변에는 튼실한 닭들이 꼬꼬꼬~ 마음대로 활보하고...

곧이어 버스 정류장에 다다르니 3시 차는 이미 떠나고 4시 40분 차를 기다린다. 이윽고 시간이 되어 시골도로를 시원스레 달리고 창밖으로 휙휙 지나가는 시골풍경이 정겹다. 잠시후 운일암, 반일암 계곡의 태고적 모습이 감탄을 자아내고 야트막한 냇물에서는 아낙네들이 다슬기를 잡으려 연거푸 허리를 구부렸다 폈다... 도로옆 마을들은 드라마 세트장처럼 아기자기 조그맣게 보이고 어느덧 구봉산 주차장에 도착한다. 버스에서 내리니 서울로 올라갈 차가 산객들을 기다리고 구봉산에서 내려오는 지친 일행들이 하나둘 도착하고 있다.

치악산

2018년 06월 17일 065

유래 옛이름은 단풍이 많다하여 적악산, 그러다가 뱀에게서 꿩을 구해준 나그네가 위험에 처하자 그 꿩이 은혜를 갚아 목숨을 건졌다는 전설에 따라 치악산으로 바뀌었다고 함.

치악산은 까치가 떠오르고 '악'자가 들어가니 바위가 울퉁불퉁 험악할 것같다. 내심 걱정이 되지만 험한 길(사다리병창길)을 피해 쉬운 길로 간다니 다행이고 얼마 전 다녀온 두타산보다 수월하단다. 이름도 희귀한 사다리병창길은 듣기만 해도 무시무시, 마치 군인들이 훈련하는 힘든 코스처럼 느껴진다(*사다리병창길: 구룡사 쪽에서 비로봉을 오르다보면 장장 2.7km 정도의 가파른 오르막 계단이 정상까지 이어지는데, 산중턱의 바위들이 사다리 모양처럼 세워져있다 하여 사다리이고 병창은 벼랑을 뜻하는 강원도 사투리, 고로 사다리처럼 위태롭게 세워져있는 벼랑길)

이른 아침 서둘러 2시간 후쯤 원주에 도착한다. 부곡리 마을회관 앞에서 햇볕이 내리쬐는 도로를 따라 마을 안쪽으로 들어간다. 마을은 낡은 시골집들과는 대조적으로 금방이라도 도시의 별장이 튀어나온 듯 예쁘게 지어진 전원주택들이 꽤나 눈에 띈다. 집 주위에는 들꽃들이 만발하여 그림책의 동화를 연상시키고 잠시 동심에 젖어본다. 길 양쪽으로는 까맣게 천막을 친 인삼밭이 길게 늘어서 있고 모내기한 논에서는 벼들이 가지런히 자라고 있다. 비닐하우스 안팎에서는 농작물들이 무럭무럭 자라고 동네어귀 수호나무에는 황새인지 두루미인지 하얀날개를 연신 날개 짓한다.

부곡탐방지원센터에 도착, 일주문을 지나 삼거리(왼쪽은 곧은재, 오른쪽은 비로봉)에 다다르니 오른쪽으로 큰무레골 탐방로 입구에 오르막 계단이 이어진다. 계단을 벗어나 푹신한 흙길 위로는 쭉쭉뻗은 나무들이 짙은 녹음을 이루고 길가에는 야생초들이 무성하게 자라고 있다.

계곡의 다리를 건너 완만하게 보호줄을 따라 팻말(비로봉3.6km)에 이르자 가파른 오르막계단이 치솟아있다. 가쁘게 숨을 몰아쉬며 계단을 오르고... 위에 올라서니 여전히 무성한 나무그늘에 부드러운 흙이 밟힌다. 이어 반복하며 주구장창 계단이 이어지고 다리는 천근만근, 콧잔등에 땀이 맺히고 숨은 헐떡헐떡... 후들거리는 다리를 이끌며 간신히 위에 올라서니 드디어 훤하게 햇빛이 들어온다. 데크전망대에는 멍석이 깔려있고 천사봉 이름표에는 하늘에 있는 천사가 아니고 숫자1004m가 쓰여있다. 저멀리 정상에는 도깨비 뿔처럼 뾰족하게 돌탑이 솟아있고 정상의 모습이 마치 액자에 담겨있는 풍경화처럼 그쪽만 빠끔히 뚫려있다(정상2.6km)

능선길을 따라 참나무가 우거진 오솔길은 낙엽으로 푹신하고 길 양쪽으로는 푸른 산죽이 빼곡히 이어진다. 흙이 보이지 않을 만큼 두텁게 쌓인 낙엽은 오지라는 생각이 절로 든다. 헬기장을 지나 오랜만에 커다란 바위가 나오고 튼튼한 데크계단이 솟아있다. 위로 오를수록 하늘이 열리고 다시 널따란 헬기장에 다다르니 햇볕이 따갑게 내리쬔다. 정상에 가까울수록 도깨비 뿔은 높다란 돌탑으로 변하고 언덕비탈이 가파르게 이어진다.

이윽고 위에 올라서자 도깨비 뿔은 첨성대처럼 높다란 돌탑이고 두개가 아니고 세개나 서있다. 온통 바위투성이 사이에 서있는 정상석(비로봉1,288m)은 탑과 대조를 이루고 평평한 바위에서는 산객들이 둘러앉아 점심을 먹는다. 첩첩한 능선들 사이로 광활한 운해가 바다를 이루고 마치 지리산의 망망운해와 흡사하다. 미세먼지 속 마을풍경은 뿌옇고 파아란 하늘은 손에 닿을 듯 가깝기만 하다. 오른쪽에 사다리병창길 팻말이 보이는데 얼마나 어마무시한 길이면 그쪽으로 향하는 산객들이 아무도 없다. 대체 어떠하기에... 궁금증은 더하지만 다음을 기약...

이제 하산, 내리막 데크계단은 발판도 낡고 군데군데 파여 오르막 계단과는 대조적이다. 잠시후 계단을 벗어나 삼거리(직진은 상원사, 오른쪽 구룡사)에 이르니 견고한 구급함이 형식적이 아닌 현실성이 있어 보인다.

직진(상원사쪽)하여 여유롭게 데크계단을 내려가는데 아래에서는 힘겹게 올라오고 있다. 잠시후 전망대(쥐너미재)에 이르니 바닥 여기저기 둥그런 나무의자가 놓여있고 여전히 뿌연 마을풍경은 좀더 가까이 보인다.

풀잎을 헤치며 완만한 길을 따라 마구마구 내려가고... 이윽고 삼거리(오른쪽 입석사, 왼쪽 남대봉)에 이르니 알림기둥(곧은재3.5km)이 서있다.

왼쪽 길을 따라 산죽이 빼곡하고 통나무계단과 낙엽길이 번갈아 이어진다. 비교적 완만하게 내려가는 길은 어느덧 곧은재 사거리(직진 상원사, 오른쪽 곧은재공원지킴터,

왼쪽 부곡공원지킴터)에 다다르고 이제 왼쪽으로 내려간다.

　평탄한 내리막은 여전히 참나무가 우거져있고 오른쪽으로 물 흐르는 소리가 들려온다. 잠시후 계곡이 모습을 드러내자 데크다리가 이어지고 다리 아래로 짙은 그늘에 덮인 바위들은 까만 이끼로 한층더 침침하고 내내 그늘이 이어진다. 내려갈수록 넓어지는 계곡은 바위와 물도 많아지고 물놀이하기 좋은 장소에서는 예외 없이 계곡내 출입금지로 되어있다. 이윽고 부곡폭포에 다다르니 널따란 전망대 앞으로 쏴아아~ 쏟아지는 폭포수... 물소리만으로도 더위가 시원하게 사라지고 하얗게 부서지는 물줄기가 가슴을 뻥~ 뚫리게 한다. 청량한 물소리를 뒤로하며 여유롭게 내려오니 아침에 통과했던 큰무레골 탐방로가 보인다. 곧이어 탐방지원센터에 도착, 콸~ 콸~ 흐르는 수돗물이 얼음물처럼 시원하다.

동악산

2018년 06월 24일 066

유래 움직일'동'에 풍류'악'으로 곡성마을에서 장원급제자가 탄생되면 이 산에서 노래가 울려퍼졌다는 전설에서 유래했다고 한다.

동악산은 동쪽에 있는 바위산인가? 멋진 바위를 기대하며 3시간 반쯤 곡성에 도착한다. 차에서 내리니 햇볕이 쨍~쨍~ 한낮에는 기온이 30도가 넘는다니 한여름이 시작된 것같다. 주변에는 상가들이 즐비하고 계곡에는 가뭄으로 물도 별로 없는데 평상을 설치해놓고 영업을 하고 있다.

아스팔트를 따라 매표소에서 입장료(2천원)를 내고 임도에 진입한다. 오를수록 계곡은 넓어지고 수려한 암반이 맑은 물을 가득 머금고 있다. 물이 콸콸 흐른다면 금상첨화겠지만 그래도 허옇게 이마를 드러낸 모습도 멋지다.

도림사에 다다르자 가족단위 피서객들이 계곡물에 진을 치고 아이들은 신나게 물놀이를 하고 있다. 사찰은 꽤 규모가 크고 오래된 것같은데 높은 담장에 가려져 기와지붕만 보인다.

담장을 돌아나오자 다리 공사가 한창이고 직진하여 계곡을 따라간다. 얼마후 철다리(제1교)에 이르니 가뭄으로 목마른 계곡, 군데군데 맑은 물은 벌써 산객들이 벌떼처럼 점령하고 있다. 시원한 물에서 여유부리는 산객들을 보니 땀 흘리며 오르는 마음이 무겁지만 발걸음은 이미 계곡을 지나 숲길로 향하고 있다.

길옆에 포크레인이 눈에 띄자 제2교가 나오는데 이제는 아예 물 한방울 보이지 않는다. 곧이어 삼거리(오른쪽 배넘어재, 왼쪽 길상암터)에서 오른쪽으로 향하니 숲길 여기저기 돌들이 굴러다니고 돌계단은 얼마되지 않았는지 흙먼지 투성이다. 천천히 계단을 벗어나 제3교가 나오는데 역시 계곡에는 거의 물이 없고 길에는 여기저기 돌들이 널브러져있다. 툭툭~ 돌이 채이며 어느덧 다시 삼거리(오른쪽 동악산, 왼쪽 배넘어재)에 이르니 오른쪽으로 데크계단이 솟아있다.

그런데 한창 공사중인 계단에서는 치이익~ 쾅쾅~ 전기톱, 망치소리가 요란하게 들려오고... 계단을 피해 비탈진 샛길로 오르기 시작한다. 쇳소리는 점점 멀어져가고 너덜 언덕에는 바위들이 심란하게 흩어져있다. 조심조심 돌계단을 올라 다시 데크계단 앞에 서자 이번에는 쇳소리 대신 페인트 냄새가 난다. 계단에 올라 난간을 잡으니 끈적한 느낌과 함께 역한 냄새가 확~ 풍긴다. 줄곧 이어지는 계단은 점점 시야가 트이더니 주변 풍경이 보이기 시작한다.

숨을 헐떡이며 계단을 벗어나고 부드러운 흙길을 따라 신선바위 입구에 이른다. 오른쪽으로 너덜비탈이 까마득하고 그곳을 가로질러 조심조심 신선바위 쪽으로 향한다. 잠시후 웅장한 바위에 올라서니 마당처럼 널찍한 꼭대기는 탁트인 시야... 밑으로는 아찔한 천길낭떠러지... 주변은 온통 푸른 능선들... 극과 극이 공존하는 바위라서 신선바위인가...

맑은 공기를 가득 채우며 천천히 내려오고 다시 꾸역꾸역 비탈언덕을 오른다. 얼마후 삼거리(동악산0.6km)에 이르자 갑자기 시끌벅적 요란하고 맞은편에서는 줄지어 산객들이 내려오고 있다. 한쪽에서는 빙 둘러 점심을 먹고 한껏 즐거운 모습이다.

그들을 뒤로하며 발걸음을 서두르고... 얼마 되지않아 공사중인 전망대가 뼈대를 드러낸 채 완공날을 기다리고 있다. 점점 하늘이 열리기 시작하고 저 앞에 돌탑이 우뚝 서있다. 이윽고 널따란 공간에 다다르니 주변은 온통 바위로 둘러싸인 채 돌탑 밑으로 정상석(동악산735m)이 서있고 시야는 나무에 가려져 잘 보이지 않는다. 그래서그런지 산객들은 정상석에서 사진만 찍고 어디론가 바쁘게 사라진다.

배넘어재3.1km 쪽으로 내려가고... 잠시후 무인산불감시탑을 지나 내리막 데크계단 앞에 이른다. 그런데 막상 정상에서는 보이지 않던 사방풍경이 시원하게 펼쳐지고 내려갈수록 첩첩으로 둘러싸인 능선이 참으로 깊고 깊다. 어느덧 시원스런 풍경은 사라지고 숲길이 이어진다.

완만한 내리막에 푹신한 숲길은 순식간에 지나가고 웬일로 오르막 계단이 나온다. 힘겹게 위에 올라서자 다시 내리막 계단이 이어지더니 갑자기 시야가 탁트인다. 조그만 전망대에서는 그림같은 마을풍경이 좀더 가까이 보이고 잠깐 숨을 돌린다.

곧이어 평탄한 숲길 따라 술술 내려가고... 얼마후 널따란 공터에 다다른다. 소나무로 빙 둘러싸여있는 공간은 팻말(직진 형제봉, 왼쪽 도림사, 오른쪽 약천임도)이 서있고 산객들은 솔밭 베취에 앉아 쉬고 있다.

  물을 마신 후 이제 왼쪽으로 내려가고 숲길에는 쭉쭉뻗은 소나무가 빼곡히 줄지어있다. 그런데 얼마되지 않아 멀리서 찌이~익~~~ 기계소음이 들리더니 내려갈수록 쇳소리가 점점 요란해진다. 이윽고 공사중인 데크길이 보이고 사람들이 땀을 뻘뻘 흘리며 일을 하고 있다. 아마도 이산은 현재 개발진행 중인가보다.

  이제 점점 쇳소리가 멀어지고 참나무숲길에 도림5교가 나온다. 바짝 마른 계곡은 바위들이 낙엽과 뒤범벅되어 아무렇게나 널브러져 있다. 이어 도림4교에서도 역시 거의 물이 없고 3교가 나오자 이제야 조금씩 흐른다. 내려갈수록 계곡에 하나 둘 산객들이 늘어나고 2교를 지나 1교에 다다르니 쏴아~ 흐르는 물… 맑디맑은 물이 널따란 암반에 흐르고… 시원스레 물놀이하는 산객들 틈에 끼어 발을 담그니 여기가 지상낙원이고 여기가 별천지더라.

가리왕산
2018년 07월 01일 **067**

유래 고대 맥국의 갈왕이 난을 피해 은둔했던 곳이라하여 갈왕산이라 불리다가 일제 강점기를 거치며 가리왕산으로 바뀌었다.

가리왕산의 '왕'은 뭔가 거창한 느낌이 든다. 깊이를 헤아릴 수 없는 웅장한 숲을 감히 왕도 탐낼 정도였을까?

이산은 동계올림픽 때 스키장으로 사용, 입산금지 되어 겨울산행을 못 갔던 곳이다. 이렇게 그럭저럭 여름산행이 되었는데 하필 장마철이 시작되어 주말까지 비소식이니 꼼짝없이 우중산행하게 생겼다. 어제에 이어 이른 아침부터 주룩주룩 비가 오고 비옷을 배낭에 챙겨 차에 오르니 점점 굵어지는 빗방울은 그칠 줄 모른다. 혹시나 기대를 하며 잠을 청하고 3시간 후쯤 정선에 도착한다.

그러나 기대가 무너지며 비옷을 단단히 챙겨입고 차에서 내린다. 주차장이 아닌 도로변에는 아무것도 없고 빙~둘러 숲이다. 굽이굽이 능선에는 하얀 구름이 연기처럼 피어오르고 물먹은 나뭇잎들은 빛깔이 짙푸르다. 추적추적 비를 맞으며 발걸음을 옮기니 도로변에 곧바로 산입구 팻말(장구목이)이 보이고 정상4.2km를 가리키고 있다. 산행일정은 우천으로 안전을 위해 자연휴양림 쪽으로 넘어가지 않고 정상에서 다시 원점회귀하기로 한다.

빨강 파랑 노랑 알록달록 길게 늘어뜨린 비옷은 우중충한 산속을 산뜻하게 하고 산객들의 존재가 뚜렷이 확인된다. 숲길도 물기를 머금고 나무들도 한가득 물기가 어려 조금만 스쳐도 물방울이 주르륵... 길가에는 각양각색의 산초들이 서로 질세라 고개를 치켜들고 마치 대암산이나 곰배령 숲속 풍경이다. 사각사각 풀잎을 스치며 부지런히 발걸음을 옮기고 어느덧 시원한 물소리가 들려온다.

계곡 가까이 다다르니 둥그런 바위들은 녹색융단을 입혀놓은 것처럼 온통 이끼로 뒤덮여 계곡물이 하얗게 부서진다. 부드러운 이끼가 스멀스멀 번져있는 계곡은 자연 그대로의 원시림이고 맑은 물소리가 청아하다.

얼마후 데크다리가 아닌 각목을 짜깁기한 나무다리가 놓여있고 그 옛날 뗏목 같다. 다리에 올라서니 쏴아아~ 쏟아지는 물소리… 사자가 포효하듯 치열하게 솟구치는 물은 강한 생명력이 느껴진다. 이끼 덮인 바위 사이로 하얗게 흩어지는 포말은 마치 폭죽이 터지듯 연방 폭발한다.

천둥같은 물소리를 뒤로하며 다리를 건너니(정상3.3km) 부드럽던 흙길이 이제 거무스름한 너덜길로 변하고 길가에는 이리저리 고사목이 쓰러져있다. 빗속에 고개를 내밀고 있는 꽃들이 반갑고 천천히 돌계단을 올라선다(정상2.8km)

다시 나뭇잎 사이로 계곡이 보이고 온통 푸른 이끼로 뒤덮인 계곡은 고생대동굴을 연상케 하고 하얗게 쏟아지는 물은 탐스런 눈을 연상케 한다. 점점 넓어지는 계곡은 계속되는 비로 웅장해지고 그 어느 폭포 못지않게 거세게 쏟아진다. 비가 와서 불편하기도 하지만 비 덕분에 이런 장엄한 모습을 보다니…

점점 물소리가 멀어지며 이제 주변의 바위들은 온통 이끼로 뒤범벅되어있다. 금방이라도 공룡이 하품을 하며 튀어나올 것같은 분위기는 옛 풍치가 그윽하다. 마치 타임머신을 타고 구석기시대로 돌아간 것처럼… 얼마후 점점 하늘이 열리고 가로질러 임도가 나오더니 길 따라 울창한 삼림이 까마득히 멀어져간다.

직진하여 정상쪽으로… 계속 이어지는 고색창연한 오르막은 추적추적 내리는 비로 한층 더 옛스러움을 자아낸다. 이따금 만나는 바위에는 여지없이 초록이끼가 눈처럼 쌓여있고 점점 아름드리 고목들이 여기저기 눈에 띈다. 어떤 고목은 아예 이끼로 도배되어있고 이제(정상0.7km) 오랜 된 주목나무도 보이기 시작한다. 어떤 주목은 밑동 부분이 양파처럼 불거진 채 이끼로 뒤덮여 수박이 매달려 있는 것같다. 또한 물기를 머금은 주목은 거대한 동굴의 종유석처럼 신비롭고 아름답다. 발걸음은 어느덧 삼거리에 이르고 (정상200m) 이제 오른쪽으로 들어선다.

그런데 숲이 얼마나 무성한지 걸을 때마다 나뭇잎들이 온몸을 감싸고 물기가 온통 비옷으로 속속 스며든다. 스패츠를 하고 있는데도 이미 신발은 속까지 축축하고 여전히 비가 후드득~ 후드득… 앙상한 고사목도 비에 흠뻑 젖어있고 높이 치솟아 있는 송전탑도 비에 뿌옇게 보인다.

점점 숲에서 벗어나 하늘이 열리고 저멀리 자그맣게 돌탑과 팻말이 보인다. 그런데 갈수록 빗방울이 굵어지더니 이제 바람까지 휘몰아친다. 이윽고 널따란 공간에 장작을 쌓아올린 듯 돌탑이 우뚝 서있고 그 옆에 여전히 비를 맞고 있는 정상석(가리왕산 1,561m)… 세찬바람과 함께 들이붇듯 쏟아지는 비는 주변의 시야를 하얗게 감싸며 한 치 앞도 보이지 않게 한다. 정상석을 찍으려니 카메라에 빗방울이 주룩~ 흘러내리고 서둘러 셔터를 누른 후 쫓기듯 되돌아 내려가기 시작한다.

　다행히 올랐던 길을 그대로 내려가니 안심이 되고 세차게 휘몰아치던 비도 점점 가늘게 잦아든다. 어느덧 계곡에 다다르자 엄청나게 불어난 물에 거세게 소용돌이치는 폭포수… 폭발하듯 솟구치는 물줄기가 장관을 이루지만 한편으론 두렵기까지 하다. 비로 구질구질 불편하지만 언제 또 이런 장엄한 광경을 볼 수 있으랴… 여전히 비는 내리지만 발걸음은 이미 사뿐사뿐… 아름다운 폭포수와 함께 장구목이를 향해 발길을 서두른다.

방태산
2018년 07월 08일 068

유래 정확하게 알려진 바가 없는데 야생화가 무수히 피어나고 밤이면 별이 쏟아진다 하여 방태산이라 한다고 함.

방태산은 광활한 목장에서 가축들이 한가로이 풀을 뜯고 아침가리골에서는 가늘게 연기가 피어오르는 그런 오지산골이 떠오른다…

이른 아침 서둘러 3시간 후쯤 인제에 도착한다. 지난주는 비가 와서 고생했는데 오늘은 너무 덥지도 않고 공기마저 쾌청하다. 매표소에서 입장료(이천원)를 내고 2km쯤 자연휴양림 주차장에 내린다. 숲으로 둘러싸인 주차장에는 대형차들이 빼곡히 들어차 있고 쏟아져 나온 산객들이 알록달록 산입구 쪽으로 향한다. 계곡에는 비로 불어난 물줄기가 세차게 솟구치고 널따란 바위가 연이어 계속된다. 계곡을 꽉 채우고 있는 매끄러운 암반… 그 위에 맑고 투명한 물이 흐르고… 움푹한 웅덩이는 에머럴드 빛으로 빛난다. 금방이라도 뛰어들고 싶지만 아쉬운 발걸음은 이미 숲길로 향한다. 하늘이 보이지 않는 넓은 숲길은 상쾌하게 이어지고 쏴아~ 들리는 물소리는 천국이 따로 없다. 구룡교를 건너 제1야영장에 도착하니 여기저기 텐트가 즐비하고 좀더 올라 제2주차장에는 소형차들로 가득하다.

산입구는 여전히 숲이 울창하고 길도 완만하게 올라간다. 왼쪽으로는 쏴아~ 물소리를 내며 매끄러운 암반이 연이지고 몇 차례 시원하게 폭포도 쏟아진다. 고운 암반에 흐르는 물결은 그 누구도 탐낼 옥빛물결이다.

보기에도 아까운 계곡은 매봉령갈림길을 지나서도 계속되고 어쩜 이렇게 수려한 계곡이 이토록 길게 이어질까… 시원한 물소리에 낭낭한 새소리, 지천으로 깔려있는 산초들… 이런 비단길은 어느덧 나무다리를 네번 정도 건너니 이제야 가파른 오르막이 시작된다.

길고긴 계곡도 이젠 보이지 않고 오르막은 고맙게도 지그재그로 되어있다. 푸른 숲에 하얀 자작나무가 아름답고 고목에 핀 이끼가 오랜 세월 흔적으로 남아있다. 숨차게 언덕을 올라서니 반갑게도 능선이 이어지고(주억봉3.3km) 이제 평탄한 능선길을 따라간다.

참나무들로 하늘은 보이지 않고 땅에는 각종 산초들이 빼곡히 깔려있다. 싱그런 나뭇잎향이 코끝을 스치고 가끔씩 보이던 수국이 이젠 지천으로 하얗게 널려있다. 점점 시야가 훤해지더니 이윽고 하늘이 뻥~ 뚫리며 흰구름이 넘실넘실…(구룡덕봉0.7km)

이제는 숲길이 아닌 넓은 임도(매봉령)… 이렇게 높은 지대에 이런 널찍한 임도가 있다니 어떤 특별한 이유가 있는 것같다(*구룡덕봉에 군부대 통신시설이 있었던 곳이라서 이런 넓은 길이 만들어졌다함) 햇볕이 내리쬐는 길가에는 각종 야생화들이 즐비하고 특히 솜사탕처럼 하얗게 핀 꽃(노루오줌)은 구룡덕봉에 다다를 때까지 줄곧 길동무가 되어준다.

야생화의 재롱에 어느새 발걸음은 헬기장에 다다르고 산객들은 경치를 감상하느라 여념이 없다. 저멀리 광활한 능선에 거대한 운해… 설악산이나 지리산에서 보았던 그런 거대한 구름이 고요히 능선을 흐르고 있다. 구름이 걷힐세라 셔터를 눌러대고… 신비롭기 그지없는 광경은 숨소리조차 방해물이 된다.

벅차오르는 감동으로 데크전망대에 올라서니 신기하게도 한눈에 들어오는 망망 운해… 거대한 우주 쇼를 펼치듯 고요히 흐르는 운해가 한동안 눈을 뗄 수 없게 하고 자연의 경이로움에 놀랄 따름이다.

이제 아쉬운 발길로 정상을 향하고… 숲길은 겨우 한사람이 통과할 정도로 걸을 때마다 야생초와 나뭇가지들이 사정없이 스친다. 다행히도 길은 완만하지만 금방이라도 토끼나 사슴이 튀어나올 것같아 정신없이 숲길을 헤쳐간다. 이윽고 삼거리에 도착하니 산객들이 옹기종기 휴식을 취하고 한쪽에 팻말(주억봉0.4km)이 서있다.

잠깐 물을 마신 후 완만하게 언덕을 오르고 어느새 하늘이 훤해진다. 점점 산객들 소리가 가까이 들리더니 저기 알록달록 산객들 모습이 보인다. 곧이어 널따란 공간에는 높은 돌탑과 정상목(주억봉1444m)이 서있고 사방의 시야가 탁트여있다. 또한 반갑게도 아까 그 운해가 아직도 정상목 너머로 웅장하게 시선을 압도하고 파란 하늘의 흰구름도 망망하다.

이제 발길을 돌려 삼거리에 되돌아오고 곧이어 지당골로 내려가기 시작한다. 넓은 숲길은 여전히 짙은 녹음이고 가파른 내리막이지만 워낙 길이 좋아서 그리 힘들지 않게 내려간다. 얼마후 매봉령갈림길에 되돌아오니 맑은 계곡 여기저기서 즐거운 비명소리가 들리고 폭포 앞에서는 사진 찍느라 여념이 없다. 이렇게 산행하기도 수월하고 아름답기까지 하니 금상첨화가 따로 없고 어찌 다시 와보고 싶지 않으리...

노인봉
2018년 07월 15일 069

유래 오대산 봉우리 중의 하나로 정상의 기묘한 화강암 봉우리가 멀리서 바라보면 백발노인과 같이 보인다하여 노인봉이라 함.

오대산은 맑고 깨끗한 물... 울긋불긋 단풍... 순백의 설경... 사계절 그림같은 풍경이라니 한껏 기대에 부푼다. 그중 노인봉은 비록 정상(비로봉)은 아니지만 정상과 견줄 만큼 경치가 아름답다는데 화려한 이미지와 달리 노인봉이란 이름이 특이하다.

이른 아침 서둘러 3시간 후쯤 강릉에 도착한다. 잘 정비된 주차장에는 차들이 즐비하고 쏟아져 나온 산객들은 등산채비에 분주하다. 구름 한점없는 하늘은 시리도록 파랗고 주변도 온통 푸른 숲이다. 쨍쨍한 햇볕에 썬그라스와 챙넓은 모자를 눌러쓰고 진고개 탐방로(오대산국립공원)입구 쪽으로 다가간다. 대략 세배 정도나 넓어 보이는 목재계단은 재료도 금강송처럼 고급이고 마치 박물관이나 미술관을 올라가는 기분이 든다. 계단은 꽤 길게 이어지고 오르는 내내 사방이 탁트여 하늘과 능선이 시원스레 펼쳐진다.

아쉽게도 계단이 끝나고 이제 하늘이 보이지 않는 숲은 말끔한 돌계단을 따라 흙길마저도 깨끗하다. 비로 쓸어놓은 것처럼 낙엽하나 떨어져 있지 않으니... 오호라~ 그 많은 낙엽들은 어디로 간 것일까?

이런 말끔한 숲길을 지나 다시 하늘이 열리더니 드넓게 펼쳐지는 대평원... 어떻게 이런 숲속에 이토록 널따란 평원이 펼쳐질 수 있는지... 햇볕이 쨍쨍한 벌판에는 무수한 야생화들이 앞 다퉈 아롱다롱 꽃을 피우고 이름 모를 산초들도 빼곡히 흩어져있다. 길가에 하늘하늘 야생화를 따라 산객들도 울긋불긋 한떨기 야생화가 되고 반짝이는 햇살 아래 대평원은 활기가 넘쳐흐른다.

어느덧 벌판을 지나 다시 숲속으로 들어가고 얼마되지 않아 데크계단(노인봉3.2km)이 나온다. 그런데 아까 입구에서처럼 고급스런 게 아니라 그냥 평범한 계단이다. 꽤 길게 이어지는 계단은 다행히 완만하여 그리 힘들지 않게 올라서고 조그만 쉼터에는 산객들이 쉬고 있다.

어어지는 능선길 역시 넓고 말끔하니 걷기가 수월하고 갈수록 점점 고목들과 하얀 자자나무들이 눈에 띈다. 하얀 자작의 행렬은 노인봉 삼거리 입구까지 계속되더니 잠시후 하늘이 열린다. 이제는 작달막한 나무들이 숲을 이루고 울타리를 따라 곧이어 노인봉 삼거리(왼쪽 정상0.2km, 오른쪽 소금강분소10km)가 나온다. 여기서 정상에 갔다 되돌아와 오른쪽으로 하산한다.

가파른 오르막은 이제야 산길처럼 울퉁불퉁 숨이 차고 잠시후 산객들 웅성임 소리가 들린다. 이윽고 팻말(노인봉)이 나오자 숲 밖으로 강렬한 햇볕이 내리쬐고 거대한 암봉이 하얗게 앞을 가로막는다. 천천히 숲을 빠져나와 햇볕이 쨍쨍한 바위를 올라서니 탁 트인 시야… 파아란 하늘과 아련한 능선들이 시원하게 펼쳐지고 한쪽에는 정상석(老人峰1338m)이 우뚝 서있다. 실제로 노인을 뜻하는 한자가 쓰여 있는데 아무리 둘러봐도 노인의 모습은 온데간데없고… 다만 주변의 경치들만이 아름답게 펼쳐진다.

유난히 파아란 하늘을 응시하며 아쉬운 발길을 돌리고 천천히 삼거리에 되돌아온다. 이제 오른쪽(소금강분소10km) 으로… 그런데 장장 10km… 길기도 하지만 일단 하산길에 내리막이라니 그래도 안심이 된다. 숲길을 따라 잠시후 무인대피관리소에 이르고 둘러앉아 간단히 점심을 먹는다. 이어 녹음 짙은 숲길을 따라 때로는 흙길을 때로는 계단을 번갈아가며 완만하게 내려가고… 이제 점점 계곡이 보이기 시작한다. 산객들의 즐거운 비명소리와 함께 폭포(낙영폭포)수가 쏴아~… 어떤 산객들은 솟구치는 폭포수에 아예 샤워를 하며 시원한 비명을 지르고 있다. 얼음처럼 차가운 물방울이 파편처럼 튀며 힘차게 낙하하는 모습은 보기만 해도 소름이 돋을 정도다.

내려가는 내내 줄곧 시원하게 이어지는 계곡은 오목조목 바위들이 아름답고 사문다지 팻말(6.0km)을 지나니 철제다리가 나온다. 햇빛에 하얗게 빛나는 계곡은 눈부시고 잠시후 거대한 폭포수(광폭포)가 댐처럼 시퍼런 웅덩이로 아찔하게도 떨어진다. 이어 삼폭포 지점을 지나 백운대에 다다르니 산객들이 시원하게 물놀이하는 모습이 보기만 해도 시원하다.

이제 철제다리를 건너 만물상 근처에 다다르니 눈이 휘둥그레… 주변은 온통 매끌매끌 하얀 암반에 옥류가 흐르고 우뚝 솟아있는 기괴한 바위(귀면암)가 신기함을 더한다. 어디를 둘러봐도 신천지.. 눈을 어디에 둬야할지 두리번두리번…

이어 또다시 긴 철제다리를 건너 구곡담과 학유대의 신비한 모습을 바라보며 정신없이 내려오고 이윽고 조그마한 입산통제소(하절기14:00 동절기13:00)에 다다른다.

잠시후 팻말(구룡폭포)이 나오자 와아~ 놀라운 광경에 입이 떡... 거대한 암벽에 하얗게 쏟아지는 폭포수... 이단으로 된 폭포는 아래 위가 너무도 길어서 한눈에 보이지 않고 윗부분은 다시 위로 올라가야 볼 수 있다. 금방이라도 용이 하늘로 올라갈 것처럼 생동감이 넘치고 너무나 아찔해서 현기증이 날 정도다. 폭포주변은 온통 바위로 둘러싸여 마치 그림속의 폭포가 살아 움직이듯 웅장하다.

사진을 찍고 또 찍고... 그래도 아쉬움은 남은 채 발길을 재촉, 다시 계곡 따라 내려간다. 강렬한 햇볕에 매끄러운 바위들은 뻥튀기처럼 폭발할 것같고 거치른 바위들은 부드럽게 녹아내린다. 투명한 물은 하얗게 반짝이고 조그만 연못은 옥빛으로 신비롭다. 매끄러운 삼선암을 지나고... 식당암을 지나고... 넓다란 계곡에는 여전히 강렬한 햇볕에 물빛도 투명하다. 이 아름다운 계곡을 언젠가 다시 오지 않을 수 없으리라...

아쉬운 발길을 재촉하며 잠시후 금강사에 다다르니 산객들은 약숫물을 마시고 사찰은 고요하다. 이어 연화담의 시퍼런 웅덩이에는 빨간 위험표지가 떠있고 폭포수가 시원스레 쏟아진다. 이제는 가끔씩 동식물을 알리는 안내판이 눈에 띄고 계곡은 나무들이 가려져 십자소가 잘 보이지 않는다. 잠시후 다리를 건너 청학산장 팻말이 나오는데 산장은 보이지 않고 넓은 공터만 덩그러니... 곧이어 탐방로를 지나 넓은 공터에 팻말(무릉계)이 보이고 맞은편에 소금강 비석이 우뚝 서있다.

도로를 따라 소금강분소를 지나니 햇볕이 작렬하고 널따란 공터에는 허물어진 건물의 잔해들이 폭격을 맞은 듯 어지럽게 널려있다. 산더미처럼 쌓여있는 폐기물들은 쓰레기장을 방불케 하고 그 위로 차들이 불편한 주차를 하고 있다. 대형 플랭카드에는 뭔가 해결되지 않은 주민들의 호소가 쓰여있고 그들의 함성이 들리는 듯... 천상의 아름다운 오대산(노인봉)과 지상의 고단한 현실이 대조를 이루고 있는 모습이다.

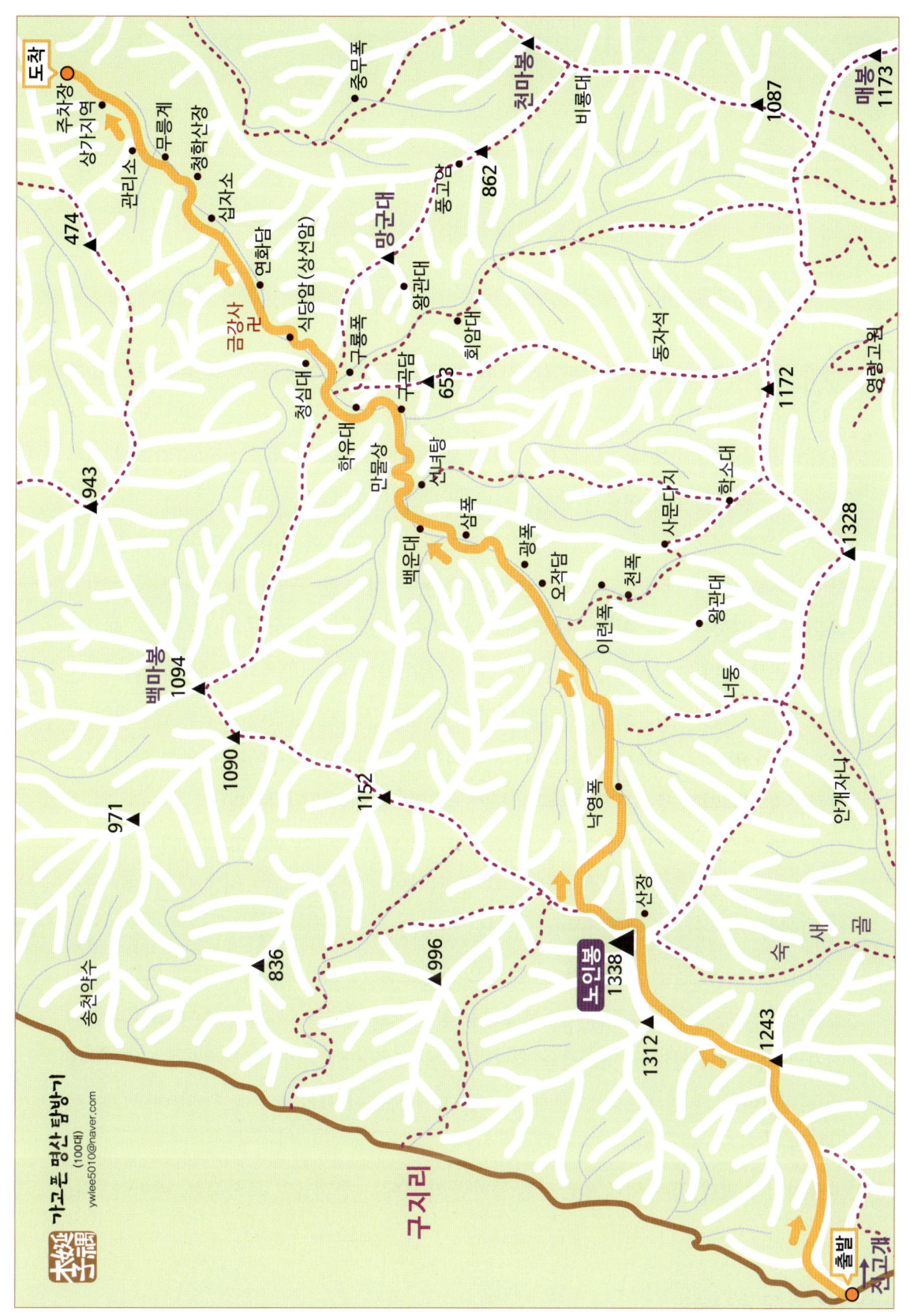

장 안 산

2018년 07월 22일 070

유래 옛날 이곳의 장안사라는 절 이름을 따서 장안산이라 함.

장안산은 가곡 '장안사'가 떠오르기도 하고 뜬금없이 옛 시골장터가 떠오르기도 한다. 귀에 익숙하지 않은 것을 보면 그렇게 유명한 산은 아닌듯하지만 오지에 때묻지 않은 순수함이 빛나지 않을까... 한편 오랜만에 장안사 노래를 들으니 감회가 새롭고 아름다운 선율이 긴 여운을 남긴다.

이른 아침 서둘러 3시간 반쯤 장수에 도착한다. 지난주에 이어 폭염이 맹위를 떨쳐 (서울 38도) 여기 산행지도 그에 못지않게 찌는 듯하고 습도가 90퍼센트에 육박한다. 마음의 준비를 단단히 하며 차에서 내리니 쨍쨍한 햇살에 눈이 부시고 챙넓은 모자에 썬그라스를 쓴다. 막상 햇볕은 강렬하지만 산속이라 그런지 공기가 맑고 시원하다. 널따란 주차장에는 폭염으로 차가 그렇게 많지는 않고 사방은 빙둘러 나무로 둘러싸여 있다. 도로가 팔각정에서는 사람들이 더위를 피하고 직진하여 앞쪽에는 터널이 뚫려있다. 팔각정 건너편에는 무룡고개 등산안내도가 서있고 산입구가 시작된다.

오르막 데크계단이 가파르게 이어지며 숨이 찰 무렵 계단이 멈추고 그늘진 숲길이 나온다. 오른쪽으로 평탄한 숲길은 녹음이 짙지만 워낙 기온이 높고 아직은 바람이 없으니 시원하지는 않다. 숲속도 이런데 도시는 얼마나 푹푹 찌고 있을까...

이제 띄엄띄엄 통나무 벤취가 눈에 띄고 야생초들 사이로 가끔씩 노오란 원추리꽃이 팔랑팔랑... 아가들의 삐쭉한 머리모양처럼 앙증맞고 귀엽다. 이제 산죽이 무성하게 이어지고 샘터팻말(장안산1.5km)을 지나니 이름 모를 야생화가 하나둘씩 늘어난다. 꽃들을 벗삼아 힘든 줄 모르게 오르고 어느덧 점점 하늘이 열리더니 데크전망대의 기둥이 보인다.

웅성임 소리를 따라 위에 올라서니 널따란 데크에는 산객들이 북적북적, 파아란 하늘에는 흰구름이 자유롭다. 저멀리 능선에는 뭉개구름이 거대한 운해를 이루고 발아래에는 탁트인 억새밭이 시원하게 펼쳐진다. 숲길에는 바람 한점 없더니 이제야 시원한 바람이 불어오고 저멀리 정상에 뽀족한 첨탑이 보인다.

이제 억새능선을 따라 발길을 재촉, 무성한 억새잎이 지날 때마다 펄렁펄렁 스치고 억새들 사이로 쏙~ 고개를 내밀고 있는 야생화가 마냥 귀엽다. 다시 숲속으로 들어가 한동안 무성한 산죽길을 헤쳐가고... 이어 조그만 데크전망대가 나온다. 좀더 시원하게 펼쳐지는 전경은 파아란 하늘과 함께 한폭의 그림같다.

계속 이어지는 억새능선은 햇볕이 쨍쨍 내리쬐고 억새 사이로 오르막 계단이 이어진다. 삐죽삐죽 계단 사이로 억새가 삐져나와 진풍경을 보여주고 내내 시원한 바람과 탁트인 시야가 머리를 맑게 해준다.

이어 숲속에는 보랏빛 수국이 여기저기 널려있고 그 빛이 얼마나 곱고 우아한지.... 오렌지빛 원추리도 산뜻하고 다른 야생화들도 반짝반짝 빛난다. 숲길도 완만하고 오르는 내내 예쁜 꽃들이 길동무가 되어주니 폭염에도 즐겁게 오른다.

어느덧 다시 하늘이 열리고 첨탑(산불무인감시카메라)담장에 빼곡히 리본이 묶여져있다. 곧이어 널따란 헬기장에는 정상석(장안산1237m)이 서있고 얼룩덜룩 빛바랜 바위가 오랜 세월이 느껴진다. 하늘은 뻥 뚫려 있지만 주변은 나무들로 시야가 답답하고 오히려 아까 전망대의 풍경이 좀더 시원하게 펼쳐진다. 인증사진을 찍은 후 이제 범연동 쪽으로 내려가기 시작...

완만한 숲길은 가끔씩 예쁜 꽃들이 반겨주고 얼마후 범연동과 연주마을로 갈라지는 중봉에 도착한다. 이어 연주마을 쪽으로... 제법 가파른 내리막은 속도를 낼 수 없게 하고 한동안 천천히 언덕을 내려간다. 이윽고 연주4km 지점에 이르러 경사가 완만해지더니 계곡이 이어진다. 도랑처럼 얕은 계곡에는 낙엽이 쌓이고 물이 거의 말라있다. 보일 듯 말듯 이어지는 계곡은 갈수록 넓어지지만 무성한 나무들로 가려져 물소리만 쏴아~ 들려온다. 어쩌다 보이는 계곡은 나무그늘에 어둡기까지... 그야말로 사람의 발길이 닿지 않은 순백의 오지계곡...

얼마후 외딴 민가가 보이는데 집 주변에는 온갖 종류의 야생화가 만발하고 어느 화원의 꽃들보다 아름답게 피어있다. 좀더 내려가니 드디어 계곡이 정체를 드러내고... 도랑처럼 야트막한 냇물에 돌을 들추면 가재가 나올 것같고 맑은물에 손을 씻으니 차가움이 찌르르...

　민가를 지나 곧 주차장이 나오려나 했는데 냇물 건너 평탄한 숲길은 계속 이어진다. 도랑을 두어번 더 건너니 알림판(약초할아버지 마을)이 보이고 곧이어 쭉 뻗은 임도가 나온다. 내려갈수록 오른쪽 계곡에는 산객들이 하나둘 발을 담구고... 시원한 물소리와 함께 무드리교를 지나니 조그만 연주마을은 온통 산으로 둘러싸여 시야가 꽉막혀있다. 이런 오지마을의 유일한 통로는 가로지른 도로... 이것만이 오로지 속세와의 연결로 역할을 한다.

칠보산
2018년 07월 29일 071

유래 불교의 일곱가지 보배인 금, 은, 파리(수정), 마노(석영), 기거(바다조개), 유리, 산호를 가지고 있다하여 칠보산이라 함.

칠보산하면 일곱가지 보석, 일곱색깔 무지개, 광주리 하나 가득 핀 꽃무리... 이런 것들이 떠오른다. 산이 얼마나 아름다우면 칠보산이라 이름지었을까...

이른 아침 기대에 부풀어 2시간 반쯤 괴산에 도착한다. 차에서 내리니 식당과 펜션 민박들이 즐비하고 이미 피서객들이 쭉~ 진을 치고 있다. 시끌벅적 산객들까지 우르르 쏟아져 나오니 장터와 진배없이 북적하다. 작렬하는 햇빛아래 계곡에서는 벌써부터 물놀이에 신나고 파아란 하늘에는 흰구름이 한가롭다.

떡바위 문을 통과하니 데크길이 연결되고 곧이어 계곡의 다리가 나온다. 다리밑 계곡에는 꼬맹이들이 둥그런 보트와 함께 신나게 물장구치고 맑은물도 덩달아 춤춘다. 연방 들려오는 즐거운 비명소리가 시원스럽고 그 소리가 잠시나마 더위를 잊게 한다. 물에 들어가고픈 마음을 뒤로하며 다리를 건너니 바로 숲으로 이어진다.

나무들로 빼곡한 숲이지만 바람 한점 없고 오른쪽으로는 계곡이 계속된다. 다행히 오르막은 가파르지 않고 뜻밖에 넓은 계곡을 건너니 통나무로 된 계단이 나온다. 천천히 올라서자 조금씩 능선이 보이고 파아란 하늘에 흰구름이 시원스럽다. 이어 꽤 긴 데크 계단을 따라 여기저기 바위들이 눈에 띄고 어떤 바위 밑에는 나뭇가지가 잔뜩 받혀있다. 한쪽에는 켜켜이 시루떡바위도 있고 요새처럼 포진되어있는 바위지대에서는 산객들이 간식도 먹고 물도 마신다.

이제 기운을 얻어 통나무계단을 올라서니 청석재(칠보산0.6km) 팻말이 보인다. 반갑게도 능선길이 이어지며 바람이 살랑살랑... 시원한 바람따라 발걸음도 가볍게 소나무숲을 지나고 향긋한 솔잎향이 머리를 상쾌하게 한다. 희귀한 모양으로 굽은 고목들이 여기저기 눈에 띄고 얼마후 긴 데크계단이 이어진다.

점점 트이는 시야에 능선들이 시원스럽고 어찌도 흰구름은 저토록 자유로울 수 있는지... 앙상한 고사목은 바위틈에 유물처럼 서있고 샛노란 원추리꽃은 나무곁에 아름답게 피어 대조를 이룬다. 신기한 모양의 소나무가 시간가는 줄 모르게 하고 솔솔 부는 바람이 땀을 씻어준다. 노란색 119산악구급함을 지나 천천히 데크계단을 올라선다.

비탈언덕을 따라 서서히 하늘이 열리고 저기 봉우리에는 이 더위에도 산객들이 길게 줄을 서있다. 뜨거운 열기를 느끼며 이윽고 정상에 다다르니 널따란 바위에는 산객들이 인산인해를 이루고 둥그런 정상석(칠보산778m) 앞에는 인증사진을 찍으려 분주하다. 줄지어 차례가 돌아오고 막상 주변의 풍경은 빼곡한 나무로 잘 보이지 않는다.

쨍쨍한 햇볕아래 계단을 내려가고 또 내려가고... 보이지 않던 시야는 오히려 내리막 계단에서 탁트인다. 작렬하는 태양... 파란 하늘에 흰구름... 시원하게 이어지는 능선들은 제철에 맞게 짙푸르다. 암벽 사이로 요리조리 내려가는 계단은 거대한 암벽을 가까이 보게하고 마법의 성에 들어온 느낌이다.

이제 부지런히 암릉길을 따라가고 얼마후 널따란 바위 전망대에 이르니 탁트인 시야... 커다란 소나무, 사슴뿔을 닮은 고사목, 바위틈의 앙증맞은 소나무, 수문장 역할의 거북바위.... 그러고 보니 여기는 숲속 가족들이 옹기종기 둥지를 틀고 있다.

곧이어 능선을 따라 직각계단이 까마득히... 아찔함에 뒤돌아 뒷걸음으로 천천히 내려간다. 곧이어 다시 계단이 이어지고... 이렇게 몇 번을 내려가자 노란색 119산악구급함이 나오고 군데군데 희귀한 모양의 소나무들이 서있다. 이윽고 어디선가 시원한 바람이 불어더니 산객들의 웅성임 소리가 들리고 가까이 팻말(활목고개)이 보인다.

잠깐 물을 마신후 절말3.6km 쪽으로... 완만한 내리막에 마음이 편안하고 이제 점점 계곡이 보이기 시작한다. 쏴아~ 흐르는 물을 바라보는 것만으로도 시원스럽고 산객들의 즐거운 비명과 맑은물도 함께 춤추고...

얼마후 제법 넓고 깊은 연못에 산객들이 바글바글... 커다란 바위로 둘러싸인 폭포에는 물줄기가 거세고 움푹 파인 물웅덩이에는 맑은 물이 넘실넘실... 깊지 않은 웅덩이는 물놀이에 안성맞춤으로 산객들이 물장구치며 신나 있다.

신난 산객들을 뒤로하며 줄곧 물놀이하기 좋은 곳이 연이어진다. 이윽고 거대한 바위가 나오더니 그 밑(강선대)으로 시퍼런 웅덩이에서는 산객들이 보트를 타며 신나게 물놀이하고 있다. 저멀리 계곡일대가 한눈에 들어오고 주변은 온통 빛나는 계곡천지... 이렇게 계곡이 아름다우니 산의 이름이 칠보산인가…

　아쉬운 발걸음을 재촉하며 좀더 내려오니 나무다리가 나오고 여전히 맑은 계곡에 산객들이 울긋불긋 포진하고 있다. 곧이어 탐방지원센터에 팻말(쌍곡폭포0.02km)이 보이고 폭포(왼쪽) 쪽으로 내려간다. 무성한 그늘 속에 쏴아~ 솟구치는 폭포수… 시퍼런 웅덩이가 아찔하고 주변은 접근 금지선이 쳐져있다. 수직으로 낙하하는 폭포수는 시원하다 못해 움찔하기까지… 저멀리 아름답게 이어지는 계곡은 그늘까지 주어지니 금상첨화가 따로 없다. 계곡 가까이 맑은 물에 발을 담그니 물고기들이 발가락 사이로 왔다 갔다… 빠른 손놀림으로 잡아보려 하지만 어찌나 빠른지 수없이 자맥질만…

　아쉽지만 이제 시원한 계곡을 빠져나와 주차장 쪽으로… 내려갈수록 산객들이 불어나더니 급기야 주차장 입구에 다다르자 계곡의 바위들보다 산객들이 더 많이 북적여 인산인해가 따로 없다. 온동네 피서객들 모두가 이곳으로 몰려온 것처럼 북적북적… 시끌시끌… 그들을 비집고 겨우 주차장에 도착하니 그곳 역시 북적북적… 가림막으로 가려진 평상에서는 더위를 피하려 연방 음료를 들이켜고… 파아란 하늘에서는 태양이 이글이글 작렬하고…

황석산
2018년 08월 12일 072

유래 산 전체에 돌이 많고 정상에는 붉은색 암봉이 많다하여 붙여짐.

황석산은 빛나는 보석이 떠오른다. 금, 은, 다이아, 에메랄드, 수정, 루비, 진주... 기대에 부풀어 연일 기록을 경신하는 폭염에도 산행이 기다려진다. 문만 열고 나가도 불가마로 들어가는 느낌이니 산속의 시원한 그늘이 얼마나 그리워지는지... 오늘은 산발적으로 소나기가 온다니 반갑기도 하지만 푹푹 찌는 습도에 아침부터 숨이 막히는 것같다.

이른 아침 시원한 에어컨 속에서 3시간 반쯤 함양에 도착한다. 구불구불 전형적인 시골마을 앞마당(우전마을)에 내리니 산으로 둘러싸인 마을은 전깃줄이 얼기설기 복잡하다. 낡고 오래된 가옥들 한편에는 최신식 별장같은 집들이 여기저기 눈에 띄고 주변에는 야생화가 한창이다. 길을 따라 고추, 토마토, 고구마 등 밭작물이 즐비하고 잘 가꾸어진 작물은 수고로운 손길이 느껴진다. 여기저기 해바라기가 쟁반처럼 큰 것도 있고 꽃대가 나무처럼 굵어 여러 개가 다닥다닥 탐스럽게 피어 있다. 마치 고흐의 해바라기가 살아서 밭을 마구 휘젓고 다니며 한가득 꽃밭을 이루는 것같다. 집 앞에는 대추나무, 감나무, 무궁화꽃이 울타리 쳐있고 귀여운 멍멍이가 꼬리친다. 해바라기 옆 팻말(황석산4.2km)을 지나 그림같은 마을풍경은 계속 이어지고 지금까지 산마을 중 제일 생기 넘치는 아늑한 마을이다. 한차례 소나기가 온다더니 하늘에는 벌써 구름이 잔뜩 끼어있고 능선에도 희끗희끗...

마을을 벗어날수록 길 양쪽으로 칡넝쿨이 무성하고 나무위로 칭칭 감고 올라간 넝쿨들은 거대한 수풀지대를 이루고 있다. 참으로 울창한 숲은 두렵기까지 하고 그 깊이를 헤아릴 수 없다. 어느덧 나무들 사이로 물웅덩이가 보이더니 수영금지 팻말이 나온다. 곧이어 다리가 나오는데 계곡의 물을 막아 댐(사방댐)을 만들고 주민들의 식수로 사용하고 있단다. 잠시후 산입구(정상2.6km)에 통나무로 된 계단이 이어진다.

쭉쭉뻗은 나무들은 하늘을 뒤덮고 제철 맞은 산초들은 언덕에 무성하다. 숲길 따라 여기저기 바위가 보이기 시작하더니 얼마되지 않아 너덜비탈이 이어진다. 습한 기운에 사방이 막히니 등줄기에 땀이 흐르고 콧잔등에도 송글송글... 계속되는 너덜길에 숨막히는 인내심을 발휘, 찌는 듯한 골짜기를 요리조리....

이제 점점 커다란 바위가 여기저기... 이윽고 나무들 사이로 하얀 절벽이 희끗희끗... 가까이 다가갈수록 절벽은 거대한 암벽으로 폭포처럼 치솟아 낭떠러지를 이루고 있다. 그 앞에 피바위 안내판(정상1.9km)이 서있는데 정유재란 당시 이곳 황석산성이 함락되자 온갖 힘을 보태던 여인들이 스스로 이 절벽에서 뛰어내려 순절, 절벽을 붉은 피로 물들였다는 전설이 쓰여 있다. 그러고보니 절벽을 타고 내려오는 거무스레한 줄기가 정말 핏자국처럼 보인다.

이어 언덕을 올라 능선 꼭대기에 다다르니 소나무 사이로 아찔한 낭떠러지(피바위)... 보기만 해도 아찔한데 그 옛날 여인들은 얼마나 무섭고 참담했을까...

이제 골짜기를 벗어난 능선길에는 바람이 살랑살랑 불어오고 완만하게 숲길이 이어진다. 잠시후 암봉처럼 커다란 바위가 나타나는데 그 옆으로 산객들이 휘돌아가고 있다. 가까이 다가갈수록 우뚝 솟은 성벽(황석산성)은 어마어마한 규모로 이어지더니 어느 순간 숲속으로 사라진다. 길을 따라 나타났다 사라지기를 반복하는 성벽 사이로 이제 너덜비탈길이 이어진다.

천천히 언덕을 오르는데 점점 가까이 산객들의 웅성임 소리가 들려오고... 저 앞에 정상인가 싶은 성벽이 보인다. 서둘러 다가가니 거대한 성벽은 둘로 나뉘어 문(남문)을 이루고 팻말(정상0.1km)이 보인다. 성벽 위 공간에서는 산객들이 옹기종기 점심을 먹고 주변은 안개가 자욱하다.

에너지바를 오물거리며 정상으로 향하고... 바위에 인접한 낡은 계단은 삐뚤빼뚤 굵은 밧줄까지 내려와 있다. 조심조심 위에 올라서니 삼거리(직진 정상, 왼쪽 거망산 4.2km)에 다시 낡은 계단(정상쪽)이 이어진다.

계단과 바위를 번갈아가며 올라가자 이윽고 온통 바위로 둘러싸인 암봉... 마치 고대 왕국의 구중궁궐처럼 깊고 깊다. 정상석은 위험해서인지 넓적한 바위에 까만 대리석 타일(황석산1192M)이 비스듬히 붙여있다. 주변은 온통 하얀 안개... 아무것도 보이지 않는 시야는 온통 어둠에 싸인 시야와 별반 다를 게 없고 다만 하얗고 까맣다는 것 뿐이다. 망망대해를 연상케 하는 암봉은 수많은 세월의 바위들이 그 자체로 보석처럼 빛나며 우뚝 솟아있다. 암봉 자체의 아름다움으로 사방의 시야가 트이지 않아도 아쉬운 마음이 들지 않을 정도이고 한동안 암봉의 모습에 흠뻑 취한다.

이제 발길을 돌려 거망산 쪽으로… 가파른 너덜길을 따라 조심조심 내려가고… 잠시 후 튼튼한 성벽이 다시 나온다. 성벽을 따라 묘지를 지나자 저 앞에 커다란 거북바위가 안개 속을 엉금엉금 기어간다. 다가갈수록 거북모양은 조각조각 커다란 바위로 분해되어 형체를 알 수 없고 신기하게도 밑으로는 통천문처럼 커다란 공간이 뚫려있다. 그곳으로 빠져나와 부지런히 발걸음을 옮기는데 거리가 멀어질수록 저기 바위가 다시 거북모양으로 바뀌니 자연의 신비함에 그저 감탄할 따름이다.

이제 거북바위와 아쉬운 작별을 하고 숲길을 따라 커다란 바위를 휘돌아간다. 그런데 맙소사~ 거의 직각으로 내려가는 낭떠러지길… 거기에 굵은 밧줄 하나 떨구어놓고 내려가라 하네… 두려움에 머뭇머뭇… 겨우 진땀 빼며 내려서니 휴우~ 팔에 힘이 쭉 빠진다.

힘겨운 구간을 지나니 이제 숲길은 비단길처럼 여겨지고 얼마후 팻말 없이 샛길(오른쪽)이 나온다(이쪽으로 내려가면 안된다) 계속 직진하여 다시 갈림길(직진 거망산 1.8km, 오른쪽 장자벌3.14km)에 이르고 오른쪽으로 꺾어 내려간다.

완만하고 부드러운 흙길은 마음을 편안하게 하고 도중에 커다란 공룡알 바위 외에 거의 바위는 보이지 않는다. 수월한 내리막은 어느덧 갈림길(장자벌1.81km)에 이르고 다시 오른쪽으로 꺾어 골짜기로 내려간다.

쭉쭉뻗은 나무들은 하늘을 뒤덮고 무성한 산죽이 사각사각 옷깃을 스친다. 마른계곡에는 낙엽이 수북이 쌓여있고 이제 너덜길이 이어진다. 얼마후 철망 담길(산삼을 보호하기 위해 철망이 쳐져있음)이 나오더니 이내 허름한 농가(산삼농장)가 보인다. 잠시후 부처님 진신사리 보탑이 서있고 팻말(장자벌560m)이 보인다.

이제 시멘트 도로를 따라 고추, 깨, 옥수수 등 밭작물이 탐스럽게 익어가고 어디선가 멍멍이가 컹~컹~ 짖는다. 얼마후 왼쪽으로 팻말 없이 잡초들만 무성한 길이 나오는데 이 길로 가야 주차장이 나온다. 직진하면 헤맨다.

잡초들을 헤치며 언덕을 올라서니 숲길이 이어지고 잠시후 산객들 웅성임 소리가 들려온다. 곧이어 넓은 공터에는 텐트족들이 아예 조그만 마을을 이루며 진을 치고 있고 다리 밑에서는 피서객들이 울긋불긋 계곡 삼매경에 빠져있다. 아름다운 계곡(용추계곡)은 끝없이 장장 수 킬로미터나 계속된다니 황석산의 또다른 보배인 셈이다. 계곡 가까이 맑은 물에 발을 담구니 하루의 피로가 시원하게 사라지고 이 폭염에 뿌듯한 하루를 보낼 수 있게 되어 감사한다.

내연산

2018년 08월 19일 073

유래 긴 골짜기라는 의미로 내연산 폭포를 알린 것은 조선시대 명사들의 글과 그림. (內延山)
우담 정시한(1625~1707) [산중일기]
겸재 정선 [내연산용추도] [내연산폭포도] [고사의송관란도]
성해응(1760~1839) [동국명산기]
김정호(1861) [대동여지도]-'삼동석' '삼용추'(잠룡, 관음, 연산) 표시.

내연산 계곡의 형성 중신세–산성 화산활동의 양산단층(위 아래로 산 사이에 길게 뻗어진 틈)운동으로 형성된 화성쇄설암(열분해성바위)

내연산은 폭포가 유명하다는데 얼마나 폭포가 아름답고 웅장할까? 불현듯 주왕산의 거대한 폭포가 스쳐가고… 특별히 폭포를 지칭하니 산의 풍광을 뛰어넘는 뭔가가 있나보다. 그런데 언젠가 비룡폭포(설악산)를 보면서 얼마나 실망했던지… 실제로 용이 하늘로 올라가는 줄 알고 얼마나 신기하고 기대를 했던지… 현실은 거의 물도 말라있고 흔히 볼 수 있는 그저그런 절벽에 불과했다. 그런 의미에서 이번에는 너무 큰 기대는 하지 말고…

이른 아침 서둘러 4시간 반쯤 포항에 도착한다. 파아란 하늘에는 구름이 뭉실뭉실… 햇빛은 쨍쨍… 기온은 후끈후끈… 넓은 주차장에는 대형차와 소형차들이 꽉 들어차 있고 유명관광지답게 보경사 쪽 도로가에는 식당들이 즐비하다. 공원 안내소를 지나 일주문에 이르니 갑자기 산객들이 불어나고 매표소에서 입장료(삼천오백원)를 내고 통과한다. 사찰(보경사) 주변에는 아름드리 소나무가 하늘을 뒤덮고 향긋한 솔잎향이 코끝을 스쳐간다. 규모가 커 보이는 사찰은 영화를 촬영했을 정도로 유명하단다.

사찰 담장을 따라 오를수록 녹음은 짙어지고 문수암 팻말과 함께 왼쪽으로 계곡이 보이기 시작한다. 맑은 물과 매끄러운 바위들이 아름답고 특이한 것은 바위들이 녹아내리듯 부드러운 회색빛을 띤다. 거기에 쨍쨍한 햇살이 눈부시게 반사하고… 혹시 이 계곡은 석회암층인가? 시원하게 흐르는 물도 이끼하나 없이 맑고 투명, 암반에 흐르는 물처럼 에머럴드빛으로 흐른다. 산객들은 울긋불긋 벌써부터 시원하게 물놀이 삼매경에 취해있고 이 무더위에 힘들게 산을 오르려니 자꾸만 땡땡이 치고 싶어진다.

하지만 눈을 질끈 감고 문수봉 쪽으로 발길을 재촉, 이제는 평탄한 길이 아닌 가파른 비탈 오르막…

지그재그 오르막은 바위너덜과 흙길이 번갈아 이어지고 얼마후 빨간 연등이 대롱대롱... 아마도 조만간 절이 나오려나보다. 이제 길이 넓어지며 조그만 쉼터에 다다른다. 그런데 저멀리 온통 푸른 숲 사이로 하얀 것이 어른어른... 그 유명한 계곡의 상생폭포란다. 어떤 모습일까 더욱 궁금해지고 파란하늘과 능선들을 바라보며 다시 숲길로 들어간다(문수봉1.6km).

얼마후 언덕길을 따라 자그마한 문(문수암 입구)이 나오는데 마치 옛 양반집 뒤뜰문처럼 아담하다. 곧이어 오른쪽으로 비탈길을 오르니 팻말 없이 희미한 삼거리가 나오고 이제 왼쪽으로 꺾어 가파르게 올라간다.

숨을 몰아쉬며 능선에 올라서니 반갑게도 바람이 살랑살랑... 평탄한 숲길 따라 시원하게 땀을 식혀준다. 곧이어 솔숲에 향긋한 솔잎향이 마음을 상쾌하게 하고 가벼운 발걸음은 문수암갈림길까지 계속된다. 갈림길 여기저기에서는 산객들이 점심을 먹고 팻말(삼지봉3km)이 서있다.

이제 활엽수림을 따라 허물어진 묘지를 지나고 천천히 숲을 헤쳐나오자 슬며시 문수봉이 나온다. 헬기장만한 공간은 나무로 빙 둘러싸여 표지석과 하늘의 양떼구름만 빠끔히 보인다(삼지봉2.6km).

곧이어 솔숲을 따라 산허리를 돌아나오니 낙엽이 푹신한 오솔길이 이어진다. 사뿐사뿐 비단길은 어느덧 수리더미 갈림길에 다다르고 연이어 거무나리코스(은폭포 방향))까지 이어진다. 고맙게도 정상 가까이 길도 거의 임도처럼 직선길이다. 잠시후 산객들의 웅성임 소리가 들려오더니 알록달록 분주한 모습이 보인다. 이윽고 널따란 공간에 정상석(삼지봉711m)이 서있고... 그런데 오호라~ 사방이 꽉 막힌 것이 마치 좀전의 문수봉을 확대해 놓은 느낌... 산객들 사이로 인증 사진을 찍은 후 다시 거무나리코스(은폭포 방향)로 되돌아온다.

이제 천천히 은폭포 쪽으로... 완만한 내리막이 물 흐르듯 이어지더니 바짝 마른계곡이 나온다. 계곡을 건너 얼마후 전망대에 다다르자 낭떠러지 밑으로 희끗희끗 계곡이 보이기 시작한다. 이윽고 계곡에는 산객들이 물놀이하며 즐거운 한 때를 보내고 한쪽에는 안내도(은폭포300m, 실폭포2.2km)가 서있다.

그런데 이글은 여기서 멈춰야겠다. 왜냐하면 여기부터는 하산시간에 쫓겨 폭포모습을 거의 볼 수가 없었다. 이토록 아름다운 폭포를 이렇게 간과할 수 없으니 훗날 다시 와서 폭포를 감상한 후 글을 이어갈 생각이다. 그럼 아름다운 폭포를 기대하며…

작년 2018년 8월 19일 이후, 금년(2019년) 6월 23일 다시 왔으니 거의 1년만이다. 이번에는 계곡만 트레킹… 힘들게 산에 오를 부담도 없고 시원한 물에 아름다운 폭포를 상상만 해도 발걸음이 저절로 가벼워진다. 이미 시간은 거의 정오가 되어가고 다행히 햇빛은 쨍쨍하다.

보경사 담장을 따라 작년에 보았던 그 매끄럽고 맑은 계곡이 햇살에 하얗게 빛나고 있다. 벌써부터 계곡에는 산객들이 삼삼오오 물놀이 삼매경이고 가끔씩 아이들도 눈에 띈다. 잠시후 문수암 삼거리에서 이번에는 오른쪽(문수암)이 아닌 왼쪽(보현사) 계곡을 따라 직진한다.

곧이어 반갑게도 저 앞에 절벽을 타고 두 줄기 하얀 폭포수(상생폭포1)가 쏟아져 내린다. 폭포 가까이 맑은 물과 아름다운 바위가 눈을 뗄 수 없게 하고 작년에 전망대에서 하얗게 보였던 폭포가 이렇게 멋진 모습하고 있다니… 촛불이 녹아내리듯 부드럽게 흐르는 입체감이 다른 곳에서는 볼 수 없는 특이한 모습으로 마치 거대한 바위를 불에 구워 폭포를 만들어낸 것처럼 신기하다.

이어 보현폭포(2)에 이르니 아직 장마철이 아니어서 물이 많지 않지만 바위 자체가 아름답기 때문에 카메라 셔터를 누르기에 충분하다. 곧이어 삼보폭포(3), 잠룡폭포(4), 무풍폭포(5) 역시 물량이 적어 거의 폭포수가 보이지 않지만 이들 역시 바위 자체가 아름답다.

이윽고 관음폭포(6)에 이르니 마치 웅장한 동굴이 치솟아 있는 것처럼 갖가지 신비로운 형태의 바위가 하늘로 치솟아 있다. 그 크기와 위엄에 압도되어 잠시 숨이 멎고 장엄하게 쏟아지는 물줄기가 눈을 뗄 수 없게 한다.

그 거대한 폭포 위로 흔들흔들 연산구름다리가 이어지고 바로 앞에 꽁꽁 숨겨놓은 연산폭포(7)가 나타난다. 이곳 역시 동굴처럼 치솟은 절벽이 아찔하고 숨겨놓을 만큼 아름답다. 이를테면 이 두 폭포(관음폭포와 연산폭포)는 묘하게 조화를 이루며 가히 신이 빚어낸 걸작이라 하지 않을 수 없다.

아쉬움에 자꾸만 뒤돌아보며 계단을 올라서니 선일대(왼쪽)로 향하는 데크계단이 이어진다. 가파른 계단은 줄기차게 이어지고 숨이 턱까지 차오른다. 이윽고 점점 후들거리는 다리를 이끌며 전망대(선일대)에 올라서니 팔각정자가 운치있게 솟아있고 저멀리 (맞은편) 소금강전망대가 겨우 한뼘보다도 작게 보인다. 밑으로는 천길만길 낭떠러지... 저 아래로 조금전 그렇게 웅장하던 관음폭포가 손바닥보다도 작게 보이며 거대하게 펼쳐지는 골짜기와는 상대도 되지 않는다.

되돌아 계단을 내려오고 잠시후 은폭포 입구에 다다른다. 여기는 작년에 글쓰기를 잠시 멈춘 곳이기도 하다(은폭포300m, 실폭포2.2km)

이제 직진하여 은폭포(8)로... 너덜길을 따라 폭포 앞에 다다르니 관음폭포보다는 작지만 역시 동굴같은 형태의 웅장한 절벽에서 거센 물줄기가 쏟아져내린다. 시퍼런 웅덩이의 물은 맑다 못해 너무나 투명하여 푸르스름... 손을 담그는 것조차 미안할 지경이다.

이제 서둘러 실폭포 쪽으로... 갈수록 점점 계곡은 좁아지고 게다가 이제는 숲길이 이어지니 그나마 잘 보이지도 않는다. 쉼터(음지골)를 지나 계곡이 보이지 않는 숲길은 계속되고 과연 이런 골짜기에 폭포가 있을까싶다. 이윽고 반갑게도 복호1폭포(9) 팻말이 보이고 왼쪽으로 가파른 내리막 계단이 이어진다. 아래로 계곡전망대에 이르니 암반형태의 널따란 계곡은 폭포라기보다는 바위가 멋지게 펼쳐있고 그 위에 맑은 물이 흐르는 정도...

되돌아 계단을 올라서고 잠시후 복호2폭포(10)에 이르는데 복호1폭포와 비슷하다.

약간은 실망을 하며 부지런히 숲길을 따라가고 얼마후 팻말(실폭포11)이 보인다. 그런데 폭포가 길가에 있는 것이 아니고 오른쪽으로 300m, 그것도 데크계단이 가파르게 이어진다. 천천히 오르기 시작... 계단은 얼마되지 않아 벌써 숨이 차고 오를수록 경사가 더 가팔라진다. 이제 다리까지 후들거리고... 계곡 트레킹이니 힘들지 않을 거라 속단한 것이 얼마나 착각인지... 이 구간은 가파른 정상을 오르는 것과 거의 맞먹을 정도다.

가쁜 숨을 몰아쉬며 간신히 전망대에 올라서니 거의 직각 형태의 거대한 절벽... 아찔하게 쏟아지는 하얀 폭포수가 아래로 아래로 연이어 흐르고 그 끝이 보이지 않는다. 마치 골짜기의 침침한 바위들이 하얀 비단옷을 걸치고 멋진 춤사위를 벌이는 모양새다. 그야말로 힘겹게 올라온 수고가 아깝지 않은 멋진 광경이다.

힘찬 물줄기를 바라보며 이제 되돌아 내려가고... 오를 때는 그렇게 힘들더니 내리막은 술술 잘도 내려간다. 아래로 내려서니 시명폭포(12) 팻말이 보이지만 힘들기도 하고 시간상 다음 기회에 가기로 한다. 다시 은폭포 입구에 되돌아오고 여기부터는 계곡이 아닌 소금강 전망대(0.8km) 쪽으로 내려간다.

　평탄한 숲길을 따라 전망대(소금강)에 다다르니 저멀리(맞은편) 아까 올랐던 선일대 정자가 손톱 만하게 보인다. 반원형으로 만들어진 전망대는 아래로 천길만길 낭떠러지… 현기증이 날 정도로 아찔하여 감히 밑으로 내려다볼 수도 없고 난간을 잡았는데도 으악~ 소리가 절로 난다. 저멀리 나무들 사이로 아주 작게 관음폭포와 연산폭포가 보이지만 공포감에 부들부들 떨며 서둘러 전망대를 빠져나온다. 휴우~ 풍경은 멋진데 무지하게 무셔워…

　뒤돌아 점차 마음을 가라앉히며 돌계단을 내려가니 곧이어 내리막 데크계단이 이어진다. 그런데 계단은 내려가고 또 내려가도 끝이 보이지 않고 거의 실폭포 계단 수준이다. 아래에서 올라오는 산객들은 기진맥진하고 내려가는 산객들은 다행이라 생각한다. 이윽고 아래로 내려서니 보현암 쪽으로 다시 계단이 이어진다. 하지만 얼마되지 않아 암자에 이르고 앞마당을 지나 숲길로 천천히 내려온다. 이윽고 오전의 그 멋진 계곡이 다시 보이기 시작하고 계곡 따라 보경사 주차장 쪽으로 향한다. 계곡 여기저기에는 물놀이객들로 꽉 들어차 있는데 오늘도 여전히 시간에 쫓긴다. 다음에는 부디 저들처럼 여유롭기를…

광덕산

2018년 08월 26일 **074**

유래 자비를 널리 중생에게 베푼다는 광덕보시에서 유래. 광덕사에는 천안이 호두과자로 유명하게 된 것을 알 수 있는 호두나무가 있는데 수령이 400년 넘는 천연기념물398호.

광덕산은 덕이 많은 산일까... 웬지 산세가 둥글둥글 부드러운 모습일 듯하다. 이른 아침 서둘러 2시간 후쯤 천안에 도착한다. 잔뜩 흐린 하늘에 강당골 주차장은 차들이 가지런히 주차되어 있고 팻말(정상3.2km)이 눈에 띈다. 산행 중 비가 내리지 않기를 바라며 산입구 쪽으로...

얼마되지 않아 낡은 계단이 나오고 길가의 정자가 시원해 보인다. 숨가쁘게 계단을 벗어나니 다행히도 완만한 숲길에 중간중간 널따란 평상이 놓여있다. 별로 눈에 띄는 것이 없는 숲길은 동네뒷산에 오르는 것같고 어느덧 임도에 다다른다(정상1.0km)

여기부터는 약간 가파르게 오르지만 그래도 평범한 오르막... 정상0.5km 지점부터는 돌계단이 나오는데 여기가 난코스라면 난코스다. 오르고 올라도 돌계단은 거의 정상이 보일 때까지 계속되더니 정상이 코앞에 다다르자 나무계단이 이어진다.

하늘이 열리며 널따란 헬기장에는 정상석(광덕산699.3m)이 서있고 너무 수월하게 정상에 이르니 허탈감마저 든다. 산객들은 사진찍느라 분주하고 사방은 나무로 둘러싸여 구름 낀 저편으로 능선만 조금 보일 뿐이다. 빗방울이 떨어지지 않으니 그나마 다행이고 잠시 숨 돌린 후 하산(장군바위1.2km)하기 시작한다.

폐타이어 데크계단을 천천히 내려가는데 가도가도 끝이 보이지 않는 것이 좀전 오르막 돌계단과 비슷한 거리인 것같다. 이윽고 아래로 내려서니 널찍한 숲길이 완만하여 걷기가 편안하다. 가볍게 약수터갈림길을 지나 줄곧 수월하게 내려오니 아무렇게 쌓아올린 돌무더기가 그나마 숲속에 변화를 준다. 잠시후 커다란 바위(장군바위)가 보이는데 워낙 바위가 없다보니 커다란 바위지 객관적으로 봤을 때는 그렇게 크지도 않고 모양도 별다를 게 없다.

바위를 기점으로 이제 왼쪽으로 내려가기 시작, 잠시후 계단을 내려서자 좀더 작은 바위가 나오더니 안내판(장군약수터)이 보인다. 약수터라 해서 맑은 물을 기대했건만 음푹 들어간 바위 밑에는 이끼만 파랗게 끼어 있다.

뒤돌아 숲길을 내려오는데 점점 빗방울이 후두둑... 후두둑... 재빨리 배낭에서 비옷을 꺼내는데 그사이 기온이 한풀 꺾였는지 후덥지근하지가 않다. 점점 굵어지는 빗방울은 급기야 빗줄기로 변하고... 흙길도 어느새 돌블럭길로 바뀐다. 빗물에 미끌거리는 숲길은 마치 가리왕산 숲길과 비슷한 느낌이고 비옷을 입은 산객들도 알록달록 비슷한 느낌이다.

얼마후 가로질러 임도가 나오고 팻말(강당골 계곡1.2km)이 보인다. 계곡에는 물이 거의 말라있고 볼품없는 바위들 사이로 썩은 낙엽만 수북이 쌓여있다. 냇물을 건너 커다란 바위를 돌아나오니 완만한 숲길 따라 중간중간 평상이 보인다. 얼마후 하늘이 열리고 저멀리 희긋희긋 건물이 보인다.

마을 어귀에 들어서니 용담교 너머로 강당사가 보이고 도로를 따라 내려간다. 곧이어 아침에 출발했던 주차장에 되돌아왔지만 비가 여전히 내려 바지와 신발이 구질구질 젖어있다. 그나마 다행인 것은 산이 험하지 않아 안전하게 내려올 수 있었다는 것. 그러고 보니 이산은 기후조건(비나 눈)에 구애없이 편안하게 오를 수 있는 산인 것같고 그래서 두루두루 덕이 많은 산인가보다.

변산
2018년 09월 02일 ⓞ75

유래 바닷가 옆에 있는 산으로 내변산, 외변산으로 나뉨.
내변산(산쪽) 직소폭포, 월명암, 낙조대, 내소사 등
외변산(바다쪽) 채석강, 적벽강, 변산해수욕장 등

내변산은 어떤 변두리 안쪽에 있는 산이라는 것인가? 그렇다면 커다란 강이나 바다와 함께 있는 산…?

시원스레 펼쳐지는 풍경을 기대하며 3시간 반쯤 부안에 도착한다. 차에서 내리니 아스팔트 도로(남여치)… 파란 하늘에 흰구름이 뭉실뭉실… 화장실 가까이 변산반도 종합게시판과 함께 팻말(월명암1.9km)이 보인다.

화장실을 다녀온 후 계곡을 따라 다리를 건너니 가파른 나무계단이 이어진다. 곧이어 너덜오르막이 지그재그… 더위가 한풀 꺾였다지만 바람 한점 없는 오르막은 답답하고 땀마저 송글송글… 얼마후 저기 산객들이 쉬고 있는 모습이 보인다(월명암1.5km)

휴우~ 이제 경사도 완만해지고 바람도 살랑살랑… 점점 능선으로 바뀌는 숲길은 얼마후 길가에 돌무더기가 보일쯤 나무기둥에 심심찮게 이름표가 보인다. 이어 산허리를 돌아가자 너도밤나무 나도밤나무가 쭉쭉뻗어 있는데 실제로 보니 신기하기만 하다. 사실 나무자체로서는 별 특이한 게 없지만 특이한 이름 때문에 보통 밤나무와 어떻게 다른지 궁금했었다. 그런데 이 나무에도 밤이 열리는지…?

잠시후 쌍선봉 삼거리가 나오는데 낙조대로 가는 길이 출입금지로 되어 있다. 곧이어 월명암 쪽으로 내려가니 도랑같은 냇물이 나온다. 오른쪽 언덕으로 점점 노란꽃(붉노랑상사화)이 보이기 시작하더니 이내 꽃들이 지천으로 깔려있다. 밝은 꽃들에 갑자기 봄이 온듯하고 상사화는 붉은색만 있는 줄 알았는데 노랑꽃이 화사한 느낌을 준다. 암자의 담장 사이로 붉은 백일홍이 탐스럽게 피어 있고 왼쪽으로는 대나무가 빼곡히 들어서 있다.

담장위로 치솟은 지붕은 마치 독수리가 날아가듯 파란 하늘을 향해 우아하게 날개

짓하고 있다. 그림같은 풍경에 둘러싸인 앞마당에는 잘 가꾸어진 꽃과 나무들로 가득하고 무엇보다 이 암자의 위치가 기가 막히다. 뒤에는 산이 둥그렇게 막아주고 앞에는 천리라도 보일 것처럼 탁트여 저멀리 가물가물한 능선까지 다 보인다. 하늘은 왜 저리도 푸르고 구름은 또 왜 저토록 아름다운지... 자꾸만 발길을 잡는 참으로 고요하고 아늑한 곳... 언젠가 다시 오고 싶은 곳...

이제 아쉬움을 남기며 발길을 재촉(직소폭포2.9km) 숲길 따라 쭉쭉뻗은 오솔길을 평탄하게 내려간다. 이제 살짝살짝 능선이 보이고 잠시후 바위 전망대가 나온다. 유난히도 파란 하늘에 흰구름이 탐스럽고 저멀리 시원스레 펼쳐지는 능선 사이로 손바닥만 하게 호수 같은 것이 보인다.

암릉길을 따라 내내 전망이 탁트이고 가늘게 절리된 바위는 특이한 형태를 이룬다. 떨어져 내린 돌조각들이 여기저기 나뒹굴고 오른쪽은 천길낭떠러지... 목재난간이 아슬아슬 이어지며 낭떠러지 너머로 능선들이 파랗다 못해 검푸르다. 아찔한 암릉 끝쯤에는 탐스런 소나무들이 뾰족한 바위를 품고 있는데 삼각김밥처럼 뾰족하게 솟아있는 모습이 피라밋을 연상케 한다.

이제 암릉길을 뒤로하며 왼쪽으로 계단을 내려가고 길 양옆으로는 산죽이 빼곡하다. 시원스레 뻗은 나무기둥에 각기 다른 이름표를 보며 참으로 나무 종류도 많다는 생각을 한다. 그때 어디선가 쏴아~ 물소리가 들리더니 점점 크게 들려온다. 이윽고 계곡이 보이기 시작하고 잠시후 팻말(직소폭포0.9km)이 나온다.

계곡 따라 직소보 다리를 건너고 좀전 내려오면서 보았던 그 호수를 향해 발걸음을 서두른다. 데크길로 이어지는 탐방로는 널따란 전망대로 바뀌더니 시야가 탁트이고... 잔잔하게 펼쳐지는 호수... 그런데 정작 기대했던 폭포는 보이지 않고 물소리만 들릴 뿐이다. 이곳은 폭포에서 흐르는 물을 막아 농업용수로 댐(호수)을 만들어 놓은 것이란다. 폭포를 찾아 호숫가를 지나고... 숲으로 둘러싸인 잔잔한 호수는 향수를 불러일으키며 뭔가 알 수 없는 여운을 남긴다.

이제 숲길에 들어서고 잠시후 선녀탕 쪽으로 다가가니 음폭 패인 웅덩이에 맑은 물이 쏴아... 보일듯 말듯 웅덩이를 가린 커다란 바위... 바위 사이로 하얀 옷을 입은 선녀가 보일듯 말듯... 불현듯 설악산의 십이선녀탕이 더욱 궁금해진다.

다시 숲길을 따라 오르막 데크계단(내소사3.7km)이 이어지더니 점점 폭포소리가 크게 들려온다. 이윽고 데크전망대에는 산객들의 즐거운 비명과 저멀리 거대한 폭포가 신비롭게 다가온다. 아찔한 암벽 사이로 우렁차게 솟구치는 폭포수... 사자가 포효하듯 거세게 쏟아지는 물줄기가 웅장하다. 폭포 따라 흐르는 계곡은 눈부신 햇살 아래 한폭의 그림처럼 이어지고...

아쉬움을 뒤로한 채 다시 숲길로 접어들고 여전히 폭포소리가 들려온다. 얼마후 빠끔히 폭포의 시퍼런 웅덩이가 보이더니 낙하하는 물줄기가 살짝 지나간다. 잠시후 왼쪽으로 계곡이 보이기 시작하고 이런 자그마한 계곡물이 모여 그런 엄청난 폭포수를 이루다니...

한동안 계곡 따라 시원하게 가는데 저기 한 무리의 산객들이 시간가는 줄 모르고 물놀이에 열중한다. 가까이 다다르니 바위 사이로 쏟아져 내리는 물줄기가 시원하고 야트막한 계곡물이 물놀이에 안성맞춤이다. 신난 그들을 뒤로하며 오른쪽으로 돌아가자 재백이 다리가 나온다. 다리 아래위로 계곡의 풍경이 아름답게 펼쳐지고...

천천히 데크계단을 올라서니 돌블럭길을 따라 커다란 바위가 나온다(재백이 고개) 저멀리 희미하게 마을풍경이 펼쳐지며 바다와 하늘이 하나로... 탁트인 시야에 갑자기 섬에 온 듯하다.

언덕을 올라 숲속으로 들어가니 맞은편의 거대한 암벽이 치마를 두른 듯 봉우리를 에워싸고 있다. 오르막길은 점점 암릉길로 바뀌어 거대한 암벽 쪽으로 향하고... 이윽고 아찔한 암벽을 조심조심 올라간다. 오를수록 낭떠러지가 까마득... 맞은편의 거대한 암벽도 살아 움직이듯 꿈틀꿈틀... 두려움에 떨며 전망대에 다다르니 탁트인 시야에 끝없는 바다... 겹겹이 둘러싸인 능선... 넓은 벌판에 올망졸망 마을풍경... 저멀리 우뚝솟은 암봉은 바위란 바위는 모두 모인 것처럼 온통 바위투성이... 저런 무지막지한 암벽 사이로 올라가는 길이 있다는 것이 신기할 따름이다.

이제 철계단을 따라 아래로 내려서니 다시 오르막 돌블럭길이 이어진다. 얼마후 산객들의 웅성임 소리와 함께 관음봉삼거리에 이르자 갑자기 물밀듯 오가며 북적이는 산객들... 그들을 비집으며 서둘러 정상(관음봉0.6km) 쪽으로 발길을 재촉한다.

그런데 벌써부터 낭떠러지를 따라 철난간이 이어지고 조심조심 산허리를 휘돌아간다. 곧이어 울퉁불퉁 너덜길에 힘겹게 바위를 오르니 계속되는 바위길을 따라 저 앞에 웬 돔(?)으로 된 터널이 보인다.

터널에 들어서자 왼쪽으로는 천길낭떠러지... 오른쪽으로는 아찔하게 치솟은 절벽...

저절로 몸이 움츠러들고 이 끝도 보이지 않는 아슬아슬한 다리를 따라 숨죽이며 벼랑길을 건넌다. 결국 돔 모양의 보호벽은 낙석위험방지를 위해 설치된 안전망으로 한차례 더 이런 돔 구간이 이어진다.

그런데 이제는 한술 더 떠 가파른 암벽길에 급기야 까마득히 보이는 오르막 계단... 오르고 또 오르고... 끝도 없이 이어지는 오르막은 급기야 끙끙 앓는 소리를 내며 기진맥진 올라간다. 그 와중에도 저편 능선이 한눈에 들어오는데 직소폭포의 호수(직소보)가 옹달샘보다도 작게 보인다. 다리는 천근만근... 입에서는 단내가 날 지경이고 거의 녹초가 되어 가까스로 계단을 올라서니 맙소사~ 고대하던 정상은 보이지 않고 팻말(관음봉0.2km)만...

어~ 200m를 더 올라야 된다고...? 지금 이 상태로는 200m는 커녕 2m도 2km처럼 보일 지경인데... 크게 숨을 쉬며 마음을 다잡고 한발한발 올라가기 시작한다. 이윽고 점점 하늘이 열리기 시작하더니 저 앞에 희미하게 팻말이 보인다. 이제야 좀 기운이 나는 것같고 안간힘을 쓰며 드디어 정상에 다다른다.

그런데 정상석 뒤에는 웬 짐더미(보수공사를 하기위한 임시 적재물)가 쌓여있고 그 적재물이 찍히지 않도록 최대한 옆쪽으로 사진을 찍는다. 앞쪽 데크전망대에서는 와아~ 탁트인 시야... 해안을 따라 끝없이 펼쳐지는 하늘... 바다... 능선... 올망졸망 마을풍경이 하얀 햇살에 보석처럼 빛나며 아름다운 신세계가 펼쳐진다. 저멀리 골짜기에는 동전만한 호수가 에머럴드처럼 반짝이고 지나온 능선길은 실타래를 풀어놓은 것처럼 가늘다. 주변의 풍경은 힘들게 올라온 수고가 결코 헛되지 않을 만큼 아름답고 지금까지 정상풍경 중 가장 수려한 것같다. 어느새 피로가 점점 사라지고 앞으로도 이러한 모습을 변함없이 볼 수 있기를...

이제 아쉬운 발걸음을 재촉하며 다시 관음봉삼거리로 서두르고... 오를 때는 그렇게도 힘들더니 내리막은 술술 잘도 내려간다. 어느덧 삼거리에 되돌아와 이제 내소사 쪽으로 향한다.

다행히 완만한 숲길은 발걸음을 빠르게 하고 얼마후 암릉을 따라 저멀리 마을풍경이 더 가까이 보인다. 이내 다시 숲길이 이어지더니 거의 내려올 무렵 쯤 갑자기 헬기장처럼 널따란 공간에 산객들이 물밀 듯 분주하다. 앞에는 쭉쭉뻗은 전나무가 빼곡하고 나무 아래로 그림같은 임도가 직선으로 펼쳐진다. 바로 근처에 내소사가 자리잡고 있어 산객들이 오가는 중...

　광장 주변에는 노오란 상사화가 봄날을 맞은 듯 흐드러지게 피어있고 지친 산객들은 연달아 카메라 셔터를 누르며 즐거워한다. 하늘거리는 꽃을 보니 하루의 피로가 점점 사라지고 전나무 숲을 따라 주차장 쪽으로 발걸음을 재촉한다.

금정산
2018년 09월 09일 076

유래 산마루에 우물이 있어 한마리 금빛나는 물고기가 오색구름을 타고 하늘에서 내려와 우물 속에서 놀았다는 전설이 있으며 지금도 고당봉 근처에는 그 전설을 간직한 금샘이 있다.

금정산은 산속에 금빛 옹달샘이 있다는 것인가... 그렇다면 그 샘이 얼마나 신비로울까...?

이른 아침 서둘러 장장 5시간 후 부산에 도착한다. 구불구불 좁은 도로를 따라 어렵게 산성고개에 다다른다. 차에서 내리니 고개를 가로질러 고가다리가 보이고 동문 0.6km 방향으로 고가다리를 건넌다.

이어 오른쪽으로 나지막한 산성이 쭉~ 이어지더니 높다랗게 동문이 솟아있다. 주변에는 오래된 소나무가 여기저기 운치있게 서있고 옛 세월의 흔적에 고적답사를 온 듯한 느낌이다. 숲길은 도로처럼 널찍하고 트레킹코스처럼 평탄하다. 모처럼 편안하게 숲길을 따라가고... 얼마후(고당봉5.2km) 소나무 숲이 멋지게 펼쳐진다.

상쾌한 발걸음으로 숲을 빠져나오니 하늘에는 뭉게구름이 둥실둥실... 저멀리 올라야 할 봉우리들이 올록볼록... 점점 빌딩들로 빼곡한 시내전경이 보이기 시작하고 길가에는 야생화가 방긋방긋... 길을 따라 산성이 구불구불 이어지니 굳이 길찾기 할 필요없이 산성만 따라가면 된다. 이따금씩 커다란 바위를 지나 점점 시내전경이 뚜렷이 들어온다.

제4망루에 다다르니 저멀리 아찔한 암벽이... 꼭대기에는 울긋불긋 산객들 모습이 보이는데 저 높은 곳을 어찌 올랐는지... 가까이 다가갈수록 암벽은 암봉으로 변하고 오르막길이 요리조리 용케도 나있다. 조심조심 꼭대기에 올라서니 뜻밖에도 정상석(의상봉)이 서있고 시내전경이 한눈에 들어온다. 앞쪽 저멀리에는 하얀 산성길이 뱀처럼 구불구불 숲속으로 사라진다.

이제 그 하얀 산성길을 따라 원효봉을 지나고 얼마후 데크길을 따라 고당봉2.3km 지점에 다다른다. 잠시후 평탄한 길을 따라 갑자기 널따란 공간이 펼쳐지더니 성문(북문)

이 높다랗게 솟아있고 산객들이 여기저기 분주하다. 곧이어 커다란 건물(금정산탐방지원센터)에 샘물(세심정)이 시원하게 쏟아지고 커다란 유리상자에 갇힌 고당봉 정상석이 눈에 띈다. 사연인즉 정상석이 2016년 8월1일 낙뢰로 파손되어 이곳에 보존되어 있다고. 그러니 지금의 정상석은 새로 세운 것이다.

이제(고당봉0.8km) 가파른 돌계단을 오르는데 그동안 길이 워낙 평탄해서 상대적 가파름이지 막상 경사만 좀 급할 뿐 길도 넓고 오르기도 수월하다. 숲길 따라 얼마후 갈림길의 오른쪽으로 팻말(금샘0.4km)이 보인다. 바로 그 금빛 옹달샘…?

기대에 부풀어 발걸음을 재촉하고… 이미 다녀오는 산객들이 하나둘 맞은편에서 나타난다. 잠시후 이게 어찌된 일인가… 앞에는 샘이 아닌 커다란 바위가 보이고 가까이 다가갈수록 그 바위는 점점 거대하게… 이윽고 우뚝솟은 바위를 오를수록 앞은 널따란 암벽지대로 바뀐다.

드디어 꼭대기에 올라서니 탁트인 시야에 커다란 바위가 압도적이고 아래로는 아슬아슬 낭떠러지… 바로 코앞의 또다른 바위 정수리에 움푹 파인 웅덩이가 보이는데 거의 물이 고이지 않은 채 하늘을 향해 입을 벌리고 있다. 말이 웅덩이지 실제 크기가 세숫대야 정도로 밖에는 보이지 않고 물빛도 금빛이 아닌 거무칙칙한데 어찌 금샘이 되었는지… 그래도 하늘은 시리도록 파랗고 발아래 주변의 풍경은 눈부시게 빛난다.

이제 부지런히 갈림길에 되돌아오고 직진하여 정상 쪽으로 발걸음을 옮긴다. 얼마되지 않아 데크계단이 까마득히 이어지고 오를수록 하늘로 치솟은 바위가 시선을 압도한다. 절벽 사이로 시내전경이 절묘하게 어우러지며 점점 시야가 트이기 시작한다. 중간 전망대에 다다르니 탁트인 시야… 코앞에 보이는 암봉(정상)은 산객들이 북적북적… 주변의 풍경은 시원스레 펼쳐지고…

잠시후 거의 정상 무렵 조그만 신당에는 현판(금정산 산신각)이 걸려있고 촛불과 향이 피어있다. 이윽고 꼭대기에 올라서니 온통 바위… 바위… 바위… 한가운데에는 정상석(고당봉801.5m)이 우뚝 솟아있고 이것이 낙뢰로 새로 세운 정상석…. 파아란 하늘에는 흰구름이 자유롭고 저멀리 능선들이 빼곡하다. 빙둘러 시내의 모습이 어디를 둘러봐도 하얗게 빛나고 빼곡한 빌딩숲이다. 아래로는 천길만길 낭떠러지… 바람마저 심하게 부니 난간을 잡고 있어도 위태위태… 아련히 펼쳐지는 풍경들은 현기증이 날만큼 아득하고… 바람에 날릴세라 모자를 단단히 잡고 천천히 내려간다.

이제 범어사 쪽으로… 그런데 아찔한 계단에 멈칫멈칫… 나선형으로 내려가는 계단은 밑으로 낭떠러지가 훤히 내려다보여 선뜻 발이 내딛어지지 않는다. 잠시 망설이다 눈을 감고 더듬더듬 내려간다. 간신히 아래로 내려서니 이제야 겨우 바람이 잦아들고 숲길이 이어진다. 쭉쭉뻗은 전나무가 시원스레 펼쳐지며 마음을 안정시키고 잠시후 하늘 높이 치솟은 철탑이 보인다. 이윽고 널따란 공간에 팻말(직진 장군봉, 오른쪽 범어사 3.4km)이 서있고 이제 오른쪽으로 내려가기 시작한다.

다행히도 완만하고 넓은 숲길은 술술 잘도 내려가고… 어느덧 청연암에 다다른다. 제법 넓은 암자의 중앙에는 수많은 부처형상이 나열되어 있고 주변에는 나무들이 빼곡하다.

곧이어 시멘트 도로를 따라 한동안 내려가니 산객들이 북적북적… 차들이 여기저기… 오른쪽으로는 사찰(범어사) 담장이 이어지고 널따란 광장에는 수많은 비석들이 세워져있다. 사찰의 어마어마한 규모에 이곳이 얼마나 오래되고 유명한지 짐작이 간다.

사찰을 뒤로하며 아스팔트를 따라 주차장 쪽으로 향하고… 여전히 분주한 산객들과 분주한 차들이 이산이 얼마나 유명한지 알 수 있게 한다.

한라산

2018년 09월 23일 077

유래 '한'은 은하수를 뜻하며 '라'는 맞당기다 로서 산이 높으므로 산정에 서면 은하수를 잡아당길 수 있다는 뜻.

백록담 흰사슴이 물을 먹는 곳이라는 뜻.

2007년 유네스코 세계자연유산으로 등재, 1970년 국립공원으로 지정, 1966년 천연기념물 제182호 지정.

한라산은 우리나라 최남단의 기점으로 최북단의 백두산과 쌍벽을 이루는 그 자체로 꿈동산이다. 누구나 정상의 신비로운 백록담이 실제로 어떻게 생겼는지 궁금하겠지만 직접 올라가서 확인할 수 있는 사람들은 그렇게 많지 않을 것이다. 필자 역시 100대 명산을 찾아다니며 글쓰기를 하지 않았다면 그저 어릴 적 꿈꾸어온 동심의 산이거나 머릿속에서 맴도는 상상의 산으로 가끔씩 TV나 그림을 통해 그냥 스쳐지나갔을 것이다. 그런데 그렇게 꿈꾸던 산을 그동안의 수고로 드디어 오를 수 있게 되다니…

설렘으로 가득찬 시간이 지나고 마침내 오후2시 서울을 빠져나간다. 추석명절인데도 생각보다는 차가 덜 막히고 가는 도중 두번 휴게소에서 쉬면서 8시 좀 지나 목포항에 도착한다. 차에서 내리니 비릿한 밤공기와 함께 활어들로 가득한 식당들이 즐비하고 간단하게 저녁식사를 한다. 이제 제주행 승선을 위해 길게 줄을 서고 명절연휴로 산객들이 북적북적… 외국인들도 꽤 눈에 띈다. 저마다 즐거운 설렘으로 승선을 기다리다 차례로 표와 신분증을 검시원에게 제시하며 배에 오르기 시작한다.

배 안으로 들어오니 중앙 로비에는 제복을 입은 선원들이 방을 안내하고 양쪽 통로에는 번호를 적은 방들이 쭉~ 나열되어 있다. 방안으로 들어오니 마룻바닥으로 되어있는 넓은 공간이 양쪽으로 나뉘어져 야외용 돗자리를 깔고 여럿이 눕는다. 배의 진동… 왁자지껄 떠드는 소리… 낯선 곳에 대한 어색함… 눈은 감고 있지만 잠은 오지 않고 무엇보다 점점 추워 두꺼운 패딩 옷이나 담요를 준비해 오지 않은 것에 아차 한다. 아쉬운 대로 캐리어 가방에서 얇은 옷이라도 끼어 입으니 그런대로 견딜만하다. 계속되는 소음 속에서 비몽사몽 시간은 가고… 어느덧 선내 방송에서 5시40분에 제주에 도착한다는 안내방송이 나온다. 이제 일어나 시간에 맞춰 내릴 준비를 하고 많은 산객들과 함께 차례로 배에서 내린다.

　이제야 우리가 타고 온 배(Santa Lucino)의 모습이 보이고 맞은편에 대형버스(제주에 머무는 동안 이동수단)가 기다리고 있다. 간단히 해장국을 먹은 후 버스에 올라 한라산 들머리인 성판악에 7시30분쯤 도착한다. 널따란 성판악탐방안내소에는 이미 산객들이 북적북적, 화장실을 다녀온 후 김밥 두줄을 배낭에 넣고 드디어 꿈에 그리던 산을 향해 발걸음을 옮긴다.

　설렘 가득 두리번두리번 오르는데 전형적인 숲길에는 돌이나 자갈들이 송송 구멍이 뚫리고 불에 녹아내린 채 그대로 굳은 거무스름한 빛깔이 스스로 화산임을 증명하고 있다. 완만한 오르막은 그다지 별 어려움이 없지만 중간중간 이어지는 계곡에는 하나같이 물 한방울 보이지 않으니 덩달아 목마른 느낌이 든다. 또한 숲을 온통 뒤덮은 산죽은 척박한 땅에서 거칠고 질긴 생명력을 보여준다. 나무들도 잎보다는 줄기가 더 많이 뻗어 있어 마치 새싹이 삐죽삐죽한 봄철의 숲처럼 회색빛이 감돈다.

　얼마후 탐방로 안내판에 속밭(쑥밭을 이르는 제주 속어)대피소가 1km라고 되어있다. 곧이어 이번에는 진달래밭 대피소를 12시30분까지는 통과해야 정상에 갈수 있다는 안내판이 나온다. 부지런히 발길을 서두른데 저 앞에 어른어른 건물(속밭 대피소)이 보인다. 가까이 다다르니 헬기장 정도의 공간에는 화장실과 대피소 건물이 있고 마당 일부는 마루로 되어 산객들이 옹기종기 쉬고 있다.

　잠깐 화장실을 다녀온 후 데크길을 지나 너덜길을 오르고... 얼마후(해발1,200M) 왼쪽으로 사라오름(신성한 곳을 뜻하는 고어) 입구가 나온다. 왕복 1.2km, 약간 망설이다 궁금해서라도 오를 수밖에... 오래된 데크계단은 약간 가파르지만 오르기에 편안하고 생각보다 빨리 호수에 다다른다. 탁트인 시야에 잔잔한 호수는 주왕산의 주산지보다 좀 작지만 비슷한 느낌이랄까... 은은히 호수에 비친 봉우리가 운치를 더하고 가을단풍에는 한층 더 신비할 듯하다. 빙둘러 데크길은 저멀리 봉우리 전망대까지 쭉~ 이어지고 까마득한 전망대길은 무척이나 길어 보인다. 12시30분 안에 진달래 대피소에 도착해야 되니 여기서 발길을 돌릴 수밖에... 다시 내리막계단을 서둘러 내려가고 어느덧 단숨에 입구에 되돌아온다.

　정상을 향해 너덜길과 데크계단을 번갈아 오르는 동안 점점 하늘이 열리고 주변의 나무들은 점점 작달막... 나뭇잎마저 듬성듬성... 산죽은 미친 듯이 번져나가고... 암튼 시야가 트이기 시작하니 답답하지가 않다. 저멀리 민둥산처럼 둥그스름한 봉우리가 정상봉인가…? 얼마후 산죽 사이로 희끗희끗 건물이 보이더니 이윽고 속밭 대피소보다 좀 더 널따란 공간(진달래대피소)이 나온다. 역시 산객들이 북적북적… 화장실과 대피소 건물도 넓고 마당은 전부 마루로 되어있다. 여기저기 산객들이 쉬기도 하고 간식도 먹고 배낭에서 김밥을 꺼내 맛있게 먹는다. 알림판에는 정상 등산 통제시간 12시30분, 정상 최종 하산시간 14시라고 되어있다.

이제 한숨 돌렸으니 다시 출발, 주변의 나무들은 점점 더 작달막… 게다가 반쯤은 푸른색 반쯤은 고사되어 회색빛을 띠니 삭막한 것도 아니고 그렇다고 무성한 것도 아닌 애매모호한 풍경이… 게다가 더 재밌는 광경은 나뭇가지들이 거의 옆으로 나란히 쏠려 있는데 아마도 세찬 바람의 영향인 듯하다. 표지석(해발1,600M)을 지나 데크길을 통과하고… 돌계단을 오르고… 갈수록 주변에는 고사목들이 즐비하다. 이윽고 표지석(해발1,700M)을 지나니 온통 회색빛으로 아예 고사목지대가 펼쳐지며 영화 '킬링필드'가 떠오른다. 저멀리 둥그스름한 봉우리가 점점 가까이 다가오고 계속되는 데크길은 저기 봉우리까지 허옇게 이어진다.

이제 데크길을 올라서니 시야가 탁트이며 가파른 언덕위로 데크계단이 이어진다. 갑자기 오르내리는 산객들이 불어나고 외국인들도 제법 눈에 띈다. 오른쪽으로 표지석(해발1,800M)이 보랏빛 엉겅퀴꽃과 어우러져있고 왼쪽으로는 탁트인 시야에 저멀리 바다가 한눈에 들어온다. 가파른 오르막은 다행히 폭도 넓고 편한 높이로 되어있는데 점점 심하게 불어대는 바람으로 모자가 자꾸만 벗겨지려한다. 모자를 단단히 맨 후 바람막이를 꺼내 재빨리 입는다.

이제 주변에는 키 큰 나무는 전혀 보이지 않고 어쩌다 듬성듬성 보이는 키 작은 나무도 거의 땅에 눕다시피 뻗어있다. 언덕에 쫘~악 깔려있는 잡초들도 바람으로 납작 누워있고 그마저 갈수록 까만 돌과 바위들이 점령하여 야생초들은 자취를 감추고 있다.

이어 데크계단이 까만 돌계단으로 바뀌더니 하늘의 구름이 심상치 않고 여전히 바람이 거세게 분다. 온통 스산한 분위기가 어쩐지 다른 산에서 느낄 수 없는 오묘함이 묻어난다.

돌계단이 다시 데크계단으로 바뀌고 오른쪽으로 표지석(해발1,900M)이 나온다. 잠시후 저기 꼭대기에 북적북적 산객들이 보이고… 세찬 바람을 가르며 드디어 정상에 다다른다. 기나긴 데크계단은 자그마치 여기 정상까지 이어지니 그 길이가 얼마나 긴지 가히 짐작이 가리라... 주변은 온통 바위... 바위... 바위... 돔 형태로 지어진 안내소 겸 대피소는 아마도 바람을 견디기 위해 둥그렇게 지어진 것같다. 정상주변 바닥은 온통 마루로 되어있고 산객들이 삼삼오오 둘러앉아 쉬기도 하고 간식을 먹기도 한다. 한쪽에 서있는 정상석(백록담1950m)은 검은돌에 하얀글씨(한자)로 멋지게 쓰여있고 사진을 찍기 위해 산객들이 길게 줄을 서있다.

그런데 정상석 뒤로 거대한 백록담이 어떻게 생겼을까...? 언덕을 오를수록 바람이 세차게 불어오고 어쩐지 가슴이 두근두근... 선뜻 바라보기조차 두려운 순간... 그동안의 긴 기다림 끝에 이제 드디어 백록담을 보게 되다니... 잠시 머뭇머뭇... 드디어 분화구 쪽을 바라보니 와아~ 저멀리 옹달샘만한 물웅덩이가... 거대하게 파인 분화구 중앙 쯤에는 손바닥만 한 호수가 덩그러니... 아까 사라오름에서 보았던 그 호수보다도 훨씬 작아 보이는 물웅덩이가 그 거대한 분화구 한가운데에 새초롬히 고여 있다. 워낙 분화구가 거대하니 상대적으로 호수가 작아 보이는 걸까... 그것마저도 바람이 세차게 불어대니 사진도 맘대로 못 찍고 겨우 몇 장만... 이 거대하고 웅장한 분화구는 수많은 시간의 흐름 속에 과거*현재*미래로 끊임없이 이어가리라... 그러한 시간 속에서 이 순간은 찰나보다 더 짧은 순간이 될지니 새삼 인생무상이 느껴진다. 영화의 필름처럼 화왕산의 분화구가 스쳐가고... 후지산의 분화구가 스쳐가고... 지금 이 순간 한라산의 백록담을 보고 있으니 이제 백두산 천지가 궁금하다. 파아란 하늘의 찬란한 햇살이 거대한 공간에 드리우고 이 순간 산과 동화되어 참으로 위대한 하루를 보낸다. 세찬 바람에 떠밀리다시피 분화구를 내려오고 북적이는 산객들을 뒤로한 채 이제 관음사 방향으로 내려가기 시작...

완만하게 내려가는 데크계단은 편안하고 더구나 백록담에 대한 궁금증으로 잔뜩 긴장했던 터라 의문이 해소되니 마음이 홀가분해지고 발걸음이 가벼워진다. 그리고 피식~ 웃음이 나는 것은 그동안 백록담에는 실제로 사슴들이 물을 마시며 유유자적 살고 있을 거라 상상했는데...

한편 정상에서 멀어질수록 바람도 잦아들고 주변의 허연 고사목들이 이국적 느낌이다. 땅에 엎드린 파란 나무들을 바라보며 강한 생명력을 느끼고 강한 바람에 기묘하게 뻗은 나뭇가지들이 신기하다. 게다가 고사목의 허연 나뭇가지들이 하나같이 옆으로 쏠려 마치 생선뼈를 발라놓은 듯하다.

얼마후 탁트인 전망대에 다다르니 맞은편 거대한 암봉(용암절벽)이 시선을 압도한다. 파아란 하늘과 가물거리는 능선, 푸른 바다가 어우러져 한폭의 그림이 걸려있는 듯하다. 계단을 따라 여전히 고사목과 작달막한 나무들이 즐비하고 점점 산죽이 늘어나기 시작한다. 이제 표지석(해발1,800M)이 묻힐 만큼 산죽이 빼곡하더니 얼마후 하얀 자작나무가 우아하게 나타난다. 특이하게 꼬인 굵다란 나뭇가지가 마치 수백 년도 넘은 듯한 산삼뿌리 같기도 하고 천지창조 그림의 우아한 곡선인 듯하기도 하고...

이제 데크길을 따라 탁트인 벌판이 나오더니 길옆에 헬기장이 보인다. 곧이어 집터처럼 널따란 공간에 알림판이 서있는데 이곳은 용진각대피소로 2007년 태풍 '나리' 가 휩쓸어갔다고... 저멀리 좀전 그 거대한 암벽(용암절벽)이 병풍을 펼쳐놓은 듯 화려하게 눈에 들어온다.

이어 데크길을 따라 산죽이 빼곡하고 점점 계곡이 보이기 시작한다. 제법 널따란 계곡에는 돌과 바위들이 올망졸망 이어지지만 물은 거의 메말라 있다. 이윽고 다리(용진각 현수교)에 다다르자 역시 메마른 계곡에는 햇볕만 쨍쨍... 다리를 건너니 이제야 샘물이 구석진 길목에 겨우 쫄쫄쫄...

이제 데크계단을 가파르게 오르니 아찔한 절벽에 인접한 낙석구간이 보호철조망과 함께 아슬아슬 이어진다. 그 와중에도 길가에는 야생화가 피어있고... 하늘에는 흰구름이 뭉게뭉게... 저멀리 능선에는 병풍바위와 용암절벽이 멋지게 솟아있다. 부지런히 발걸음을 서두르니 얼마후 저 앞에 건물(삼각봉 대피소)이 보인다.

한적한 대피소에는 이미 도착한 서너명의 산객들이 각자 볼일을 해결한 후 곧바로 내려가기 시작한다. 대피소는 속밭이나 진달래 대피소와 달리 쉴 수 있는 공간이 부족하다. 잠깐 화장실을 들른 후 곧 뒤따라 내려가고...

다시 빼곡한 산죽길을 따라 표지석(해발1,200M)을 지나니 평상이 보이고... 구급함이 보이고... 바위 사이 좁은 틈으로 퐁당 빠져나온다. 화장실 건물을 지나 가파른 계단을 내려서니 널따란 계곡이 나타난다. 다리(목교) 위 계곡 풍경은 역시 물이 꽝... 이 넓은 계곡에 이토록 물 한방울 없다니...

계곡길 따라 서두르고... 숯가마터를 지나 이제 계곡에는 이끼 낀 바위가 나타나기 시작한다. 뭔가 음침한 기운이 감도는 동굴(구린굴) 근처에는 온통 푸른 이끼가 뒤덮여 마치 동굴에서 공룡이 하품을 하며 나올 것처럼 우중충하고 고풍스럽다.

내려갈수록 계곡에는 푸르스름한 이끼와 허연 곰팡이가 덕지덕지... 몇 차례 커다란 물웅덩이와 바위를 지나지만 역시 푸른 이끼와 까만 물때로 어둠침침... 마치 거대한 괴물이 입을 쩌억 벌리고 있는 형상이라고나 할까... 아마도 콸콸 물이 흐른다면 폭포수와 웅덩이가 더없이 투명하고 깨끗하리라...

한동안 이렇게 어둠침침한 계곡을 지나자 데크길이 이어지더니 갑자기 계곡이 환해진다. 그러나 하얗고 깨끗한 바위들은 좀전과 아주 대조적이지만 여전히 물은 바짝 메말라있다.

이제 숲길을 따라 생태계 알림판이 이어지더니 얼마후 저 앞에서 치~익~ 소리와 함께 산객들의 움성임 소리가 들려온다. 곧이어 가까이 네모난 산입구가 보이고 산객들이 공기압력기로 신발을 터느라 분주하다. 드디어 널따란 주차장(관음사)에 도착하니 빙둘러 화장실, 관리사무소, 매표소 등이 있고 한가운데에 산객들을 기다리는 차가 반가이 손짓하고 있다. 휴우~ 한라산 백록담을 보았으니 이제 백두산 천지는 언제쯤 볼 수 있을까...?

용화산/오봉산
2018년 10월 07일

용화산 유래 지네와 뱀이 서로 싸우다 이긴 쪽이 용이 되어 하늘로 승천했다는 전설에서 유래.

오봉산 유래 다섯개의 봉우리(비로봉, 보현봉, 문수봉, 관음봉, 나한봉)가 있다하여 오봉이라함.

이번 산행은 용화산과 오봉산을 함께하는 연계산행으로 거리가 상당히 길 것으로 추측되지만 실상은 그렇지 않다. 우선 지도를 보니 용화산을 오르기 위해 산행기점을 큰고개로 잡고 그 곳부터 정상까지 왕복 2.7km 밖에 되지 않아 넉넉잡아 2시간이면 다녀올 수 있다. 그리고 다시 차를 타고 오봉산 입구의 배후령으로 이동하는 것이다. 그렇게 두개의 산을 하나의 산처럼 부담없이 오를 수 있다니 한결 가벼운 마음으로 차에 오른다. 2시간 후쯤 화천의 큰고개에 도착하니 안개가 자욱하고 조그만 주차장에는 몇 대의 소형차가 주차되어 있다.

　도로 건너 바로 산입구가 시작되고 잠시 통나무계단을 올라서니 초반부터 너덜길에 굵은 밧줄로 이어진 가파른 언덕이 나온다. 요 며칠 내린 비로 축축해진 땅이 미끄럽고 얼마후 너덜길은 노란 꺽쇠가 박힌 암벽길로 바뀐다. 발판을 밟으니 다리가 후들거리고 겁먹은 손은 밧줄을 바짝 당기지만 팔이 후들후들 떨린다. 안간힘을 쓰며 위에 올라서니 이제는 가파른 데크계단이 기다리고 있다. 숨가쁘게 계단을 오르니 맙소사~ 좀전보다 더 가파른 암벽길이 기다리고 있는 것이 아닌가...

　정상까지 거리가 짧아 야호~ 했건만 이렇게 오르막이 험하다니... 다시 힘을 내서 조심조심 험한 구간을 올라서고 이제 조금은 대견한 마음으로 코앞의 암봉을 향해 힘껏 바위를 잡아당긴다. 곧이어 와아~ 안개에 싸인 소나무만이 독야청청 푸르고 온통 하얀 공간에 한폭의 그림처럼 우아하다. 그런데 정상석은 어디에...? 아무리 두리번거려도 정상석은 보이지 않고 하얀 안개만... 여기는 정상이 아닌 암봉...

　자욱한 안개를 헤치며 암릉을 따라 오르기 시작... 얼마후 헬기장 크기의 공터가 다시 나온다. 역시 두리번두리번 정상석을 찾지만 한쪽 구석에 덩그러니 팻말(정상0.1km)만 보인다. 보일듯말듯 애태우는 정상을 향해 이제 단풍진 숲을 따라가고... 저기 안개에 싸인 공터에 산객들이 분주하게 움직인다. 이윽고 널따란 공간에는 여전히 안개가 뿌옇고 삼층 석탑 위에 솟아있는 정상석(용화산878m)은 너무나 단정해서 누군가의 공적비 같다. 나무로 둘러싸인 주변은 안개와 함께 시야가 답답하지만 그나마 하늘이 뚫려 숨통이 트인다.

이제 차가 기다리는 큰고개 쪽으로 되돌아 내려가고... 그 사이에 신기하게도 안개가 걷히기 시작한다. 얼마후 아까 그 안개에 싸인 소나무에 다다르니 진경산수화가 펼쳐진다. 저멀리 능선에 하늘높이 치솟은 암벽은 울긋불긋 단풍과 아름답게 어우러지고 파아란 하늘에는 흰구름이 눈부시다. 정상에서 보지 못한 수려한 풍경을 이곳에서 보게 되다니...

아쉬움을 남긴 채 발길을 돌리고 오를 때는 그렇게 힘들었건만 내려갈 때는 금방이다. 잠시후 큰고개에 되돌아오자 오봉산 입구가 있는 배후령으로 출발한다. 삼사십분 후 배후령에 도착, 곧바로 도로변에 산입구가 보인다.

나무계단을 천천히 올라서니 숲길이 이어지고 완만한 오르막은 앞의 용화산과 대조를 이룬다. 얼마후 능선길에는 식생복원을 위해 보호줄이 연이어지고 가파른 계단을 올라 오봉산 2지점에 다다른다.

왼쪽 저멀리 허연도로(46번 도로)가 뱀처럼 구불구불... 암릉 따라 바위틈에는 진귀한 모습의 소나무들이 자태를 뽑내고 척박한 환경에서 살아남기 위해 용트림하는 생명력에 위대함을 느낀다. 그런 장한 소나무들 사이로 저멀리 파아란 호수가 보이고 얼마후 굵은 밧줄이 내려진 암벽 앞에 다다른다. 두려움으로 단단히 밧줄을 잡아당겨 위에 오르니 저 앞에 신기한 광경이... 높다랗게 솟아있는 바위 꼭대기에 소나무 한그루가 당당하고 꿋꿋하게 서있다(청솔바위) 와아~ 어떻게 저런 바위에서 생명이 살아남을 수 있는지...

재미있게도 암릉을 따라 희귀한 소나무들이 연이어 줄을 잇고 두리번두리번 정상에 다다른다. 널따란 공터의 돌탑 위에는 까만 정상석(오봉산779M)이 서있고 시야는 답답하게 막혀있다.

곧이어 하산길에는 대들보처럼 쭉쭉뻗은 소나무숲에 암릉길이 이어진다. 소나무 사이로 저멀리 파아란 호수가 보이고 두리번거리며 내려가는데 갑자기 길이 뚝 멈춘다. 앞에는 쩍~ 갈라진 암벽이 동굴처럼 뚫려있고 그 통로가 내리막길로 이어진다. 좁은 통로는 겨우 한사람이 비집고 내려갈 정도이고 등치가 큰사람은 요령껏 통과해야만 한다. 두려움 가득 한발한발 가파른 동굴 속으로 들어가고 한껏 몸을 웅크린 채 바위를 타고 내려온다. 이윽고 동굴을 빠져나와 위쪽을 바라보니 아슬아슬 치솟은 바위(해산바위)가 아찔하다.

좁은문을 힘들게 통과했으니 이제는 넓은문으로… 주차장(뱃터) 쪽으로 직진하여 숲길을 내려가고… 얼마후 전망대에 이르니 저멀리 파란 물안개… 겹겹한 능선 사이로 하얗게 반짝이는 호수가 한조각 구름같고 한웅큼 보석같다. 좀더 내려가니 오른쪽 아래로 조그맣게 청평사가 보이더니 잠시후 왼쪽 저 밑으로는 주차장이 보인다.

숲길 따라 멋드러진 소나무 사이로 또다시 호수가 그림처럼 아름답고 곧이어 내리막 암벽길이 울퉁불퉁 이어진다. 조심조심 바위길을 내려오니 통나무계단을 따라 바짝 메마른 계곡(부용계곡)이 이어진다. 바위들이 하얗게 드러난 계곡은 부용교가 나오고서야 시원하게 물이 흐르고 다리를 건너니 고맙게도 곧바로 주차장이 나온다. 처음으로 올라본 1일 2산이 이렇게 수월히 마무리 되고 여전히 눈에 어른거리는 진귀한 소나무들…

팔공산

2018년 10월 14일 080

유래 전투에서 위기에 몰린 고려 태조 왕건을 지키기 위해 신숭겸을 비롯한 8명의 공신들이 목숨을 바쳤다는 설에서 유래.

팔공산은 여덟 개의 뭔가 귀중한 것이 있다는 것인가…? 그런데 왠지 그냥 무지개 떡이라든지 색동저고리 같은 알록달록한 색깔이 떠오른다.

이른 아침 서둘러 4시간 후쯤 대구에 도착한다. 넓은 주차장에는 이미 차들로 빼곡하고 파아란 하늘에는 흰구름이 한가롭다. 기온은 언제 끓도록 더웠냐는 듯 한기마저 느껴지고 울긋불긋 짙어가는 단풍에 오랜만에 상쾌한 날씨를 선사한다.

바로 앞 도로를 가로질러 왼쪽으로 계곡(수태골)이 보이기 시작한다. 음용수로 이용되는 계곡물은 출입금지 보호줄이 연이어지고 잠시후 조그만 정자에서 산객들이 쉬고 있다. 옆에는 이해할 수 없는 이름의 비석(수릉봉산계)이 서있고(문화재자료 제33호) 안내판 내용인 즉, 수릉은 조선 헌종의 아버지 익종릉이고 봉산은 산 출입을 봉한다는 의미. 즉 수릉관리와 운영을 위한 숯(향탄)을 생산하기 위한 숲으로 일반인의 출입을 금한다는 표식.

이제 쭉쭉뻗은 나무들 사이로 울퉁불퉁 거친 너덜지대는 발딛기도 불편하고 점점 숨을 헐떡이며 열기가 차오른다. 잠깐 바람막이 옷을 벗고 정신없이 오르는데 비탈진 언덕 위 거대한 암벽은 보기만 해도 아찔한데 헬멧을 쓴 산객들은 서성이며 암벽등반 준비를 하고 있다. 용감한 그들을 뒤로하며 이제 돌계단을 오르고 왼쪽으로 희미하게 폭포가 보인다. 줄곧 이어지는 돌계단은 철탑삼거리가 나오자 단풍 숲으로 바뀐다.

왼쪽(정상)으로 고운 단풍길 따라 희끗희끗 암봉이 보이기 시작하고 가까이에도 여기저기 바위가 눈에 띈다. 곧이어 널따란 돌계단을 오르고… 저멀리 시원한 전망이 펼쳐지며 바로 앞 거대한 암벽이 고운 단풍과 함께 가까이 다가온다.

이제(비로봉0.4km) 너덜길을 따라 끊임없이 전선이 이어지더니 갑자기 널따란 암벽이 가로서있다. 밑에는 조그만 팻말(왼쪽 비로봉, 오른쪽 동봉)이 꽂혀있고 위쪽으로는 뾰족한 철탑과 전선줄이 복잡하고 심란하게 얽혀있다. 오를수록 주변의 아름다운 풍경에 놀라는 것이 아니라 여기저기 빙~둘러싼 거대한 철탑들에 놀라고 숨이 막힌다. 더구나 돌무더기 옆에 있는 정상석(비로봉1193m)은 철탑들에 기가 눌려 힘이 없고 심지어 글자도 선명치 않다. 사방의 시야는 트였지만 복잡하게 얽혀있는 전선과 철탑들이 자꾸만 신경이 쓰인다. 이 또한 문명의 이기를 누리는 대가이리라…

떠밀리다시피 동봉 쪽으로 향하고 저멀리에 동봉이 볼록 솟아있다. 잠시후 뜻밖에도 저 아래로 널따란 광장이 펼쳐지더니 거대한 불상이 우뚝 솟아있다. 가까이 아래로 내려가니 여기저기 산객들이 점심을 먹고 있고 거대한 석불(석조약사여래입상) 뒤로 돌계단이 이어진다.

동봉에 대한 기대로 서둘러 계단을 오르고… 가쁜 숨을 몰아쉬며 위에 올라서니 탁트인 시야에 단풍과 어우러진 아련한 풍경이 오히려 여기가 정상인 듯… 그런데 내려가는 방향에 갓바위 표시만 있고 동화사는 없다. 불안감에 이어 갓바위가 뭐지…?

잠시 풍경을 바라본 후 데크계단을 술술 내려가니 골짜기 길모퉁이가 나온다. 곧이어 산허리를 휘돌아 점점 시야가 트이더니 저멀리 능선들이 보이기 시작한다. 이윽고 탁트인 시야에 저 앞에 바위들이 하얗게 빛나고 그 너머로 마을풍경이 한가롭다.

다시 데크계단을 따라 갓바위 방향이 눈에 띄자 점점 마음이 불안해진다. 동화사 표시는 언제쯤 나올는지… 서둘러 계단을 내려가고 숲길을 따라 부지런히… 얼마후 드디어 팻말(동화사2.8km)이 서있는데 반갑게도 동화사 표시가 되어있다.

안심을 하며 이제 오른쪽으로 꺾어 내려가기 시작, 한동안 가파른 비탈길을 지나 점점 완만한 숲길이 이어진다. 이윽고 자그마한 암자에 다다르자 계곡 따라 단풍이 곱게 물들어가고 얼마되지 않아 커다란 사찰(동화사)이 보인다. 그런데 갑자기 주변은 오가는 사람들과 차들로 북적이고 소음으로 시끄럽다.

북적이는 도로를 지나 터널을 통과하니 꼬불꼬불 상가지대가 나온다. 미로를 찾듯 이리저리 골목을 빠져나오니 주차장(케이블카 주차장) 한쪽에 덩그러니 차가 서있다. 이렇게 사람들로 붐비는 것을 보면 팔공산이 무척 유명한가보다. 무엇 때문일까…?

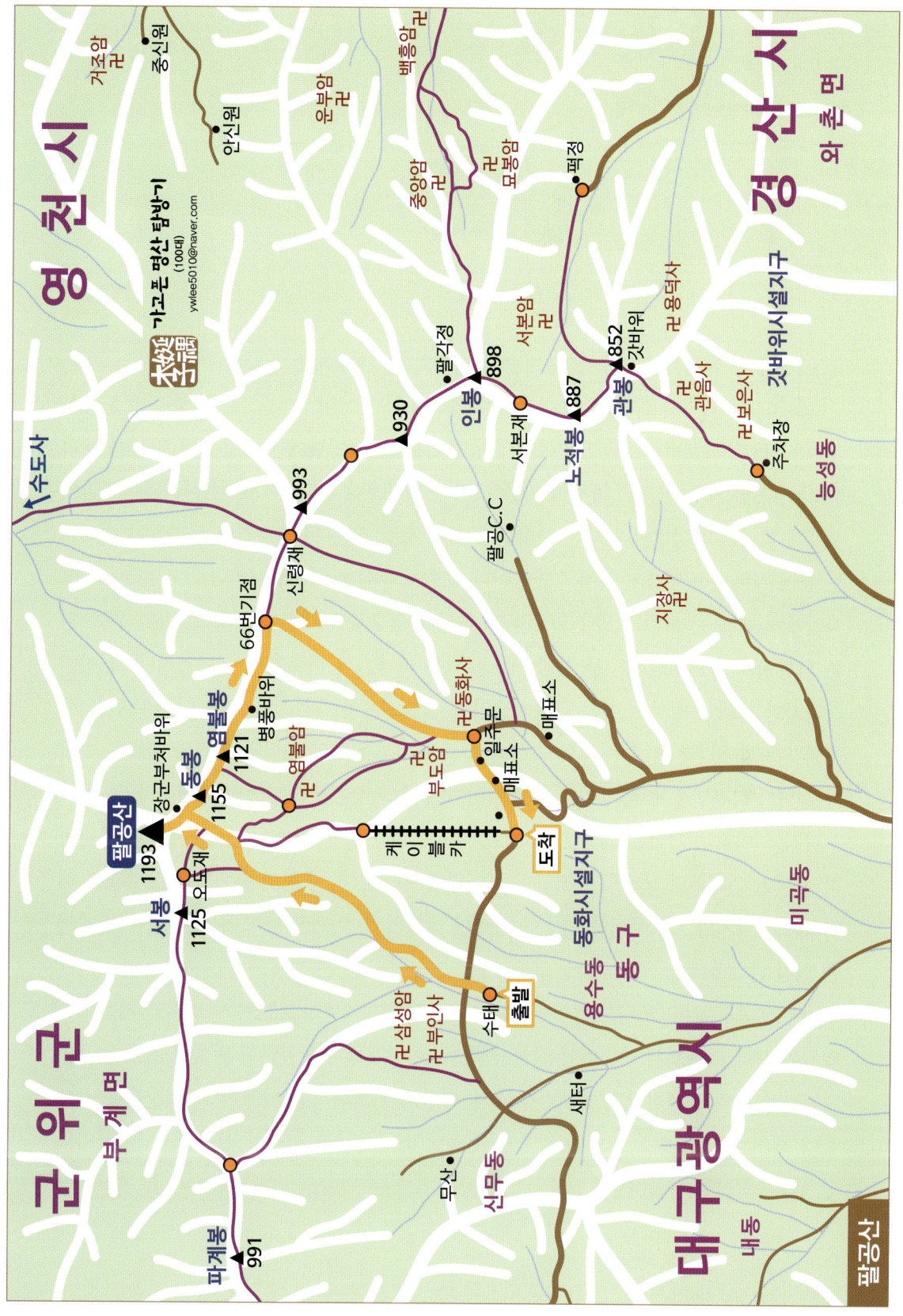

월악산
2018년 10월 21일 081

유래 산꼭대기 바위덩이에 달이 걸리는 산이라 하여 월악산이라고 함.

월악산은 월출산이 떠오른다. 비슷한 느낌의 두 산이 과연 어떻게 다를는지…
 짙어가는 가을, 단풍과 어우러진 암릉을 상상하며 2시간 후 쯤 충주에 도착한다. 아스팔트 도로변에 수산1리 표지석이 보이고 넓은 벌판에는 가을볕이 따갑게 내리쬐고 있다. 상쾌한 공기를 마시며 마을 어귀에 다다르니 감나무 대추나무 사과나무들이 빨갛게 익어가고 멍멍이가 낯선 산객들에 놀라 컹컹 짖는다. 과수원의 사과들이 내리쬐는 볕에 실하게 익어가고 열매 수만큼이나 농민들의 땀방울이 느껴진다.

이제 곱게 물든 도로가 멈추고 널따란 공터에 탐방로 안내판(오른쪽 보덕암, 왼쪽 영봉 탐방로)이 서있다. 입구를 통과하여 목책을 따라가니 나무계단이 이어진다. 곧이어 자그마한 다리를 건너자 다시 나무계단이… 맙소사~ 이때까지만 해도 이런 계단을 온 종일 오르락내리락 할 줄은 꿈에도 생각 못했으니… 한동안 비탈진 언덕과 계단을 번갈아 오르며 고운단풍에 취하고… 치솟은 절벽에 올라서니 빨간 단풍이 화려하다.

다시 이어지는 가파른 계단… 숨을 헐떡이며 계단에 올라서자 공사자재들이 가지런히 쌓여있고 시루떡 모양의 퇴적암이 높다랗게 솟아있다. 주변의 바위들은 하나같이 해안가의 절벽처럼 가로무늬를 이루며 켜켜이 쌓여있다. 아마도 태고에는 이 산이 바닷가에 있지 않았을까…

이어(영봉3.0km) 또다시 가파른 계단에 올라서자 야무진 소나무가 멋지고 시원스레 탁트인 시야… 저멀리 아스라한 강물(충주호)… 안개로 가물가물한 마을풍경…

암릉을 따라 데크전망대(영봉2.1km)에 다다르니 또다시 공사에 필요한 자재들이 수북이 쌓여있다. 저멀리 보이는 암봉은 철계단이 구불구불 휘감아 올라가고 그 사이로 산객들이 꿈틀꿈틀 움직인다.

곧이어 다리를 건너자 아슬아슬 치솟은 계단… 두려움에 곡예하듯 오르는데 깎아지른 절벽 사이로 아찔한 풍경이 보인다. 오를수록 경치는 수려한데 치솟은 절벽에 움찔한 공포가 엄습한다.

또다른 전망대(영봉1.0km)에 이르니 또다시 공사자재들이 수북이 쌓여있고 비탈길을 따라 지게꾼들이 내려온다. 잠시후 그들이 머물고 있는 하얀 비닐천막을 지나자 높이 치솟은 암벽들이 시선을 압도한다.

절벽 너머로 아찔한 마을풍경이 보이고 공포스런 계단을 오를수록 악마의 발톱처럼 움찔움찔하다. 현기증을 느끼며 아슬아슬 위에 오르니 빙~둘러 철난간… 밑으로는 까마득히 아찔한 낭떠러지… 둥그런 정상석(영봉1,097m) 앞에는 산객들이 줄을 서있고 탁트인 공간은 어질어질 아련한 풍경들이 펼쳐진다. 한동안 철난간에 서서 하늘에 붕~떠있는 것처럼 이리저리 흔들흔들…

이제 마음을 추스르며 절벽 아래 굴다리를 빠져나오자 팻말(덕주사4.1km) 서있다. 이제 오랜만에 평탄한 숲길을 따라 송계삼거리를 지나고… 헬기장을 지나고… 조그만 전망대에 도착한다. 잠시 숨을 돌리며 저멀리 지나온 길을 뒤돌아보니 그렇게 아슬아슬 거대하던 암봉(정상봉)이 겨우 한줌의 조약돌처럼 작아 보인다.

다시 울퉁불퉁 너덜길을 따라 가파른 계단을 내려가고 얼마 후에야 평탄한 숲길에 접어든다. 부지런히 숲길을 따라 내려가는데 어디선가 탁~탁~ 청아한 목탁소리가 들려오고… 저기 언덕위에 마애불이 보인다.

이제 숲을 빠져나와 제법 화려한 단풍들이 보이고 계곡 따라 곱게 물들어가는 단풍 사이로 고즈넉한 사찰(덕주사)이 슬며시 나타난다. 곧이어 단풍과 어우러진 학소대와 수경대가 발길을 머물게 하고 연이은 계곡은 한층 더 아름답게 펼쳐진다. 얼마되지 않아 반갑게도 가까이 주차장이 보이고…

# 내장산

2018년 11월 04일 082

유래 산 안에 숨겨진 것이 무궁무진하다하여 내장이라 불리게 됨.

내장산은 뭐니 뭐니 해도 단풍이니 올가을에는 제대로 단풍구경 하려나... 그런데 이산은 내장기관처럼 산길이 꼬불꼬불 하다는 것인가...?

설레는 마음으로 서둘러 3시간 반쯤 정읍에 도착한다. 그런데 산입구 쪽으로 진입하는 도로가 주차장을 방불케 하며 차들이 꿈쩍도 하지 않는다. 이미 앞선 차에서는 산객들이 쏟아져 나와 도로를 따라 걸어가고 역시 그들에 합류하여 약 3키로 정도를 행진하기 시작한다.

도로를 따라 붉은 단풍이 줄지어 있고 왼쪽으로는 파아란 호수가 일렁인다. 만약 하산할 때 이런 풍경을 만났다면 여유롭고 느긋하겠지만 산행거리가 늘어나니 반가울리 없고 마음이 조급하여 급기야 도로를 건너다 넘어지고 만다. 바지무릎에 구멍이 뚫려 알싸하게 통증이 밀려오고 얼떨결에 벌떡 일어나 절룩이며 다시 걷기 시작한다. 이것이 오늘 산행의 액땜이기를... 이윽고 떠밀리듯 산객과 차들의 행렬 속에 서래탐방센터에 다다르고 곧이어 숲길을 따라 오르기 시작한다.

막상 산에 들어서니 호수나 탐방센터 주변과 달리 울긋불긋한 단풍은 보이지 않고 푸르죽죽 빛바랜 나뭇잎들만 팔랑팔랑... 오히려 유명하지 않은 산의 단풍이 차라리 더 화려할 정도. 이제 돌계단과 철계단을 반복하며 숨가쁘게 오르고 또 오르고... 갈수록 산죽들은 점점 더 빼곡... 이윽고 삼거리에 도착하니 팻말(오른쪽 불출봉0.9km, 왼쪽 서래봉)이 서있다.

곧이어 오른쪽으로 오르기 시작, 여전히 숲속은 별로 눈에 띄는 것 없이 줄곧 오르막이다. 얼마후(불출봉0.3km) 조금씩 전망이 트이기 시작하더니 바위능선길을 따라 철계단이 구불구불... 오르락내리락... 보기에도 만만찮은 저 굴곡들 사이로 울긋불긋한 산객들이 차라리 단풍보다 화려하게 보인다.

한발한발 능선을 오르기 시작. 한눈에 들어오는 전망들은 미세먼지인지 안개인지... 이윽고 꼭대기(불출봉)에 올라서니 저멀리 마을들은 고요한데 와아~ 도로마다 빼곡히 늘어선 차들... 모두들 부푼 기대를 안고 있겠지만 과연 현실은...

뾰족뾰족한 암릉을 따라 계단을 내려가고... 산죽을 헤치며 암릉길을 오르락내리락... 바위가 미끄러우니 한발 내딛기도 조심스럽고... 가을 햇볕마저 따갑게 내리쬐고 있다. 휴우~ 바위가 왜 이리도 애를 먹이는지... 마음 졸이며 드디어 고개(망해봉)에 올라서니 바다가 보인다는 봉우리는 바다는커녕 뿌연 미세먼지로 능선조차 희미하다.

다시 철계단을 내려가고... 비탈진 오르막을 오르고... 가쁜 숨을 몰아쉬며 연지봉에 올라서니 역시 희미한 능선뿐...

이제 오랜만에 숲길을 따라 내려가고... 비탈언덕을 따라 까치봉에 오르지만 특별히 눈에 띄는 것 없이 희미한 능선뿐이다.

물을 마신 후 기운을 내어 너덜길(신선봉1.5km)을 내려가고... 다시 철계단을 오르고... 이어 낭떠러지길에 철난간이 나온다. 무서움에 마음 졸이며 한발한발... 난간을 쥔 손에 온힘이 쏠리고... 잠시후 조심조심 까치봉 삼거리에 다다른다.

이제 신선봉1.2km 쪽으로... 헬기장을 지나 반갑게도 푹신푹신한 흙길이 이어지고 조릿대를 헤치며 가파른 언덕을 오른다. 이윽고 널따란 공간이 펼쳐지는데 갑자기 휑한 공간은 그간의 바위들은 어디로 사라졌는지 눈앞에는 온통 흙... 그것도 너무나 부드러워 밭작물을 심어도 될 것같다. 한쪽에는 송편모양의 정상석(신선봉)이 덩그러니 서있고 사방의 시야는 여전히 뿌옇다.

이제 서둘러 신선삼거리(직진 연자봉, 왼쪽 내장사2.1km)에 다다르고 왼쪽으로 내려가기 시작한다. 그런데 지그재그 까마득한 돌계단... 가파르게 내려가는 계단이 저멀리 아래까지 훤히 내려다보인다. 구불구불 길고긴 돌계단은 드디어 까치봉입구(내장사1.2km)에서 멈추고 관절이 성한데도 이렇게 힘든데 온전치 않은 산객들은 진저리쳐질 길이다.

징한 돌계단이 멀어지며 이제야 평탄하고 부드러운 흙길을 따라 계곡이 이어진다. 내려갈수록 하나둘 단풍이 보이기 시작하더니 점점 색채가 화려해지고... 자그마한 나무다리를 건너고 또 건너며... 내장사에 다다른다.

그런데 와아~ 온통 빨갛게 불타오르는 단풍... 순식간에 사찰을 태워버릴 것처럼 솟구치는 불꽃... 그 아래로 황홀경에 넋을 잃고 이리저리 방황하는 산객들... 그들은 마치 격렬하게 산불을 끄고 있는 한 무리의 소방대처럼 활활 불타오른다.

물밀듯 산객들에 떠밀려 일주문을 통과하고 서둘러 셔틀버스(매표소 왕복)에 오른다. 창밖에는 내내 단풍향연이 펼쳐지고 내장산의 단풍이란 단풍은 모두 이곳에 모인 것처럼 끝없이 이어진다. 이토록 아름다운 광경을 보니 이제야 내장산 단풍이 유명함을 실감하고 이토록 산객들이 북적이는 이유를 알겠다. 다음에 이곳에 온다면 산행코스를 오늘과 반대로 해서 이 아름다운 광경을 한껏 만끽하리라...

어느새 셔틀버스가 매표소에 도착, 비록 잠시 동안이었지만 무릉도원의 환상적인 여운이 오늘의 피로를 말끔히 씻어주고 이제 기운을 얻어 주차장을 향해 부지런히 발걸음을 옮긴다.

깃대봉(홍도)
2018년 11월 11일 083

유래 낙조 때 섬 전체가 붉게 물들어 붙여진 이름이다.

홍도는 붉은 섬... 무엇이 붉다는 것일까? 꽃일까... 바위일까... 아니면 바다의 노을일까... 이곳은 유명한 섬이지만 거리도 멀고 무엇보다 날씨가 도와주지 않으면 왕래하기 쉽지 않으니 100대 명산이라는 타이틀이 아니었다면 아마도 내내 상상속의 산으로 남아있을 것이다.

부디 좋은 날씨를 바라며 이른 아침 서둘러 5시간 후 목포에 도착한다. 차에서 내리자마자 배 출발시간이 빠듯해 점심도 못 먹고 배(남해엔젤)에 오른다. 선내에서는 컵라면이나 과자 빵 등을 팔지만 많은 승객들과 다닥다닥 붙여놓은 의자로 이동이 불편, 가져온 간식으로 간단히 요기를 한다. 창밖은 보이지도 않고 중앙에 설치된 TV에서는 열심히 뉴스만 나온다. 다행히 물결은 잠잠한지 거의 요동이 없고 잠깐 눈을 붙이고 있는 사이(2시간 반) 선내방송에서 거의 도착했다는 안내멘트가 나온다.

이윽고 배가 멈추고 홍도 연안여객선 터미널을 빠져나와 곧바로 숙소를 향해 캐리어를 끌고 간다. 짐을 푼 후 다시 숙소를 나와 유람선을 타기 위해 줄을 선다. 단체로 움직이는 일정은 시간 맞추기에 바쁘고 많은 산객들과 낯선 곳이다 보니 더 정신이 없다.

유람선이 유유히 푸른 물결을 헤쳐나가고... 파아란 하늘... 푸른 바다... 망망대해에 우뚝 솟아있는 온갖 기암괴석들... 배가 움직일수록 변화무쌍한 모습은 산객들의 탄성으로 가득하다. 어느 순간 기암괴석의 모습은 어디선가 사진에서 많이 본 듯한 모습들... 실제의 풍경은 사진과 비할 바가 아니다. 그 신기한 모습에 넋을 잃고 여기저기서 셔터를 찰칵찰칵... 성처럼 우뚝 솟아있는 남문바위와 도승바위는 배가 움직이는 각도에 따라 시시각각 변화하고... 선비가 가야금을 탔다는 심금리굴, 앞의 바위가 뒤의 구멍에서 빠져나왔다는 아차바위, 로마신전의 기둥같은 기둥바위, 주전자 주둥이가 앙증맞고 손잡이가 없는 주전자 바위, 시루떡을 엎어놓은 듯한 시루떡 바위, 원숭이 바위, 삼각관계의 부부탑 바위, 거북바위, 독립문바위, 암벽에 빼곡히 자라고 있는 분재 소나무들… 각양각색의 바위들에 눈이 휘둥그레… 두리번두리번…

거의 한바퀴 돌아올 무렵 쯤 저멀리 바위에 걸려 붉게 타오르는 석양… 잔잔한 바다를 온통 핏빛으로 물들이며 장렬하게 산화하고… 일출과 일몰의 광경은 언제나 장엄하지만 한편으로는 삶과 죽음에 대한 상념이 머리를 복잡하게 헤집고 지나간다.

유람선은 어느새 원점회귀하고 숙소식당에서 바닷가 메뉴로 맛있는 저녁식사를 한다. 잠시후 소화도 시킬 겸 몽돌해변 쪽으로 가는 도중 내일 새벽에 오를 깃대봉 팻말(홍도 초등학교 뒷쪽 방향)을 확인한다. 작은 섬마을이다 보니 얼마되지 않아 몽돌해변에 도착, 칠흑같은 바다에서는 물소리만 철썩철썩… 하늘의 별들은 보석처럼 반짝반짝… 온화한 날씨는 밤인데도 춥지 않고 비릿한 바다 내음이 코끝을 스친다. 새벽산행을 위해 곧바로 숙소로 향해 잠을 청하지만 잠자리가 바뀌니 잠은 오지 않고 뒤척이다 새벽이 된다.

패딩에 장갑을 끼고 랜턴을 밝히며 엊저녁에 봤던 홍도초등학교에 도착한다. 곧이어 계단을 따라 오르기 시작, 주변은 온통 까맣고 랜턴불빛에 코앞만 빠끔히… 계속되는 계단을 오르고 또 오르고… 급기야 새벽인데도 열기가 오르며 더워지기 시작한다. 패딩을 벗어 허리에 묶고 다시 오르고… 얼마후 계단이 멈추더니 이제 너덜길이 나온다. 한동안 오르막인가 싶더니 이내 평탄한 길이 이어지고 비록 랜턴 불빛에 의지하며 겨우 가고 있지만 그래도 비도 오지 않고 기온마저 온화하니 그나마 다행이다. 상쾌한 새벽 공기에 일출을 기대하며 부지런히 가고 있는데 벌써 불빛을 밝히며 웅성웅성 내려오는 산객들도 있다. 곧 이어질 정상에 발걸음이 가벼워지고 잠시후 캄캄한 허공 속에 환히 빛나는 불빛…

서둘러 가까이 다가가니 어둠속에 산객들이 웅성웅성… 정상인증을 위해 일제히 랜턴불빛을 정상석(깃대봉365m)에 집중하고 서로 번갈아가며 인증사진을 찍고 있다. 온통 칠흑 속에 도깨비장난 치듯 인증사진을 찍고 벤취에 앉아 하늘이 밝아오기를 기다린다. 시간은 자꾸 가는데 밤이 길어졌는지 날은 밝아오지 않고… 하산 후 흑산도 가는 배(아침8시 출발)를 타기 위해 서둘러 내려가야 하는데 여전히 하늘은 캄캄… 급기야 일부는 내려가고… 일부는 아침식사를 포기하며 좀더 기다리고… 얼마후 조금씩 하늘이 붉어지기 시작하더니 주변의 모습이 점점 드러나기 시작한다. 그런데 그렇게 기다리고 기다리던 광경이 하얗게 안개에 싸이고 하늘에는 회색구름이 자욱... 맙소사~ 어찌 이런 일이...

시간에 쫓겨 도망치듯 다시 내려가기 시작... 오를 때는 온통 까맣던 주변이 이제는 아름드리 동백나무들이 무성하게 동굴을 이루며 빨갛게 피어날 꽃들을 기다리고 있다. 이어 숯가마터를 지나고... 연리지 나무를 지나고... 새벽에 오르고 올랐던 계단을 술술 내려가는데 어느덧 홍도의 아름다운 전경이 환한 햇살에 눈부시게 빛나고 있다. 서둘러 부지런히 숙소로 향하고... 짐을 챙겨 나와 이제 흑산도 가는 배를 탄다.

삼십분 후쯤 흑산도에 도착, 기다리던 대형버스를 타고 기사분의 재미난 입담을 들으며 구불구불 전망대로 향한다. 거의 도착할 무렵 창밖에서는 이미자의 '흑산도 아가씨' 노래가 구성지게 울려 퍼지고... 높다란 봉우리에 서서히 차가 멈춰선다. 전망대에는 이미 많은 산객들이 주위를 둘러싸며 흑산도의 아름다운 광경에 환호하고... 한쪽에는 높다랗게 흑산도 아가씨 노래비가 세워져있다. 그림같은 섬은 이름처럼 대체로 검은빛을 띠며 푸른 바다와 신비롭게 어우러진 채 태고의 순수함이 깃들어있다.

잠깐의 시간을 아쉬워하며 버스에 오르니 굽이굽이 12도로가 한눈에 보이고 부디 멀미없이 내려가기를... 창밖으로는 흑산도의 광경이 시시각각 다양하게 지나가고 차안에서는 기사분의 재미난 입담이 이어진다. 한동안 구불구불 달리며 마치 롤러코스터를 타듯 움찔움찔... 어느덧 버스는 마을 밑으로 내려와 있다. 바다가 훤히 내다보이는 마을에는 [자산어보]를 쓴 정약전 선생의 초라한 생가가 보인다. 선생은 이곳에서 귀양살이를 하며 어떤 생각을 했을까... 이윽고 차가 터미널에 도착하고 분주한 산객들과 함께 벤취에 앉아 배를 기다린다.

얼마후 승선표를 들고 목포로 향하는 배에 오르자 얼마되지 않아 유리창에 조금씩 빗방울이 스쳐간다. 그런데 배는 비가 내림에도 바람 없이 잔잔하게 달려가고 덕분에 배멀미도 하지 않는다. 빡빡한 일정에 좀 어수선했지만 이렇게 배까지 타야하는 산행에 날씨도 좋고 무사히 마무리할 수 있게 되어 얼마나 고맙고 감사한지...

방 장 산
2018년 11월 18일 084

유래 산이 넓고 커서 백성을 감싸준다는 뜻.

방장산은 산이 방대하다는 뜻일까? 문득 지리산이나 덕유산의 광활한 능선이 스쳐가며 이산은 얼마나 장쾌한 산일지 궁금해진다.

이른 아침 서둘러 3시간 반쯤 정읍에 도착한다. 차에서 내리니 뜻밖에 쌩쌩~ 도로변… 파란색 알림판에는 [갈재로]라고 되어있다. 곧바로 산입구가 이어지지만 입구가 통제, 리본이 다닥다닥 묶여진 샛길로 오르기 시작한다. 흐린 하늘과 온화한 기온으로 얼마되지 않아 더워지고 바람막이 옷을 벗는다. 두껍게 쌓인 낙엽길은 눈길처럼 미끌미끌… 그 흔한 단풍은 눈씻고 봐도 보이지 않고 온통 파스텔 톤의 갈색잎 뿐… 낙엽을 헤치며 고개에 올라서니 이제는 파란 조릿대가 빼곡… 나뭇가지 사이로 희미하게 마을풍경이 보인다. 한동안 능선길인가 싶더니 다시 저 앞에 둥그런 봉우리가…

숨가쁘게 오를수록 조릿대는 점점 더 빼곡하고 이제 하나둘 바위가 나타나기 시작한다. 조릿대숲은 암봉까지 이어지고 위에는 쓰리봉 정상목이 바위에 포근히 안겨있다. 사방의 풍경들이 선명하게 들어오고 옆에 팻말(방장산3.4km)이 서있다.

이제 내리막 계단을 따라 시야가 탁~트이며 저멀리 시원하게 펼쳐지는 평야와 능선들… 계단을 내려서자 전망은 감쪽같이 사라지고 다시 오르막이 이어진다. 천천히 숨을 고르며 능선(서대봉)에 올라서고 잠깐 시야가 트이더니 이내 숲길로 접어든다.

완만한 오르막을 따라 저기 커다란 바위가 보이고 꼭대기에는 정상목 없이 팻말(봉수대130m)만 서있다. 곧이어 너덜비탈에 밧줄길이 이어지고 조심조심 벼랑길을 올라선다. 헬기장 크기의 공간에는 정상목(봉수대)이 서있는데 글자가 흐릿하게 낡아 있다.

계속되는 밧줄길을 따라 저멀리 봉우리가 불룩 솟아있고 길 양쪽으로 전망이 트이기 시작한다. 얼마후 산객들 웅성임 소리가 들리며 저기 알록달록한 산객들 모습이 보인다. 가까이 다다르니 다른 곳처럼 널따란 공간이 아니고 그냥 지나다니는 길가에 위치해 있다. 조그만 바위무더기 위에 낡은 정상목(방장산743m)이 서있고 사방의 시야는 트였지만 경치는 쓰리봉 근처가 더 선명하고 아름답다.

　이제 가벼운 마음으로 내려가기 시작... 완만한 숲길에 철탑을 만나고... 고창고개를 지나고... 사거리(패러글라이딩장0.4km)에 다다른다. 직진하여 언덕의 돌계단을 올라서니 와아~ 뜻밖에도 허허벌판(억새봉)이... 심하게 불어오는 바람으로 재빨리 바람막이 옷을 입고 사방을 두리번두리번... 보통보다 훨씬 넓은 공간은 앞쪽으로 아찔한 낭떠러지가 펼쳐지며 이곳이 활공장으로 사용되고 있다고... 아마도 그래서 이렇게 공간이 넓은가 보다. 또한 시산제도 여기서 지내는지 제단이 한쪽에 덩그러니 놓여있다.

　바람에 떠밀려 이제 비탈 언덕을 오르고 잠시후 소나무 밑의 정상목(벽오봉)에 이른다. 이제는 바람도 잦아들고 낙엽이 수북한 오솔길을 바스락바스락... 이산은 초입부터 하산까지 참으로 낙엽이 많기도 하다. 그리고 순간순간 그림같은 오솔길도... 낙엽길은 저 앞에 뭔가 하얀길(산악자전거 시멘트도로)이 보여 잠시 멈추고 하얀도로가 아닌 직진으로 곧장 삼거리(문너머재)에 다다른다.

　팻말(양고살재1.7km)을 지나 계속 직진, 이윽고 나즈막한 봉우리(갈미봉)에 오르는데 정상목도, 방향표시도 없이 낡은 등산안내도만 서있다. 그래서인지 누군가 왼쪽 길에 묶어놓은 노란리본이 여기로 내려가라는 듯 바람에 팔랑이고 있다.

　낙엽이 수북이 쌓인 완만한 길은 대나무 숲이 나오자 가파르게 이어져 낙엽이 미끌미끌... 눈길을 걷는 것처럼 조심조심 내려온다. 휴우~ 다행히도 숲길을 빠져나오자 얼마 되지 않아 아스팔트 도로변에 안내소(양고살재)가 나오고 저기 우리가 타고 갈 차가 보인다.

황악산

2018년 11월 25일 085

유래 예로부터 학이 많이 찾아와 황학산으로 불리다 황악산으로 바뀜.

황악산은 울긋불긋 단풍과 어우러진 암릉이 얼마나 멋질까... 이른 아침 서둘러 3시간 쯤 김천에 도착한다. 차에서 내리니 아스팔트 도로에 우두령(해발720m) 현판이 보이더니 도로변에는 소 모양 비석(백두대간 우두령)이 서있다. 인증이 필요한 산객들은 사진을 찍은 후 도로에 인접한 산입구 쪽으로 오르기 시작한다. 비록 날씨는 흐리지만 어제 기습적으로 첫눈이 오고 추웠던 것에 비하면 기온도 온화하고 눈도 보이지 않으니 다행이다.

팻말(황악산7km)을 지나 낙엽이 수북이 쌓인 통나무 계단을 오르기 시작, 지난주 방장산에도 낙엽이 수북하더니 여기도 만만찮게 쌓여있다. 널찍하고 완만한 오르막은 걷기에 수월하고 회색의 나무들은 하얀 안개에 싸여 몽환적인 분위기를 연출한다. 중간중간 쉼터에는 나무벤취가 놓여있고 계속되는 오르막은 열기를 내뿜어 결국 바람막이 겉옷을 벗는다. 이제 좀 시원함을 느끼며 발걸음을 내딛지만 오를수록 안개는 짙어지고 사방은 도화지처럼 하얗다.

이어 주변의 나무들은 조금씩 사라지고 덩쿨과 갈대들이 살랑살랑 고개를 내민다. 미처 녹지 않은 눈들이 희끗희끗... 질척이는 길을 따라 갈대숲을 지나니 아름드리 소나무들이 제각기 폼을 잡고 산객들을 반긴다. 은은한 솔잎향에 취하며 상쾌한 숲을 빠져나오자 삼성산(백두대간) 정상석이 서있고 주변의 전망은 안개로 하얗다.

팻말(황악산4700m)을 지나 발걸음을 재촉하니 너덜길에 밧줄이 이어지고 점점 안개가 짙어진다. 꿈꾸듯 하얀 숲을 오르고 서두르는 발걸음은 어느덧 여정봉에 다다른다.

이어 질척이는 길을 따라 제법 너른 갈대숲이 펼쳐지더니 가운데쯤 하늘하늘 둘러싸여있는 바람재 정상석...

바람따라 이리저리 일렁이는 갈대... 푹신한 낙엽길은 잠시후 가파른 비탈길로 바뀌고 봉우리에는 정상석 없이 삼거리(신선봉)가 나온다.

이제(황악산1.4km) 능선을 따라 어느새 형제봉에 이르니 여전히 시야는 뿌옇다. 저 멀리 안개 속에 봉우리가 불룩 솟아있고 부디 가파른 오르막이 나오지 않기를 바라며 질척이는 길을 걷고 또 걷고... 고맙게도 언덕길은 완만하게 정상까지 이어진다. 여전히 질퍽한 공간에는 정상석(황악산1,111m)이 서있고 스텐으로 된 백두대간 안내판이 견고해 보인다. 사방의 시야는 여전히 뿌옇고 내리막 쪽으로 널따란 헬기장 보인다. 서둘러 내려가니 산객들이 옹기종기 점심을 먹고 그들과 함께 간단히 식사를 한다.

이제 괘방령5.4km 쪽으로 내려가기 시작, 이때까지만 해도 내리막길이 그토록 오르락내리락 할 줄 까맣게 모르고 있었으니... 그저 완만하게 널찍한 길이 고맙고 그렇게 많던 낙엽도 없으니 술술 잘도 내려가진다. 하지만 이러한 비단길은 백운봉을 시작으로 고개를 넘으면 또 고개... 또 고개... 지친 하산길에 오르락내리락은 가파른 오르막보다 몇 배로 힘들게 한다.

천천히 숨을 고르며 직지사로 내려가는 삼거리(괘방령3.3km)에 이르자 다시 오르막... 잠시후 고개에 올라서니 운수봉이 나온다.

이제는 쭉~ 내리막만 나오겠지... 그런데 맙소사~ 또 오르막... 안간힘을 쓰며 겨우 고개에 오르자 에고~~~ 또 고개가 보인다. 다리는 천근같고 숨은 차고... 다행히 길은 널찍하지만 이렇게 오르내림을 반복하니 지치고 또 지친다. 천근같은 다리를 이끌며 다시 고개에 올라서니 굵은 밧줄로 울타리가 쳐진 동굴(여시굴)이 보인다. 여우가 겨우 들락날락 할 정도의 작은 굴이 바위 밑으로 깊숙이 뚫려 안에는 잘 보이지 않는다. 요즘에도 여전히 여우가 살고 있을까...?

발걸음을 재촉하며 푹신한 낙엽길을 걷지만 다리가 아프다. 그런데 맙소사~ 저기에 또 고개가 보인다. 도대체 언제까지 이렇게 고개가... 기진맥진 위에 올라서니 정상석(여시골산)이 나온다. 에고~ 힘들다...

이제 팻말(괘방령1.5km)을 지나 능선을 따라 돌아내려가자 드디어 나무들 사이로 희끗희끗 마을풍경이 보이기 시작한다. 그런데 가파른 내리막이 저 아래까지 까마득... 지그재그로 이어지는 기나긴 길이 한눈에 들어온다. 질척이는 내리막을 가뜩이나 지친 상태에서 내려가려니 다리가 후들거리고 진흙에 미끄러지지 않으려 발가락도 아프다. 그때 앗~! 쭈~욱... 오른손을 땅에 짚으며 미끄러졌다 반사적으로 벌떡 일어난다. 놀란 나머지 아픈 줄도 모르고 내려가는데 손목과 다리에 통증이 오기 시작한다. 이 길에서 빨리 벗어나길 바라며 조심조심 내려가고 또 내려가고... 드디어 가파른 길을 내려서니 통증도 감각을 잃었는지 다리가 그냥 붕~ 떠있는 느낌이다.

　이제는 다행히도 뽀송뽀송 완만한 낙엽길이 이어지고 갈대숲 사이로 마을풍경이 가까이 보인다. 이윽고 도로를 따라 정자가 나오더니 산객들이 쉬고 있다. 정자의 한쪽에는 장원급제길 현판이 서있고 괘방령의 유래(*조선시대 때 이 고개를 넘어 과거를 보러가고 여기에 급제를 알리는 방이 붙는다. 지금도 이곳에서 시험합격의 기도를 드린단다)를 써놓은 안내판이 보인다. 곧이어 괘방령(해발300m) 정상석이 나오더니 얼마되지 않아 저 앞에 알림석(경상북도)과 함께 타고 갈 버스가 서있다. 휴우~ 힘들었던 만큼 서둘러 차에 오른다.

모악산
2018년 12월 02일 086

유래 어머니의 산을 뜻하는 '엄뫼'를 의역하여 모악이라 부르게 됨. 전설에 의하면 산의 봉우리에 어머니가 어린아이를 안고 있는 형태의 바위가 있었다함.

산에 거칠고 모난 바위가 많다는 뜻일까? 그렇다면 의외로 멋진 바위산을 기대해도 될까... 이른 아침 서둘러 3시간 쯤 완주에 도착한다. 하늘에는 약간 구름이 끼어 있지만 기온이 온화해 아직도 가을 같은 느낌이다. 주변 상가에는 나름대로 지역특색에 맞게 꾸미려 애쓴 흔적이 보이고 상가 끝쯤 모악산 표지석이 우뚝 서있다. 공터 뒤쪽으로 산입구가 이어지고 안내도에는 사찰이 참 많이도 표시되어있다.

팻말(정상2.8km)을 지나 자그마한 폭포(선녀폭포)는 이미 겨울이어서 물이 쫄쫄쫄~ 주변 바위에는 낙엽이 마구 흩어져있다. 도로처럼 널따란 길을 따라 삼거리에 다다르니 이제 가파른 오르막이 이어진다. 한동안 등줄기에 땀나도록 숨차게 오르자 대원사 앞마당에는 이미 많은 산객들이 이리저리 흩어져있다. 여유로운 산객들을 뒤로하며 앞마당을 가로질러 후문으로 빠져나온다.

담장을 따라 다시 가파르게 돌계단이 이어지고 추울 것같아 껴입은 타이즈가 답답하다. 게다가 바람막이를 벗었는데도 덥다. 남쪽으로 산행 올 때는 한겹씩 덜 입어야 되나 보다. 땀흘리며 쉼터(수왕사길)에 다다르니 다시 오르막이 이어진다.

물을 마신 후 돌계단을 따라 지그재그 언덕을 오르고... 철난간을 오르고... 이윽고 저멀리 봉우리에 뾰족한 철탑과 둥그런 송신기가 하늘을 찌를 듯 솟아있다. 그 아래에는 자그마한 암자(수왕사)가 보이고... 발걸음을 재촉하여 커다란 정자에 다다르니 산객들이 휴식하고 왼쪽은 수왕사, 오른쪽은 정상...

오른쪽으로 완만한 능선을 따라 무제봉에 이르니 시야가 탁트이며 치솟아있는 철탑들이 좀더 가까이 보인다. 잠시후 주구장창 이어지는 데크계단은 다리가 후들거릴 쯤 데크로 둘러싸인 전망대에 올라선다. 탁트인 시야에 망원경까지 설치되어 있지만 뿌연 안개가 앞을 하얗게 막는다.

　천천히 데크길을 따라 올라갈수록 거대한 철탑이 위협적이고 두려움마저 느껴진다. 이윽고 가까이 다다르니 아주 복잡하게 엉켜있는 철탑… 빙~둘러 철책으로 둘러싸인 주변 풍경도 뭔가 갇혀있는 느낌이 들고 저멀리 보이는 풍경도 자유로워 보이지 않는다. 게다가 정상석(모악산793.5m)도 그 기세에 잔뜩 주눅 든 모습으로 서있다.

　이 무거운 분위기에서 벗어나기 위해 발걸음을 재촉, 이제 데크계단을 따라 금산사 4.7km방향으로 내려가기 시작한다. 얼마후 이내 편안한 숲길에 접어들고 중간중간 벤취에서는 산객들이 점심을 먹고 있다.

　이제 숲길을 따라 데크계단과 돌계단이 반복되더니 잠시후 시멘트 도로가 나온다(금산사2.2km) 도로에 인접한 계곡에는 낙엽이 사방으로 흩어져 있고 쫄쫄쫄 흐르는 물도 그나마 낙엽이 흥건히 젖어 있다. 이러한 계곡이 모악정에 이르자 꽤 넓어지며 깨끗하게 바뀐다. 아마도 여름철에는 아름다운 계곡으로 탈바꿈할 것같다.

　심원암 삼거리를 지나 마실길에 접어드니 널따란 공원이 펼쳐지며 얼마되지 않아 순례길이 나온다. 그런데 어디를 향해 순례를 한다는 것인지… 잠시후 사찰(금산사)의 담장이 이어지고 그 너머로 보이는 규모가 상당하다. 한참을 내려와 주차장에 다다를 때까지 사찰의 분위기가 계속될 만큼 이 일대는 금산사를 중심으로 공원화된 모습처럼 보인다.

　거의 사찰을 벗어날 무렵 한옥으로 지어진 매표소에서 입장료(₩3,000)를 받고 있다. 곧이어 금산교를 건너 주차장에 도착하니 빼곡히 들어찬 차들이 햇빛에 눈부시고 의외로 예정시간보다 훨씬 빠르게 내려왔다. 이 얼마 만에 느껴보는 여유로움인가~!

미륵산
2018년 12월 09일 087

유래 미래의 부처인 미륵불이 여기 사바세계에 출현하여 용화수 아래에서 삼회설법으로 모든 중생을 제도하리라는 불교설화에서 유래한다고 함.

이 산은 곳곳에 미륵불이 많다는 것인지, 아니면 산 전체가 미륵불을 닮았다는 것인지... 암튼 불교적 색채가 짙게 풍겨나는 이곳은 '동양의 나폴리'로 불릴 만큼 아름다운 도시로 저명한 예술가(소설가 박경리 김용익, 시인 김춘수 유치진 유치환 김상옥, 음악가 윤이상 정윤주, 화가 이중섭 전혁림 등등)들의 고향이기도 하다니 과연 얼마나 아름다울는지...

이른 아침 서둘러 달리고 달려(5시간) 통영에 도착한다. 육지와 연결되는 다리를 건너 쪽빛 바다가 보이는 마을(산양읍)에 진입, 아름다운 풍경들이 펼쳐진다. 도로가에는 동백나무가 가로수를 이루고 빨간 꽃망울들이 금방이라도 터질 것처럼 아슬아슬 탱탱하다. 아담한 마을의 골목을 돌아나와 산입구로...

길가에는 여전히 동백나무들이 즐비하고 곧이어 빼곡히 대나무숲이 이어진다. 서울 날씨가 갑자기 영하7,8도로 내려갔는데 여기는 영상3,4도... 겹쳐입은 옷으로 벌써부터 덥고 갈증이 난다. 다행히 구름이 없어 하늘이 파랗고 쾌청하다. 오르막 언덕길은 인위적이 아닌 산객들이 밟고 밟아 자연스레 만들어진 삐뚤빼뚤한 길이다. 그래서 더 정감이 간다. 요즘 다른 산들은 기껏해야 산죽이나 소나무 외에 푸른색을 볼 수 없는데 여기는 그외에 반들반들 동백나무나 쭉쭉뻗은 대나무까지 어쩌면 싱그런 여름 느낌이 들 정도다.

얼마후 낡은 팻말이 보이더니 박경리 묘소길이 표시되어 있다. 뭔가 심장이 내려앉는 느낌이 들며 설명할 수 없는 감정이... 잠시 망설이다 다음에 가기로... 마을뒷산 같은 길을 따라 얼마(현금산500m)후 돌 하나 보이지 않던 숲속에 갑자기 커다란 암봉이 나타난다.

조심조심 꼭대기에 오르자 와아~ 시원하게 펼쳐지는 바다... 올망졸망 솟아있는 섬들은 고래 떼들이 헤엄치듯 생동감이 넘치고... 쪽빛으로 일렁이는 바다는 신비롭기만 하다. 자연스레 흩어져있는 마을풍경이 유난히도 하얗게 빛나고 쪽빛바다와 아름답게 어우러져 있다. 정상풍경은 이보다 더하다니 한껏 부푼 기대로 발걸음을 재촉한다.

나뭇가지 사이로 힐긋힐긋 바다풍경이 지나가고... 잠시후 능선에 올라서니 팻말 없이 코팅지(현금산339m)가 나무기둥에 묶여져있다.

이제 오른쪽으로 꺾어 내려가자 잠시후 뾰족한 철탑에 커다란 바위가 우뚝 서있다. 어떤 산객들은 꼭대기에서 사진 찍느라 바쁘고 또다른 산객들은 점심을 먹느라 여념이 없다.

그들을 뒤로하며 가파른 비탈을 내려가는데 불룩 솟은 봉우리가 앞을 가로막으며 미륵치 삼거리가 나온다. 잠시 물을 마신후 이어지는 오르막은 이전의 오솔길과 달리 곳곳에 바위도 있고 만만찮게 힘들게 올라간다. 중간쯤에는 통천문처럼 커다란 암벽을 통과하고 잠깐잠깐 아름다운 풍경이 지나간다. 잠깐씩도 저토록 아름다운데 한눈에 바라볼 수 있는 정상은 얼마나 더 아름다울까...

오를수록 점점 바위가 많아지더니 마침내 철계단이 이어진다. 계단을 따라 하늘에 닿을 듯 치솟아 있는 거대한 암벽... 그 너머로 쪽빛 바다가 넘실대고... 감탄을 연발하며 고개에 올라서니 암벽 틈에 야무지게 자란 소나무... 저멀리 바다 위로 태양이 눈부시게 빛난다. 제멋대로 흩어진 섬들은 까맣게 반짝이고 암벽 사이로 힐끔힐끔 보이는 마을은 하얗게 반짝인다.

뒤돌아 저 앞에 바위들로 가득한 암봉에는 울긋불긋 산객들이 분주하고 점점 주변의 풍경들이 가까이 보인다. 이윽고 데크길을 따라 정상석이 코앞으로 다가오고 인증을 위해 산객들이 길게 줄을 서있다. 빙~둘러 탁트인 시야... 사방 어디를 둘러봐도 시원스레 펼쳐지는 풍경들... 오르는 내내 조각조각 흩어졌던 풍경들이 한꺼번에 총집합한 듯... 하늘의 강렬한 햇볕이 저멀리 쪽빛 바다에 반짝이고... 빙~둘러 까만 섬들이 마라톤 하듯 올록볼록 연이어진다. 해변가에 길게 늘어선 마을들은 유난히도 하얗게 빛나며 푸른 바다와 신비롭게 조화를 이루고 있다. 동서남북 어디를 둘러봐도 거의 완벽에 가까운 풍경들이 넋을 잃게 만들고 신비롭지 않은 곳이 없다. 보통 아름다운 사진이나 그림을 본 후 실제 그 장소에 가보면 실망을 하는 경우가 대부분인데 이곳에서는 그 공식을 깬다. 실제가 상상을 초월한다. 게다가 더욱 감사한 것은 더 없이 맑은 날씨… 이곳은 지금까지 정상 중 가장 아름다운 풍경이지 않을까… 좋은 경치도 보고 긴장이 풀렸는지 꼬르륵~ 꼬르륵~

이제 케이블카를 타기 위해 탑승장으로… 과연 공중에서 바라보는 경치는 어떠할는지… 데크계단을 따라 탑승장에 도착, 북적대는 산객들을 비집으며 이층으로 올라간다. 요란한 기계소리와 함께 편도표(₩7,500)를 제시하며 차례로 카에 탑승… 흔들흔들… 붕~~~ 온몸이 움찔~ 꿈속에서 떨어지는 듯한 느낌이 들더니 이내 쭈우욱~~~ 풍경들이 점점 더 가까이 보이지만 특성상 한쪽 방향만 보이기 때문에 정상에서보다는 감동이 덜하다. 경험삼아 한번쯤은 케이블카로 내려오는 것도 괜찮지만 직접 걸어서 내려오는 것이 더 좋을 듯하다.

이제 정류장을 빠져나와 아담한 한옥식당에서 통영식으로 맛나게 식사를 한다. 곧이어 버스를 타고 통영수산시장에 도착, 시장입구에는 꿀빵을 파는 가게들이 즐비하고 앙꼬빵처럼 생긴 것이 정말 달다. 시장 안에는 와아~ 이 많은 생선들… 비릿한 냄새와 함께 말린 생선들이 즐비하고 횟집에는 일요일인데도 사람들이 북적댄다. 하도 넓어서 어디가 어딘지도 모르겠고 나올 때는 길을 물어서 겨우 빠져나온다.

오늘 산행은 다양한 하루였고 무엇보다 이곳을 다시 와보고 싶다.

오대산

2018년 12월 16일 088

유래 북대(미륵암), 중대(사자암), 동대(관음암), 서대(수정암), 남대(지장암) 다섯개의 대가 있는 산이라 오대산이라고 불린다함.

오대산은 지난여름 노인봉을 다녀온 후 이산이 얼마나 대단한지 실감했다. 지금도 그 아름다운 계곡이 눈에 선하고 이번에는 정상코스로 요즘 눈이 오락가락 내렸으니 산에는 제법 눈이 쌓였을 것이다.

하얀 설경을 기대하며 3시간 후 평창에 도착, 주변에는 많은 눈이 쌓인 것은 아니지만 제법 하얗게 변해있다. 널따란 상원사탐방센터에는 이미 차들이 즐비하게 늘어서있고 울긋불긋 산객들이 분주하다.

산입구(비로봉3.5km)는 센터에서 바로 연결, 돌블럭으로 잘 정비된 임도는 꽤나 신경쓴 느낌이다. 날씨도 구름은 끼었지만 주변이 하얗게 보여 흐린 것같지 않고 기온도 그렇게 춥게 느껴지지 않는다. 평탄한 임도를 따라 커다란 표지석(중대사자암)이 나타나자 갑자기 임도가 오르막 계단으로 바뀐다.

계단을 오르고 또 오르고... 양쪽에는 연꽃모양의 석조가 듬성듬성... 이윽고 암자(중대사자암)에 이르니 기도(동안거)중인 그곳은 숨소리조차 조심스러울 만큼 고요하기만 하다. 계단을 살금살금... 잠시후 용안수를 지나 고개에 올라서니 왼쪽으로 적멸보궁(부처님의 진신사리를 모신 법당)으로 가는 계단이 이어진다.

가파른 계단을 따라 '적멸보궁'이라는 생소한 단어가 궁금하여 발걸음이 성큼성큼 올라간다. 상당히 큰 사찰을 상상했는데 의외로 조그만 암자는 겉으로 보기에는 일반법당과 별반 다를 게 없어 보인다. 안에는 불공드리는 산객들과 짙은 향내가 퍼져 나오고 주변은 적막한 분위기다. 생소한 단어를 해결하니 어쨌든 마음이 가벼워진다.

다시 고개로 내려오니 산객들이 하나둘 아이젠을 장착하고 있다. 희미한 눈발 사이로 나뭇가지들이 하얗고 이미 쌓인 눈은 아이젠을 신고 가기에 알맞은 두께로 쌓여있다. 팻말(비로봉1.5km)을 뒤로하며 이제 오르막을 따라 너덜과 비탈길을 반복한다. 정상 가까이 다다르자 가파른 계단에 제법 눈발이 흩날린다. 조심조심 올라서니 와아~ 온통 하얀 눈... 하얗게 둘러싸인 공간에는 산객들이 분주하고 중앙에 버티고 있는 정상석(비로봉1,563m)에도 살포시 눈이 쌓여있다. 점점 굵어지는 눈발과 세차게 몰아치는 바람은 몸을 바짝 웅크리게 하고 시야는 그저 하얀 장막 뿐... 손도 시리고 코도 시리고... 서둘러 모자를 푹 눌러쓰고 발걸음을 재촉한다.

상왕봉1.8km로 향하는 길은 다행히 능선길이고 헬기장부터는 주목군락이 이어진다. 아름드리 주목을 보니 오랜 세월과 육중한 무게감이 느껴지고 바람이 잦아들기를 바라며 걷고 또 걷고... 반갑게도 상왕봉은 가파른 오르막 없이 지나다니는 길가에 정상석이 서있고 인증사진을 찍은 후 서둘러 내리막길을 내려간다.

여전히 주변은 하얗고 나뭇가지는 상고대로 변해 녹용밭을 지나는 것같다. 잠시후 상왕봉 삼거리를 지나 계속 내려가고... 이윽고 북대사 삼거리에 이르자 뜻밖에 도로가 나오더니 팻말(상원탐방센터4.6km)이 서있다.

도로를 따라 줄곧 내려가고... 또 내려가고... 다행히 점점 바람이 잦아들며 골짜기를 낀 구불구불한 도로는 걷기가 수월해진다. 어느덧 골짜기는 계곡으로 바뀌고 문득 무등산 산행 때 옆구리가 결리도록 뛰었던 그때 그 주구장창 길과 비슷하다는 느낌이 든다. 다른 점은 그때는 뛰었고 지금은 걷는다는 것... 눈쌓인 계곡을 따라 다리도 아프고 기나긴 임도에 지칠 무렵 반갑게도 저 앞에 희끗희끗 건물이 보이기 시작한다.

가까이 다가갈수록 건물은 확대되고 아침에 출발했던 장소지만 어쩐지 낯선 느낌이다. 널따란 공간에 도착하여 주차된 차를 보니 이제야 기억이 되돌아온다.

서대산
2018년 12월 23일 089

유래 산의 서쪽 기슭에 신라 문성왕 때 무양국사가 창건했다고 하는 서대사가 있었던 것에서 유래한다고 한다.

서대산은 반쯤 건조한 생선 '서대'가 떠오른다. 이산이 그 생선과는 아무런 관련이 없겠지만 양념장이 먹음직스럽게 얹어진 서대찜이 어른어른... 이번주는 감기 기운으로 쉽지 않은 시간을 보내면서 약도 먹고 나름 빨리 회복하려고 애썼다. 이제는 거의 나은 것같은데 그래도 넥머플러를 단단히 챙겨 차에 오른다.

꾸벅꾸벅 졸다 2시간 후쯤 금산에 도착, 차에서 내리니 마을을 가로지른 도로가... 앞에는 개천이 흐르고 산으로 둘러싸인 마을에는 옛 시골가옥과 새로 지은 신식별장 건물이 혼재되어 있다. 마을 안쪽으로 들어갈수록 별장 건물이 여기저기 눈에 띄고 전체적으로 상당히 많은 편이다. 마을입구를 오르는데도 벌써부터 숨이 차니 감기가 아직도 다 낫지 않은 걸까... 잠시후 폐허가 되다시피한 낡은 시멘트 건물 앞에 표지석(개덕사)이 서있고 그 뒤로 조그만 사찰이 보인다.

사찰을 지나 산길에 접어드니 가파른 비탈길에 낙엽이 수북이 쌓여있고 나뭇가지에는 울긋불긋 산악회 리본이 바람에 팔랑인다. 위로 오를수록 숨이 차는데 비탈의 경사는 점점 가팔라지고 급기야 진땀이 나는건지 더워서 땀이 나는건지... 그런데 이상하게도 땀이 나기 시작하니 목이 부드러워지고 감기가 낫는 느낌이 든다. 감기약 먹고 이불 뒤집어쓰고 땀빼는 것과 같은 효과인가보다. 암튼 조금씩 몸이 풀리고 숨쉬기가 좀 나아질 쯤 왼쪽으로 뾰족뾰족 돌탑이 보이더니 누군가 서툴게 쓴 알림판(돌탑공원)이 나무기둥에 묶여있다. 또다른 기둥에도(정상1.4km)...

중간중간 나무(철쭉, 병꽃, 물푸레, 산뽕, 갈매, 비목, 서어, 개옻, 단풍 등등)에는 파란이름표가 달려있고 길이 희미해서 그런지 나뭇가지에는 연이어 산악회 리본이 팔랑이고 있다. 커다란 바위(정상1km)에 올라서니 널따란 쉼터에 약수터가 보인다. 약수터라고 하지만 물 흐르는 구멍이 축구공 정도의 작은 공간으로 나머지는 온통 낙엽으로 뒤덮여 눈여겨보지 않으면 지나치기 십상이다.

줄곧 너덜오르막은 바위틈 중간중간 얼음이 보이더니 찬바람까지 불어 다시 바람막이 옷을 입는다. 옷깃을 여미며 서둘러 고개에 올라서자 팻말에는 숫자표시가 없다. 이상하게도 이산에는 팻말도 거의 없는데다 서있는 팻말에도 숫자표시가 없으니 답답할 노릇이다.

이제 나뭇가지 사이로 마을풍경이 조금씩 보이기 시작, 능선이 계속되나 싶더니 맙소사~ 다시 오르막... 한동안 낙엽쌓인 너덜언덕을 힘겹게 오르니 저기 커다란 암봉에 산객들의 웅성임 소리가 들린다. 정상인가 싶어 서둘러 암봉에 올라서니 바위로 둘러싸인 공간에는 산객들로 발디딜 틈도 없고 아무리 두리번거려도 정상석은 보이지 않는다. 에고~ 정상은 여기(옥녀탄금대)가 아니고 왼쪽으로 돌아가야 된다고...

울퉁불퉁 바위길을 따라 잠시후 저멀리 하늘 위로 하얀 공모양의 건물이 쑥~ 나타난다. 전에 보았던 철탑이나 위성기지국과 달리 뭔가 좀 이상하다. 곧이어 산객들 소리가 들리더니 널따란 공간에 돌탑이 우뚝 서있다. 그리고 중간쯤에 정상석(서대산904m)이 박혀 어느 산악회 이름이 쓰여있다. 이산은 이 산악회에서 관리하는 것인가...? 주변 시야는 트였지만 산뜻하게 풍경이 들어오지 않고 저기 하얀 공모양 건물(서대산 강우레이더 관측소)만 눈에 띈다. 팻말을 보니 달랑 두 방향만 표시되어있는데 대체 어디로 내려가야 하는지 종잡을 수가 없다.

겨우 물어물어 하얀건물 쪽으로 내려가고... 희미한 길을 따라 잠시후 커다란 바위(장군바위)가 나오는데 암벽 사이로 보이는 마을풍경이 그림같다(*하산후 생각해보니 이 장면이 오늘 유일하게 아름답다고 느낀 풍경이다)

조심조심 바위를 내려가고 곧 이어지는 헬기장에서는 산객들이 점심먹느라 북적북적 분주하다. 그들을 뒤로하며 팻말(서대산드림리조트3.0km)이 나오는데 이것이 오늘 유일하게 숫자가 나오는 팻말이다. 계속 내리막이면 좋으련만 저 앞에 커다란 바위(북두칠성바위)가 보이더니 다시 오르막이 이어진다. 하늘 위로 치솟은 바위 꼭대기에는 신기하게도 커다란 구멍이 뚫려 무너질 듯 아슬아슬...

능선을 따라 다시 헬기장이 이어지고 잠시후 펑퍼짐한 바위 꼭대기에는 신기하게도 커다란 바위덩이가 둥그렇게 돌출되어 솟아있다. 그리고 옆의 나무기둥에 알림판(사자봉)이 묶여있다.

　이제 왼쪽으로 내리막을 따라 내려가기 시작... 그런데 맙소사~ 가파른 비탈에 울퉁불퉁 애먹이는 너덜길.... 게다가 그 너덜에 그냥 밧줄 하나 달랑 떨궈놓고 내려가라 하니 황당... 그마저도 저 아래로 그 끝이 보이지 않는다(*징하게도 이곳부터 줄곧 이어지는 애물단지 너덜내리막은 리조트 임도가 나올 때까지 주구장창 내려가며 한결같이 애먹인다. 부셔버리고 싶을 만큼 기나긴 이 너덜비탈... 지금까지 하산길 중 가장 힘든 길이었다) 자잘한 돌멩이와 낙엽이 뒤엉킨 가파른 내리막은 조금이라도 주의를 하지 않으면 쭉~ 미끄러져 넘어지기 십상이고 돌계단이라도 만들어 놓았다면 그나마 내려가기 수월할 텐데 그것도 아니다. 긴 밧줄이 내려뜨려져 있지만 거의 길표시 역할만 할뿐이지 잡고 내려가기에는 도움이 되지 않는다.

　밧줄을 안내삼아 간신히 내려오니 에고~ 평탄한 내리막이 이어지는 것이 아니라 다시 낙엽이 뒤엉킨 너덜내리막... 몸이 앞으로 쏠리니 발가락도 아프고 다리도 긴장되어 후들후들 떨린다. 뒤뚱뒤뚱... 도저히 보통 내리막처럼 내려갈 수가 없다. 말하자면 가파른 오르막을 오르는 것보다 속도가 훨씬 더 느리게 내려간다. 이렇게 내려가기가 힘드니 주변경치는커녕 이 애물단지 내리막이 빨리 끝나기만을 바랄 뿐이다. 이제나 저제나 평탄한 길이 나오겠지 바라지만 이 애먹이는 내리막은 계속 몇 번이고 애태우며 반복된다.

　이렇게 거의 지쳐갈 무렵 드디어 저 앞에 골짜기가 나타나더니 낡은 구름다리가 보인다. 그런데 낭떠러지를 가로지르는 다리는 폐허처럼 낡아 금방이라도 무너질 것처럼 잔해물들이 덕지덕지... 게다가 바람에 펄럭펄럭... 어딘지 모르게 산의 이미지가 횅하다. 가뜩이나 길도 안 좋은데 구름다리마저 삭막하니 스산하기 짝이 없다.

　이렇게 삭막한 구름다리 밑으로 내리막길이 이어지고 서둘러 발걸음을 내딛는데 반갑게도 나뭇가지 사이로 희미하게 마을풍경이 보인다. 이제 거의 내려왔나 싶어 안도하는데 웬걸~ 다시 사정없이 너덜길이 이어지더니 여기저기 커다란 바위들이 나타나기 시작한다. 바위 사이로 요리조리 애먹이며 내려오는데 길가에 평퍼짐한 바위(마당바위)가 솟아있다. 그 밑에는 부지깽이처럼 가느다란 나뭇가지들이 마치 그 커다란 바위를 떠받치듯 빼곡히 괴어있다.

　계속 여전히 너덜길... 다리도 아프고... 발가락도 아프고... 주저앉고 싶도록 지쳐 한걸음한걸음 내려오니 맙소사~ 이토록 징한 너덜길은 숲길을 빠져나오는 마지막 한발자국 까지도 너덜길이다.

　휴우~ 드디어 건물이 보이자 반가운 계단이 이어지고 천천히 건물 쪽으로 내려간다. 곧 주차장이 나오겠지... 그런데 웬걸~ 쭉~ 뻗은 임도가 보이더니 방갈로(몽골캠프촌)가 이어진다. 줄곧 이어지는 길는 끝이 보이지 않지만 너덜길이 아닌 것만으로도 황송하여 부지런히 걷고 또 걷고...

　얼마후 드디어 뾰족뾰족 빨간 지붕의 건물이 보이더니 팻말(주차장)이 서있다. 곧이어 널따란 공간에는 그럴듯한 식당과 매점이 있고 차들이 즐비하게 세워져있다. 산 아래에는 이토록 시설이 잘 되어있는데 에고~ 등산로는 왜 이토록 애로사항이 많은지...

가야산(서산)
2018년 12월 30일 090

> **유래** 백제 때 상왕산이라 불렀는데 신라통일 후 산 밑에 가야사를 세운 뒤 가야산이라 하였다.

가야산 하면 해인사를 품은 합천의 산이 떠오르는데 100대 명산을 다니다보니 서산에도 같은 이름의 산이 있다는 것을 처음 알게 되었다. 이 두 산이 어떤 연유로 같은 이름을 갖게 되었는지 모르겠지만 합천 가야산의 빼어난 경치가 떠오르며 오늘의 가야산(서산)도 그에 못지않은 경치이기를 바란다.

이른 아침 서둘러 2시간 반쯤 서산에 도착하니 도로변 주차장에는 차가운 공기가 몸을 움츠리게 하지만 쾌청한 하늘이 너무나 파랗다.

상왕산 개심사 일주문을 통과, 임도를 따라 연등을 달아놓은 돌계단이 이어지더니 곧 아담한 개심사가 나온다. 사찰 곳곳에는 앙상한 가지를 드러낸 벚꽃나무들이 추위에도 화사한 봄을 기다리고 있다.

사찰의 앞마당을 가로질러 뒷쪽 돌계단을 오르기 시작, 숨을 헐떡이며 곧 숲길에 접어든다. 널찍한 오르막은 걷기가 수월하고 지난주 서대산에 비하면 곱디고운 비단길이다. 길가의 나무에는 가끔씩 명찰이 붙어있고 얼마후 팔각정이 보인다. 널따란 공간에 자리잡은 팔각정은 산객들이 잠시 쉬고 여기저기 벤취와 안내판이 보인다.

물을 마신후 이제 능선길을 따라 팻말(일락산1.6km)을 지나고 연이은 편안한 길에 다시 사각정이 보인다. 한쪽에 서있는 팻말(일락산)이 석문봉1.7km을 가리키고 있다.

이제 오른쪽으로 시야가 트이며 저멀리 골짜기 사이에 파아란 저수지가 보인다. 이어지는 바위능선길에는 중간중간 안내판(미끄럼주의)이 눈에 띄고 조심조심 소나무숲을 통과한다. 그런데 갑자기 헬기장보다 널따란 공터(사잇고개)가 나오더니 주변에는 여러 개의 벤취와 안내판, 시가 쓰여진 비석 그리고 다른 한쪽에는 옹기 항아리가 장독대처럼 옹기종기 모여있다. 옛날 집터인가…?

길은 사방으로 갈라있고 이제 석문봉 쪽으로 향한다. 솔밭을 지나 평탄한 길이지만 이제는 제법 눈이 쌓여 하산길이라면 아이젠을 해야 할 정도다. 조심조심(석문봉 0.2km) 저기 조그맣게 돌탑이 보이고 산객들이 개미처럼 꿈틀꿈틀 움직인다. 연이어 암릉길이 계속되지만 위험하거나 불편하지 않게 요리조리... 서대산과는 너무나 대조적이다. 길이 무엇보다 편안하다.

어느덧 봉우리(석문봉)에는 파아란 하늘 위로 태극기가 펄럭이고 저멀리 정상봉의 철탑이 뾰족뾰족... 높다란 돌탑 위에 서있는 암봉은 정상봉에 맞먹는 위용을 뽐내고 정상석(석문봉)도 그에 못지않게 멋져 보인다. 바다에 인접한 봉우리는 시야도 유난히 탁트이고 사방의 풍경이 벅찬 감동으로 다가온다. 여기가 이 정도인데 저멀리 보이는 정상은 얼마나 더 대단할까...

두리번두리번 경치를 바라보며 데크계단을 내려가는데 맙소사~ 온통 울퉁불퉁 이어지는 바위능선... 보기에는 멋지지만 저 바위들을 어찌 넘어갈지... 그런데 막상 가까이 다가가니 다행히도 바위길은 위험하지 않게 안전장치까지 설치되어있다. 조심조심 거북바위를 지나 암벽을 낀 계단을 올라서자 곧이어 삼거리가 나온다.

가끔씩 시원하게 트이는 전망을 바라보며 길은 순탄하게 이어지고 막판에 가파른 데크계단이 나오지만 어렵지 않게 정상의 데크전망대에 올라선다. 코앞에는 하늘을 찌를 듯한 철탑이 정상을 위협하고 바람 한점없이 화창한 전망대는 시야가 탁트이고 한쪽에 정상석(가야봉678m)이 서있다. 저멀리 아련하게 지평선과 수평선이 혼재하며 위로는 파아란 하늘이 드높게 펼쳐진다. 구불구불 지나온 길을 되짚어보며 두리번두리번 사방의 경치를 바라본다. 이제 편안한 마음으로 슬슬 아이젠을 장착하고 데크계단을 내려가기 시작한다.

그런데 맙소사~ 가파른 돌계단이... 지금까지의 순탄한 길과는 대조적으로 거의 수직으로 내리꽂혀 아래로 치닫고 게다가 계단폭도 겨우 한뼘도 되지 않은 채 옹색하게 아슬아슬 내려간다. 거기에 계단위에는 하얗게 눈이 쌓여있고... 지금까지의 비단길이 공포의 길로 바뀐 셈이다. 몸을 옆으로 돌려 옆으로 조심조심 내려가고... 이럴 때는 위에 하얗게 쌓인 눈이 마귀처럼 느껴진다. 그래도 여기는 서대산의 하산길보다 나은 것이 돌계단이라도 있어서 뒤뚱뒤뚱 미끄러지지 않고 서대산처럼 무자비한 너덜비탈에 발가락과 다리도 아프지 않다. 암튼 이런 비탈진 너덜길은 어찌 이리도 길게 느껴지는지...

힘겹게 돌계단을 내려오니 얼마되지 않아 반갑게도 낙엽 쌓인 숲길이 나온다. 잠시 후 팻말(주차장2.97km)이 나오는데 좀전의 가파른 내리막이 1km, 실제 체감거리는 10km보다 길게 느껴진다. 이제 내려갈수록 경사가 완만해지고 걷기도 편안해진다.

　　점점 눈쌓인 계곡이 보이기 시작하고... 어느새 숲속에서 벗어나 마을길에 접어든다. 저기 꽝꽝 얼어붙은 저수지가 보이고 길가의 팻말에는 남연군묘0.63km가 표시되어 있다. 왼쪽으로 쭉~ 뻗은 둑방길이 저멀리 펑퍼짐하게 꽤 넓어 보이는 묘소로 이어진다. 시간상 다음을 기약하며 직진하여 마을 쪽으로 내려간다. 전형적인 시골마을은 옛모습 그대로이고 조그만 주차장에 도착하니 아직도 해가 중천에 떠있다.

　　서둘러 차에 올라 한시간 정도 간월도 간월암으로 이동... 오늘이 금년의 마감산행이니 해넘이를 보며 희망찬 새해를 맞이하려한다. 이제 차에서 내려 식당에서 특산물로 맛난 식사를 한다. 잠시후 간월암에 올라서니 와아~ 저멀리 수평선 위로 불을 뿜듯 온통 붉게 물든 바다... 하늘... 부디 새해에도 우리에게 많은 복을 주소서...!

선 자 령

2019년 01월 13일 091

유래 선자령 계곡이 아름다워 선녀들이 아들을 데리고 와서 목욕을 하고 놀다 하늘로 올라간 데서 선자령이라는 명칭이 유래됨.

    이번 산행은 정상을 힘들게 오르는 것이 아니고 능선을 트래킹 하듯 빙~ 돈다니 얼마나 능선이 방대하면 몇 시간씩 걷는 거리가 될까... 게다가 눈도 엄청 쌓이고 바람도 워낙 세차서 몸무게가 적게 나가는 산객들은 넘어지기도 한다고... 그 대신 설경이 기막히게 아름다워 너도나도 산행길에 오른단다. 문득 소백산의 하얀 목장길이 떠오르며 그때 그 세찼던 바람이 생각난다. 암튼 트래킹길이라니 조금은 가벼운 마음으로 바람은 얼마나 셀지, 설경은 또 얼마나 아름다울지 기대하며...

    3시간 후쯤 대관령휴게소에 도착, 널따란 주차장에는 차들과 산객들로 분주하고 주변의 나무들과 언덕에는 상고대가 하얗게 반짝인다. 벌써부터 하얀 눈꽃이 만발하니 저멀리 능선 쪽에는 얼마나 대단할까...

    물밀듯 밀려가는 산객을 따라 높이 치솟은 비석(대관령국사성황당)을 지나니 임도(정상5.5km)가 나온다. 그런데 기대와 달리 평탄한 오르막에는 막상 눈이 쌓이지 않아 아이젠 없이 하얀 상고대를 따라간다. 햇빛이 쨍쨍... 오를수록 상고대는 점점 사라지고 생태복원지(철거된 군사지역) 옆을 지날 땐 그때 그 긴박했던 상황과 요란한 총소리가 들리는 듯하다.

    잠시후 정상도 아닌데 벌써부터 뾰족한 철탑(KT중계소)이 보이더니 철조망 울타리에 가려진 건물이 차가운 겨울바람처럼 몸을 움츠리게 한다. 하지만 하늘도 파랗고 햇볕도 온화하고 눈없는 길도 평탄하고... 언제쯤 눈쌓인 풍경을 볼 수 있을는지...

    이윽고 숲길(선자령3.2km)에 다다르자 경사진 오르막에 주변의 나무들이 거센 바람을 견디기 위해 작달막하고 짱짱하다. 그런데 이러한 나무들 사이로 거센 바람을 맞으며 눈에 푹푹 올라야 제격인데 이렇게 바람한점 없으니 뭔가 구색이 맞지 않는 느낌이다. 암튼 미끄럽지 않은 길을 편안히 오른다는 것에 위안을 삼으며 여전히 온화한 회색 숲을 헤쳐나간다.

얼마후(선자령1.8km) 와아~ 저멀리 성냥개비처럼 하얀풍차가 멋지게 보이기 시작하자 하늘이 시원하게 뚫리며 사방이 탁~ 트인다. 여기저기 풍차들이 새하얀 학처럼 넘실넘실... 산객들은 울긋불긋 떼지어 올라간다.

잠시후 누런 목초가 넓은 소의 등처럼 평평하게 이어지고 주의사항을 알리는 안내문(하늘목장)이 서있다. 드넓은 목장길을 따라 올라갈수록 학처럼 멋지던 풍차는 놀이공원의 시설물처럼 어마어마하게 커지며 위협적으로 다가온다. 가까이 다가갈수록 아예 기둥 밖에 보이지 않는 풍차는 그냥 차가운 시멘트기둥에 불과하다. 마치 이상과 현실... 숲과 나무의 차이처럼...

광활한 목초지는 여전히 바람 한점없이 온화하고 햇볕이 쨍쨍... 영락없는 봄날이다. 길에는 금방이라도 쑥이며 냉이 봄나물들이 툭툭 튀어나올 것만 같고 쭉~ 이어지는 야생화 사진이 실제로 꽃이 핀 것처럼 전혀 어색하게 느껴지지 않는다.

어느덧 정상에 다다르니 인산인해를 이루는 널따란 공간... 높이 치솟은 정상석(백두대간 선자령)에도 산객들로 북적북적... 가까이 접근할 수도 없고 인증사진도 멀리서 찍는다. 탁트인 시야에 마을은 보이지 않고 온통 하얀풍차와 파아란 하늘만... 마치 드넓은 바다에 하얀 갈매기들이 끼룩~끼룩~ 날개짓하는 것처럼...

이제 저멀리 풍차를 바라보며 내려가기 시작, 응달진 내리막은 미끄럽지만 아이젠을 할 정도는 아니다. 한동안 조심조심 삼거리(한일목장갈림길)에 다다르자 다시 햇볕은 쨍쨍~ 눈 한점없는 길은 뽀송뽀송... 능선길 따라 먼지를 풀풀 날리며 내려가고... 이제 (대관령5.0km)는 숲길로 들어선다.

여전히 길은 평탄하고 발걸음도 가볍게 쭉쭉... 가끔씩 바짝 마른 계곡이 보이더니 이내 꽝꽝 얼어붙은 하얀 계곡이 이어진다. 길은 먼지가 풀풀 날리는데 계곡은 얼음이 꽝꽝... 한동안 하얀 자작나무숲을 지나고... 쭉쭉뻗은 전나무 숲을 지나고...

이윽고 팻말(대관령휴게소1.9km)이 나오자 여기부터는 직진하는 것이 아니라 왼쪽으로 꺾어 언덕으로 올라간다. 널찍한 오르막은 소나무들이 제법 우거져 오랜만에 파란 숲에 솔잎향이 상쾌하다. 한동안 맑은 공기에 취하며 어느새 고개에 올라서니 팻말(1.3km)이 보인다.

여기부터는 오른쪽으로 꺾어 내려가고 쭉쭉뻗은 전나무숲이 시원스럽다. 잠시후 하늘이 뻥~ 뚫리며 철조망으로 된 담장이 이어지더니 너머로 광활한 목장이 펼쳐진다. 시원스레 목장을 바라보며 내려가면 좋으련만 주차장길은 왼쪽으로 향해있고 계단을 따라 내려간다. 이어 산모퉁이를 돌아가니 꽝꽝 얼어붙은 계곡이 나타나고 저 너머로 도로가 보인다. 이윽고 풀풀 먼지 날리는 도로에는 산객들이 울긋불긋 떼지어가고 가까이 널따란 주차장이 보인다.

이렇듯 선자령은 눈쌓인 것도 아니고 오히려 봄날처럼 햇볕이 따사로운데 여전히 산객들로 인산인해를 이룬다. 왜 일까…? 선자령, 다시 와야지 눈이 많이 왔을 때…

백운산(광양)
2019년 01월 27일 092

유래 흰닭이 날아오르는 형국이란 '백계산'에서 명칭 유래.

　백운산은 이름이 좋아서 그런지 100대 명산에도 같은 이름이 포천, 정선, 광양 이렇게 세 개나 있다. 그중 정선에 있는 것은 이미 다녀왔고 이번에는 광양에 있는 산을 가려 한다. 같은 이름이지만 각기 어떻게 다를지…

　이른 아침 서둘러 4시간 쯤 광양에 도착한다. 차에서 내리니 온화한 공기가 뺨을 스치고 작렬하는 태양이 눈부시다. 한겨울에 봄날같은 따스한 햇볕을 받으며 진틀마을 팻말(정상3.3km)을 지나 아스팔트 도로를 따라간다. 길 양쪽으로는 예쁘게 지어진 펜션과 산장이 즐비하고 줄곧 이어지는 계곡은 여름철에는 제법 피서객들이 북적일 만큼 근사하다.

　이제 병암산장을 기점으로 산길이 이어지고 나무들 사이로 알록달록 시그널 리본이 펄럭인다. 잠시후 느티나무처럼 커다란 소나무를 만나고 울타리를 따라 이름을 알 수 없는 회색빛 나무들이 줄지어 이어진다. 그런데 이상하게도 검은 호스가 길을 따라 연이어지고 얼마후 안내판이 눈에 띈다. 내용인 즉 여기는 서울대학교 남부학술림이고 식생조사와 고로쇠나무 수액유출량 시험연구 중이라는 것이다.

　이제 이 구역을 지나 시원스레 뻗은 전나무숲에 들어가는데 얼마되지 않아 점점 바위들이 널브러진 너덜비탈이 이어진다. 주위에는 온통 앙상한 나무들이 빼곡하여 회색빛 천지이고 계곡마저도 앙상한 회색빛이다. 이러한 회색풍경은 숯가마터까지 계속되고 계곡도 여기까지 이어진다.

　이윽고 널따란 숯가마터에는 숯 굽던 흔적은 보이지 않고 구급함과 팻말(정상1.4km, 신선대1.2km)만 덩그러니 서있다.

　곧이어 신선대쪽으로 오르기 시작하자 갑자기 경사가 심해지더니 데크계단이 이어진다. 숨가쁘게 계단을 올라가고... 잠시후 능선길이 어어지나 싶더니 웬걸~ 매트를 깔아놓은 지그재그 길이 보호줄을 따라 끝도 보이지 않는다. 숨도 차고 다리도 아프고... 그래도 잘 정비된 길을 오르니 고마울 따름이다. 매트길이 끝나자 팻말(신선대0.8km)이 서있는데 방금전 급경사가 겨우 0.4km... 실제는 4km보다 더 힘들게 느껴진다. 그런데 맙소사~ 다시 너덜오르막이... 기진맥진 진땀을 빼며 인내심을 발휘... 드디어 능선길에 올라서니 시야가 시원스레 트인다.

저 앞에 자그마하게 암봉이 보이고 오른쪽 저멀리에 암봉(정상)이 하늘 높이 치솟아 있다. 천천히 숨을 고르며 능선을 따라가고 점점 거대하게 다가오는 암봉... 고층빌딩처럼 우뚝 솟아있는 암벽(신선대0.18km지점)을 휘돌아가니 보는 것만으로도 아찔... 까마득한 바위가 두렵고 위협적이기까지 하다. 두려움에 감히 오를 용기가 나지 않고 주춤주춤 다시 팻말 쪽으로 발길을 돌린다.

이제 정상 쪽으로... 다행히도 완만한 숲길을 따라 데크계단이 이어지고 오를수록 시야가 트이기 시작한다. 이윽고 온통 바위뿐인 암봉(정상1,222m)... 탁트인 시야에 저멀리 거대한 운해에 둘러싸인 바다와 능선들... 짙푸른 하늘은 천상의 화음처럼 고요히 흐르고... 이 엄동설한에 햇볕은 봄날처럼 따스하다. 가림목하나 없는 바위투성이 공간이 이렇게 바람 한점없이 화창하고 아늑하다니... 지금이 한겨울인지 화창한 봄날인지... 때마침 미세먼지도 어디론가 사라지고 주변의 풍경은 그저 유리알처럼 반짝반짝... 일년에 이렇게 쾌청하고 맑은 날씨가 며칠이나 될까? 오늘은 분명 그 운수 좋은 행운의 날이다.

데크계단으로 이어지는 내리막은 술술 잘도 내려가고 밑에서 올라오는 산객들은 힘들어 죽을 맛이다. 그런데 묘하게도 웃음이 나는 것은 하산하는 자의 여유로움일까... 이제 삼거리(매봉3.6km, 진틀3.3km)를 지나 진틀 쪽으로 내려가고... 얼마후 매트가 깔려있는 가파른 길이 이어진다.

그런데 참을만하던 발이 체중이 앞으로 쏠리니 발가락에 불이 나고 다리가 후들거려 발딛기가 고약스럽다. 여전히 햇볕도 강렬하고 하늘도 파랗고 공기도 쾌청하건만 발끝은 쿡쿡 쑤시고... 통증도 계속되면 무디어지는지 얼마후 감각이 없어질 쯤 저 아래로 데크계단이 가파르게 그 끝이 보이지 않는다.

밑에서는 땀을 뻘뻘 흘리며 올라오고 위에서는 지친다리를 후들거리며 내려간다. 그래도 이제는 체중이 쏠리지 않으니 발끝이 덜 아프고 그것만으로도 감사한다. 이윽고기나긴 계단을 내려서니 다행히도 경사가 완만해진다. 잠시후 앙상한 계곡 따라 징검다리를 건너고 오전에 통과했던 널따란 숯가마터에 되돌아온다.

여기부터는 오전에 왔던 길을 다시 내려가고... 완만한 흙길이 이어지니 걷기가 한결 수월하다. 오전에는 멀게 느껴졌던 길이 어느새 출입금지 울타리를 지나고... 산장지대를 지나고... 도로를 따라 마침내 논실 주차장에 도착한다.

비교적 짧은 코스였지만 가파른 길에 숨차고 다리가 후들거려 결코 만만치 않은 산행이었다. 하지만 쾌청하고 온화한 날씨... 아름다운 정상풍경... 그것으로 대가는 충분히 채워졌다.

응봉산
2019년 02월 10일 093

유래 매와 닮은 산에서 유래했으며 예전에는 매봉으로 불렀다함.

응봉산은 용봉산이 떠오른다. 명산 리스트를 검토하던 중 인쇄상태가 좋지 않아 '응'자와 '용'자를 헷갈린 적이 있다. 두 산 모두 금시초문이라 인터넷을 찾아본 후에야 구별하게 되었다. 용봉산의 경우 크게 기대도 안했는데 산행 후 엄청 아름다운 산이라는 것을 알았다. 용봉산이 그랬던 것처럼 응봉산도 뜻밖의 선물을 안겨줄는지…

이른 아침 서둘러 4시간 후쯤 울진에 도착한다. 구름에 가려진 해는 벌써 중천에 떠있고 장시간 차를 타는 것이 이젠 익숙할 법도 한데 여전히 쉽지 않은 시간이다. 차에서 내리니 의외로 온화한 기온이 패딩을 벗어도 춥지 않고 약간 흐리지만 바람이 거의 없다.

산불감시초소에서 바로 올라가기 시작, 하얀 밧줄 따라 통나무계단을 올라서니 누런 솔잎이 떡고물처럼 수북이 쌓여있고 아름드리 소나무(금강송)가 하늘을 잔뜩 가리고 있다. 다른 곳과 달리 키도 크고 붉은빛이 감도는 소나무… 솔~솔~ 풍기는 향이 마음을 상쾌하게 한다.

산허리를 지그재그 휘감아 올라가고… 여전히 쭉쭉~ 뻗은 소나무들… 어쩌면 이렇게 소나무들이 많을까…? 언제나 기분 좋아지는 솔숲에 이렇게 멋지기까지…

얼마후 이 깊은 숲속에 잘 정돈된 묘지가 꽤 권세를 누리던 사람의 묘지 같다(민씨묘) 널따란 헬기장에는 까마귀가 깍깍대고… 곧이어 여기서기 바위가 눈에 띄더니 암릉길이 이어진다. 밧줄로 장치된 능선은 비교적 안전하고 오르기에도 수월하다.

능선에 올라서니 어떤 산객들은 옹기종기 점심을 먹고 일부는 쉬고 있다. 연이어 오르자니 지치고 이쯤에서 정상이면 좋으련만 나무 밑에 누워있는 돌표지석은 정상 1.6km를 가리키고 있다. 이곳 팻말의 특징은 높다란 기둥이 아닌 지면에 돌표지석이 놓여있어 눈여겨보지 않으면 그냥 지나칠 수 있고 가끔 안내지도판이 보인다.

에너지바를 우물거리니 그런대로 허기는 가시고 얼마 되지않아 다시 헬기장이 나온다. 시멘트로 된 공간에는 이번에도 몇몇 팀들이 식사를 하며 휴식하고 있다. 그때 구름 낀 하늘에서 가느다란 눈발이 흩날리기 시작… 서둘러 발걸음을 재촉, 산허리를 돌아나오자 주위는 온통 하얀 눈… 오랜만에 눈산행인가 싶은데 저 앞에 보이는 언덕에 붉은 해가 빠끔히 고개를 내민다.

부지런히 계단을 올라서니 소나기처럼 흩날리는 눈발… 시야도 하얗고 한쪽에 서있는 정상석(1,013m)에도 하얗게 눈이 쌓이고 있다. 길에 푹푹 쌓이기 전에 서둘러 데크계단을 내려가고…

꽤 길게 이어지는 계단은 숲이 나오자 멈추더니 다시 쭉~뻗은 소나무들이 줄기차게 이어진다. 아름드리나무들이 어쩌면 이렇게 곧고 결이 아름다운지 소나무의 기품이 느껴진다. 줄곧 가파른 내리막이지만 우아한 소나무 덕분에 힘든 줄도 모르고 어느덧 골짜기에 다다른다.

잠시후 저 앞에 계곡이 보이더니 데크계단이 이어진다. 계단을 내려갈수록 계곡은 넓어지고 이제 가로질러 기다란 다리가 나온다. 그런데 제13교량 포스교(영국)라고 되어 있는데 열세번째 다리라는 것인지… 그렇다면 다리가 열세개나 된다는 것인가? 설마 그럴리가… 천천히 다리를 건너니 교량안내판이 있고 다시 계곡길이 이어진다.

내려갈수록 점점 바위들이 많아지며 계곡은 아름다운 모습으로 진화해간다. 얼마후 저기 산객들이 서성이며 머뭇거리고 있는 것이 보인다. 가까이 다다르자 분수대에서는 뜨거운 물이 김을 서리며 하늘로 솟구치고 옆에는 나지막하게 노천탕(덕구온천 원탕)이 있다. 발모양으로 된 탕에는 산객들이 김이 모락모락 나는 분수를 신기한 듯 바라보고 있다. 탕의 물은 발을 담그기에 딱 알맞을 온도로 어떻게 이런 물이 땅에서 나올 수 있는지… 한편 이곳부터는 대형 온천수 파이프가 계곡을 따라 하얗게 줄을 그으며 내려가는데 다른 산에서는 볼 수 없는 진풍경이다.

이제 온천수 파이프를 따라 제12교량 장제이교(중국)가 나온다. 그런데 숫자가 12로 바뀐 것이 맙소사~ 정말로 13개의 다리가… 내려갈수록 계곡은 점점 회색빛을 띠고 매끌매끌한 암반에 맑은 물이 고여있다. 잠시후 조그만 정자를 지나자 플라스틱 바가지를 잔뜩 걸어놓은 효자샘(일명 신선샘)에서 약수물이 졸졸~ 흐르고 있다.

곧이어 11교량 도모에가와교(일본)를 건너자 두 개의 나무가 하나로 된 연리지(일명 부부애 나무)가 서있고 조그만 쉼터 앞에 제10교량 트리니티교(잉글랜드)가 보인다.

여기부터는 본격적으로 저 아래 아찔한 계곡이 훤히 내려다보이고 불에 녹아내린 듯한 거대한 암반이 웅장하게 펼쳐진다. 어찔어찔 현기증 나는 계곡은 제9교량 청운교*백운교(불국사), 제8교량 취향교(경복궁), 제7교량 알라밀로교(스페인), 제6교량 모토웨이교(스위스)에 이어 제5교량 크네이교(독일)에서는 까마득한 아래로 시퍼런 물을 머금은 마당소가 둥글둥글 멋지기도 하지만 아찔함에 간담이 서늘해진다.

두려움과 호기심으로 거의 넋을 잃다시피 계단을 내려오니 거대한 폭포(용소폭포)가 장관을 이루고 언젠가 보았던 내연산 계곡의 폭포와 많이 닮아 있다.

아쉬움을 뒤로 한 채 제4교량 하버교(오스트레일리아), 제3교량 노르망디교(프랑스), 제2교량 서강대교(한국), 제1교량 금문교(미국)를 끝으로 무려 13개나 되는 아기자기하고 다양한 다리를 건넌다. 만약 이 13개의 다리를 그냥 일괄적으로 만들어 놓았다면 얼마나 숨막히고 부조화스런 모습이었겠는가...

이제 무거운 다리를 이끌며 서두르고... 산불감시 초소를 지나자 휴우~ 드디어 주차장(덕구계곡)이 보인다.

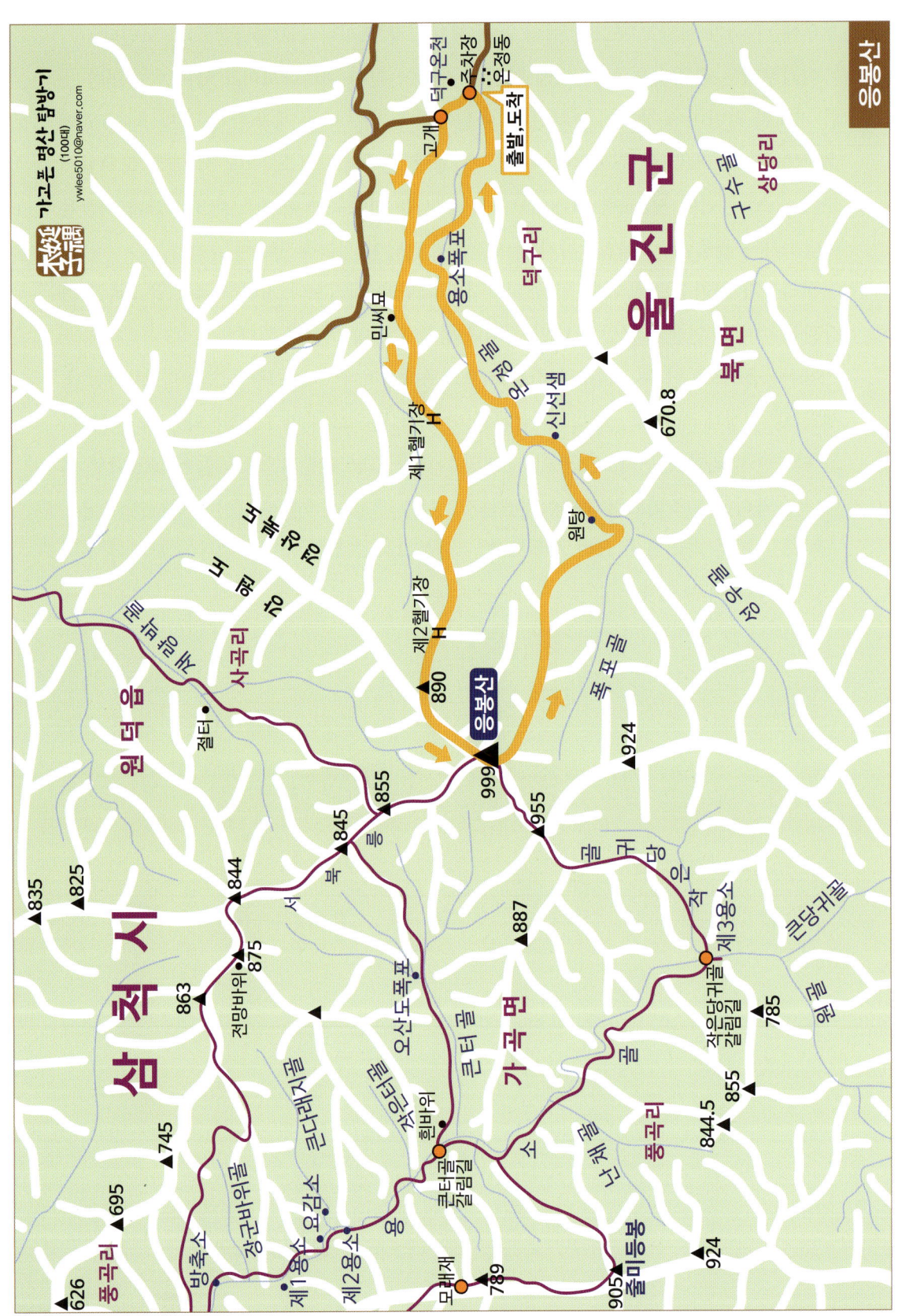

# 황장산
2019년 02월 17일 094

유래 황장산은 금강송의 또다른 명칭인 황장목이 많은데서 유래, 대궐이나 임금의 관, 배 등을 만드는 데 이 속이 누런 최고 품질의 소나무를 썼다고 한다(이 산은 1984년 12월 부터 입산금지 되었다가 2016년 5월에 개방)

황장산은 뜬금없이 북한의 정치인 황장...이 떠오르기도 하고 다른 한편 뭔가 거친 원시림에 가파른 비탈... 이런 것들이 떠올라 은근히 부담되지만 산행거리(5.4km)가 비교적 짧다니 그나마 다행이다.

이른 아침 서둘러 3시간 쯤 문경에 도착, 골짜기 오지마을(안생달)에 다다르니 집이 드문드문... 입구에는 안내석(문경 오미자동굴)이 우뚝 서있다. 아마도 여기는 오미자가 주생산물인가보다. 도로를 따라 안내석의 오른쪽 방향으로 오르기 시작...

길 양쪽 빈 밭에는 작물의 잔해들이 나딩굴고 중천에 떠있는 해가 잔해들 위로 봄을 재촉, 눈부신 햇살이 흩어진다. 온화한 기온은 겨울인지 봄인지 헷갈리고 엊그제 내린 눈은 쌓일 새도 없이 햇볕에 녹아내린다. 밭둑에서는 슬며시 봄나물이 비집고 나올 것처럼 흙이 뽀송뽀송 부드럽다. 어느덧 뚝길이 끝나고 알록달록 시그널 리본이 펄럭이는 산입구에 다다른다.

숲길에 들어서자 빼곡한 산죽이 등산복을 훑고 지나가고 돌들이 등산화에 툭툭 차인다. 주변에는 썩은 나뭇가지들이 어지럽게 널브러져 있고 계곡의 바위들도 채석장의 바위들처럼 울퉁불퉁... 어쩐지 이 산은 산객들이 많이 오가는 분위기가 아닌 것같다. 오를수록 서질어지는 너덜길은 걷기가 고약스럽고 넘어지지 않으려 주변은 눈에 들어오지 않는다. 가끔씩 위험 구간에서는 데크길도 나오고 계단도 나오지만 대체로 애먹이는 너덜오르막이 한동안 계속된다.

이윽고 까마득히 데크계단이 이어지고 차라리 규칙적으로 이어지는 이 가파른 계단이 방금전 고약스런 너덜길보다 낫다. 숨을 헐떡이며 거의 올라설 무렵 벌써 정상을 찍고 내려오는 산객들을 하나 둘 마주한다. 등산화에 날개라도 달려있는 것인가...

드디어 계단을 올라서니 휴우~ 능선이 나온다. 오른쪽은 비법정탐방로로 출입금지, 왼쪽으로 능선이 펼쳐진다. 숨을 고르며 발걸음을 옮기자 이제야 조금씩 전망이 트이고 걷기가 수월하다. 잠시후 웅성웅성 산객들의 소리가 들리더니 가파른 오르막 없이 슬며시 정상이 나온다. 헬기장 크기의 공간에는 산객들이 분주하고 주변풍경은 빠끔히 하늘만 뚫려 파랗다. 인증(황장산1,077m) 후 서둘러 내려가기 시작...

응달진 내리막은 하얗게 눈이 쌓여있고 다행히 완만한 경사로 아직은 아이젠을 하지 않아도 내려갈 만하다. 내려갈수록 시야가 트이더니 정상에서 보이지 않던 풍경들이 눈에 들어온다. 이윽고 낭떠러지 위 데크전망대(맷등바위)에 다다르니 오히려 여기가 정상처럼 사방이 시원하게 뚫리고 바위틈에서 자라는 소나무가 멋지게 서있다.

여기부터는 줄곧 아슬아슬 바위능선이 이어지지만 철난간이 설치되어 조심조심 무리 없이 내려간다. 이제 바위능선을 지나 숲길이 이어지고 잠시후 다시 데크전망대가 나온다. 저멀리 능선들 사이로 조그맣게 안생달 마을이 보이는데 얼마나 날씨가 좋으면 우리가 타고 온 차도 보인다.

곧이어 철계단을 내려서니 완만한 숲길에 쭉쭉뻗은 소나무숲이 시원스럽고 그림같은 오솔길이 펼쳐진다. 솔향기에 취해 숲을 빠져나오고 널따란 헬기장을 지나 고개(작은차갓재)에 다다른다.

이제 가파른 언덕(왼쪽)으로 내려가고... 점점 계곡이 보이기 시작한다. 평탄한 길을 따라 잠시후 까만 건물이 나타나더니 간판(오미자 와인동굴카페)이 보인다. 그런데 일요일에는 영업을 하지 않는지 문이 잠겨있고 주변은 적막하다.

아쉬움을 남기며 시멘트 도로를 따라 내려가고... 주변 여기저기에는 널따랗게 오미자 밭이 펼쳐진다. 그런데 어떤 곳은 울며 겨자먹기로 보안장치까지... 이런 오지마을에도 이런 장치가 있다니 씁쓸한 마음이 들고...

이제 마을이 보이기 시작, 워낙 작은 마을이다보니 어느덧 다시 출발점의 주차장에 되돌아온다.

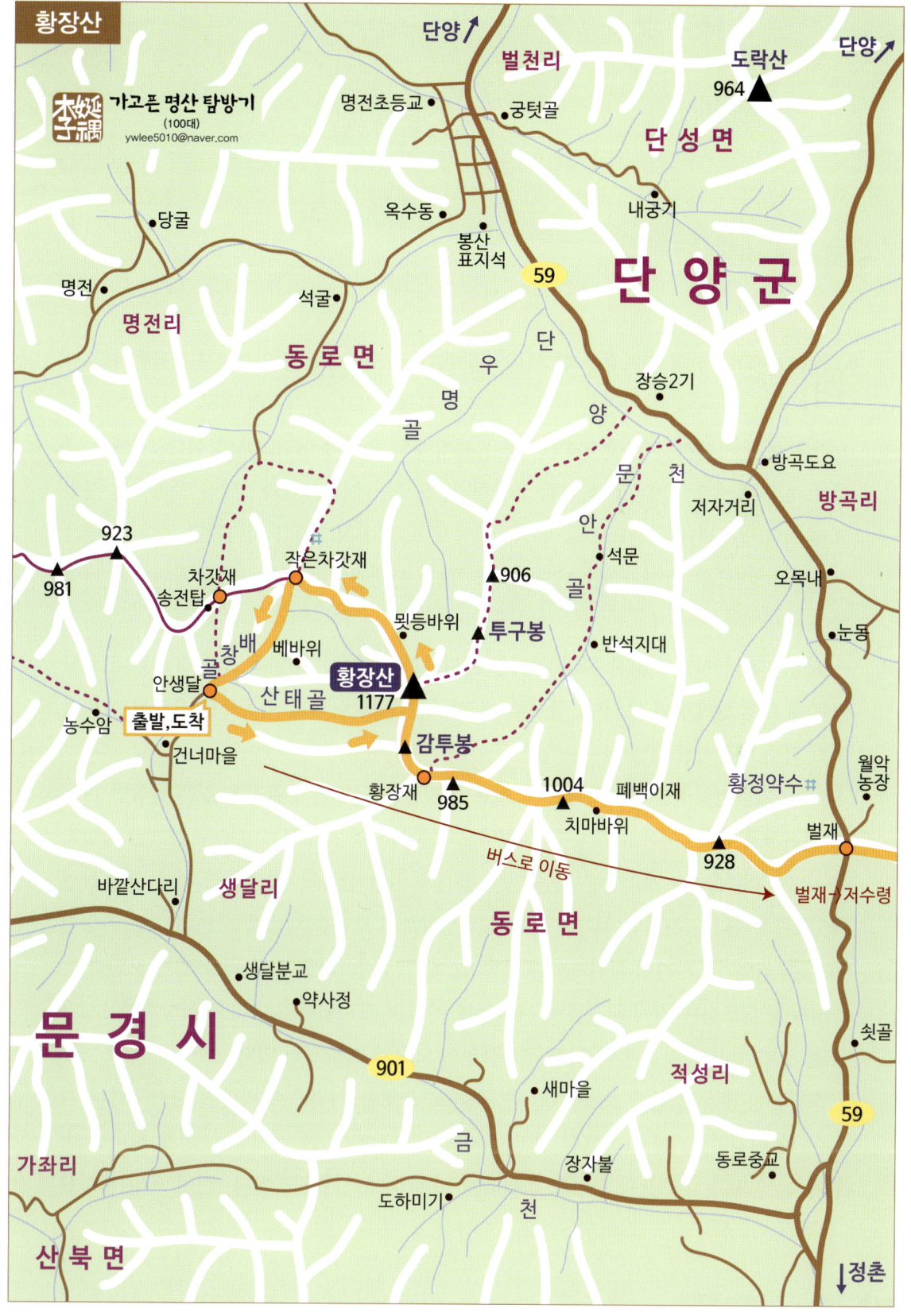

태화산

2019년 02월 24일 095

유래 신증동국여지승람에 대화산이라는 이름으로 전해져 온다고 한다.

태화산과 울산의 태화강은 한 세트처럼 뭔가 관련이 있는 것일까…? 강물은 산그림자를 드리우고 산자락은 푸르른 강물을 휘돌아가고… 이처럼 서로 상생하는…

이른 아침 서둘러 3시간쯤 도착한 곳은 뜻밖에도 울산이 아니고 단양이다. 차에서 내리니 햇빛은 쨍쨍~ 기온은 봄처럼 포근하다. 도로변에는 북벽과 상2리 안내석이 서있고 길건너 맞은편에는 산으로 올라가는 시멘트 도로가 지그재그 이어지고 있다. 북벽은 이곳에서 500m쯤 갔다가 되돌아와야 되고 오늘 산행거리가 12km나 되니 다음을 기약한다.

도로를 건너 시멘트 길을 따라 잠시후 어디선가 꼬끼요~ 닭울음 소리가 들리더니 산중턱에 대형 양계장이 보인다. 잠시후 집 한 채가 나타나더니 위쪽으로 오래된 느티나무가 터주 대감처럼 서있다.

이제 길은 전형적인 산길로 바뀌고 한동안 덩굴로 뒤엉킨 동굴같은 길은 한동안 마음을 심란하게 한다. 이윽고 그 곳을 빠져나오니 아름드리 소나무가 솔솔~ 향그런 솔향기를 내뿜는다. 솔솔~ 보약같은 길을 지나 잠시후 이런 산속에 웬 외딴집 서너 채가 보인다. 요즘 TV(나는 자연인이다)에 산속에서 생활하는 모습을 방송을 하던데 그런 자연인이 사는 집인가? 가까이 다가가니 허름한 집 옆에는 자그마한 암자(화장암)가 보인다.

암자를 뒤로하며 잠시후 팻말이 나오는데 거리는 표시되어있지 않고 정상까지 1시간 30분 걸린단다. 숲길을 따라 얼마후 뜬금없이 도로가 가로질러 있다.

직진하여 맞은편 산을 오르는데 신기하게도 도로를 기점으로 바람이 불어오더니 기온이 쑥 내려간다. 마치 봄에서 갑자기 겨울로 순간이동 한 것처럼… 이제 하나둘 바위가 눈에 띄고 나뭇가지 사이로 희미하게 마을이 보이기 시작한다. 이어 팻말(태화산

1.5km)을 지나 힘겹게 고개에 올라서니 안내판(정상10분)이 서있다. 그런데 누구를 기준으로 10분이라는 것인지... 잠시후 다시 팻말이 나오는데 또다시 10분으로 쓰여있다. 앞에 보이는 까마득한 봉우리는 족히 30분은 걸릴 것같은데...

발걸음을 서두르고... 힘겹게 봉우리에 올라 시계를 보니 정말 30분이 지나있고 분주한 산객들 사이로 정상석 두개(충북 단양, 강원도 영월 1,027m))가 나란히 서있다. 시야는 거의 막혀있는 상태이고 더구나 미세먼지로 주변이 뿌옇다.

이제 천천히 내려가기 시작... 이때까지만 해도 하산길이 그렇게 애먹이는 길인 줄 까맣게 모르고 그저 마음 편히 내려간다. 그러나 응달진 내리막은 곳곳에 시한폭탄 같은 빙판이 도사리고 경사가 완만한 곳에서도 땅속에 빙판이 숨겨져 있다. 살얼음 밟듯 조심조심 걸어도 엉덩방아를 보기좋게 찧고 밧줄을 잡고 내려가는 구간에도 반질반질 빙판이 무섭기까지 하다.

더구나 큰골갈림길(고씨굴5.1km, 큰골2.2km)을 지나 고씨굴 쪽으로 좀더 내려가니 맙소사~ 급경사 언덕이 밧줄도 없이 빙판져 있고... 난감... 또 난감... 뒤돌아 기어서 내려가지만 부들부들 떨리고 끝내 부축까지 받으며 간신히 내려온다. 몸을 추스르며 천천히 일어나니 다리가 덜덜 흐물흐물...

정신을 차리며 잠시후 소나무 전망대에 다다르니 이제야 정상같은 전망이 트인다. 그러나 아쉽게도 잠깐만이다. 다시 이어지는 빼곡한 숲길도 중간중간 빙판이 도사리고 이런 애물단지 길은 헬기장까지 계속된다.

다행히 헬기장을 지나자 뽀송뽀송한 숲길이 이어지지만 대신 저 앞에 가파른 오르막이 보인다. 힘겹게 언덕을 올라서자 으~ 다시 오르막이... 더구나 여기저기 바위가 튀어나오고 사이사이로 너덜오르막 이어진다. 요리조리 바위를 헤치며 애써 고개에 올라서니 저 아래 골짜기에 내리막길이 보인다. 가까이 내려서니 팻말(고씨굴2.7km)이 서있고 여기부터는 오른쪽으로 꺾어내려 간다.

지그재그로 내려가는 언덕길은 한동안 술술 내려간다 싶었는데 어느 순간 다시 오르막으로 바뀌고... 이제 내리막만 나오겠지 기대하지만 다시 오르막이 이어진다. 오르락내리락... 이렇게 몇 번씩이나 힘들게 반복하자 이제야 나뭇가지 사이로 마을이 보이기 시작하더니 이제는 지그재그로 밧줄길이 이어진다(고씨굴0.9km)

그런데 조심조심 밧줄을 잡고 내려서니 맙소사~ 다시 오르막이 보인다. 순간, 이 산에게는 미안하지만 이 산을 다시 오고싶은 마음이 싹~ 사라져버린다. 그리고 고씨동굴에 대한 기대와 환상도 저멀리 달아나버린다. 내 체력으로는 이 산을 감당하기가 너무 버거워... 체념상태에서 숨을 헐떡이며 고개를 넘어서니 저 앞에 팻말(고씨굴0.5km)이 보인다.

　허탈한 심정으로 왼쪽으로 꺾어 내려가니 이제야 내리막길 같은 느낌이 들고 잠시후 저멀리 시원스런 강물 위로 쭉~뻗은 다리가 보인다. 드디어 살았구나... 곧이어 데크전망대에 이르니 곧게 치닫는 다리를 중심으로 마을풍경이 한눈에 들어온다. 서둘러 데크계단을 내려가는데 저기 앞에서 대장님이 손짓하며 마중한다. 순간 눈물이 핑~돌며 미안하기도 하고 고맙기도 하고... 이어 고씨동굴 앞에 다다르니 고색창연한 동굴 앞에는 오가는 산객들로 활기를 띠지만 상경 시간이 임박하여 발길을 서두른다. 힘껏 뛰어 다리를 건너지만 주차장에 도착하니 이미 약속시간은 지각으로...

청화산

2019년 03월 03일 096

유래 정확하지 않지만 북쪽의 청운동마을과 남쪽의 신화동마을, 동쪽의 화실마을이 있어 자연스럽게 청산, 화산이라 부르다가 청화산이 된 것으로 추정.

청화산은 청나라가 떠오르기도 하고 한편으로는 노란 바탕에 자주빛이 감도는 '아이리스'(고흐) 그림이 스쳐가기도 한다.

이른 아침 서둘러 3시간 쯤 괴산에 도착, 비가 온다고 하여 비옷을 챙겨왔는데 비는 커녕 구름 한점없이 쨍쨍하다. 도로변(눌재)에는 분수령(낙동강과 한강)안내판과 백두대간 정상석이 높다랗게 서있고 한쪽 구석에 성황당이 보인다. 곧바로 산입구에 팻말(청화산2.6km)이 서있고 정상에 오른 후 원점회귀 한다. 요즘 산불기간이라서 조항산(입산금지)과 연계하지 못하고 다시 되돌아오게 되어 산행거리가 5.2km 밖에 안된다. 하지만 바위도 많고 가파른 경사로 힘든다는데 거리가 얼마되지 않으니 일단 부담감이 줄어든다.

언덕을 따라 시원스런 소나무 숲길을 오르고 상쾌한 솔향이 코끝을 스쳐간다. 봄날같은 기온은 바람막이 옷도 거추장스럽고 바람막이를 배낭에 질끈 묶는다. 한결 시원해진 발걸음으로 어느덧 팻말(청화산1.8km)을 지나고 아직까지 숲길은 마냥 순탄하다.

그런데 아니나 다를까 저 앞에 굵은 밧줄이 지그재그 이어지며 가파른 언덕이 솟아있다. 가까이 다가가 밧줄을 움켜쥐고 오르는 사이 마을풍경이 조금씩 드러나더니 저멀리 암봉이 보인다. 바위를 요리조리 힘겹게 올라서니 표지석(정국기원단) 뒤로 마을풍경이 한눈에 들어오고 바위에서 자란 멋진 소나무가 전망대를 운치 있게 한다.

연이어 가파른 언덕 여기저기에는 제법 많은 바위들이 줄지어 나타나고 덩달아 굵은 밧줄도 지그재그로 이어진다. 밧줄을 잡고 오르니 큰 어려움은 없지만 한곳에서는 암벽의 좁은 틈에 발판이 없어 상당히 애쓰며 간신히 오른다.

내려갈 일을 걱정하며 발걸음을 옮기는데 바위에는 여전히 멋진 소나무가 자라고 가끔씩 마을풍경이 보인다. 이렇게 밧줄로 이어진 너덜길은 한동안 계속되더니 얼마후 비탈언덕이 나온다. 가쁘게 숨을 쉬며 고개에 올라서니 널따란 헬기장 여기저기에서는 산객들이 둘러앉아 점심을 먹고 있다.

 그들을 뒤로 한 채 코앞에 보이는 암봉를 향해 발걸음을 서두르고 잠시후 별 어려움 없이 정상에 다다른다. 높다란 암벽 위로 정상석(청화산970m)이 우뚝 서있고 글씨가 푸른색으로 쓰여있다. 게다가 바위에 동글동글 이끼 낀 모양이 마치 달마시안 강아지 모습 같기도 하다. 옆에는 푸른색으로 칠한 팻말이 보이고 아마도 산이름 '청'자를 감안하지 않았을까... 북적이는 산객들 사이로 주변을 둘러보니 미세먼지가 뿌옇고 마을과 능선들은 공중에 떠다니듯 희미하다. 아쉬움을 뒤로 한 채 되돌아 헬기장으로 내려가고 점심을 먹으며 오랜만에 여유있게 휴식을 취한다. 이제 한껏 기운을 얻어 자리에서 일어나자 가파른 너덜내리막이 약간은 부담되지만 조심조심 출발점의 눌재를 향해 내려가기 시작한다.

계룡산

2019년 03월 10일 097

유래 계룡산은 주봉인 천황봉에서 쌀개봉, 삼불봉으로 이어진 능선이 흡사 닭벼슬을 한 용의 형상이라는 데서 생긴 이름이다.

용과 닭? 산의 모습이 용과 닭을 닮았다는 것인가? 아니면 산속에 그런 모습을 한 무엇인가가 있다는 것인가? 조선시대 예언서인 [정감록]에도 언급된 이 산은 한때 조선의 수도가 될 뻔했다고…

이른 아침 서둘러 2시간 후쯤 공주에 도착한다. 넓은 주차장(동학사)에 내리니 주변에는 관광지답게 각종 상가들이 즐비하고 휴일을 맞아 등산하려는 산객들로 분주하다. 상가를 따라 오른쪽(남매탑3.0km)으로 향해 가고… 얼마후 마지막 화장실을 기점으로 천정탐방지원센터에 도착한다.

초입부터 바위가 여기저기… 넓적한 돌이 콕콕 박혀있는 너덜길은 워낙 많이 밟아 반질반질 길들어 있다. 오를수록 주변은 점점 바위로 둘러싸여 있지만 다행히도 여전히 넓은 길에 중간중간 돌계단으로 별 무리없이 오른다. 일기예보에 오랜만에 비가 온다는데 아직까지는 구름만 끼어있고 쏟아질 기미는 보이지 않는다.

온통 앙상한 나무와 울퉁불퉁한 바위들로 가득한 골짜기는 이 산이 돌산임을 실감케 하고 어느덧 노선을 이탈하지 않도록 밧줄길이 이어진다. 여전히 바위가 많지만 가파르지도 않고 걷기에도 불편하지 않아 오르기가 수월하다. 이윽고 저 앞에 하늘이 훤해지며 가파르게 계단이 이어진다. 그런데 가까이 다가가사 하나둘 빗방울이 흩어지더니 계단 중간쯤에서는 갑자기 후드득…후드득… 어~ 지금 비가내리면 안되는데… 조마조마 마음 졸이며 고개(큰배재)에 올라서니 신기하게도 빗방울이 날리지 않는다. 휴우~ 감사 또 감사…

이제 남매탑0.5km 방향으로… 능선을 따라 산허리를 돌아나오자 저 앞에 뭔가 희긋희긋… 잠시후 돌탑 두 개가 봉우리를 배경으로 뚜렷이 모습을 드러낸다. 곧이어 가파른 돌계단을 올라서니 널따란 공간에 돌탑(남매탑) 두 개가 나란히 서있다. 안내판에는 이들에 얽힌 전설이 쓰여있고 맞은편에는 조그만 암자(상원암)가 자리하고…

　잠깐 숨을 돌린후 다시 가파른 돌계단을 올라서니 팻말(삼불봉0.2km)이 서있고 왼쪽으로 발걸음을 옮긴다. 그런데 몇 걸음 채 딛기도 전에 잔잔하던 숲은 갑자기 바람이 일렁이더니 한술 더 떠 저 앞에 가파른 계단이 보인다. 가까이 다가가니 철계단은 아슬아슬 공포스럽고 오를수록 점점 바람이 회오리친다. 철난간 밑으로는 천길낭떠러지… 공포감에 밑으로는 시선도 돌리지 못하고 난간을 꽉~ 잡은 채 앞만 보고 오른다. 그런 와중에도 저멀리 능선과 마을풍경은 마냥 한가롭기만 하다

　이윽고 계단을 올라서니 온몸이 뻐근하고 팔이 후들거리지만 사방의 시야가 시원스레 트인다. 저멀리 뾰족뾰족 송신탑이 솟아있는 정상봉(천황봉)(출입금지구역)… 정상을 배경으로 코앞에 서있는 정상석(삼불봉)은 어느 정상석 못지않게 멋지다. 또한 푸른 저수지를 끼고 있는 희미한 마을풍경이 안개속 한폭의 산수화같다.

　이제 철계단을 내려가고… 능선길 따라 곧 삼거리(관음봉1.3km)에 다다른다. 그런데 점점 세찬 바람에 자꾸만 모자가 벗겨지려하고 끈을 꽉 조이며 암릉을 따라 조심조심 발걸음을 옮긴다. 갈수록 주변은 시야가 트이고 바위틈의 소나무들 사이로 마을풍경이 그림같이 펼쳐진다. 줄곧 아슬아슬 이어지는 암릉길은 멋진 소나무와 철난간 덕분에 수월하고 게다가 중간중간 바위사이로 데크길과 데크계단도 이어진다. 만약 이런 안전장치가 없다면 결코 오르기 쉽지 않은 산이라는 생각이 든다. 암튼 길이 잘 정비되어있으니 고맙기도 하고 또 오고 싶은 마음도 든다.

　어느덧 자연성능(관음봉0.8km)에 다다르니 다행히도 평탄한 길이 이어진다. 그런데 하나둘 빗방울이 흩어지더니 저멀리 정상(관음봉)이 점점 뚜렷이 다가온다. 빗방울에 마음이 급해지며 이윽고 정상 가까이 철계단이 가파르게 치솟아있다.

　서둘러 계단을 올라서니 거대한 암봉 한가운데에는 정자가 널찍이 자리하고 높다란 바위에 정상석(관음봉766m)이 우뚝 솟아있다. 이제 다행히도 흩날리던 빗방울이 멈추고 저멀리 탁트인 시야에 경치가 시원스레 펼쳐진다. 잠시 숨을 돌린 후 다시 비가 오기 전에 서둘러 내려가기 시작(동학사2.3km)…

　그런데 데크계단을 따라 잠시후 아래로아래로 가파르게 이어지는 내리막… 그럼에도 천만다행인 것은 이 기나긴 내리막이 돌계단으로 차근차근 정비되어 이산이 얼마나 유

명한 산인지 실감케 한다. 지그재그로 이어지는 계단을 따라 조심조심 내려가고… 이윽고 뻐근한 다리를 이끌며 계단을 벗어난다.

　이제 숲길에 들어서 한적한 오솔길을 따라가고… 얼마후 바짝 마른 계곡이 보이기 시작한다. 곧이어 쉼터(동학사1.4km)에 다다르자 갑자기 계곡이 뺑~ 넓어지며 쫄쫄쫄~ 물이 흐른다.

　이어 데크계단을 따라 내려가는데 저 앞에 낭떠러지 아래로 가느다란 물줄기가 시원스레 쏟아지고… 만약 계곡물이 많았다면 저 거대한 폭포(은선폭포)가 장관을 이룰텐데… 잠시후 전망대에 다다르니 쌀개봉에 V자 모양으로 움푹한 산능선이 신기하다.

　곧이어 계곡을 가로질러 다리를 건너고 길가에 울타리가 쭉~ 이어진다. 이윽고 고즈넉한 사찰(동학사)에 커다란 대웅전이 모습을 드러내고 오랜 세월의 흔적에 저절로 숙연해진다.

　조용히 사찰을 지나 일주문을 통과하고 곧이어 매표소(성인 삼천원)에 도착한다. 다시 아침에 지나왔던 상가가 즐비하게 이어지더니 잠시후 저 앞에 주차장이 보인다. 그때 구름낀 하늘에서 슬며시 햇볕이 고개를 내민다.

무학산

2019년 03월 31일 098

유래 신라말 최치원이 산세가 마치 학이 춤추듯 날개를 펴고 나는 형세와 같다고 하여 붙여진 이름이며, 두척산 또는 풍장산이라고도 부른다.

무학산은 무학대사가 떠오르며 대사가 이곳에 은둔하며 수도했던 산은 아닌지… 이른 아침 서둘러 4시간 후 마산에 도착, 주변에는 온통 벚꽃이 만발하여 도시가 화사하다. 게다가 산입구도 곧바로 마을과 인접해 있어 일거양득이다.

회원천을 따라 천천히 오르기 시작… 하얗게 핀 벚꽃, 분홍빛 복숭아꽃, 빨간 동백꽃, 앙증맞은 제비꽃, 노란 풀꽃… 여기저기 이름모를 꽃들이 따스한 햇볕에 눈이 부시다. 하루 새 갑자기 봄이 찾아온 느낌이고 만물이 스물스물 허물을 벗듯 긴 겨울잠에서 깨어난다. 어느덧 약수터에 다다르니 약수는 제법 많이 나오지만 안내판에 음용으로는 사용하지 못한다고 쓰여있다.

잔잔한 꽃들과 함께 통나무 계단을 오르고… 파아란 하늘에 쨍쨍~ 부서지는 햇볕이 모자를 푹 눌러쓰게 만든다. 위에는 조그만 정자가 자리하고 한쪽에 팻말(만남광장) 서 있다. 둥그런 표지석은 이곳이 마산의 지리적 중심점임을 알린다.

이제 여기저기 분홍빛 진달래가 눈에 띄고 오르막은 여전히 넓고 평탄하다. 오를수록 진달래꽃이 가로수처럼 빼곡하니 꽃대궐이 따로 없고 분홍빛의 화사한 행렬 속에 어느덧 쉼터에 다다른다.

이 화사한 꽃대궐은 기나긴 데크계단이 두 차례 연이어지더니 허허벌판 갈대밭… 넓디넓은 서마지기 평원으로 바뀐다. 마치 공원처럼 꾸며져 있는 평원에는 벤취가 줄지어 놓여있고 산객들이 휴식하고 있다. 데크계단이 기차길처럼 구불구불… 그 위로 정상이 보인다. 잠시 벤취에 앉아 간단히 점심을 먹고 한숨 돌린다.

주섬주섬 다시 배낭을 메고 계단 쪽으로 다가가니 '건강계단365' 라고 되어있다. 그리고 계단턱에는 1월1일부터 12월31일까지 칸칸마다 날짜표가 붙어있고 자신의 생일칸에서는 기념사진도 찍는다. 아이디어 덕분에 계단을 좀더 재미있게 오르고 서서히 펼쳐지는 풍경에 탄성이 절로 나온다. 파아란 바다로 둘러싸인 하얀 도시의 모습이 유럽의 옛성지 같고 저 아래로 광활한 서마지기 풍경도 그림같이 한눈에 들어온다.

어느덧 봉우리에 다다르니 거대한 철탑이 치솟아 있고 정상석(761.4m)의 태극기가 바람에 휘날린다. 산객들이 분주한 공간에는 바람도, 하늘의 구름도, 쨍쨍한 햇빛도 모두들 분주하다. 탁트인 시야에 시원한 풍경들이 파노라마처럼 한눈에 들어오고 오랜만의 쾌청한 날씨 덕에 이 아름다운 풍경을 오롯이 만끽한다.

이제 가벼운 발걸음으로 내려가고... 저멀리 하산길이 한눈에 들어온다. 능선길을 따라 곧바로 언덕이 불룩 솟아있고 나무들 사이로 돌탑이 보인다. 가까이 언덕에 올라서니 옛봉수대 모양의 탑이 우뚝 서있고 사방은 나무로 둘러싸여 막혀있다.

곧이어 왼쪽으로 비탈길을 내려가고 잠시후 갈림길(학봉과 대곡산)에서 학봉 쪽으로 꽃대궐(진달래)이 이어진다. 잠깐 바위전망대에서 시내전경을 눈에 담고 데크계단을 따라 연이어 바위들이 멋지게 솟아있다. 울퉁불퉁 거친 바위틈에 분홍빛 진달래가 시선을 사로잡고 그 화려한 행렬에 매료되어 힘든 줄 모른 채 내려간다.

어느덧 갈림길(완월동)에 다다르니 팻말(십자바위0.8km)이 서있다. 꽃들과 함께 데크계단이 이어지고 저 앞에 암봉이 보인다. 계단을 벗어나 아슬아슬한 바위가 위협적으로 솟아있고 엉금엉금 오르고 또 오르고... 가까스로 꼭대기에 올라서니 마당처럼 넓고 평평한 바위(십자바위)... 거대한 배의 갑판위에 서있는 것처럼 시야가 탁트이고 사방의 풍경들이 빙글빙글... 아래로는 끝없는 낭떠러지... 저멀리 부드러운 능선에 몽실몽실 수놓은 분홍 꽃들... 새삼 봄의 위대함마저 느껴지는 진한 향수가 시선을 뗄 수 없게 하고 생동적이고 역동적으로 다가오는 풍경들이 살아 움직인다.

이제 두려움으로 조심조심 바위를 내려오고... 데크계단을 따라 어디선가 웅성웅성 소리가 들려온다. 의외로 빠르게 봉우리가 나타나더니 저 앞에 정상석(학봉)이 서있고 한쪽에 고운대(최치원)가 보인다. 시야는 막혀있어 저멀리 능선들만 조금씩 보인다.

이제 숲길을 따라 내려가고... 얼마후 탁트인 정자(고운대)에서 옛선비(김시겸)가 풍경을 바라보며 멋지게 시 한수를 읊고...

잠시후 운동시설을 갖춰놓은 널따란 공터에서는 마을주민인 듯한 사람들이 열심히 운동을 한다. 곧이어 왼쪽(서원곡 입구)으로 내려가니 계곡을 낀 도로에 와아~ 하얀 벚꽃... 흐드러지게 피어 있는 하얀 꽃이 탐스럽고 무릉도원이 따로 없다. 그 하얀 꽃동굴을 따라 원각사 데크길은 수많은 인파로 어깨가 부딪치고 바람 따라 하얀 꽃가루가 이리저리 흩날린다. 꿈꾸듯 아쉽게도 꽃길은 끝이 나고 곧 저 앞에 주차장이 보인다. 이렇게 오랜만에 꽃다운 꽃산행을 즐겁게 마무리하고 차에 오른다.

축령산(장성)
2019년 04월 07일 099

축령산 숲의 유래 독림가 춘원 임종국(1915~87) 선생이 1956년~1976년까지 20여년간 직접 편백나무를 심고 가꿈. 황폐한 시기(일제강점기와 6.25전쟁)에 갖은 고생, 가뭄 시 직접 물지게를 지고 산에 올라가 나무에 물을 줌. 2002년 산림청에서 매수 '치유의 숲', '22세기를 위해 보존해야 할 아름다운 숲'으로 선정. 업적을 기리며 유골(화장)도 2005년 축령산 중턱에 수목장으로 안장.

축령산은 편백나무가 유명하다는데 나무는 본적도 없고 측백나무와 비슷하다는 말만 떠오른다. 무엇보다 이번 산행길은 트레킹 정도로 평탄하다니 마음이 가벼워진다.

이른 아침 서둘러 4시간 후쯤 장성에 도착한다. 차에서 내리니 조그만 식당과 편백제품 전시판매장이 눈에 띄다. 하늘은 구름으로 가득하고 기온은 온화하다. 산입구 쪽으로 올라가는 주차장에는 자가용 몇 대만이 주차되어 있고 대형버스는 보이지 않는다. 아마도 꽃철이 왔으니 꽃이 만발한 산으로 몰려갔나보다. 게다가 비 예보까지 있으니.... 부디 하산 시까지 비가 오지 않기를...

오른쪽으로 흙길을 따라 조그만 정자를 지나고 본격적인 숲길이 시작된다. 넓고 평탄한 길은 그리 어렵지 않게 삼거리(화장실)에 도착하고 곧이어 산림치유센터 쪽으로 발걸음을 옮긴다.

길가에는 분홍빛 진달래가 여기저기 미소짓고... 잠시후 와아~ 빼곡한 숲(숲내음숲길)...! 탄성을 연발하며 숲으로 들어가자 하아~ 코끝을 스치는 이 서늘하고 상쾌한 박하향... 쭉쭉뻗은 나무들이 군대 사열하듯 질서정연하게 자리잡고 엄격하리만큼 긴장감이 감돈다. 와~ 편백나무가 이렇게 생겼구나...!

(*편백나무: 피톤치드를 가장 많이 내뿜으며 천식, 심폐기능강화, 폐결핵 치료에 도움, 봄과 여름 낮12시에서 2시 사이에 가장 많이 발산)

아쉬운 발길은 벌써 저기 산림치유센터가 보이고 곧이어 널따란 공간에 편백나무로 지어진 센터건물에 다다른다. 커다란 정자 옆에 조림공적비가 자리잡고 왼쪽에 팻말(정상0.6km)이 보인다.

이제 정상을 향해 오르기 시작, 이곳부터는 지금까지 평탄했던 길과는 달리 경사가 가파르다. 침목계단을 오르고... 보호줄 따라 너덜길을 오르고... 커다란 바위들 사이로 그 감탄의 편백숲이 시선을 사로잡는다. 어쩌면 저렇게 곧고 빼곡할까...!

이윽고 저 위에 높다랗게 팔각정자가 보이고 산객들의 웅성임 소리가 들린다. 잠시 후 봉우리에 올라서니 널따란 공간에는 산불방지 철탑이 우뚝 서있고 한쪽에 정자가 보인다. 맞은편에는 제단처럼 쌓은 다이 위에 정상석이 서있고 시야는 트였지만 구름으로 희미하다.

천천히 금곡마을 쪽으로 내려가기 시작, 능선을 따라 앙상한 숲을 여유롭게 걷고... 여름이면 이 길도 상당히 숲이 우거져 시원할텐데 이상하게도 여기는 편백나무가 보이지 않는다. 얼마후 버섯모양으로 서있는 조그만 정자가 나오더니 오른쪽으로 갈림길(중앙임도0.4km)이 보인다. 계속 직진하여 앞으로... 울퉁불퉁 바위지대를 지나 얼마되지 않아 다시 버섯모양의 정자가 나오고 오른쪽으로 또다시 갈림길(금곡화장실0.5km)이 보인다. 이번에는 오른쪽으로 내려가고...

가파른 내리막은 길 양쪽으로 푸른 산죽이 빼곡하고 푸른잎을 헤치며 정신없이 내려간다. 어느덧 저 밑으로 다시 버섯모양의 정자가 보이고 아마도 이산은 이것이 전환점을 표시하는 것같다.

정자를 지나자 이제부터는 완만하게 편백나무숲이 이어지고 한껏 숨을 깊게 들이쉬며 나무들에 시선을 빼앗긴다. 상쾌한 숲은 빨리 지나가고 금새 금곡화장실에 다다른다.

널따란 공간에는 길이 네갈래로 나뉘있고 잠깐 화장실에 들른 후 오른쪽 산림치유센터 쪽으로 향한다. 내려갈수록 점점 빼곡해지는 숲길... 꿈인지 생시인지 저절로 발걸음이 사뿐사뿐... 어느새 정자가 보이더니 왼쪽으로 산소숲길이 이어진다.

거대한 숲동굴 처럼 빼곡한 그늘... 여기저기 산객들이 쉬고 있고 이 숲동굴을 미로처럼 따라간다. 안으로 들어갈수록 숲의 장엄함에 입이 다물어지지 않고 어느 순간 감동과 전율이 흐른다. 어떻게 이런 숲을... 꿈속인 듯 천상인 듯 넋을 잃고 숲속을 따라가고... 어느덧 팻말(임종국수목장)에 다다른다.

발걸음이 빨라지며 숨차게 언덕을 올라서니 널따란 평지에 그리 오래된 것같지 않은 수수한 느티나무... 그 아래에 꽃이 놓여있다. 가까이 다가가니 춘원 임종국 부인 김영금(율리아나) 비석이 있고 그 옆 느티나무 아래에 춘원 임종국(요셉) 선생 비석이 서있다. 한없는 수고로 이토록 장엄하고 아름다운 숲을 이루었으니 그 감사함에 숙연해진다. 삼가 명복을 빈다.

  울컥해지는 마음을 진정하고 다시 숲내음숲길을 따라가고… 이 벅찬 숲속에 가능한 오래 머물고 싶어 천천히 발걸음을 옮겨도 어느덧 벌써 임도에 접어든다. 상경시간상 아쉬운 발걸음은 산림치유센터 쪽으로 향하고 잠시후 센터에 이른다.

  이제는 임도(추암마을1.6km)로 내려가고… 도로 양옆으로는 앙상한 나무와 산죽이 빼곡하다. 하지만 아쉽게도 편백나무는 보이지 않는다.

  얼마후 차량통행 차단기가 나오더니 이제 마을이 보이기 시작한다. 그때 하나둘 떨어지는 빗방울… 휴우~ 다행이다… 길가에는 복숭아꽃, 살구꽃, 개나리꽃… 잔잔한 풀꽃들이 화사하게 만발하고 언덕 위 멋지게 지어진 카페가 인상적이다. 이제 점점 굵어지는 빗방울을 헤치며 서둘러 주차장에 도착한다.

남산(경주)

2019년 04월 14일 100

유래 서라벌의 아름다움에 감동한 두 신이 여기를 살 곳으로 정하고 남신은 기암괴석으로 강하게 생긴 남산, 여신은 부드럽고 포근한 망산이 되었다는 전설.

남산은 서울에만 있는 줄 알았는데 경주에도 남산이 있다는 것을 100대 명산 리스트를 보고서야 알았다. 서울에는 남산타워가 치솟아 있지만 경주에는 유적과 유물들이 산적해 박물관을 방불케 한다니 궁금하기도 하고 그 기대감이 커진다. 더구나 이번산행이 100번째로 의미도 남다르다.

이른 아침 서둘러 4시간 후쯤 경주에 도착한다. 차에서 내리니 널따란 주차장(서남산)에는 차들이 빼곡하고 하늘에는 구름이 잔뜩 끼어있다. 산행동안 비가오지 않기를 바라며 배낭에 우비를 챙겨 넣는다. 주변의 건물들은 옛도시답게 한옥형태의 건물들이 주로 보이고 도로에 인접해있는 산입구(삼릉탐방지원센터)에는 오래된 소나무들이 기품 있는 숲을 이루고 있다.

솔숲 길을 따라가자 얼마되지 않아 커다란 봉분의 묘가 보이는데 세 개(신덕왕,아달라왕,경명왕)가 나란히 자리잡고 있다. 신라의 왕릉이란다. 삼릉을 지나 금오봉2.3km 방향으로 오르기 시작, 솔잎이 수북이 쌓여있는 숲길은 경사가 완만하여 걷기가 편안하다. 게다가 솔내음에 스치는 공기는 마음을 상쾌하게 하고...

평탄한 길은 벌써 길가에 보물이 보이기 시작하고... 안내판(삼릉곡 제2사지 석조여래좌상) 앞에는 목이 살려나간 석불이 바위에 묵묵히 앉아있다. 그 뒤에는 노란 개나리와 분홍빛 진달래가 흐드러지게 피어있고...

참담한 심정으로 발걸음을 옮기는데 왼쪽 저편에서 왁자지껄 해설사의 목소리가 들려오고 산객들이 바위주변을 맴돈다. 가까이 다다르니 커다란 바위에 여섯 분의 불상(삼릉계곡 선각육존불)이 새겨져 있고 오른쪽에는 집터같은 흔적이 보인다. 산 곳곳에 문화재가 산재해 있으니 해설사가 필요하겠고 다음 기회가 된다면 해설사와 함께 다시 와야겠다.

　돌계단을 따라 소나무 사이로 여기저기 진달래가 수줍게 피어있고... 계곡을 건너 왼쪽 저편에 또다시 커다란 바위가 보인다. 가까이 다가가니 커다란 암벽에 둘러싸인 한 가운데에 연꽃모양 좌대불상(석조여래좌상)이 당당하게 가부좌를 하고 있다. 그런데 이것은 온전한가 싶었는데 자세히 보니 곳곳이 시멘트로 메꿔있고 보수한 곳에는 색의 농도차이가 난다. 맞은편에는 석탑은 보이지 않고 그 터만 덩그러니 남아 바위들이 휑한 느낌이 든다.

　이제 다시 돌계단을 오르고 또 오르고... 여전히 쭉쭉뻗은 소나무들이 아름답다. 잠시 후 저 앞에 빨갛게 매달린 연등이 줄지어 있고 아마도 암자가 가까이 있는 듯... 이윽고 소나무 사이로 조그만 암자가 보이더니 그 앞에 플랭카드(부처님 오신날을 봉축한다)가 펼쳐져있다. 허름한 암자(상선암)에는 불공을 드리는 사람들과 스님들로 분주하고... 그들을 뒤로 하며 계단을 올라 바위 쪽으로 향한다.

　잠시후 넓적한 바위(바둑바위)에 다다르니 와~ 탁트인 시야에 경주 시내가 한눈에 펼쳐지고... 이곳이 천여 년 동안 신라의 수도였다니... 물 한모금 마시고 다시 금오봉 쪽으로 발길을 돌리는데 바람에 모자가 자꾸만 벗겨지려한다.

　이제 암릉길 따라 바위틈의 꿋꿋한 소나무와 거대한 암벽에 새겨진 불상(마애석가여래좌상)이 마치 한지붕의 가족처럼 다정하게 어우러져있다. 곧이어 높이 치솟은 상사바위... 그 아래 바람을 막아주고 햇볕이 내리쬐는 공간에서는 산객들이 옹기종기 점심을 먹고 있다.

　그들을 뒤로하며 데크계단을 오르고 진달래와 개나리 산벚꽃을 따라 잠시후 팻말(화장실)이 왼쪽을 가리키고 있다. 유명한 산이라 정상에 화장실까지 설치되어 있나보다. 직진하여 완만한 숲길을 따라가는데 산객들 웅성이는 소리가 들려온다. 이윽고 널따란 공간에는 정상석(금오봉金鰲山468m)과 빙둘러 여러개의 안내판이 이 산을 소개하며 복잡하게 마을이름들이 쓰여있다. 특이하게도 정상석의 한자 중 '오(鰲)' 자가 획수도 많고 낯선 글자다. 여전히 바람이 불고 사방의 시야는 나무들에 가려져 좀 답답한 느낌이 든다. 정상석 인증 후 산객들이 내려가는 쪽으로 따라가기 시작한다.

　데크계단을 내려가며 탁트인 마을풍경도 바라보고... 바위틈에 핀 개나리 진달래도 보고... 그런데 아래로 내려갈수록 점점 경사가 가팔라진다. 길에는 중간중간 매트가 깔려있지만 너덜길이라 다리가 후들거리고 급기야 바위벼랑길을 만난다.

그 아래로는 아슬아슬하게도 굵은 밧줄이 늘어뜨려져 그것을 잡고 내려가게 되어 있다. 두려움으로 꽉 밧줄을 쥔 채 가까스로 땅에 내려서니 앞에는 불상 모습의 높다란 절벽이 치솟아있고 그 옆에는 안내판(경주 약수계곡 마애입불상)이 서있다. 약수계곡? 정신이 번쩍들며 맙소사~ 용장마을 쪽으로 내려가야 하는데... 이를 어쩌지... 팻말을 확인도 않고 무심코 산객들을 그냥 따라온 것이 화근이 된 셈이다. 이른바 방심...

그런데 다행히도 때마침 지나가던 산객 두 분이 고맙게도 동행해주겠다고 한다. 포항에서 왔는데 이 산을 여러 번 산행해서 길을 안다고... 급한 마음을 애써 진정하며 되돌아 가파른 언덕을 오르고... 숨도 가쁘고 다리도 천근만근... 급기야 다리가 후들후들... 이토록 100번째 산행 신고식을 호되게 치르게 되다니... 얼마후 반갑게도 다시 정상이 보이고 이제는 용장마을 쪽으로 내려가기 시작...

완만한 임도를 따라 잠시후 갈림길에 다다르고 오른쪽(용장마을)으로 내려가니 여기저기 바위틈에 야무지게 자란 소나무와 분홍빛 진달래... 곧이어 전망대에 이르니 왼쪽 저멀리 하얀 바위에도 불상이 있단다.

잠시후 널따란 바위에 우뚝솟은 석탑(경주남산 용장사곡 삼층석탑)... 매끄럽게 다듬어진 돌탑은 우아한 자태를 뽐내며 꿋꿋이 서있지만 이 또한 안타깝게도 맨꼭대기 부분이 훼손되어 있다. 앞에는 시야가 탁트이고 아래로는 천길만길낭떠러지...

이제 데크계단을 따라 잠시후 다시 석탑이 보인다. 그런데 그것은 석탑이 아니고 연꽃모양의 석단 위에 앉아있는 불상(석조여래좌상), 역시 머리 부분이 훼손되어 있다. 그래서 멀리서 보기에 석탑처럼 보인 것이다. 그리고 그 옆의 바위벽에도 커다랗게 불상(마애여래좌상)이 새겨져 있다.

(*남산의 문화재들이 훼손된 이유: 통일신라시대에서 고려까지는 숭불정책으로 무사했지만 조선시대의 억불숭유정책으로 많은 석불들을 훼손했다한다. 일제 때는 문화정책으로 조선총독부가 나서서 파괴하는 일은 없었다한다)

이어 데크길을 따라 널따란 평지(용장사지茸長寺址)가 나온다. 이곳은 매월당 김시습이 출가하여 머물던 사찰터로 최초의 한문소설 5편을 짓고 금오산의 이름을 빌어 금오신화(金鰲新話)라 이름 붙였다 한다. 여기서 몇 발자국 더 내려오니 오른쪽 샛길따라 또 넓은 공터가 나온다. 이곳은 김시습이 머물며 금오신화를 완성한 집터란다. 주변에는 대나무가 빼곡히 자라고 위쪽을 바라보니 좀전의 삼층석탑이 하늘을 찌를 듯 높이 치솟아 있다. 그리고 공터에 누군가 허름한 묘가 자리잡고 있다.

발길을 돌려 이제 완만한 숲길을 따라 진달래꽃이 만발해 있고 잠시후 저기 계곡을 가로지른 다리(설잠교雪岑橋:김시습을 기려 그의 법호인 설잠으로 이름지었다함)가 보인다. 곧이어 튼튼하게 지어진 다리 위로 새소리 물소리가 들려온다. 얼마후 다시 용장골 출렁다리를 건너고... 이제 가벼운 마음으로 주차장 쪽으로 향한다.

이렇게 그 기대하던 남산산행을 마무리하지만 소중한 문화재들이 훼손된 것을 보니 마음이 씁쓸하다. 만약 이 유물들이 온전히 보전되어 왔다면 지금의 남산은 더 가치있는 문화유산이 되었을 것이다. 삼라만상에서는 한 나라의 굴곡진 역사도 한 인간의 삶도 눈에 보이지 않는 먼지뿐일 테지만...

재 약 산
2019년 04월 21일 (101)

유래 '약수를 가진 산' 이란 뜻. 신라 흥덕왕의 셋째왕자가 피부병을 얻어 표충사의 약수를 마시고 병이 나았다고 하여 이를 영정약수라 하고 산의 지명을 재약산이라 부르게 됨. (載藥山)

재약산은 신불산과 더불어 드넓은 갈대(억새)밭이 유명하고 그 일대를 영남알프스라고 한다니 그 기대감이 고조된다. 갈대를 보기위해 두 산을 꼭 가을에 가보고 싶었는데 뜻대로 되지 않아 이번 봄에는 재약산을 다녀오고 가을에는 신불산을 가게 되었으면 하는 바램이다.

이른 아침 서둘러 4시간 후쯤 밀양에 도착한다. 차에서 내리니 아스팔트 도로를 낀 한적한 시골마을(구연마을)은 차들로 붐비고 관광화 된 모습이 약간은 도시같은 느낌이 든다. 하늘에는 구름이 끼었지만 대체로 화창한 날씨다. 얼음골(무척 가파르단다)로 올라갈 팀들은 그쪽으로 가고 나머지 팀들은 하나둘 줄지어 케이블카 탑승장으로 향한다.

마을 안쪽에 있는 탑승장은 마을골목을 통해 올라가고 잠시후 장내에는 산객들로 붐빈다. 탑승은 시간표(첫시간 11시 45분)대로 운행을 하고 탑승권은 편도권 없이 무조건 왕복 12,000원이다.

케이블카에 탑승하니 내부가 꽤 넓어 많은 산객들이 북적인다. 카를 지탱하는 레일이 하나가 아니고 둘이라서 이렇게 넓고 많은 산객들이 탈수 있단다. 드디어 카가 움직이고 주변 일대가 한눈에 들어오기 시작한다. 갓 피어난 연두빛 신록이 온 산을 일깨우고 광활한 능선들이 서서히 모습을 드러낸다. 잠시(약10분) 꿈속에서 미끄러지듯 그림같은 풍경이 스쳐지나가고 아쉽게도 이내 정류장에 도착한다. 잠시후 밖으로 나오니 탁트인 전망대는 정상같은 풍경이 펼쳐지고 그 광활함이 시선을 압도한다.

서둘러 이제 능선(하늘정원)을 오르기 시작, 데크길을 따라 분홍빛 진달래가 줄지어 있고 푸른색 나무는 거의 보이지 않는다. 작달막한 회색빛 나무와 누런 억새가 끊임없이 이어지고 분홍빛 진달래가 천진스런 소녀의 볼처럼 발그레하다.

얼마후 앞이 점점 훤해지더니 민둥산처럼 허허벌판이 보이기 시작한다. 이윽고 기나긴 데크길에 산객들이 울긋불긋 줄지어 오르고 저멀리 봉우리에 개미떼처럼 산객들이 꿈틀댄다. 이제 주변에는 온통 누런 갈대... 가끔씩 발끝 가까이에 노란 들꽃들(괭이밥?)이 앙증맞게 피어있다.

데크길을 따라 암봉에 다다르니 높다란 돌탑 옆에 천황산 정상석(사자봉)이 우뚝 솟아있다. 탁트인 시야에 광활한 풍경이 발아래... 드넓은 갈대평원이 가슴 벅차다. 인증 후 긴나긴 데크계단을 따라 내려가기 시작...

오른쪽 거대한 암벽들 사이로 분홍빛 진달래가 피어있고 왼쪽으로는 광활한 황금평원이 끝없이 펼쳐진다. 잠시후 저 아래로 널따란 광장... 그 안의 안내판과 벤취들이 마치 음악회 무대처럼 낭만적이고 금방이라도 아름다운 선율이 울려퍼질 듯하다.

한동안 황금물결을 헤치며 이윽고 광장에 다다르니 음악회 무대처럼 낭만적으로보였던 안내판과 벤취가 널따란 데크마루 위에 그냥 덩그러니 놓여있다. 그리고 안내판에 사자평원이라고 되어 있는데 먼옛날 사자가 뛰놀았던 곳이라는 것인가... 앞쪽으로는 높다란 봉우리와 함께 끝이 보이지 않는 침목계단이 솟아있다. 널따란 벤취에 앉아 간단히 식사를 하고 잠시 드넓은 갈대숲을 둘러본다.

(*사자평의 유래: 천황산의 주봉인 사자봉에서 유래. 실제 신라시대 화랑들이 몸과 마음을 수련했던 곳이며 사명대사가 승병을 훈련시켰던 곳으로, 원래는 숲이 우거졌으나 일제 때 스키장을 만든다고 벌채, 지형상 눈이 쉽게 녹아버려 실패. 그후 화전, 인삼밭, 목장, 약초밭 등을 거치며 지금의 억새만 무성한 평원이 됨)

이제 기나긴 침목계단을 따라 천천히 오르기 시작... 진달래가 만개한 긴 계단은 맛나게 먹은 점심을 소화하기에 충분하고 계단이 끝나자 가파른 너덜길이 이어진다. 오르막을 따라 커다란 바위가 나타나고 여전히 분홍빛 진달래는 아름답게 피어있고...

얼마후 이제는 아예 바위길이 이어지는데 너덜바위라서 아슬아슬 조심스럽다. 오를수록 바위가 점점 커지더니 이윽고 높다란 암봉을 이룬다. 가까스로 애써 암봉을 벗어나자 팻말(사자봉)이 서있다. 사자봉? 그래서 통과하기가 사자처럼 무서웠나... (*나중에 알고보니 이 팻말은 바로 앞의 암봉을 가리키는 것이 아니고 천황산의 정상인 사자봉으로 가는 방향 표시였던 것이다. 오호라~ 어찌 이런 오해를...)

너덜길을 따라 곧이어 팻말(재약산0.2km)이 나오고 여전히 길가에는 분홍빛 진달래와 앙증스런 노란꽃이 환히 반겨준다. 이윽고 커다란 바위 사이로 저멀리 암봉이 보이더니 꼭대기에는 산객들이 개미처럼 꿈틀대고 있다. 주변으로는 분홍빛 진달래와 노란 갈대, 회색빛 바위들이 오묘하게 어우러져있고 파란색이 섞이지 않은 풍경은 봄과 가을의 모습이 동시에 공존하는 묘한 느낌이 든다. 어디선가 삐릭~ 삐릭~ 아가의 옹알이처럼 들려오는 새소리... 뒷집의 정원이 이리도 아름다울는지...

가벼운 발걸음은 어느새 암봉(정상)에 다다르고 울퉁불퉁 커다란 바위에 정상석(재약산1,108m)이 우뚝 서있다. 저멀리 탁트인 시야가 시원스럽고 끝없이 펼쳐지는 광활한 평야... 힘겹게 요동치던 마음이 고요하게 내려온다.

아쉬운 발길을 돌려 이제 데크계단을 내려가고... 계단은 특이하게도 발판에 녹색 덮개가 깔려있어 미끄럽지도 않고 바닥도 보호한다. 그런데 내려가고... 또 내려가도 끝이 보이지 않더니 마침내 평지에 이르러서야 이 기나긴 계단이 멈춘다.

곧이어 숲속으로 들어가니 다시 데크계단이 이어진다. 이번에는 발판에 검은색 덮개가 깔려있고 내려가고... 또 내려가고... 드디어 산을 가로지르는 임도에 이르러서야 끝이 난다. 휴우~ 이렇게 내려오기도 힘든데 이것을 만드는데는 얼마나 힘들었을까...

노고에 감사하며 이제 고사리 분교터0.5km로... 길가에는 앙상한 나무로 빼곡... 이제 막 연두빛 새싹이 삐죽삐죽 움트며 숲에 생기가 돋고 있다. 잠시후 숲을 지나 바로 앞 가로질러 임도가 나오고 팻말(고사리 분교터)이 서있다. 오른쪽으로 몇 걸음 내려가자 널따란 공터에는 뭔가 허전한 느낌이 들고 앞쪽에 수선화처럼 생긴 노란꽃이 한가득 피어있다. 여기가 학교터라니... 새삼 격세지감이 느껴진다.

다시 직진하여 표충사 쪽으로 내려가고... 이제 오른쪽으로 계곡이 이어지더니 얼마 되지 않아 조그만 정자가 나온다. 여기서 주의할 점은 팻말에 표충사(작전도로)4.9km만 표시되어 있고 바로 오른쪽 계곡아래 층층폭포는 표시되어 있지 않아 의도치 않게 그냥 작전도로로 내려갈 수 있다.

바로 오른쪽 계곡 아래로 데크계단이 이어지고 저 앞에 폭포(층층폭포)가 하얗게 쏟아지고 있다. 조심조심 폭포 앞에 이르니 산객들은 사진 찍느라 분주하고 폭포의 거대함에 눈이 휘둥그레진다. 층층으로 솟구치는 폭포수가 경쾌하고 가뭄에도 이렇게 세차게 쏟아지니 여름 장마철에는 그야말로 장관을 이룰 것같다. 이 계곡의 데크길은 작년까지만 해도 공사가 한창이었는데 지금은 이렇게 완성되어 고맙기도 하고 때 맞춰 잘

왔다는 생각도 든다.

　이제 시원스런 폭포소리를 들으며 다리를 건너고 데크계단을 따라 계곡을 내려간다. 수시로 곳곳마다 안전장치와 잘 만들어진 데크계단이 그동안 이 계곡길이 얼마나 내려가기 힘든 너덜길이었나를 증명하고 있다. 저 아래 계곡은 나무들로 빼곡히 덮여 잘 보이지도 않고 수없이 기나긴 계단을 물소리를 들으며 주구장창 내려간다.

　이윽고 길가에 팻말(흑룡폭포0.7km)이 서있는데, 어~ 폭포가 또 나온다고? 기대감으로 갑자기 발걸음이 가벼워지고... 어느덧 저멀리 산객들의 웅성임 소리가 들려온다. 곧이어 주사위처럼 자그맣게 보이는 전망대를 향해 점점 가까이...

　통유리로 사방을 둘러싸고 있는 데크전망대는 시야가 탁트이고 밑으로는 천길만길낭떠러지... 너무나 아찔하여 아예 통유리로 전체를 둘러싸고 있다. 저멀리 하얀 포물선을 그으며 웅장하게 쏟아지는 폭포수... 아까 층층폭포와는 비교도 안될 만큼 거대한 폭포는 과연 흑룡이 하늘로 솟구쳐 올라가는 듯하다. 산이 굽이굽이 깊은 만큼 폭포도 굽이굽이 깊게 흐른다.

　이제 아쉬운 발길을 돌리며 부지런히 내려가고... 이윽고 긴나긴 데크계단을 벗어난다. 곧이어 야트막한 계곡이 돌돌돌~ 물소리를 내며 반기고 경쾌한 물소리를 들으며 숯가마터에 이른다. 이어 청하암을 지나 부지런히 내려가고 저 앞에 높다란 사찰(표충사) 지붕이 보인다. 이윽고 널따란 사찰은 고요한 침묵이 흐르고 사뿐사뿐 앞마당을 지나 주변을 둘러본다.

　서둘러 사찰을 빠져나와 고목이 우거진 임도를 따라 일주문을 지나고... 홍제교를 지나고... 드디어 관광단지 주차장에 도착하니 상가와 주차된 차들이 즐비하다. 휴우~ 이제 시원한 아이스크림을 사들고 천천히 차에 오른다.

가리산

2019년 04월 28일 102

유래 900m의 완만한 능선에 불쑥 솟아오른 정상의 모습이 가을농사가 끝나고 들판에 쌓아놓은 볏짚모양(노적가리)의 '가리'와 비슷하다고 하여 붙여진 이름. 가리는 단으로 묶은 곡식이나 땔나무 따위를 차곡차곡 쌓아둔 큰 더미를 뜻한다.

100대 명산 리스트를 보면서 가리산은 가리왕산의 자식쯤 되지 않을까 생각했다. '가리'가 무슨 뜻일까? 어떤 좋은 의미이기에 두 산이 나란히 같은 글자가 쓰였을까?

이른 아침 서둘러 2시간 반쯤 홍천에 도착한다. 널따란 주차장에는 차들이 즐비하고 하늘에는 구름이 가득하다. 주차장의 한쪽에는 '해병대 가리산 전투전적비'와 탱크가 전시되어 있다. 당시의 치열했던 전투소리가 쟁쟁하게 울리는듯한데 그 혼란했던 시간은 역사 속으로 사라지고 지금은 산행시간…

산벚꽃이 만개해 있는 자연휴양림 도로는 시설이 잘 정비되어 있고 얼마되지 않았는지 대부분 새것처럼 보인다. 돌돌돌~ 계곡소리를 들으며 잠시후 강우레이더 관측소에 다다르니 이제 산길이 이어진다.

위로 갈수록 낙엽이 두텁게 쌓여 푹신푹신하고 나뭇가지에는 연두빛 새싹이 앞다퉈 삐죽삐죽… 얼마후 합수곡기점에서 오른쪽 가삽고개를 향해 발걸음을 옮긴다.

여전히 두터운 낙엽과 서서히 가팔라지는 오르막… 곧이어 쭉쭉뻗은 낙엽송이 하늘을 받치듯 곧게 줄지어 있고 시원스런 숲을 지나니 이제 참나무숲이 이어진다. 가끔씩 분홍빛 진달래와 노란들꽃(괭이밥?)이 낙엽을 헤집고 뾰죽~ 고개를 내밀고 이때 앞서 가던 산객이 한손에는 집세를 나른 한손에는 하얀 비닐백(블랙야크 백)을 들고 쓰레기를 주우며 오르고 있다. 묵묵한 뒷모습이 참 따뜻해 보인다. 이분처럼 크린산행은 못할 망정 함부로 버리는 산객이 되지 않도록 주의해야겠다.

이윽고 고개(가삽고개)위에 올라서니 팻말(가리산0.9km)이 서있고 산객들이 잠시 쉬고있다. 그들을 뒤로하며 능선을 따라 저멀리 볼록볼록 세 개의 봉우리가 보인다. 곧이어 길가의 안내판에는 '한천자 이야기'가 빼곡히 적혀있고 길안내 지도가 있다.

얼마되지 않아 나뭇가지 사이로 소양호가 희미하게 보이더니 맙소사~ 하늘을 찌를 듯 거대한 암벽이 떡~ 버티고 서있는 게 아닌가... 으윽~ 이 암벽을 올라야하다니... 단단히 마음먹고 오른쪽으로 발걸음을 옮긴다. 천천히 암벽 가까이 다가가 굳센 철난간을 꽉 움켜쥐고 발받침을 조심조심 밟는다. 하나...둘... 온 힘을 다해 바위를 오르고... 힘겹게 고개에 올라서니 팔다리가 후들거리고 기운이 쭉 빠진다.

하지만 보상이라도 하듯 시야가 시원스레 트이며 오른쪽으로 2봉과 3봉이 연이어 있고 앞쪽 저멀리 1봉이 우뚝 솟아있다. 코앞에 있는 2봉은 봉우리라기보다는 커다란 바위덩이 같은 느낌으로 조심조심 2봉에 오르니 3봉과 1봉(정상)이 훤히 내려다보인다. 아래로는 천길만길낭떠러지... 으~ 무섭다...

다시 엉금엉금 내려와 3봉으로... 역시 암벽에는 철난간과 굵은 밧줄이 이어져있고 정신을 집중하며 3봉에 오르니 2봉보다 넓고 팻말(3봉)도 있다. 2봉과 1봉이 나란히 한눈에 보이고 이미 정상에 오른 산객들과 암벽길을 오르고 있는 산객들 모습이 개미떼처럼 보인다.

조심조심 1봉(정상)을 향해 내려가고... 잠시후 2봉을 올려다보니 울퉁불퉁 낭떠러지 절벽이 아찔하게도 치솟아있다. 곧이어 떡~ 버티고 있는 아슬아슬한 암벽(1봉) 역시 단단히 철난간이 박혀있고 굵은 밧줄로 이어진다. 바짝 긴장하며 조심조심 난간을 밟고 한발... 두발... 휴우~ 드디어 봉우리에 올라서니 반대쪽에서 올라온 산객들까지 합류되어 갑자기 북적북적... 시야는 트였지만 구름과 안개로 저멀리 풍경이 희미하고 바로 앞에는 정상석(1,051m)과 나란히 해병대 가리산전투 기념비가 서있다. 이제 잠시 숨을 돌리며 간단히 점심을 먹는다.

기운을 차리며 슬슬 내려가기 시작, 그런데 맙소사~ 길게 줄을 서있는 산객들... 가파른 암벽길에 한명씩 밧줄을 잡고 내려가니 점점 정체가 된다. 이윽고 차례가 되어 바짝 긴장한 채 조심조심 내려가고... 다행히도 암벽 내리막은 좀전의 오르막보다 거리가 좀 짧은 편이다. 밑으로 아슬아슬 내려서니 기묘한 바위가 아찔하게도 치솟아 있다. 저런 바위를 내려오다니...! 참 대견하다...

이제야 완만한 흙길에 마음이 편안해지고 잠시후 갈림길(약수터)에 다다른다. 산객들은 옹기종기 점심을 먹고 그들을 뒤로하며 무쇠말재 쪽으로 내려간다. 계속되는 평탄한 길에 혹시 갑자기 가파른 길이 나오지 않을까 조바심이 나지만 얼마후 이내 고개(무쇠

말재)가 보인다.

  이제 왼쪽(휴양림 쪽)으로 침목계단을 따라 쭉쭉뻗은 낙엽송이 하늘을 가리고 문득 축령산의 편백나무가 떠오른다. 곧이어 연리목을 지나 분홍빛 진달래가 여기저기... 나뭇가지에는 연두빛 새싹들이 망울망울... 어느덧 계곡에 이르니 맑은 물이 돌돌돌... 언덕에 하얗게 흩어져있는 들꽃들은 햇볕에 반짝반짝... 매끄런 바위와 자갈들은 봉긋봉긋 빵처럼 부풀어 있다.

  천천히 계곡을 건너 오전에 지나갔던 합수곡기점에 되돌아오고 산벚꽃을 바라보며 얼마후 주차장에 도착한다.

화악산
2019년 05월 05일 103

유래 정상의 3봉우리가 중국 오악의 하나인 서악(西嶽), 즉 화악(華嶽)의 삼봉(三峯)과 비슷하다고 하여 붙여진 이름.
(*현재 정상은 3.8도선으로 출입금지)

화악산은 물리화학의 화학이 떠오른다. 산이 화학반응을 일으켜 붉은 기운이 감돌고 하얀 연기가 스멀스멀 피어오르는 모습이...

이른 아침 서둘러 2시간 반쯤 가평의 화악터널 입구에 도착한다. 조그만 주차장에는 몇 대의 차들이 서있고 한쪽에는 간이 화장실 건물이 있다. 가로질러 아스팔트 도로를 따라 방금 통과한 터널(화악터널)이 쨍쨍 내리쬐는 햇볕에 하마처럼 크게 입을 벌리고 있다. 이산은 워낙 높고 험해서 가장 쉬운 길(군사임도)로 원점회귀 한단다.

쨍쨍~ 내리쬐는 햇볕에 단단히 모자를 눌러쓰고 화장실 뒤쪽 길로 발걸음을 옮긴다. 가파른 비탈은 금방 숨이 차오르고 나뭇가지 곳곳에 길안내 리본이 펄렁인다. 서로 뒤엉킨 나뭇가지들은 사람의 손길이 거의 닿지 않은 오지의 숲 그대로이고 이런 만큼 오르기 쉽지 않다. 하지만 이런 와중에도 커다란 위로가 되어주는 길동무... 각양각색의 들꽃들이 낙엽 위로 쏘~옥 고개를 내밀며 미소짓고 있다. 특히 얼레지꽃, 지리산에서 처음 보았던 그 얼레지꽃을 여기 이산에서도 보게 되다니... 처음 이 꽃을 보았을 때 꽃잎이 모두 뒤로 젖혀져 아래로 향한 것이 참으로 신기했고 그 가냘픈 모습이 마치 발레리나가 춤추고 있는 것같다고 생각했다. 반가운 친구를 만난 것처럼 기쁘고 이런 어여쁜 길동무들 덕분에 어느덧 가파른 고개에 올라선다.

이제 가로질러 임도를 따라가니(왼쪽으로)가 널따란 삼거리가 나오고 건물도 보이지 않는데 전기줄이 연결된 전봇대가 세워져 있다. 안내판에는 오른쪽, 왼쪽 모두 0000군 부대로 가는 방향표시가 되어있다.

오른쪽으로 시멘트 도로를 따라 오르기 시작, 등산화 밑창이 삽시간에 닳아버릴 것같은 바닥은 햇볕이 쨍쨍 내리쬐고 나무그늘이 거의 눈에 띄지 않는다. 5월이 이 정도라면 한여름에는 이글이글 타는 열기로 이 길은 상당한 인내심이 필요할 것같다. 아직은 견딜만한 햇볕이 온몸을 감싸고 길가에는 땅에 납작 달라붙듯 작은 들꽃들이 깔려있다.

잠시후 헬기장 옆을 지나 구불구불 쉼없이 이어지는 도로... 이것은 등산이 아니고 군대행진을 하는 듯하다. 그나마 위안이 되는 것은 길가의 진달래, 들꽃들이 방긋방긋... 이제는 조금씩 전망이 트이기 시작하고 저멀리 하얀 도로가 실타래를 풀어놓은 듯 한눈에 들어온다. 걷고 또 걷고... 이윽고 저 앞에 조그맣게 철탑과 건물이 보이더니 팻말(중봉정상0.7km)이 서있다. 그러고 보니 기나긴 이 도로가 굽이굽이 장장 4km 정도나 그것도 그늘 한점없이 줄곧 이어진다.

곧이어 산객들의 웅성임과 함께 널따란 공간이 펼쳐지며 마치 정상에 오른 느낌이다. 오른쪽은 통제구역으로 막혀있고 왼쪽은 시야가 탁트여 있다. 바로 밑에는 천길낭떠러지... 정상은 0.2km를 더 올라야하고 앞쪽에 개구멍처럼 길이 뚫려있다.

천천히 숲으로 들어가니 아까 초입에 올랐던 오르막보다 더 가파르고 제멋대로 너덜길이다. 오를수록 까다로운 너덜비탈은 급기야 굵은 밧줄이 철난간에 묶여있고 쇠발판이 바위에 단단히 박혀있다. 막판에 특수훈련까지 받는 느낌이다. 다행인 것은 이런 구간이 그리 길지 않다는 것... 조심조심 암벽구간을 올라서니 들꽃들이 흩어져있고 저 앞에 철조망이 보인다. 데크전망대에는 정상석(중봉1446.1m)이 서있고 주변에는 철조망과 전기줄, 이름모를 철탑과 건물들이 어지럽게 널려있다. 언제쯤 이러한 장애물 없이 온전히 풍경만 볼 수 있을는지...

잠시 주변을 둘러본 후 올랐던 길을 다시 내려가기 시작... 한결 마음이 편안하고 내리막이니 힘이 덜 든다. 올라올 때는 그렇게 길고 길던 시멘트 도로가 마음의 여유가 생기니 주변풍경도 보이고 사뿐사뿐 가볍게 내려간다. 여전히 쨍쨍 내리쬐는 햇볕은 계절만 봄이지 완전한 여름빛... 길가의 산벚꽃이 따가운 햇볕에 팝콘 튀듯 활짝 피어 지친 산객들을 위로한다.

살방살방... 어느덧 시멘트 도로가 끝나고 이제는 오른쪽으로 아까 얼레지꽃을 보았던 그 비탈언덕으로 내려간다. 오를 때는 엄청 가파르고 멀다 싶었는데 술술 잘도 내려가고... 수월하게 터널입구 주차장에 되돌아온다. 휴우~ 이제 그늘진 정자에 올라 시원한 바람을 마주하며 천천히 점심을 먹는다.

희양산
2019년 05월 12일 104

유래 9세기 중반쯤의 이름으로 밝고 힘찬 태양의 기운이 느껴지는 산.

희양산은 희생양이 떠오르며 뭔가 하얀 이미지가 그려진다. 목동이 하얀 양떼를 몰고가는....

100대 명산 맨 끝에 있는 이산을 언제 다녀오나 싶었는데 마침내 그날이 다가왔으니... 그동안 들리는 소문에 의하면 사찰(봉암사)에서 입산금지 한다고 하여 포기해야 되는 것이 아닌가했다. 대체 막는 이유가 뭘까...? 그런데 천만다행으로 일년에 한번 부처님 오신날에는 개방을 한다니 긴 기다림 끝에 드디어 궁금증을 해결할 수 있는 날이 다가온 것이다. 더구나 산행도 하고 그 무시무시한(?) 봉암사도 볼 수 있다니 일거양득, 절호의 기회인 셈이다.

이른 아침 서둘러 2시간 반쯤 괴산의 은티마을 주차장에 도착한다. 하늘은 푸르고 햇볕은 쨍쨍... 오늘(부처님 오신날)을 기회삼아 희양산과 봉암사를 등산하려는 산객들로 주차장에는 인산인해를 이룬다.

줄이은 산객들을 따라 과수원 농장길을 오르기 시작... 길가의 들꽃은 아직도 봄인데 푸르른 신록은 벌써 여름을 재촉한다. 기온마저 여름을 방불케 할 만큼 햇볕이 따갑게 내리쬔다. 산객들에 떠밀려 어느덧 산입구에 다다르니 팻말(희양산3.6km)이 보이고 머리위로는 노란색 플랜카드(봉암사 쪽은 365일 일체출입을 금한다)가 펼쳐있다. 역시 소문대로 어마무시한(?) 통제가 감행된다는 것을 보여주고 있다.

천천히 숲길로 들어서니 전형적인 산길은 아직 별다를 것 없이 완만하게 이어진다. 잠시후 갈림길(성터1.2km, 지름티재1km)이 나오는데 지름티재 쪽은 긴 암벽구간이 꽤 위험하여 성터 쪽으로 올라가란다.

오르막길은 점점 좁아지고... 너덜에 경사까지 급해져 저절로 숨이 찬다. 길따라 빼곡한 조릿대가 사각사각 등산화를 스치고 울창한 숲이 시원한 그늘을 만들어준다. 숨차게 오르고 또 오르고…

어느덧 하나둘 바위가 보이기 시작하더니 이내 바위로 꽉 들어찬 골짜기가 나타난다. 곳곳에 팔랑팔랑 묶여진 리본은 이 길이 희미한 너덜길로 길찾기가 쉽지 않음을 말해준다. 오를수록 커다란 바위들이 산재해 있고 수없이 바위들을 오르락내리락… 다행히 바위는 밧줄이나 난간을 잡고 오르지 않아도 될 정도의 바위들이다. 한동안 미로같은 바위틈을 요리조리 비집고 이제 너덜길에 들어선다.

위험한 암벽길이 아닌 것만으로도 감지덕지하며 잠시 위쪽을 바라보니 드디어 고개 위로 하늘이 훤히 밝아온다. 휴우~ 이제야 가벼운 발걸음으로 고개에 올라서고 시원스레 펼쳐지는 능선길(성터)에 팻말(시루봉2.2km, 희양산1.0km)이 서있다.

완만한 능선길(정상쪽)은 조금씩 전망이 트이기 시작… 얼마후 커다란 바위전망대가 나온다. 밑으로는 아찔한 낭떠러지… 저멀리 능선의 암봉들은 햇볕에 하얗게 빛나고… 어쩌면 저리도 바위들이 많은지… 몇번 더 이런 전망대가 반복되더니 갈수록 바위가 거대해진다. 바위틈에는 꽃과 소나무들이 아름답게 이어가고 이 수려한 풍경 속에 어디선가 산객들의 웅성임 소리가 들려온다.

곧이어 북적북적 산객들의 모습이 보이고 날이 날이니만큼 길게 줄을 늘어서있다. 가운데에는 정상석(희양산(曦陽山)999m)이 서있고 나무로 둘러싸인 주변은 앞쪽만 훤해 차라리 좀전의 바위전망대가 시원한 느낌을 준다.

이제 무시무시한 통제길로 내려가기 시작… 희미한 입구에 다가서니 초입부터 검은색 굵은 줄로 입구가 막혀있고 커다란 플랜카드(봉암사 사유지로 출입을 금한다)가 걸려있다. 줄을 들추고 선을 넘어가니 이제는 가시 돋친 철망이 둥글게 똬리를 틀고 길을 막고 있다. 조심조심 철망을 넘어가니 다시 철망이 나타나고… 이렇게 몇 번을 반복하며 가파르게 너덜길을 내려간다. 통제구역이어서 그런지 길도 희미하고 낙엽과 흙이 뒤섞여 걸을 때마다 먼지가 풀풀난다. 계단이나 잡고 내려갈 수 있는 아무런 장치가 없으니 수시로 나뭇가지를 잡고 조심조심 내려간다.

이렇게 가파른 비탈을 한참 내려가니 이제는 바위로 빼곡한 골짜기가 이어진다. 그런데 길이 헷갈려 무조건 아래쪽으로 시그널 리본을 따라 내려간다. 긴가민가 그 애매한 바위너덜을 지나니 사정없이 산죽이 번져있는 길은 걸을 때마다 등산복이 스친다. 빼곡한 산죽길을 정신없이 내려가고... 어느덧 졸졸졸 계곡에 다다른다.

계곡을 건너니 다행히도 경사가 완만해지고 머지않아 곧 봉암사가 나오겠지 기대하며 걷고 또 걷는다. 그러나 내리막은 계곡길과 숲길을 몇 번씩 반복하며 나올 듯 나올 듯 나오지 않고... 긴 내리막에 콧잔등에는 땀이 흐르고 발가락은 불이난다. 지친 발걸음으로 다시 계곡을 건너 숲길로 들어서니 이번에는 길이 얼마나 좁은지 걸을 때마다 나뭇잎이 온몸을 스친다. 아마도 극심한 통제로 나무들이 무성해진 듯하다.

얼마후 저 앞에 어른거리는 검은 물체... 가까이 다가가니 커다란 천막, 그런데 안이 텅 비어있다. 몇 발자국 내려오자 오른쪽(사찰) 길을 폴리스라인처럼 테이프로 출입금지한 채 스님이 지켜 서서 왼쪽 마을로 내려가라 손짓한다.

(*희양산 지름티재에서 등산을 막는 이유: 부처님 오신날만 개방되는 봉암사(1982년 6월 특별수도원으로 지정)는 일반인의 접근이 허용되지 않는 스님들의 수도도량으로, 등산객들의 소음이 수행에 방해가 된다고 함)

왼쪽으로 계곡을 건너 외딴집을 돌아나오니 널따란 농경지가 펼쳐지고 조그만 저수지에는 물고기가 헤엄치고 있다. 저수지 둑을 통과하며 저멀리 위쪽을 바라보니 하늘에 맞닿은 희양산이 하얗게 빛나고 있다. 와아~ 저렇게 높은 곳을 오르다니.... 잠시후 다시 이어지는 숲길에도 출입금지 테이프가 쳐져있고 몇 번의 금지선을 통과, 드디어 사찰이 보이기 시작한다.

그런데 갑자기 산객들이 북적북적 많아지고 곧이어 봉암사에 들어서니 널따란 마당에는 인산인해 속에 공양배식 줄이 길게 늘어서 있다. 겨우 일년에 한번, 이 얼마나 귀한 기회인가... 잠시 줄을 서서 배식을 받고 맛있게 먹는다.

잠시후 대웅전 쪽으로 올라가니 널따란 마당에는 하얀 연등이 빼곡히 매달려있고 법당의 뒤쪽에는 희양산이 우뚝솟아 하얗게 빛나고 있다. 법당 안에서는 산객들이 연신 절을 올리며 저마다 소원을 빌고...

잠시 사찰주변을 둘러본 후 밖으로 나오니 계곡에는 맑은 물이 졸졸졸... 매끄러운 바위들이 하얗다. 북적이는 인파와 함께 이제 봉황문을 통과하며 떠밀리듯 내려가고... 파란하늘에는 부처님의 자비처럼 태양이 하얗게 빛나고 있다.

점봉산(곰배령)
2019년 05월 19일 105

유래 점봉산 남쪽 능선에 넓은 터를 이루고 있는 모양이 곰이 하늘로 향해 누워있는 형상에서 유래. 국내에서 생태보존이 가장 뛰어나 '천상의 화원'이라 불리며 1987년부터 입산통제 하다 09년 7월15일 일부구간을 생태체험 탐방로로 개방.

점봉산은 유네스코에서 지정한 생물권보존지역으로 입산금지, 그 일부 인 곰배령이 생태체험탐방로로 개방되어 점봉산을 대신한다. 게다가 곰배령이 '천상의 화원'이라니 얼마나 아름다우면 그렇게 부를까…. 그런데 아이러니하게도 '곰'자로 시작하는 이름… 어떻게 천상의 화원과 곰이 상식을 뛰어넘는 조화를 이룰지 사뭇 기대가 된다. 한편 이곳은 입산 전 인터넷으로 예약, 신분증을 지참해야 되고 강선계곡탐방로(산림청)와 곰배골탐방로(국립공원관리공단) 중 하나를 택해서 원점회귀 해야 된다고 한다. 자연보호구역이니 절차도 까다롭고 산행도 조심스런 만큼 다른 산에서 체험할 수 없는 색다른 산행이 되기를 기대한다.

이른 아침 서둘러 3시간 후쯤 인제읍 귀둔리 주차장에 도착한다. 차에서 내리니 텅 빈 주차장에는 하얀 시멘트바닥에 주차선이 선명하다. 주변의 시설물들도 지은 지 얼마 되지 않았는지 모두 새것이다. 심지어 한쪽 구석에는 전기차 충전소가 설치되어 있기도 하다. 입구 쪽으로 몇 걸음 올라가니 새로 지은 조그만 건물에 설악산국립공원 점봉산 분소라고 되어있고 태극기가 펄럭인다. 그 위쪽에는 소형 주차장과 화장실, 곰배령 탐방센터가 역시 새로 말끔히 단장되어있다.

이제 팻말(곰배령3.7km)을 확인하며 오르기 시작, 파란하늘에는 양털구름이 두둥실… 온통 초록으로 생기있는 능선들… 파릇파릇 돋은 나뭇잎과 들풀들이 풋풋하고 여기저기 앙증스런 꽃들이 귀엽게 고개를 내밀고 있다. 어떤 것들은 물감이 튄 것처럼 아주 작은데 신기하게도 완벽한 형태를 취하고 있으니… 어쩌면 이렇게도 들꽃 종류가 많은지 이름을 모르는 것이 미안할 정도다. 쏴아~ 계곡에서 들려오는 물소리가 시원스럽고 삐리릭~ 삐릭~ 숲속에서 들려오는 새소리가 천상의 선율처럼 아름답다. 수시로 데큰계단과 가파른 오르막에 숨가쁘지만 올망졸망 꽃들과 자연의 선율이 힘겨움을 잊게 한다. 그렇게 어느덧 쉼터(곰배령2.4km)에 다다르고 잠시 물 한모금 마신다.

이어 계곡 따라 하얀 폭포들이 보이더니 갈수록 규모도 커지고 수량도 많아진다. 계곡주변에는 이끼와 들풀, 널브러진 고사목들이 바위와 함께 뒤엉켜 어둠침침하고 길은 여전히 데크계단에 꽃들이 동행하고…

얼마후 이제 좀더 가파른 오르막에 굵은 밧줄이 지그재그 올라가고 점점 계곡소리는 멀어진다. 밧줄선을 따라 청아하게 들리는 새소리와 들꽃들이 지친 다리를 위로하고 까마득히 이어지는 침목계단… 오를수록 숨이 차오르며 이제 저 앞이 훤히 밝아온다. 후들거리는 다리를 이끌며 계단을 올라서니 휴우~ 능선길… 아담한 나무들이 빼곡한 숲은 마치 과수원같은 느낌이고 곧이어 하늘이 뻥~ 뚫린다.

광활한 초원… 허허벌판 공간에는 맞은편(강선계곡)에서 출발한 산객들까지 합쳐지니 갑자기 인산인해를 이룬다. 이토록 넓은 초원에 지그재그 데크길… 산객들이 울긋불긋 꽃길을 이루고 앞쪽에는 거대한 피라밋처럼 봉우리가 육중하게 솟아있다. 초원의 중앙쯤에 위치한 정상석은 산객들에 둘러싸여 분주하고 길고긴 데크길을 따라 그쪽으로 발걸음을 옮긴다. 안으로 들어갈수록 이름도 알 수 없는 수많은 들꽃들이 가냘프지만 강인한 생명력으로 여기저기… 특히 밤하늘의 은하수처럼 하얗게 흩뿌려진 꽃(?)은 잠시 숨을 멎게 한다. 자연그대로 아무런 꾸밈도 자랑도 없는 소박한 야생화가 그저 신비롭고 자연스럽다. 산객들 사이로 천천히 정상석(천상의 화원 곰배령1,164m)에 다다르니 곰돌이 모양 정상석… 이 귀염둥이가 이렇게 공간을 지키고 있는 모습이 늠름하다. 잠시 주변을 둘러보며 다시 데크길을 따라 초원을 되짚어 나오고…

곧이어 언덕의 전망대 쪽으로… 오르막 숲길을 따라 빼곡히 물푸레나무가 이국적이고 마치 자작나무 숲을 걷는 듯하다. 곧이어 데크전망대에는 산객들로 북적북적… 저 멀리 아련한 능선들이 시원스레 펼쳐진다. 광활한 초원과 봉우리가 한눈에 들어오고 그 넓은 공간이 손바닥만 하게 보인다. 이제 잠시 자리에 앉아 식사를 한다.

에너지를 충전한 후 천천히 내려가기 시작… 아까 그냥 지나쳤던 꽃들이 속속 눈에 들어오니 갑자기 꽃들이 불어난 느낌이다. 쏴아~ 폭포소리도 한결 시원스럽고 새소리와 꽃들을 길동무삼아 어느새 탐방센터에 되돌아온다. 그런데 다행히도 이제야 구름낀 하늘에서 가느다란 빗방울이 흩어지기 시작한다.

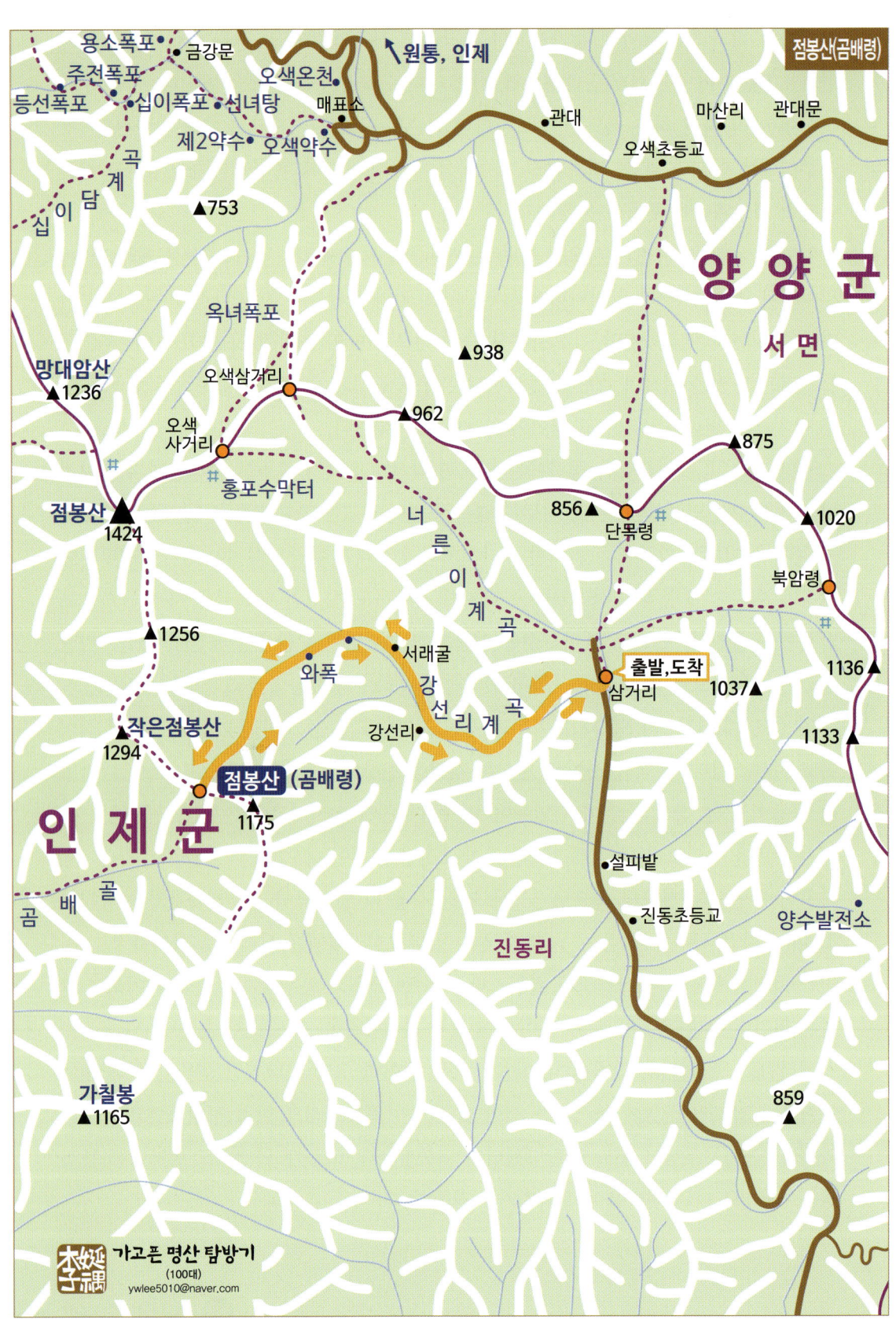

오 서 산

2019년 05월 26일 106

유래 예로부터 까마귀가 많이 살아 까마귀 보금자리라고 불린데서 유래되었다 한다.

오서산은 '어서 오소서' 라는 말이 떠오른다. 실상은 아무런 관련이 없겠지만 어감상 얼른 와서 이 아름다운 산을 봐달라고 손짓하는 것같다. 그러니 어서어서…

이른 아침 서둘러 2시간 반쯤 홍성에 도착한다. 차에서 내리니 널따란 주차장(광성)은 텅 비어있고 주변의 오목조목 지어진 펜션 담장에는 새빨간 장미가 산객들을 반갑게 맞이한다. 저멀리 능선에는 신록이 무르익어가고 파아란 하늘에는 따가운 햇볕이 여름을 재촉한다.

산입구 쪽으로 광성산장 지나 늘봄펜션 안내석을 따라간다. 길가에 아기자기 피어있는 들꽃들이 잠시나마 기분좋은 꽃길이 되어주고 그 끝에는 아직도 공사가 진행 중인 늘봄펜션이 자리잡고 있다. 가로지른 계곡에는 산길과 연결하는 기다란 통나무 두 개가 나란히 눕혀있다.

뒤뚱뒤뚱 통나무 다리를 건너니 황당하게도 팻말도 보이지 않고 잡초가 무성히 자라 어디가 어딘지도… 결국 앞선 산객들의 발자국, 짓이겨진 잡초들을 다시 밟으며 정신없이 오른다. 오를수록 경사도 급해지고 숨도 가빠지고… 수북이 쌓인 낙엽과 무성히 자라는 나뭇잎이 시원스런 숲을 이루며 얼마후 휴우~ 고개(공덕고개)가 나온다.

이제 물푸레나무인지 참나무인지 넓적한 잎이 짙은 녹음을 이루고 여전히 두텁게 쌓인 낙엽길은 푹신푹신 이불을 밟는 느낌이다. 이윽고 봉우리(금자봉)에 올라서니 고맙게도 능선(병풍능선)길… 여전히 하늘은 보이지 않지만 살랑살랑 바람이 불어오고 잠시 후 널따란 사거리(정상0.9km, 왼쪽 휴양림, 오른쪽 내원사)에 다다른다.

잠시 숨을 돌린 후 정상쪽으로 가파른 침목계단을 오르고… 곧이어 너덜오르막을 오르고… 이렇게 몇 번이나 반복되는 오르막에 급기야 삐질삐질 땀이 나고 숨도 턱까지 차오른다. 그리고 이제야 저기 파란하늘이 빠끔히 뚫리고 커다란 바위에서 쉬고 있는 산객들의 모습이 보인다.

천근같은 다리를 이끌며 힘겹게 바위에 올라서니 와아~ 탁트인 시야... 이제까지의 숲길이 어두운 터널이었다면 지금부터는 밝은 태양이 비치는 하얀 세상... 좌우로 끝없이 펼쳐지는 풍경은 거대한 배를 타고 바다 한가운데에 서있는 것처럼 한없이 망망하다. 탁트인 광경에 어느새 힘들었던 기억은 사라지고 한가득 가슴이 벅차다. 어느덧 가벼운 발걸음으로 삼거리에 다다르니 저멀리 광활한 능선... 불룩 솟아오른 정상... 파란 하늘의 흰구름은 그림같고 작열하는 태양은 하얀 여름을 재촉한다.

이윽고 널따란 데크에는 이미 도착한 산객들로 분주하고 한쪽에는 정상석(오서산 790.7m 보령시)이 우뚝 서있다. 탁트인 시야는 오랫만의 쾌청한 날씨로 고화질 TV처럼 선명하게 아주 멀리까지 바라보인다. 한동안 두리번두리번 풍경에 취하고 맑은 공기에 취하고...

이제 아쉬운 발길을 돌려 삼거리에 되돌아오고 연이어 시원하게 펼쳐지는 능선을 따라간다. 탁트인 능선길은 가을도 아닌데 억새들이 하얗게 빛나고 야생화가 지천으로 피어있다. 투명하게 흩어지는 햇볕 속에 저멀리 바다는 하늘인지 바다인지...

즐거운 발걸음은 어느새 또다른 데크전망대에 다다른다. 어~ 그런데 다시 정상석(오서산791m 광천)이 서있다. 무슨 연유인지 정상석이 두 개(보령, 광천)가 되는 셈이다. 역시 널따란 데크전망대는 시야가 탁트이고 풍경들이 시원하게 펼쳐진다. 잠시 숨을 돌리며 주변을 조망한다.

이제 내려가기 시작... 울퉁불퉁 암릉길에는 멋지게 솟아있는 바위... 그 틈에 앙증맞게 피어있는 야생화들이 온통 시선을 사로잡는다. 여전히 탁트인 시야는 지금의 암릉길도 이미 지나온 능선들도 그림처럼 아름답게 수놓는다. 잠시후 조심조심 암릉길을 내려서니 높다란 돌탑 옆에 팻말(상담주차장 쪽)이 보인다.

곧이어 튼튼한 데크계단이 아래로...아래로... 치닫고 가파른 계단으로 밑에서 올라오는 산객들은 땀을 삐질삐질... 하지만 계단 덕분에 위험한 암릉길을 편안하게 내려간다. 이제 한동안 빼곡한 숲에는 하늘도 풍경도 보이지 않는다.

그런데 얼마후 잠깐 마을풍경이 빠끔히 보이더니 이내 다시 까마득히 이어지는 데크계단... 또다시 내려가고 또 내려가고... 다행히도 시원한 그늘과 함께 주구장창 이어지는 계단은 급기야 팻말(정암사325m)을 앞두고서야 끝이 난다. 만약 이쪽에서 산행을 시작했다면 이 많은 급경사 계단으로 초반부터 휘청휘청 상당히 힘들었을 것같다. 휴우~ 다행이다.

　이제는 숲길 사이로 건물이 보이며 다시 침목계단이 이어진다. 하지만 여유롭게 계단을 내려가고... 잠시후 일주문 뒤로 아담한 사찰(정암사)이 고즈넉하게 보인다. 곧이어 사찰을 뒤로하며 삼거리(상담주차장1.6km)에 다다르고 오른쪽(등산로)으로 향한다.

　소나무숲길을 따라 잠시후 하늘이 뻥 뚫리더니 마을의 농경지와 집들이 보이기 시작한다. 작렬하는 태양아래 농작물들은 무럭무럭 자라고 전형적인 시골마을 모습이 정겹다. 한동안 마을안쪽으로 꼬불꼬불 내려오니 도로변에 자리한 주차장은 여전히 햇볕이 쨍쨍 내리쬐고 있다.

연인산

2019년 06월 02일 **107**

유래 연인산은 길수와 소정의 사랑 이야기가 전해지지만 근래까지 화전민들의 애환을 간직한 채 가시덤불로 덮여있던 이름 없는 산이었다. 그런데 1999년 3월15일 가평군 지명위원회에서 지명공모를 통해 연인산이라 이름 지었고 이 명칭은 2017년 3월 26일 국가지명위원회에서 공식지명으로 확정되었다.

연인산은 연인들끼리 가는 산인가? 어떤 연유로 이런 이름이 지어졌는지 모르겠지만 일단은 산이름이 예쁘다. 그런데 아이러니하게도 이 산은 연인과 함께 가면 헤어진다는 믿거나 말거나 한 전설이 있다고… 이유인즉 산행하기가 힘들어 서로 다투다가 각자의 길을 간다나 뭐라나… 암튼 어떤 산이기에 이런 사연들이 있는지…

이른 아침 서둘러 2시간 반쯤 가평에 도착한다. 차에서 내리니 작은 주차장(백둔리 연인산입구 정류장 앞)은 텅 비어있다. 하늘도 파랗고 숲도 파랗고 햇빛마저 파랗게 물들어 투명하다. 챙넓은 모자를 눌러쓰며 포장도로를 따라 발걸음을 옮긴다. 길가에는 예쁘게 지어진 펜션들이 여기저기 눈에 띄고 담장에는 소담스런 꽃들이 환하게 웃고 있다.

두리번두리번 주변을 바라보며 걷는데 뜻밖에도 저기 대형버스가 보이더니 산객들이 한바탕 쏟아져나온다. 옆에는 조그만 식당도 있다. 이들과 합류하여 야생화 핀 도로를 따라 터덜터덜… 그런데 잠시후 운동장처럼 널따란 공간이 펼쳐지며 편의시설까지 갖추어진 공간에는 차들로 빼곡하다. 갑자기 불어난 산객들 사이로 안내지도(정상3.4km)를 확인한 후 소망능선 쪽으로 오르기 시작한다.

초입부터 울창한 숲은 하늘이 보이지 않고 널따란 길은 거의 낙엽이 쌓여있지 않아 걷기도 수월하다. 하지만 점점 가팔라지는 오르막은 오르고 또 오르고… 아무리 올라도 계속 오르막이다. 그나마 위로가 되는 것은 연이어 귀여운 새소리가 삐릭~ 삐리릭… 줄곧 변화 없는 숲길은 팻말기둥(소망능선1~10)의 숫자가 1부터 가파르게 올라가다 5에서 잠깐 완만해진다. 그리고 다시 가파른 침목계단과 지그재그 오르막이 번갈아 이어지며 아주 진이 빠지도록 지치게 한다. 거의 다운상태가 되어서야 저 앞의 빼곡한 녹음이 느슨해지며 하늘색이 조금씩 보인다. 이윽고 산객들의 웅성임 소리가 들려오더니 울굿불굿 산객들 모습이 보인다. 무거운 발걸음을 이끌며 고개에 올라서니 삼거리(소망능선7)가 나온다. 결과적으로 볼 때 이 소망능선은 보통의 완만한 능선이 아니라 가파른 비탈길…

　이제부터는 진짜로 완만한 능선길(정상0.8km)이 이어지고… 잠시후 소망능선8… 얼마되지 않아 9… 점점 하늘이 뻥 뚫리며 내리쬐는 햇볕에 길가의 빛바랜 철쭉은 시들시들… 이름모를 하얀꽃은 반짝반짝… 이윽고 널따란 공간에 다다르니 짙은 회색빛 정상석(1068m)이 우뚝 서있고 햇볕이 쨍쨍 내리쬔다. 빙둘러 나무들이 빼곡하건만 그늘은 보이지 않고 시야도 답답하다.

　다시 되돌아 삼거리(소망능선7)에 다다르고 이제 장수능선 쪽으로… 고맙게도 완만한 내리막은 거의 평지에 가까워 술술~ 잘도 내려가고 그늘도 시원하다. 어느새 다다른 장수봉은 널따란 공간 없이 그저 지나가는 길목에 팻말만 서있다. 곧이어 가파르지 않게 오르락내리락 길이 이어지더니 얼마후 삼거리에 다다른다. 몇몇 산객들은 쉬고 있고 일부는 왼쪽(백둔리 시설지구1.0km)으로 내려가고 있다.

　왼쪽으로 그들을 따라 내려가자 갑자기 가파른 내리막이… 까마득한 낭떠러지가 온몸을 긴장하게 만든다. 조심조심 내려가지만 다리가 후들거리고 그래도 다행인 것은 약간 층층으로 되어있어 덜 미끄럽다. 말하자면 이 구간은 여기가 난코스인 셈이다.

　이렇게 애먹이는 내리막은 계곡이 보이자 끝이 나고 산객들이 시원하게 발을 담그고 있다. 그들을 뒤로하며 잠시후 아침에 지나왔던 널따란 주차장(시설지구)에 다다르니 그 많던 차들이 썰물처럼 빠져나가 널따란 공간이 텅 비어있다. 이제 포장도로가 아닌 오른쪽 샛길을 따라 내려가자 조그만 다리가 나오더니 아침에 지나갔던 포장도로가 다시 이어진다. 따가운 햇볕을 등지며 바람이 살랑살랑… 줄곧 이어지는 도로가 아침에는 그렇게 멀게 느껴졌는데 이제는 어느덧 저멀리 주차장이 보인다.

유명산
2019년 06월 09일 (108)

유래 원래 이름은 마유산(馬遊山)이었는데 1973년 엠포르 산악회가 실시한 국토자오선 종주대가 북상하다 지금의 유명산에 도착한다. 당시 1:150,000 지형도에 산이름이 없어 대원중 홍일점인 진유명 대원의 이름을 따서 지었고 이것이 산악잡지에 기재된 이후 유명산으로 알려졌다 한다.

유명산은 무엇이 유명해서 유명산이라 했을까? 이름 자체가 유명이니 유명한가? 이름만 유명하고 실제는 기대에 못 미치는 소문난 잔치가 되지 않기를…

이른 아침 서둘러 2시간 후쯤 가평에 도착한다. 차에서 내리니 숲이 우거진 아스팔트 도로변(농다치고개)… 비예보(100%비)가 있음에도 햇볕이 쨍쨍~ 왠지 횡재한 느낌이다. 바로 앞 비탈진 언덕에는 가파른 계단이 끝없이 이어지고 아무리 두리번거려도 팻말은 보이지 않는다. 다만 도로표지판(중미산 삼거리) 옆의 나뭇가지에 산악회 리본이 다닥다닥… 알록달록…

선두를 따라 계단을 오르기 시작… 숨을 몰아쉬며 위에 올라서니 지그재그 비탈길이 이어진다. 바람 한점없는 울창한 숲은 줄곧 되는 오르막과 침목계단으로 슬슬 땀이 나기 시작, 잠시후 하늘이 훤히 트인다.

헬기장을 지나 다시 낙엽이 수북한 길… 이윽고 삼각점(660.9m)에 다다르자 반갑게도 살랑살랑 바람이 불어온다. 시원한 바람을 가르며 오르고 또 오르고… 얼마후 낭떠러지길을 돌아나오니 훤히 고개가 보인다. 반가움에 서둘러 고개에 올라서니 맙소사~ 갈림길에 팻말이 보이지 않는다. 대체 어느 쪽으로 가라고…

잠깐 머뭇거리는데 몇몇 산객들이 오른쪽으로 부지런히 가고 있는 모습이 보인다. 그들을 따라 발걸음을 서두르니 얼마되지 않아 웅성임 소리가 들리고 알록달록 산객들의 모습이 보인다. 곧이어 평평한 공간에 정상석(소구니산)이 서있고 하늘만 빠끔히 보일 뿐 시야가 꽉 막혀있다. 잠깐 숨을 돌린 후 발걸음을 옮기자 맙소사~ 하산길도 아닌데 가파른 내리막이…

굵은 밧줄을 잡고 조심조심 비탈길을 내려오니 다행히도 완만한 능선길이 이어진다.

얼마후 바위전망대가 솟아있고 밑으로는 천길낭떠러지… 탁트인 시야에 잠시 숨을 돌린 후 전망대를 돌아나오자 맙소사~ 이제는 지그재그 오르막숲길이 이어진다. 오르고 또 오르고… 이 산속에는 새도 없는지 새소리도 들리지 않고 들꽃도 보이지 않는다. 그럭저럭 고개에 올라서자 뜻밖에 하늘이 뻥 뚫리며 가로질러 임도가 나온다.

갑자기 쨍쨍 내리쬐는 햇볕은 한여름을 방불케 하고 허옇게 드러난 흙길은 걸을 때마다 먼지가 풀풀 난다. 팻말이 있기는 하지만 뚜렷하지 않고 누군가 매직펜으로 방향표시를 해놓았다. 임도(왼쪽)를 따라 따가운 햇볕에 하얀 먼지를 날리며 터벅터벅 오르고… 저멀리 훤히 보이는 짧지만 길게 느껴지는 길… 무더운 여름에는 결단코 피하고 싶은 길… 등줄기에 땀을 느끼며 이윽고 웅성임 소리가 들려오고 저기 커다란 소나무 밑에 알록달록 산객들의 모습이 보인다.

더위와 갈증으로 서둘러 정상에 이르니 널따란 공간에는 햇볕이 쨍쨍~ 한가운데 우뚝 서있는 정상석(유명산862m)마저 하얗게 이글거리고 있다. 일단 물을 마신후 주변을 보니 일부 산객들은 햇볕을 피해 나무그늘에 둘러앉아 점심을 먹고 몇몇은 전망대에서 저멀리 능선들을 바라보고 있다. 그런데 안내판에는 안타깝게도 계곡 쪽 하산길이 훼손되어 2018년 4월 18일부터 해제 시까지 휴식년제로 지정, 출입금지한다고 되어있다. 맙소사~ 어찌 이런 일이…

이제 아쉬운 발길을 돌려 왼쪽 내리막숲길로 내려가기 시작, 완만한 내리막은 지금까지와 달리 길도 넓고 아름드리 고목들이 제법 눈에 띈다. 내리막길이 이래도 되나 싶을 만큼 한동안 편안하게 내려간다. 하지만 마냥 이럴 수 없는 내리막은 이제 가파른 너덜길에 굵은 밧줄이 지그재그 이어진다. 더구나 이 밧줄은 너덜길이 아닌 흙길에도 계속되더니 거의 등산로 입구까지 이어진다.

이제 시멘트 도로를 따라 휴양림을 내려가고 곧이어 계곡이 보인다. 그런데 나무그늘에 기다랗게 프랭카드(휴식기간제, 세곡노선)가 걸려있고 쏴아~ 물소리가 들려온다. 계곡 가까이 다가가니 와아~ 탄성이 절로 나고… 여기가 이 정도인데 위쪽으로는 얼마나 더 멋질까… 안타깝도다! 이렇게 돌아서야 되다니… 언제쯤 이 긴 겨울잠(휴식)에서 다시 깨어날는지… 부디 어서 그날이 오기를…

청 계 산
2019년 06월 16일 109

유래 맑은 시내물이 흐르는 산으로 옛날에는 청룡산으로 불렀다한다. 고려 유신들(이색, 길재, 조윤 등)의 은거였고 조선말 추사 김정희가 긴 유배에서 돌아와 부친의 여막을 지키며 살았던 곳이라 한다.

청산리 벽계수야 수이 감을 자랑마라
일도창해하면 다시 오기 오려오니
명월이 만공산하니 쉬여간들 엇더하리

청계산하면 황진이의 시도 떠오르고 김홍도의 풍속화(빨래터)도 떠오른다.
　이번 산행지는 꼭두새벽부터 서두르지 않아도 되니 좀 느긋하게 움직인다. 청계산입구(신분당선)에서 하차하여 2번 출구로 직진, 굴다리를 통과하니 도로가에는 등산용 아웃도어 매장과 식당들이 즐비하다. 곧이어 산입구 공터에는 산객들로 분주하고 등산안내도를 확인 후 천천히 임도를 따라가고...
　짙은 녹음에 하늘도 보이지 않고 엄마 아빠 손잡은 아이들과 강아지들이 살랑살랑... 얼마후 갈림길에 이르자 왼쪽(매봉쪽)으로 계곡이 흐르고 건너편에 돌계단이 이어진다. 이 돌계단을 시작으로 온종일 계단을 오르락내리락 할 줄 까맣게 모른 채...
　다행히 계단은 가파르지 않지만 오랜 세월 오르내려 턱이 반질반질 닳아 있다. 안내판(생태경관보존지역)을 지나 다시 계단을 오르고 또 오르고... 어디선가 삐리릭~ 삐릭~ 새소리에 위로가 되고 무서운 발걸음으로 정사에 이르니 깻발(실마재)이 서있다.
　잠시 숨을 돌린후 왼쪽(헬기장 우회로길)으로 발걸음을 옮기니 연이어 돌계단과 침목계단이 반복된다. 천천히 고개 위 널따란 데크전망대에 다다르자 갑자기 산객들이 많아지고 머리 위로는 하늘이 시원스레 뻥 뚫려있다. 그런데 시야가 꽉 막힌 채 한가운데에 H자가 커다랗게 쓰여있다. 헬기장이 이렇게 데크로 된 것은 처음 본다.
　다시 침목계단과 돌계단을 오르고... 이제는 여기저기 바위들이 눈에 띄기 시작한다.

이윽고 팻말(돌문바위) 앞에는 커다란 바위 두 개가 서로 이마를 맞대고 삼각형 모양으로 서있다. 신기한 모습에 여러 각도로 사진을 찍으며 돌문을 통과...

숲길을 따라 안내판(충혼비)이 나오고 오른쪽 샛길로 50m쯤 오르자 헬기장만한 공간에 충혼비(1982년 군작전중 비행기 추락으로 순직한 용사들을 추모)가 서있다.

발길을 돌려 다시 쉼터에 올라서니 왁자지껄 젊은 산객들이 생기가 넘치고 뻥 뚫린 하늘에는 햇살이 눈부시다. 오를수록 점점 시내 전경이 눈에 들어오고 매바위에 올라서자 시원스레 시야가 트인다. 파아란 하늘에 흰구름... 소금을 뿌려놓은 듯 하얗게 흩어진 건물들... 와~ 많긴 많구나...

잠시후 멋진 소나무숲을 지나자 산객들로 분주한 공간에는 정상석(583m)이 보기 드물게 아름답다. 녹아내리는 듯한 회색빛 입체감이 마치 내연산 계곡의 바위들을 떠오르게 한다. 어디서 이런 바위를 가져왔을까... 주변은 나무들로 둘러싸여 답답하고 뻥뚫린 하늘에 흰구름만 둥실둥실...

이제 다시 헬기장으로 되돌아가고... 그곳에서 옥녀봉(왼쪽) 쪽으로 발길을 돌린다. 내리치닫는 침목계단은 점점 경사가 가팔라지고 밑에서 땀을 뻘뻘 흘리며 올라오는 산객들이 안쓰럽기도 하지만 묘한 쾌감이 스쳐가는 것은 악마의 마음 때문일까... 마침내 계단을 내려서니 다행히도 완만한 숲길이 이어진다.

그리고 이렇게 평탄한 길은 옥녀봉에 다다를 때까지 계속되니 이상할 정도다. 혹시 중간에 가파른 오르막이 나오지 않을까 조바심되었는데 고맙게도 별 어려움 없이 봉우리에 다다른다. 그런데 아무리 둘러봐도 정상석은 보이지 않고 나무그늘에 표지판만 서 있다. 주변은 빙둘러 나무로 둘러싸여 있고 겨우 뚫려있는 공간 저멀리 관악산과 마을 풍경이 훤히 바라보인다. 이제 발길을 돌려 원터골 입구 쪽으로...

잠시후 쉼터에 이르니 약수물이 졸졸 흐르고 몇 개의 운동기구가 설치되어 있다. 한쪽에는 돌로 쌓은 소망탑도 보이고 여기저기 오후 한때를 즐기는 주민들이 한가롭다.

물을 마신 후 천천히 내려가는데 도랑같은 계곡이 보이기 시작, 화려하고 멋진 계곡이 나오기를 기대하지만 안타깝게도 두메산골 가재가 살 것같은 냇물은 바위에 이끼만 잔뜩 끼어있다. 그렇다면 청계산의 계(계곡)는 어디에...? 의문이 꼬리를 물며 어느덧 아침에 지나갔던 갈림길에 되돌아오고 곧이어 원터골 입구에 도착한다.

백암산

2019년 07월 07일 110

유래 '흰바위 산'이란 뜻의 백암산은 정상 남동쪽 백학봉의 회색빛 바위지대에서 유래하며 현재 내장산국립공원에 속한 산이다.

얼마나 바위가 많으면 바위산이라고 했을까? 그것도 하얀 바위라니… 그럼 혹시 설악산의 울산바위처럼 그렇게 아름다운 바위가…?

이른 아침 서둘러 4시간 후쯤 장성의 백양사 주차장에 도착한다. 쨍쨍한 햇볕에 아름드리 고목들이 탐스럽게 우거져 있고 기온도 완연한 여름이다. 일주문을 지나 아스팔트 양옆으로는 여전히 오래된 나무들이 빼곡히 우거져 숲동굴을 지나는 느낌이다.

매표소에서 입장료(삼천원)를 내고 전통찻집(풍경소리)을 지나자 저멀리 누각 쌍계루가 한폭의 그림처럼 아름답다. 그 앞에는 커다란 연못이 있고 뒤에는 거대한 암봉이 떡 버티고 서있다. 연못에 비치는 물그림자를 바라보며 백양사 담장에 이르니 팻말(약사암 1km, 백학봉1.9km)이 서있다.

임도를 따라 오른쪽 산입구에 다다르니 지그재그 까마득하게 이어지는 돌계단…(백학봉까지 무려 1,670개의 계단) 오르고 또 오르고… 숨이 목까지 차오르며 다리가 후들후들… 가쁜 숨을 몰아쉬며 쉼터에 이르니 하늘과 맞닿은 능선들이 둥실둥실 허공에 떠있듯 시야가 트여있다. 물을 마신 후 다시 계단을 오르기 시작, 저기 거대한 절벽 앞에 조그만 암자가 보인다.

가까워질수록 위협적인 절벽 앞에 약사암 현판이 눈에 들어오고 탁트인 시야가 시원스럽다. 암자의 뒤꼍에는 움푹 들어간 동굴에 촛불로 그을린 얼룩(기도처의 흔적)이 남아있다. 곧이어 암자를 돌아나오자 왼쪽으로 높다란 누각(영천굴)이 보이고 호기심에 발걸음을 서두른다. 계단을 올라서니 밑의 컴컴한 동굴에서는 영천수가 흐르고 위에는 조용한 기도처가 있다.

누각에서 아래로 내려오자(백학봉0.8km) 맙소사~ 까마득히 끝도 보이지 않는 철계단… 초입에서 돌계단이 버겁다고 투덜댔는데 그것은 시작에 불과, 갈수록 산 넘어 산… 다리가 후들후들… 숨이 헉헉… 그나마 다행인 것은 중간중간 쉼터가 있고 숲이 우거져 그늘이 이어진다는 것… 이렇게 지치는 계단은 줄곧 이어지다 급기야 거의 고개에 다다를 무렵에서야 끝이 난다.

휴우~ 이제 점점 시야가 트이기 시작하고 전망대의 멋진 소나무가 반가이 맞이한다. 곧이어 정상석(백학봉) 뒤로 시야가 탁트이고 마을풍경과 파란 하늘이 정겹다.

이제 숲길을 따라 팻말(상왕봉1.9km)을 지나고 얼마후 햇볕이 쨍쨍한 헬기장은 걸을 때마다 먼지가 풀풀 날린다. 걸음을 재촉하여 다시 숲속으로 들어가니 산죽이 보이기 시작한다. 갈수록 무성하게 자란 산죽은 자꾸만 배낭과 등산복을 스쳐가더니 심지어 앞사람이 보이지 않을 정도로 빼곡하다.

이러한 산죽길도 탁트인 전망대가 나오자 멈추고 바위틈의 멋진 소나무(백학송)가 대견하게 보인다. 안내판에는 저멀리 무등산과 병풍산이 보인다하나 희미한 능선뿐 어디가 어딘지 모르겠다.

다시 부지런히 기린봉에 이르니 여기저기 노랑 원추리가 산뜻하고 꽃을 따라 어느새 정상(상왕봉741m)에 다다른다. 널따란 공간에는 산객들이 북적이고 저멀리 탁트인 시야… 마을풍경… 파란하늘… 때마침 살랑살랑 바람까지 불어온다.

잠시 숨을 돌린 후 천천히 내려가기 시작, 내리막은 또다시 계단이지만 1,670개의 가파른 철계단에 비하면 아무것도 아니다. 더구나 오르막 아닌 내리막이니 술술 잘도 내려가고… 어느덧 이동통신 철탑을 지나 사자봉 입구 사거리에 도착한다.

곧이어 가파르게 솟아있는 사자봉이 아니라 왼쪽 내리막으로 발걸음을 옮긴다. 숲길은 점점 평탄하게 이어지고 별 어려움 없이 얼마후 시멘트로 된 임도가 나온다. 길을 따라 바짝 마른 계곡이 이어지고 고목과 단풍나무들이 빼곡히 하늘을 뒤덮고 있다. 멋진 산책로에 옛 향기가 물씬 풍기고 어느덧 발걸음은 다시 약사암 입구에 되돌아온다. 곧이어 백양사에 도착, 고색창연한 사찰 너머로 웅장한 암봉(백학봉)이 하얗게 빛나고 있다.

땀이 날 무렵 저기 뾰족한 통신탑이 보이더니 곧이어 널따란 공간(헬기장)이 펼쳐진다. 잔디로 뒤덮인 푹신한 길을 따라 몇 걸음 옮기자 정상석(서리산)이 보이는데 시야가 트이지 않아 하늘의 구름만 둥실둥실...

이제 철쭉동산 쪽으로 내려가기 시작, 길에는 두꺼운 매트가 깔려있고 양옆으로는 오래된 철쭉나무가 무성하게 숲을 이루어 하늘이 보이지 않는다. 마치 동굴숲처럼 신나게 이어지던 비단길은 얼마후 데크전망대가 나오자 하늘이 뻥뚫린다. 전망대에 올라 풍경을 바라보니 신기하게도 방금 지나온 철쭉숲이 우리나라 지도 모양으로 뚜렷이 구별된다. 지금도 이런데 철쭉꽃이 피는 봄에는 얼마나 장관을 이룰까...

발길을 돌려 다시 두꺼운 매트에 동굴숲이 계속되더니 화채봉 갈림길이 나오자 평범한 숲길로 바뀐다. 곧이어 휴양림 쪽으로 직진, 완만하게 내려가던 숲길은 팻말(매표소 0.5km)이 나오자 쭉쭉뻗은 잣나무숲이 시원스레 펼쳐진다. 하지만 미처 장성의 편백숲에는 미치지 못하고 잠시후 관리사무소 건물이 보인다. 아스팔트 도로를 따라 계곡의 물놀이객들이 신나고 얼마되지 않아 매표소가 나온다. 휴우~ 시계를 보니 예상하산시간보다 좀 빠르다. 이제 느긋하게 버스정류장을 향해 발걸음을 옮긴다.

살랑살랑 부는 바람과 함께 발걸음도 가벼워지고 잠시후 하나둘 바위가 보이기 시작한다. 이어 커다란 바위에는 굵은 밧줄이 내려와 있고 옆에는 위회길도 따로 있다. 힘껏 밧줄을 잡아당기며 조심조심 바위를 오르고... 조금씩 시야가 트이기 시작한다. 이윽고 위에 올라서니 풍경이 펼쳐지며 저 앞에 거대한 바위지대(수리바위)가 보인다. 다시 조심조심 수리바위에 올라 아래를 보니 천길낭떠러지... 커다란 바위와 함께 소나무가 멋지고 저멀리 풍경이 시원스레 펼쳐진다.

잠시 숨을 돌린 후 암릉을 따라 잠깐씩 빠끔히 뚫린 풍경을 바라보며 어느덧 팻말(남이바위0.6km) 앞에 다다른다. 그런데 다시 커다란 바위지대가 나오더니 역시 굵은 밧줄이 내려와 있고 옆으로 우회길이 보인다. 조심조심 밧줄을 힘껏 잡아당기고... 안간힘을 쓰며 위(남이바위)에 올라서니 와아~ 탁트인 시야에 주변풍경이 한눈에... 그 옛날 남이장군은 이곳에서 무슨 생각을 했을까...

돌아서 천천히 아래로 내려오자 저멀리 먹구름이 밀려오며 빗방울이 하나...둘... 서둘러 숲속으로 들어가니 후드득 후드득... 그런데 다행히도 빗소리뿐 빗방울은 숲 안쪽으로 떨어지지 않는다. 덕분에 시원하니 발걸음이 빨라지고 어느덧 헬기장을 지나자 고맙게도 구름이 걷히기 시작한다. 이렇게 잠깐 여우비가 지나고 밧줄길을 따라 암릉구간을 아슬아슬 통과한다.

잠시후 나뭇잎 사이로 데크계단이 보이고 점점 하늘이 훤하게 밝아온다. 새것처럼 보이는 계단은 지그재그 올라가고 저 위로 돌탑과 펄럭이는 태극기가 눈에 들어온다.

이윽고 정상에 올라서니 돌탑 앞에 까만 정상석(축령산886.2m)이 서있고 사방은 시야가 트였지만 희미하게 구름이 끼여 차라리 남이바위에서 보았던 풍경이 더 시원스럽다. 잠시 숨을 돌린 후 이제는 서리산2.87km 쪽으로 내려가기 시작한다.

완만한 내리막은 곧이어 데크계단이 이어지고 결코 짧지 않은 계단 역시 새것으로 주구장창 내려가자 팻말(서리산2.62km)이 나온다. 이세는 평탄한 숲길인가 싶었는데 또다시 데크계단이 이어지고 이번 역시 길고긴 계단이다.

두뚱뒤뚱 계단을 내려오자 얼마되지 않아 절골(서리산2.19km)에 다다르고 평탄한 능선길 여기저기 야생화가 한창이다. 꽃을 길동무 삼아 헬기장을 지나고 점점 넓어지는 임도는 오래된 고목들로 즐비하다. 이렇게 평탄한 길은 가파른 데크계단이 보이자 끝이 나고 가쁜 숨을 몰아쉬며 계단을 오른다. 계속되는 오르막에 다리가 후들후들 콧잔등에

축령산(남양주)
2019년 07월 14일 ⑪

유래 고려말에 태조 이성계가 사냥을 왔다가 한 마리도 잡지 못하였는데 몰이꾼의 말이 '이 산은 신령스러운 산이라 산신제를 지내야한다'고 하여 산 정상에 올라 제를 지낸 후 멧돼지를 잡았다는 전설이 있으며 이때부터 고사를 올린 산이라 하여 축령산(祝靈山)으로 불리게 되었다.

장성에 있는 축령산을 다녀온 후 축령산에 대한 이미지가 좋아 이번 산행지(남양주 축령산)로 향하는 발걸음이 가볍다. 서로 이름은 같지만 또 어떻게 다를지…

느긋하게 지하철을 타고 마석역에 내려 버스(30-4번)를 탄다. 약 40분 후쯤 축령산 종점에 도착, 주의할 점은 축령산 입구에서 내리면 3km 정도 걸어가야 하니 종점에서 내려야 한다. 산행출발 전 버스 시간표를 확인하는 것은 필수, 그에 맞추어 하산시간을 정한다. 오후 4시35분차를 탄다면 축령산을 거쳐 서리산으로 내려오기에 알맞은 시간이다.

버스정류장을 뒤로하며 아스팔트를 따라 오르기 시작, 오후 한차례 비가 온다더니 해가 구름 속에 반쯤 가려져 있다. 잠시후 축령산 자연휴양림 현판이 보이고 조그맣게 매표소가 나온다. 입장료 천원을 내고 계속 임도를 따라가니 축령산과 서리산으로 나뉘는 갈림길이 나온다.

오른쪽(축령산2.8km)으로 쭉쭉뻗은 수림이 펼쳐지니 은근히 장성의 수려한 숲이 재현되는 것이 아닌가 기대하며 발걸음을 옮긴다. 숲속 여기저기에는 평상이 놓여있고 텐트가 보이기도 한다. 그런데 나무종류가 장성은 편백나무이고 여기는 잣나무라는데 문외한이 보기에는 둘다 똑같이 보인다. 암튼 두리번두리번 숲을 만끽하며 오르는데 기대와 달리 벌써 수림은 사라지고 저 앞에 가파른 너덜오르막이…

흙길에서 자갈길을 오르려니 비틀비틀… 발에 힘이 잔뜩 들어가고 바람 한점없는 숲은 습기로 푹푹 찐다. 콧잔등과 등줄기에 땀이 밸 무렵 팻말(정상2.14km)이 나오더니 반갑게도 너덜길이 흙길로 바뀐다. 곧이어 비록 낡았지만 중간중간 침목계단도 있고 이제 기온도 덜 습하다. 이윽고 고개에 올라서니 완만한 능선(수리바위능선)…

광교산

2019년 07월 21일 112

유래 광교산의 원래 이름은 광옥산이었는데, 928년 왕건이 후백제 견원을 정벌하고 돌아가는 길에 광옥산 행궁에 머물면서 군사들의 노고를 치하하던 중, 이 산에서 광채가 하늘로 솟아오르는 광경을 보게 되었다. 이에 부처님의 가르침을 주는 산이라 하여 광교(光敎)라 하였다.

광교산은 산보다는 광교다리나 광교신도시와 같은 도시를 떠올리게 된다. 그리고 뭔가 종교적인 느낌도 들고...

지하철을 타고 신분당선 광교(경기대)역에서 내려 역사 밖으로 나온다. 낯선 모습의 빌딩과 차들이 복잡하고 하늘은 비가 온다더니 잔뜩 흐리다. 횡단보도를 건너 목민교 앞 이르니 오른쪽으로 안내판(광교산등산로1.28km)이 보인다. 산책로를 따라 늘씬한 소나무에는 각각 명찰이 붙어있고 바닥에는 두터운 매트가 깔려있다. 푹신한 감촉을 느끼며 룰루랄라 길를 가는데 아쉽게도 얼마되지 않아 숲길로 이어진다.

몇 개의 묘지를 지나 깍깍깍~ 까치 소리가 숲의 정적을 깨고 숲은 화들짝 잠에서 깨어난다. 흐린 날씨로 줄곧 침침한 숲길은 잠시후 삼거리에 이르자 안개비로 뿌옇다.

경기대쪽에서 올라오는 몇 명의 산객들이 오른쪽(형제봉4.2km)으로 줄지어 올라가고 산책로처럼 평탄한 길에는 두터운 매트가 깔려있다. 몽환적 안개로 오랜만에 우중산행의 운치가 더해지고 게다가 푹신푹신 매트길로 비가 오는데도 비교적 안전하다. 그것을 증명이라도 하듯 적잖은 산객들 속에 아이들과 함께 오르는 가족들도 보인다.

연속하여 매트 깔린 비단길은 어느덧 문암골 갈림길을 지나 백년수 정상을 올라서자 까마득히 데크계단(380개)이 이어진다. 추적추적 물기 너문 계단을 조심조심... 사욱한 안개로 바로 코앞의 계단만 보이는 오르막은 마치 하얀 터널 같다. 그 와중에도 부모와 함께 온 아이들은 가위바위보를 하며 즐거워하고 다른 산객들은 그들을 뒤로하며 가쁜 숨을 몰아쉰다.

얼마후 드디어 계단에 올라서니 휴우~ 바위너덜지대가 펼쳐지며 저기 커다란 암봉이 보인다. 가까이 암봉에 이르니 가운데쯤 굵다란 밧줄이 내려와 있고 옆에는 튼튼하게 만들어진 계단이 보인다. 옆의 계단을 천천히 올라서니 형제봉 정상석이 축축이 젖어있고 주변은 안개로 시야가 온통 하얗다. 게다가 인증사진을 찍고 돌아서자 안개비가 가랑비로 바뀌어 재빨리 우비를 꺼내 입을 수밖에…

 다행히 바람이 살랑살랑 불어와 우비를 입었는데도 덥지 않고 길고긴 계단을 수월하게 내려간다. 잠시후 평탄한 숲길에 매트가 깔려있고 양지재를 지나자 다시 가파른 오르막 데크계단이 이어진다. 좀전의 형제봉 오르막계단과 거의 맞먹는 계단은 만만찮게 힘들고 숨가쁘게 한다. 우비의 습한 기운을 느끼며 위에 올라서니 갈림길(비로봉 직진, 우회로)이 나온다.

 직진은 지금까지의 인공적인 길과 달리 자연스런 너덜오르막으로 힘겹게 오른다. 애써 고개에 올라 모퉁이를 돌아나오니 빗속에 희미하게 팔각정이 보인다. 가까이 다가가자 안에서는 몇몇 산객들이 비를 피해 점심을 먹고 있고 주변은 하얀 안개로 아름다운 경치가 아쉬울 뿐이다. 그들 옆에서 천천히 밥을 먹고 일어났는데도 여전히 비가 내려 별 수 없이 우비를 챙겨입고 정상(시루봉)을 향해 발걸음을 옮긴다.

 잠시후 토끼재를 지나 울퉁불퉁 암릉지대가 이어지더니 곧 갈림길(시루봉, 노루목)이 나온다. 시루봉 쪽으로 바위길을 조심조심 오르고 잠시후 웅성임 소리와 함께 저기 희미하게 데크전망대가 보인다.

 이윽고 전망대에 다다르니 정상석(光敎山582m)이 우뚝 서있고 서성이던 산객들은 하나둘 전망대를 빠져나간다. 그도 그럴 것이 주변은 하얀 안개로 시야가 꽉 막혀 있다. 아쉬움을 뒤로한 채 팻말을 보니 절터 쪽이 언급되어 있지 않다. 잠시 망설이고 있는데 몇몇 산객들이 직진하여 내려가고 있다.

 무심코 그들을 따라 내려가고… 그런데 얼마후 한 산객이 길을 잘못 내려왔다며 헐레벌떡 올라오고 있다. 혹시… 트랭글을 확대해 보니 맙소사~ 역시 엉뚱한 데로 가고 있다. 진작 트랭글을 확인해 볼걸… 트랭글 보는 것이 익숙지 않아 그냥 산객들을 따라가다 발품만 팔았으니… 다시 정상으로 되돌아와 트랭글을 주시하며 좀전의 갈림길 쪽으로 되돌아간다.

 휴우~ 이제 안심하며 노루목0.4km 쪽으로… 평탄한 매트길 따라 여전히 안개가 하얗고 얼마후 조그만 통나무집(노루목대피소)에 다다른다. 간이화장실 정도의 허름한 건물은 안에 낡은 벤취가 놓여있다.

곧이어 억새밭0.7km 쪽으로 직진… 하얀 억새밭을 기대하며 긴 내리막계단과 매트길을 반복… 어렵지 않게 억새밭에 이르니 전혀 예상을 빗나간 광경이 펼쳐진다. 내심 억새밭이라 하여 재약산이나 신불산 정도는 아니어도 평평한 언덕정도는 나오겠지 기대했는데… 겨우 한평 남짓한 공간에는 보잘 것 없이 애꿎은 억새만 바람에 이리저리 흔들리고 그 옆에는 커다랗게 돌무더기가 쌓여있다. 혹시 이곳을 기점으로 어딘가 대규모로 억새가 분포되어있다면 모르겠지만 이 상태를 억새밭이라고 하기엔 무리가 있는 것 같다.

암튼 이제 왼쪽(절터약수터 방향)으로 내려가기 시작, 역시 내리막계단과 매트길이 이어진다. 때마침 비도 그쳐 우비를 벗고 한결 가벼운 발걸음으로 술술 내려간다. 어느덧 절터약수터에 다다르니 널따란 공간에는 몇 개의 운동시설이 보이고 정자까지 지어진 약수터에는 시계도 걸려있고 태극기도 걸려있다.

잠깐 물을 마신후 연이어 데크계단을 내려가고 매트길을 내려간다. 얼마후 저기 정자가 보이더니 그 앞에 널따란 연못이 펼쳐진다. 호수 가까이 잔잔한 물결따라 임도가 이어지고 천천히 발걸음을 옮긴다. 그런데 뜻밖에도 널따란 공원이 펼쳐지더니 야생화가 만발하고 특히 주황색 원추리꽃이 한창이다.

아름다운 공원길을 덕분에 점점 피로가 사라지고 꽃들에 취하며 어느새 다슬기 화장실에 도착한다. 기다리고 있던 버스(13번)에 올라 수원역으로… 얼마후 그곳에서 서울로 향하는 지하철을 탄다.

연화산

2019년 07월 28일 113

유래 산의 형상이 연꽃을 닮았다는 데에서 유래됐다고 한다.

연화산은 사극의 여주인공이 떠오른다. 구중궁궐, 천년사찰, 춤추듯 날렵하게 치켜 오른 고택... 이런 옛스런 느낌과 함께...

이른 아침 서둘러 4시간 후쯤 고성에 도착한다. 널따란 주차장(도립공원주차장)은 한산하고 햇빛이 쨍쨍하다. 멋지게 조성된 공원(공룡발자국 화석지)에는 공룡조각품이 여기저기 눈에 띄고 등산로 입구 넓적한 바위에는 실제로 공룡발자국 흔적이 있다.

지그재그 데크길을 따라 가파르게 오르고 팻말(연화봉1.2km)이 나오자 약간 능선처럼 완만하게 바뀐다. 언덕 여기저기 이끼식물들이 파릇파릇 번져있고 눅눅한 기운이 스멀스멀 스며든다. 곧이어 통나무 계단이 이어지고 콧잔등에 땀이 흐르더니 어디선가 웅성임 소리가 들려온다. 서둘러 계단을 올라서자 커다란 돌탑 앞에 연화1봉 표지석이 보인다. 주변의 시야는 거의 막혀있고 옆의 널따란 평상에서는 옹기종기 점심을 먹고 있다. 그들 틈에서 간단히 점심을 먹는다.

이제 완만한 능선을 따라 저기 아스팔트가 훤히 보이고 널따란 공터(느재고개) 여기저기 차들이 주차되어 있다. 곧이어 편백나무가 빼곡한 숲에는 갈림길(오른쪽 시루봉, 왼쪽 남산)이 이어지고 왼쪽(남산)으로 맑은 공기를 마시며 기분좋게 발걸음을 옮긴다. 평탄하게 이어지는 숲길은 얼마되지 않아 운암고개에 이르는데 뜻밖에도 여기서 정상 0.38km을 올랐다가 다시 되돌아와야 하는 상황이다.

비탈길을 천천히 오르기 시작, 오르막은 갈수록 숨이 턱턱 막히고 오를수록 경사가 급해진다. 이럴 줄 알았으면 시루봉(오른쪽) 쪽으로 갈걸... 발걸음은 천근만근 무겁고 숨은 턱까지 차오르고... 오르고 올라도 계속되는 오르막... 0.38km가 38km처럼 힘겹게 느껴진다. 이윽고 앞이 훤해지자 벌써 내려오는 산객들이 부럽기도 하고 무거운 다리에 애써 힘을 준다. 드디어 봉우리에 올라서니 높은 돌탑 앞에 정상석(524m)이 서있고 아쉽게도 시야는 막혀있다. 잠시 숨을 고른후 다시 운암고개로…

그토록 힘들었던 오르막은 허망하리만큼 술술 잘도 내려가고 어느새 아래로(운암고개) 되돌아온다. 곧이어 너덜길을 따라 여기저기 바위들이 보이더니 어렵지 않게 남산 표지석에 도착한다.

이제야 조금씩 시야가 트이더니 잠시후 갈림길에 팻말(갓바위0.22km) 나온다. 선두를 따라 비탈언덕에는 점점 커다란 바위들이 신기하고 시루떡 바위를 돌아나오니 탁트이는 시야… 바위전망대 밑으로는 천길낭떠러지… 그 아찔한 암벽을 휘감으며 데크계단이 이어진다. 잠시후 아래로 내려서니 안내판(갓바위)이 서있고 이곳은 명상이나 기도하는 장소란다. 치솟아 오른 거대한 바위가 마치 무등산의 서석대 같은 느낌이 들고 그 웅장한 모습에 피로가 사라지는 듯하다.

그런데 언덕을 조금 내려가자 어~ 뭔가 길이 이상하다. 점점 가팔라지는 언덕은 길이 보이지 않는다. 맙소사~ 다시 좀전의 갈림길로 올라가야한다. 으~ 무거워지는 발걸음… 무거워지는 숨소리… 기진맥진 갈림길에 되돌아오니 기운이 쭉~ 빠진다.

이제 안심하며 내리막을 따라 술술 내려가고 잠시후 황새고개(옥천사, 옥녀봉)에 다다른다. 곧이어 옥녀봉 쪽으로 직진… 지쳐있는 상태에서 오르려니 얼마되지 않아 숨이 탁탁 막히고 게다가 오를수록 비탈이 가팔라진다. 으~ 옥천사 쪽으로 내려갈걸…. 다리도 천근만근… 숨도 헉헉… 이번 산행은 왜 이렇게 계속 꼬이는지… 가쁜 숨을 몰아쉬며 기진맥진 고개에 올라서니 휴우~ 커다란 바위에서 산객들이 쉬고 있다. 등줄기에 땀을 느끼며 앞을 보니 이곳은 쉼터가 아니고 선유봉…

이제 능선길 따라 점점 시야가 트이고 부디 옥녀봉은 순탄하게 오르길… 숨을 고르며 얼마후 고맙게도 가파른 오르막 없이 길가에 옥녀봉이 나온다. 그런데 이름상으로는 뭔가 거창할 것같았는데 팻말에 그냥 옥녀봉이라고 쓰여진 것이 전부다.

힘들지 않게 도착한 것만으로도 다행이라 여기며 다시 능선길을 따라 갈림길(옥천사, 주차장)에 다다른다. 곧이어 주차장 쪽으로 직진하여 장군봉에 이르고 이제 왼쪽(주차장 1.06km)으로 완만한 내리막길이 보인다. 빼곡한 숲길을 사부작사부작… 이제야 여유로운 마음으로 발걸음이 가벼워지고 이윽고 저기 널따란 주차장에 서있는 공룡조각품들이 눈에 들어온다.

남산제일봉

2019년 08월 11일 114

유래 가야산 해인사의 남쪽에 솟은 제일봉을 말하며 천불산, 매화산 또는 월류봉이라고도 한다.

경주남산을 다녀오기 전 그곳에 유물이 무진장하다 하여 내심 노천 박물관쯤으로 기대 했었다. 그런데 막상 가보니 목이 없고 팔다리가 없고 심지어 그 흔적만 남아있는 유물들을 보며 세월의 무상함보다는 씁쓸한 마음이 더했다. 그것들이 세월에 의해 어쩔 수 없이 부서지고 마모된 것이 아니라 인간에 의해 자행되었다는 사실에... 암튼 서울남산, 경주남산에 이어 합천남산은 어떤 모습일는지...

이른 아침 서둘러 4시간 후쯤 합천에 도착한다. 청량사 입구(황산마을)에 내리니 햇볕은 쨍쨍~ 파란하늘의 흰구름은 뭉실뭉실~ 어디선가 고추잠자리가 휘이익~ 왠지 성큼 가을기운마저 느껴진다.

(청량사2.1km) 오랜만에 예쁜 하늘을 바라보며 도로양옆으로는 농작물들이 튼실하게 자라고 모락모락 피어오르는 열기는 숨을 턱턱 막히게 한다. 마을은 전형적인 시골모습이 아닌 약간은 관광지다운 모습을 띄고 도예원 입구... 조그만 저수지... 매표소(입장료3,000원)... 여전히 한증막 같은 도로는 열기로 찌는데 저기 나뭇잎 사이로 사찰(청량사)의 처마가 보인다. 이제야 숨통이 트이며 사찰앞마당에 이르니 건물뒤쪽으로 거대한 암벽들이 병풍을 이루고 화장실 옆 산입구로 하나둘 산객들이 사라진다.

서둘러 산입구를 통과하자 가파른 너덜오르막... 그래도 도로에 비하면 발에 닿는 느낌이 푹신하다. 쉼터에서 숨을 돌린 후 앞을 보니 까마득히 치솟은 계단... 오르고 또 오르고... 그래도 이 기나긴 계단이 아까처럼 포장도로를 걷는 것보다 수월하다.

가쁜 숨을 몰아쉬며 전망대에 올라서니 와아~ 파란하늘의 흰구름... 시원한 능선들... 저멀리 뾰족뾰족한 바위들은 고드름이 길쭉 치솟듯 첨예하게 하늘과 맞닿아 있다. 바로 앞 바위들은 점점 거대한 암벽지대를 형성하고 맨 꼭대기의 바위는 망망대해의 날렵한 돌고래처럼 금방이라도 하늘로 날아갈 것만 같다.

능선을 따라 여기저기 솟아있는 바위들… 마치 바닷속 산호가 물고기를 유혹하듯 아름다운 자태를 뽐내며 산객들의 발걸음을 재촉한다. 물고기가 헤엄치듯 생동감이 넘치는 바위를 요리조리 빠져나오니 저기 암봉 사이로 아슬아슬 철계단이 솟아있다.

두려움 반 기대 반으로 계단 앞에 이르니 거대한 철계단이 무섭긴 무섭다. 오를수록 시야가 트이며 풍경들이 한눈에 들어오는데 세차게 불어오는 바람이 자꾸만 모자를 벗기려한다. 모자를 잡으며 위에 올라서자 저기 또다른 암봉이 철계단과 함께 치솟아있다. 저멀리 능선에는 상아가 이빨을 드러내듯 바위들이 하얗게 빛나고 지나온 암릉들은 거대한 성벽을 이루며 우아한 자태로 이어진다. 기기묘묘한 바위들에 감탄하며 또다시 육중한 철계단을 오르고… 갈수록 시선을 사로잡는 아름다운 바위들…

벅찬 가슴으로 어느새 정상에 이르니 역시 우아한 바위들 사이로 정상석(남산제일봉 1010m)이 서있고 탁트인 시야에 저멀리 바위들이 그 어떤 그림보다 감동스럽다.

이제 내리막계단을 따라 천천히 아래로 내려서고 그 많고 많던 바위들은 거짓말처럼 사라진다. 사부작사부작 숲길을 내려가며 마치 설악산을 축소해 놓은 듯한 멋진 모습들이 하나하나 스쳐간다. 다행히도 내리막은 완만하게 내려가고 얼마되지 않아 쉼터(치인주차장2.4km)에 다다른다.

이제 왼쪽으로… 거의 평평한 숲길은 바짝 마른 계곡이 이어지고 가도가도 물은 보이지 않는다. 어느새 다리에 이르렀지만 아무리 두리번거려도 물은 보이지 않고 햇빛에 바위들만 하얗게 부풀고 있다. 곧이어 마을이 보이자 이제야 겨우 쫄쫄쫄 물이 흐른다. 하지만 시원함을 느낄 새도 없이 저기 거대한 관광단지가 눈에 띄더니 돼지골 탐방지원센터가 나온다. 단지 내 도로상가에는 관광 상품이 즐비하고 잠시후 저멀리 주차장에 차들이 빼곡하다.

덕숭산

2019년 08월 18일 115

유래 옛날 덕숭과 수덕의 전설에서 이름을 빌어 덕숭산과 수덕사가 됐다한다. 이 산은 '수덕사의 여승' 이라는 노래와 신여성 나혜석으로 대중들에게 더 유명해졌다한다.

덕숭산의 느낌은 어느 고찰의 담장을 휘돌아가려는데 깊게 울려 퍼지는 종소리... 이내 발길을 멈추고 조용히 합장...

이른 아침 서둘러 2시간 반쯤 예산에 도착한다. 차에서 내리니 파란하늘은 가을빛을 띄지만 여전히 햇볕은 따갑고 열기로 들끓는다. 모자와 썬그라스로 단단히 무장한 채 도로를 따라 산입구 쪽으로 발걸음을 옮긴다. 잠시후 길가에 즐비하게 들어선 전통식당과 관광상가들... 북적북적 올라가고 있는 산객들은 대부분 관광객들이고 배낭을 메고 있는 등산객들은 별로 눈에 띄지 않는다. 두리번두리번 상가를 지나자 길게 줄을 서있는 매표소... 차례로 입장표(요금3,000원)를 제시하고 일주문을 통과한다.

길 양쪽으로 야생화가 만발하고 한켠에는 사찰을 연상케하는 꽃무릇(상사화)들이 피어있다. 여기저기 배롱나무의 붉은꽃은 한여름 뙤약볕에 화사한 봄기운을 느끼게 한다. 아름드리 고목의 짙은 녹음이 더할 나위없이 시원하고 사찰(수덕사)의 앞마당에 이르자 내리쬐는 햇볕에 마당이 더 넓게 보인다. 옛향기가 물씬 풍기는 사찰의 암자는 마모되고 색이 바랜 채 오랜 세월의 무게감으로 파아란 하늘과 저멀리 능선을 배경으로 고즈넉이 솟아있다.

곧이어 사찰 뒤쪽으로 가니 팻말(정상1.91km)이 서있고 남상을 따라 계곡이 흐른다. 계곡을 가로질러 작은 다리를 건너니 시멘트로 정비된 임도가 지그재그 이어진다. 그런데 중간중간 샛길이 길을 헷갈리게 하고 방심하다간 알바하기 십상이다. 비장의 무기 트랭글을 주시하며 계속 오르고... 얼마후 미륵불(향운각)에 다다른다. 잠시 멈춰 사진을 찍는데 어~ 저기 아래 숲속에서 산객들이 계속 올라오고 있는 것이 아닌가... 가까이 다가가니 가파른 내리막이... 이따가 하산할 때는 이곳으로 내려가야지...

곧이어 가파른 돌계단을 오르자 널따란 공터에는 산객들이 둘러앉아 점심을 먹고 앞쪽에는 둥근 지구모양의 탑(만공탑)이 서있다. 대부분 탑은 길쭉하게 서있는데 이렇게 둥근모양은 처음 본다. 다시 돌계단을 올라 정혜사 가까이 이르지만 외부인 출입금지… 잠시후 널따란 밭을 지나 갈림길에 다다른다.

이제 왼쪽으로… 처음으로 산길다운 숲길이 이어지고… 바위 전망대에 이르자 이제야 좀 시야가 트인다. 그것도 잠시, 다시 숲길 따라 능선에 올라서니 다행히 애먹이지 않고 가까이 정상이 보인다. 별 어려움 없이 다다른 공간에는 정상석(덕숭산495m)이 햇볕에 하얗게 빛나고 주변의 풍경은 나무에 가려져 하늘만 파랗다.

이제 내려가기 시작… 얼마되지 않아 커다란 바위가 둥글게 솟아있다. 엉금엉금 바위에 오르니 시야가 탁트이며 정상에서 보지 못한 시원한 풍경과 올망졸망한 마을이 정겹다. 잠시후 숲길 따라 작은 사찰(전월사)을 지나고 몇 번 샛길이 나오는데 출입금지 현수막이 쳐있다. 이윽고 갈림길에 되돌아와 올랐던 길을 다시 내려간다.

만공탑을 지나 미륵불(향운각)에 이르자 아까 내려가기로 한 돌계단이 꽤 길고도 가파르게 이어진다. 왼쪽 저기 나무사이로 소림초당 건물이 하늘하늘 스쳐가고 계곡의 물소리가 시원스럽다. 계곡은 내려갈수록 수량이 많아지더니 얼마후에는 자그마한 폭포수가 끊임없이 이어진다. 마치 하얀 실타래가 커다란 바위를 휘감아 내려오듯 그 비단결 같은 실루엣이 생동감 넘친다. 이 신비한 물줄기는 널따란 공터에 이르자 평범한 계곡물로 바뀌어 시원하게 발을 담그기에 알맞은 상태가 된다. 공터에 우뚝 솟아있는 사면석불은 보기 드물게 네 개의 면이 모두 불상으로 되어있다. 산행거리가 비교적 짧으니 오랜만에 시원한 물에 발을 담그며 여유를 부려본다.

이제 가벼운 발걸음으로 다시 숲길을 내려가자 수덕사 앞마당이 따가운 햇볕에 쨍쨍~ 뙤약볕으로 바뀐다. 그런데 이런 무더운 날씨에도 부처님 오신날처럼 많은 관광객들이 인산인해를 이룬다. 무엇 때문에 평소에도 이렇게 많은 사람들이 이곳으로 몰려드는지… 천천히 인파를 헤치며 사찰을 벗어나고 꽃길을 따라 여유롭게 상가에 다다른다. 그리고 길게 줄을 서있는 가게 앞에서 시원한 아이스크림을 사들고 주차장 쪽으로 향한다.

백운산(포천)
2019년 08월 25일 116

유래 항상 구름이 끼어 있어 '하얀 구름이 항상 산에 쌓인 산'이라는 뜻의 백운산(白雲山)이라고 불리었다 한다.

동강백운, 광양백운에 이어 포천백운까지 100대 명산 리스트에서 백운산이라는 이름이 세 개씩이나 되니 이들에 대한 기대가 컸다. 그리고 이 산들을 언제 가보나 싶었는데 시간이 참 빠르기도 하다.

이른 아침 지하철을 타고 동서울터미널(강변)로 향한다. 터미널에서 사창리행 시외버스에 올라 2시간 좀 못되어 광덕고개에 도착한다. 차에서 내리니 도로가 몇 갈래로 나뉘어 있고 뒤돌아 거꾸로 도로를 따라가니 광덕고개 쉼터가 나온다. 말이 쉼터지 실제는 식당과 약초를 파는 조그만 가게가 있다. 온갖 약초들을 구경하며 앞쪽을 보니 가파른 철계단 솟아있다. 날씨가 덥기는 하지만 이제 한풀 꺾였는지 파란 하늘은 가을빛이 물씬 풍겨난다.

천천히 계단을 오르는데도 가파른 경사는 벌써부터 숨이 차고 상체로 퍼지는 열기는 아직도 여름이 실감난다. 콧잔등에 땀이 흐르고 위에 올라서니 지그재그 밧줄이 가파르게 이어진다. 힘껏 줄을 당기며 오르고 또 오르고… 이윽고 떨리는 팔을 놓으며 쉼터에 올라서니 완만한 능선길이 이어진다. 계속되는 편안한 길이 고마울 따름이고 한적한 숲길을 산책하듯 걷는 기분이라니… 시원한 그늘에 바람까지 살랑살랑 불어주니 상쾌한 가을느낌마저 든다. 이런 비단길은 거의 정상 무렵까지 계속되더니 겨우 코앞에서야 커다란 바위 몇 개를 지나간다.

곧이어 정상에 다다르니 널따란 헬기장 한쪽에 정상석(백운산903.1m)이 하얗게 빛나고 주변은 나무들에 가려져 거의 보이지 않는다. 다만 머리 위로 파란하늘과 흰구름이 눈부시게 아름답다.

잠시 숨을 돌린 후 삼각봉 쪽으로 향하고 숲길은 역시 평탄한 능선길이 이어진다. 길가 여기저기 방공호가 보이고 반갑게도 야생화가 환하게 미소짓고 있다. 꽃들을 따라 정신없이 삼각봉에 이르니 방공호뿐만 아니라 조그만 터널도 눈에 띈다. 능선을 따라 부지런히 발걸음을 옮기고 얼마후 도마치봉(925.1m)… 역시 널따란 헬기장 한쪽에 표지석이 하얗게 서있는데 무슨 연유인지 정상보다 높음에도 정상이 아니고 그냥 봉우리다. 왜일까…?

암튼 이제 오른쪽(흥룡봉2.00km)으로 내려가기 시작. 가파른 내리막에는 여전히 방공호와 방공터널이 눈에 띄더니 한술 더 떠 까만 전선줄이 길을 안내하고 있다. 정황상 군사지역이었던 것같은데… 얼마후 바위전망대에 올라 잠깐 풍경을 바라본다.

이어 숲길 따라 갈림길이 나오는데 직진과 오른쪽 모두 흑룡사라고 되어있어 어디로 가야할지 망설여진다. 이럴 때는 해결사가 짜잔~ 트랭글을 보니 직진은 향적봉과 흥룡봉을 거쳐 흑룡사로 내려가는 길이다. 서둘러 향적봉에 오르자 빨간 안내판에 흥룡봉 쪽 길이 매우 위험하다는 글귀가 보인다. 궁금하지만 그쪽을 포기하고 오른쪽(흥룡사3.14km)으로 내려가기 시작한다.

가파른 내리막에 가끔씩 방공호와 위험 안내판이 눈에 띄더니 굵은 밧줄이 지그재그 이어진다. 밧줄에 의지하며 내려가고… 또 내려가고… 이제 그만 멈추면 좋으련만 아랑곳하지 않고 계속된다. 그렇게 애먹이는 내리막은 거의 2km 정도 내려와서야 드디어 저 멀리 쏴아~ 물소리가 들린다. 시원한 소리에 이제야 좀 기운이 나며 마음이 가벼워진다.

가까이 계곡(흥룡사1.12km)에 다다르자 막상 기대하던 물은 한방울도 보이지 않고 매끄런 바위들만 허옇게 드러나 있다. 좀전 들리던 물소리는 어디서 들려온 것일까…? 메마른 계곡을 건너 무심코 내려가는데 오른쪽 나무들이 빼곡한 곳에서 다시 물소리가 들려온다. 점점 가까이 들리는 물소리와 점점 다가오는 계곡의 모습에 와아~ 입을 다물지 못하고… 매끄러운 바위에 옥빛으로 흐르는 맑은 물… 너무나 깨끗하여 손을 담그는 깃조차 미안해질 징도다. 쨍쨍한 햇볕 속에 굽이굽이 하얗세 흐르는 계곡… 내려갈수록 수려한 암반이 펼쳐지며 널찍한 바위 여기저기 더위를 식히는 산객들과 텐트도 보인다. 언제쯤 저들처럼 여유로워질 수 있을는지… 갈수록 계곡에는 산객들이 많아지고 아쉬운 발걸음으로 천천히 백운교를 건넌다.

그런데 갑자기 상가가 북적북적 이어지더니 계곡 역시 산객들로 북새통을 이루며 시끌벅적 생기발랄하다. 뙤약볕 속에 흥룡사 입구를 지나고 잠시후 널따란 주차장에는 소형차와 대형차들이 즐비하다. 그런데 어디를 둘러봐도 서울가는 버스 정류장은 보이지 않으니… 길을 묻고 물어 또다른 백운교를 건너니 가로질러 아스팔트 도로가 나온다. 오른쪽으로 다시 도로를 따라 작은 식당이 나오고 그 맞은편에 마을버스 정류장이 보인다. 특별히 시외버스 정류장은 없고 여기서 시외버스가 오면 손을 들고 있어야 버스가 멈춘단다. 얼마후 정말로 시외버스가 와서 손을 들고 있으니 신기하게도 버스가 멈춘다. 서둘러 버스에 오르니 에어컨이 시원하고 마음이 편안해 스르르 잠이 온다.

삼악산
2019년 09월 01일 (117)

유래 기암괴석과 봉우리가 첩첩으로 있고 용화봉*청운봉*등선봉 3개의 주봉으로 삼악산이라 한다.

삼악산은 세 개의 봉우리가 악~ 소리가 난다니 얼마나 오르기가 힘들까... 하지만 대신 멋진 광경이 펼쳐진다니 두려움 반 기대 반...

이른 아침 서둘러 2시간이 채 안되어 춘천에 도착한다. 의암매표소에 내리니 잔뜩 찌푸린 하늘에 구름이 걷히기 시작한다. 강건너 저멀리 울퉁불퉁 암릉이 시선을 압도하고 매표소(성인1,500원)에서 곧바로 오르기 시작한다.

초입부터 펼쳐지는 거친 바위가 팔다리를 떨리게 하고 예상대로 바위가 많은 산임을 예고한다. 빨간 연등이 돌계단을 따라 대롱대롱 이어지고 산객들도 줄지어 알록달록 오른다. 잠시후 시멘트로 지어진 허름한 건물(삼악산장)이 여기저기 흠집으로 폐허가 되어가는데 시야는 탁트여 강과 능선이 한눈에 펼쳐진다. 이제 돌투성이 가파른 오르막은 연등과 함께 철계단으로 바뀌고 숨가쁘게 꼭대기에 올라서자 사찰(상원사)이 모습을 드러낸다. 뒤쪽에는 암벽이 뾰족뾰족 위태롭게 솟아있고 경내는 고요하다.

사찰을 뒤로하며 옆으로 돌아가니 계단이 이어지고...위로 오를수록 와아~ 수많은 돌들... 마치 채석장처럼 사방은 자갈과 바위들로 뒤엉켜 어지럽고 폭포수가 쏟아져 내리듯 바위들로 하얗게 솟구쳐내린다. 온통 바위뿐인 언덕은 오르고 올라도 끝이 보이지 않고 뒤뚱뒤뚱 걷다가 때로는 네발로 기어오르기도... 이윽고 돌무더기가 나오자 앞이 조금씩 훤해지며 저멀리 웅성임 소리가 들려온다. 힘겹게 고개에 올라서니 커다란 바위 앞에 팻말(깔딱고개)이 서있고 이 기나긴 너덜언덕이 10km도 넘을 것처럼 힘들었는데 겨우 1km...

잠시 숨을 돌린후 정상(0.96km)쪽으로... 그런데 맙소사~ 이게 웬일... 지금까지의 오르막은 애교에 불과, 저 앞에 아찔하게 이어지는 암벽길은 위협적이기까지... 쇠에 박힌 밧줄을 잡으며 아슬아슬 쇠징 발판을 이어가고... 한순간도 긴장을 멈출 수 없는 암벽길... 드디어 두려움에 떨며 암벽길을 벗어나자 철계단이 이어진다.

위로 오를수록 점점 시야가 트이고 바위틈에 멋진 소나무들... 저멀리 강가에 붕어섬이 앙증맞고 정말로 붕어가 헤엄치는 모습같다. 얼마후 저기 데크전망대에 산객들이 북적이는 것을 보니 아마도 정상인가보다. 그런데 위에 올라 아무리 둘러봐도 정성석은 보이지 않고 시야가 정상처럼 탁트인다... 잠깐 숨을 돌린 후(정상0.18km) 앞으로 향하는데 의외로 숲길이 이어지더니 잠시후 바위투성이 봉우리에 산객들이 북적인다.

가파른 암봉은 수없이 징 맞은 것처럼 날카롭게 파여있고 차돌같은 파편들이 심란하게 흩어져 있다. 게다가 까만 대리석 정상석(용화봉654m)은 가뜩이나 날카로운 암봉에 한층 더 삭막한 느낌을 준다. 인증 후 주변을 바라보니 시야는 트였지만 좀전의 데크전망대처럼 시원하지는 않다. 더구나 뽀족한 바위가 신경쓰여 마음 편히 경치가 눈에 들어오지 않는다.

이제 청운봉1km 쪽으로... 고맙게도 부드러운 흙길에 발끝의 촉감이 푹신푹신하다. 또한 내리막이니 저저 내려가는 느낌이다. 하지만 이런 비단길은 청운봉0.5km에 이르자 무너진 성벽의 흔적이 눈에 띄며 또다시 바위너덜길이 이어진다. 성벽길 주변에는 점점 커다란 바위가 나타나더니 이윽고 높다란 돌무더기가 보인다. 그 앞에는 누군가 매직펜으로 청운봉이라 써놓았고 시야는 꽉 막혀있다.

트랭글을 주시하며 등선봉 쪽으로 발길을 돌리니 고맙게도 너덜길은 흙길로 바뀌고 쭉쭉뻗은 소나무(?)숲이 이어진다. 이 한적한 비단길은 팻말(등선봉0.8km)이 보이자 다시 너덜오르막으로 바뀌고... 숨을 헐떡이며 고개에 올라서니 얼마 후에야 슬며시 길가에 표지석(등선봉)이 나타난다. 역시 시야는 막혀있다.

능선을 따라 호젓한 숲길이 점점 훤해지더니 갑자기 뽀족뽀족 커다란 바위에 굵은 밧줄이 늘어뜨려 있다. 바위틈에는 멋지게 소나무가 자라고 저멀리 풍경이 시원스레 펼쳐진다. 뒤돌아 단단히 밧줄을 잡으며 초긴장 속에 쇠발판을 한발한발... 어쩌면 이렇게 오랜 세월 마모되지도 않은 채 거칠고 단단한지... 쉼없이 이어지는 암벽길은 힘든 만큼 실제보다 훨씬 더 길게 느껴진다. 주변의 풍경은 멋지지만 아찔하여 제대로 눈에 들어오지 않는다.

드디어 애물단지 암벽길을 내려서니 휴우~ 이제야 풍경이 보인다. 와아~ 저렇게 아찔한 암벽길을 내려오다니...! 그런데 삼악좌봉은 어디에...? 내려오는데 집중하랴 표지석을 지나쳐 그냥 내려온 것이다. 그렇다고 다시 가보기엔 저 바위가 너무 무섭다.

이제 풍경을 바라보며 편안히 내려가고... 얼마후 커다란 바위(강촌0.7km)에 이르자 가파른 비탈길이 지그재그 이어진다. 천근같은 다리에 보일듯 보일듯 비탈의 끝은 보이지 않고 가파른 내리막이 천리길처럼 느껴진다. 하지만 아무리 힘든 일도 시간과 함께 지나가듯 이윽고 저 아래에서 쌩쌩~자동차 소리가 들려온다.

이제 점점 완만해지는 내리막에 듬성듬성 벤취가 놓여있고 나뭇가지 사이로 강물이 희끗희끗 보인다. 드디어 숲속에서 빠져나와 도로에 내려서자 꿈에서 깨어난 듯 정신이 번쩍 든다. 그리고 치열한 경기를 마친 것처럼 온몸이 흐물흐물... 그래도 가벼운 마음으로 터덜터덜 주차장을 향해 발걸음을 옮긴다.

수리산

2019년 09월 08일 118

유래 세가지 설이 있는데 산의 바위가 마치 독수리와 비슷하다는 설, 신라 진흥왕 때 창건한 수리사(修理寺)로 인하였다는 설, 조선시대 때 어느 왕손이 수도하여 수리산(修李山)이라고 했다는 설이 있다. 일명 견불산(見佛山)이라고도 한다.

수리산은 동화나 만화 속에 백발노인이 지팡이를 들고 '수리수리 마수리'를 외치며 주변을 깜짝 놀라게 하는 장면이 떠오른다. 그런데 그동안은 그 뜻을 그냥 흘려보냈지만 이번 기회에 인터넷을 찾아본다. '수리수리 마하수리 수수리 사바하', 그 뜻은 "좋은 일이 있을 거야, 아주 좋은 일이 있을 거야, 대단히 좋은 일이 있을 거야, 원만히 성취 하겠구나"이다. 이는 불교경전 천수경의 첫머리에 나오는 일종의 진언으로 이를 세 번 외우면 입으로 짓는 죄를 씻고 깨끗한 마음으로 살아갈 수 있다는 불교적 신앙의 전승이란다. 지금까지 흘려듣기만 했던 말이 이렇게 깊은 뜻이 있을 줄이야... 그렇다면 수리산은 어떤 모습일는지...

산행지가 서울근교이기에 지하철로 명학역에 내려 1번 출구로 나온다. 오른쪽 계단으로 내려온 후 상가 좌측으로 안양대로가 나온다. 횡단보도 건너 왼쪽으로 명학공원이 나오고 공원 안쪽으로 들어가 다시 왼쪽으로 꺾어 주택가로 직진한다. 횡단보도를 두 번 건너 위로 경사진 시멘트계단이 철봉 손잡이와 함께 쭉~ 올라가고 있다. 계단 꼭대기에 올라서자 빨간 벽돌의 하이츠빌라('츠'자가 지워져 안보임) 건물이 보이고 왼쪽으로 조그만 철계단과 수리산 안내도가 서있다.

철계단을 올라서니 팻말(관모봉1.8km)이 보이고 울창한 숲길을 따라간다. 그런데 길가에는 요즘(어제) 몰아친 태풍으로 억지로 떨어진 나뭇잎들이 여기저기 나뒹굴고 그 위력이 얼마나 대단했던지 심지어 커다란 고목들도 쓰러져 숲길을 막고 있다. 하지만 그렇게 불던 바람도 지금은 바람 한 점 없이 후덥지근하여 가파른 오르막도 아닌데 벌써부터 콧잔등과 등줄기에 땀방울이 맺힌다. 관모봉1.3km쯤에서는 기차와 자동차들이 쌩쌩~ 달리는 소리가 들리고 어느덧 철탑을 지나 쉼터(관모봉330m)에 다다른다. 잠깐 물을 마신후 앞을 보니 이제 제법 가파른 계단이 이어지는데 다행히도 어디선가 살랑살랑 바람이 불어온다.

천천히 계단을 올라 발걸음을 서두는데 하늘이 훤해지며 바람에 태극기가 펄럭인다. 데크전망대에는 정상석(관모봉冠帽奉)이 우뚝 솟아있고 산객들은 사진찍느라 분주하다. 탁트인 시야에 병풍처럼 둘러싸인 능선들... 그 사이로 빌딩들이 빼곡하다. 그런데 정상의 바위들이 삼악산에서처럼 하얗고 단단하여 발딛기가 다소 위험스럽다. 이제 태을봉0.74km 쪽으로...

완만한 내리막은 역시 태풍으로 여기저기 나뭇잎들이 나뒹굴고 태을봉0.35km 지점부터는 가파른 오르막이 이어진다. 다시 오르막을 오르려니 몇 배로 힘들고 위안삼아 사탕을 입에 넣고 우물우물... 잠시후 숨을 헐떡이며 봉우리(태을봉太乙奉)에 올라서니 널따란 헬기장에는 역시 산객들이 사진찍느라 분주하다. 주변은 나무들에 둘러싸여 막혀있고 정상석 모양도 관모봉이 훨씬 자연스러운 것같다.

이제 슬기봉1.86km을 향해 너덜길이 이어지더니 울퉁불퉁 하얀 바위들이 보이기 시작... 이윽고 병풍바위에 이르니 투명하고 하얀 바위가 대리석 조각처럼 환하게 눈부시다. 그런데 암릉길 입구에는 경고팻말(우회하라)이 서있다. 아쉬운 발길을 돌려 우회로를 따라 조심조심 내려오지만 머릿속에는 내내 병풍바위가 어른어른...

힘겹게 암릉구간을 벗어나며 이제 평탄한 길을 기대하지만 계속되는 너덜길... 가파른 비탈길은 굵은 밧줄을 잡지 않고서는 위험할 정도로 경사가 심하다. 더구나 지쳐있는 상태에서 울퉁불퉁한 길을 내려오니 다리도 아프고 입이 바짝바짝 마른다.

휴우~ 드디어 진땀나는 구간을 내려서니 이제야 완만한 숲길이 이어진다. 능선을 따라 이따금 기묘한 바위들이 스쳐가고... 이윽고 갈림길(슬기봉0.99km)에 다다른다. 곧이어 무심코 길 따라 내려가는데 계속 내리막인 것이 이상하다. 재빨리 트랭글을 확인, 아차~! 이 길이 아니구나~! 번쩍 정신이 들며 되돌아 오르는데 다리가 천근처럼 무겁고... 무심결에 쉬운 길로 들어선 것이 덤터기를 쓴 셈이다.

지친 다리를 이끌며 갈림길에 되돌아오니 오른쪽으로 암릉길이 이어진다. 조심조심 너덜길에 오르자 역시 하얗고 단단한 바위가 울퉁불퉁 솟아있고 저멀리 풍경이 눈에 들어온다. 이윽고 뾰족하게 솟아있는 바위(칼바위)를 돌아나오니 시원스레 전망이 트이고 웅장한 바위가 시선을 압도한다. 거대한 암벽을 따라 지그재그 데크길을 내려가고 잠시후 슬기봉0.4km 지점에 다다른다.

그런데 맙소사~ 또다시 가파른 언덕이... 울며 겨자 먹기로 떨어지지 않는 발을 이끌며 꾸역꾸역 오르고... 그래도 지난주 삼악산보다는 덜 힘든다. 얼마후 안간힘을 쓰며 숨을 헐떡이는데 저기 까마득히 데크계단이 보인다. 가까이 다가가니 위로문구(103개, 계단을 오를 때마다 수명이 올라간다)까지 붙어있다. 어찌하랴~ 다시 힘을 내는 수밖에... 크게 숨을 들이쉬며 천천히 계단을 오르기 시작... 등줄기에 땀을 느끼며 가까이 산객들의 웅성임 소리가 들려온다. 잠시후 무거운 다리를 박차며 위에 올라서니 드디어 널따란 공간에 산객들이 서성인다. 그런데 정작 정상석은 보이지 않고 한쪽구석에 슬기봉안내판만 덩그러니... 슬기봉정상은 군부대로 통제구역이라고... 허탈한 마음으로 주변을 둘러보니 시야도 막혀있다. 이제 아쉬운 발길을 돌려 하산하기로...

다행히 내리막은 완만한 흙길로 생각보다 빠르게 쉼터에 다다른다. 운동시설이 갖추어진 공터에서는 마을주민들이 한가로이 운동을 하고 아이들은 강아지와 놀고 있다. 곧이어 사찰(상연사)을 지나 군포도서관이 보이더니 잠시후 나무들로 빼곡한 도로가 나온다. 이제 바로 앞 정류장에서 시내버스를 타고 편안히 산본역으로 향한다.

성인봉

2019년 09월 14일 ⑲

유래 산이 높고 유순하게 생겨 세인들이 말하기를 마치 성인들이 노는 장소 같다고 하여 성인봉이라 불렀다고 한다.

성인봉은 성인들이 은거하며 수양하던 산일까? 섬에 대한 온갖 상상과 긴 기다림 끝에 드디어 목적지를 향해 출발한다. 이곳(울릉도)은 육지처럼 쉽게 갈수 있는 곳이 아니기에 특별히 명절에 시간을 낸 것이고 내친김에 독도까지 섭렵하려한다. 날씨와 배멀미에 대한 염려로 맑은 날을 간절히 기원하고... 다행히도 주중에 오락가락 비가 내리더니 주말부터는 갠다는 반가운 소식... 산행을 나서는 발걸음이 가볍다.

저녁 늦은 시간(23시 50분) 서울을 출발하여 새벽에 강릉항에 도착한다. 아직도 낮에는 덥지만 칠흑같은 새벽은 쌀쌀하여 바람막이를 걸쳐야 한다. 차안에서 먼동이 트기를 기다리다 이윽고 하늘이 훤해지기 시작한다.

해파랑길을 따라 파도가 일렁이는 바다로 향하고... 저멀리 구름 사이로 붉은 기운이 감돈다. 잔잔한 수면 위로 붉은 구슬이 영롱히 빛나며... 용광로가 활활 불타오르듯 용솟음치는 찬란한 빛... 태고로부터 미래로 영원히 빛나련만 오늘따라 더 신비한 건 이 순간 여기 있음이리라...

이제 찬란한 후광을 받으며 총총 강릉항 여객터미널에 다다르니 이미 환하게 밝은 날은 복잡하고 활기찬 항구의 모습을 드러낸다. 북적북적한 터미널에는 매표와 멀미약을 구입하려 분주하고 신분증(없으면 승선 안 됨))과 함께 예매한 표를 제시하며 배(씨스타 5호)에 몸을 싣는다.

지정좌석에 착석, 푸른 하늘과 망망대해가 펼쳐지며 배가 출렁이고 멀미를 방지할 겸 얼른 눈을 감고 잠을 청한다. 자다깨다를 반복하며 3시간 후쯤 선내방송(도착) 소리에 천천히 배에서 내리니(저동항) 쨍쨍한 햇살이 눈부시다. 날씨도 좋고 멀미도 없이 무사히 배에서 내리니 식당으로 향하는 발걸음이 가볍다. 식당 안의 북적한 산객들 틈에 끼어 산지나물로 만든 비빔밥과 색다른 엉겅퀴 된장국이 먹을 만하다.

든든한 점심 후 다시 신분증과 표를 제시하며 같은 배(씨스타5호)를 타고 독도로 향한다. 멀미약은 먹지 않고 버티기로… 창밖에 파란 물결이 스쳐가고… 웅성웅성 TV소리와 승객들의 소음이 들리고… 점차 스르르 눈이 감긴다. 3시간 후쯤 안내방송(도착)과 함께 창밖 저멀리 파란물결 위로 자그마한 바위덩이가 보이기 시작한다. 다가갈수록 점점 거대해지며 웅장한 모습을 드러낸다. 와아~ 사진으로만 보아왔던 독도의 모습이 실제로 눈앞에 펼쳐지다니…! 감개무량하여 어안이 벙벙하고… 배가 천천히 접안을 시도한다. 창밖 저멀리에는 경비대원들이 거수경례를 하며 여행객들을 맞이하고 많은 생각들이 스쳐간다.

이윽고 배가 멈추자 음료박스를 안고 천천히 밖으로 나오니 널따란 광장에 햇살이 눈부시고 시원한 바닷바람에 코끝이 뚫린다. 산재한 여러 섬들은 통제구역이고 여기 이곳에서만 자유롭게 움직일 수 있단다. 주어진 시간은 30분, 그동안 사진찍고 풍경을 감상한 후 뱃고동 소리가 울리면 다시 승선해야한다. 경비대원들에게 음료를 전달, 그들과 사진도 찍고 독도이사부길 앞에서 인증사진도 찍는다. 여기저기 섬 모습은 신비롭기도 자꾸만 사진모습과 비교가 되기도 한다. 제한된 공간에 우물쭈물하는 사이 벌써 뱃고동 소리가… 여행객들이 하나둘 배에 오르기 시작한다. 아쉬움을 뒤로 한 채 배가 움직이고 창밖을 보니 경비대원들이 거수경례를 하며 배웅하고 있다. 저멀리 아스라이 사라지는 독도가 언제쯤 자유로워질는지…

배가 무사히 항구(저동항)에 도착, 멀미 없이 하선하는 발걸음이 가볍다. 대기차량에 올라 숙소(울릉호텔)로 향하고…

이른 아침식사 후(7시) 차를 타고 KBS중계소입구에 내리니 파란 하늘에 햇빛이 쨍쨍하다. 시멘트 도로를 따라 두리번두리번 여름의 막바지 광경을 바라보며 천천히 오르고… 잠시후 커다란 은행나무 가까이 갈림길(KBS중계소, 등산로)이 나온다.

하늘이 보이지 않는 울창한 숲에 부드러운 흙길은 요즘 줄곧 너덜길을 오른 것에 비하면 비단길이라 하지 않을 수가 없다. 얼마후 데크다리를 건너 산허리를 돌아나오니 이제 가파른 오르막이 이어진다. 크게 숨을 몰아쉬며 일행들과 앞서거니 뒤서거니 오르고 또 오르고… 이윽고 어디선가 산객들 웅성임 소리가 들리더니 저 위로 팔각정이 보인다. 무거운 다리를 이끌며 쉼터 가까이 이르자 지친 산객들이 쉬고 있다. 잠시 물을 마시며 한숨 돌린다.

　이제 지그재그 오르막을 따라 성인봉1km 지점에 이르니 오래된 데크계단이 기다리고 있다. 정상을 기대하며 숨가쁘게 오르고… 그런데 아무리 두리번거려도 정상은커녕 또하나의 데크계단이 기다리고 있다. 천근같은 다리를 이끌며 애써 오르고 또 오르고… 점점 숲이 옅어지며 파란하늘이 보이기 시작한다. 이제야 가벼운 마음으로 힘껏 올라서니 완만한 능선과 함께 산객들의 웅성임 소리가 들려온다.

　곧이어 갈림길(정상, 나리분지)에 다다르자 코앞의 정상이 바위로 둘러싸여있다. 엉금엉금 위에 오르니 울퉁불퉁한 바위에 정상석(聖人峯 984m)이 서있고 산객들은 사진 찍느라 분주하다. 주변은 시야가 트이지 않은 채 파란하늘만 드넓게 펼쳐진다. 몇 걸음 앞쪽으로 내려가서야 전망대가 나오더니 탁트인 바다와 파란하늘이 혼연일체가 된다. 두둥실 능선들이 넘실대고 저멀리 골짜기에 산행 도착지점인 나리분지도 보인다.

　이제 아쉬운 발걸음으로 갈림길에 되돌아오고 이어 나리분지 쪽으로 내려가기 시작한다. 빼곡한 숲에 까마득히 내리막 데크계단이 이어지고 밑에서 올라오는 산객들은 숨을 헐떡이며 땀이 송글송글, 기진맥진 올라온다. 술술~ 내려가는 계단은 어느덧 약수터(성인수) 지점에서 멈추고 왼쪽으로 몇 걸음 내려가니 바위틈에서 시원한 약숫물이 흐르고 있다. 얼얼한 물에 손을 씻은 후 이제는 능선을 따라간다.

　그런데 잠시후 다시 이어지는 데크계단… 내려가고 또 내려가도 끝이 없는 계단은 얼마후 전망데크가 나오자 시야가 탁트인다. 그리고 파란하늘에 흰구름이 드리워진 나리분지가 그림처럼 펼쳐진다. 곧이어 계속되는 계단은 주구장창 이어지더니 계곡을 건너 평지가 나오자 이제야 멈춘다. 드디어 계단(약1,500개)을 내려서니 마음이 가벼워지고 이 많은 계단에 놀라울 따름이다.

　이제 평탄한 숲길을 따라 내려가고 잠시후 길가에 약수터(신령수)가 나온다. 그런데 그 앞의 길쭉한 좌대에 산객들이 삼삼오오 늘어앉아 차가운 물에 발을 담구며 피로를 풀고 있다. 그들 틈에 끼어 잠시 시원하게 발을 담근다.

　이제 가벼워진 발걸음으로 한동안 숲길을 내려가니(약2km쯤) 휴우~ 드디어 도로가 나온다. 꽤 널따란 평원에 마을(나리마을)은 듬성듬성… 뭔가 휑하고 텅 빈 모습으로 이곳 자체가 분지란다. 잠시후 예약된 식당(산마을)에 도착하여 맛있는 식사를 하며 이곳 산행을 마무리한다.

성인봉

경상북도

천부↑
와달리
와달리터널

북저바위
소북저바위
내수전터널
내수전
소저
중저
저동항
촛대바위
행남등대

저동리

신흥동

도동리

가고픈 명산 탐방기
(100대)
ywlee5010@naver.com

도동천

406
이정표 (쉼터)
삼각입구
도동약수공원
울릉군종합운동장
울릉군보건의료원
버스정류소
대원사
독도전망대케이블승강장
독도일출전망대
독도전망대

316
망향봉

울릉터널
사동항
사동리

북면

나리 나리분지
나리전망대
투막집
너와집
나리버스정류장
국가지질공원안내감림길

도착

나리봉 ▲816
▲835
▲799 나리령
▲814

간두산
▲961
▲968

봉래폭포

감림길
718 KBS중계소 감림길

출발

나리분지감림길
983.6
성인봉 ▲

바람등대
정자전망대

977

광장봉 ▲
인평전

울릉도
울릉군

천부리
알봉 538 ▲
송곳산 605.6 ▲
형제봉 717 ▲
미륵산 900.8 ▲ ▲715
섬배리항군락지
투막집
알봉분지
알봉전망대
705
이정표
신령수
전망대
감림길
성인수

▲826
▲864
형제봉 ▲915
▲894
▲777

남서리
서면

소요산

2019년 09월 22일 120

유래 화담 서경덕, 봉래 양사언과 매월당 김시습이 자주 소요하였다 하여 소요산이라 부르게 되었다고 한다. (逍遙山)

소요산은 '소요하다' 라는 단어가 떠오른다. 사전적 의미는 '자유롭게 이리저리 슬슬 거닐며 돌아다니다' 이다. 그런데 이런 의미의 단어는 산책하다, 배회하다, 방황하다 등 여러가지가 있는데 왜 하필 소요하다 라는 단어가 적합한지... 미묘한 뉘앙스로 달라지는 단어가 신기하면서도 어렵다. 아무튼 이산은 얼마나 섬세하고 아름다울까...

태풍예보에 산행을 망설이다 비바람이 잠잠하니 일단 나서보기로 한다. 다행히 산행지가 서울 근교여서 지하철 소요산역에 내린다. 소요산 방향으로 나와 횡단보도를 건너고 오른쪽으로 몇 걸음 가니 소요산입구60m 표지판이 나온다. 도로양쪽으로는 식당과 맛집들이 즐비하고 주차장도 널따랗게 시설이 잘 되어있다.

지원센터에 이르니 커다란 등산안내도가 서있고 봄에는 철쭉, 가을에는 단풍축제가 열린단다. 임도를 따라 원효대사와 요석공주 이야기, 기념촬영 장소가 줄지어 있고 매표소(성인1,000원)를 지나 줄곧 단풍길이 이어진다. 단풍철이라기엔 아직 이르지만 탐스런 단풍나무가 즐비하니 머지않아 알록달록 장관을 이룰 것같다. 어느새 일주문(자재암)을 통과하여 갈림길(왼쪽 자재암, 오른쪽 공주봉)에 다다른다.

공주봉 쪽으로 오르기 시작, 왠지 비단길이 펼쳐질 것같은 이미지와 달리 초입부터 자갈들이 널브러진 오르막은 걷기가 쉽지 않고 그 옛날 공주는 이 길이 얼마나 난해했을까... 이러한 너덜길은 계곡을 건너니 한술 더 떠 수많은 바위들로 제대로 너덜지대가 나온다. 길따라 굵은 밧줄이 이어지고 힘껏 줄을 당기며 고개에 올라선다. 커다란 바위와 함께 헬기장 정도의 평지에는 빨간 알림기둥(기도터)이 서있다.

곧이어 뒤뚱뒤뚱 너덜오르막을 오르는데 반갑게도 태풍의 영향인지 살랑살랑 바람이 불어온다. 시원한 바람에 땀을 씻으며 앞을 보니 저기 끝없이 데크계단이 이어진다. 이

쯤이면 그 옛날 공주님도 공주 살리라는 소리가 절로 나와 신하들을 애태웠을 듯... 크게 숨을 쉬며 천천히 계단을 오르고... 드디어 무거운 다리로 위에 올라서니 이제는 흙길이 이어진다. 얼마후 바위전망대(공주봉 8부능선)에서는 앞으로 올라야할 능선들이 한눈에 들어오고 곧 밧줄을 따라 비탈진 언덕을 오른다. 점점 하늘이 훤해지더니 널따랗게 데크전망대가 펼쳐진다. 한쪽에 공주봉 안내도가 서있고 탁트인 시야에 시원스레 펼쳐지는 풍경.... 저멀리 시내에는 건물들로 빼곡하고...

이제 의상대1.2km 쪽으로... 내리막 데크계단을 따라 다행히 능선길이 이어지더니 의상대0.2km 지점에서는 암릉길에 데크계단이 이어진다. 위에는 울퉁불퉁 가파른 암봉이 솟아있고 단단히 박힌 철봉을 당기며 힘껏 봉우리에 올라선다. 철난간이 둘러쳐진 암봉은 발디딜 공간조차 없이 바위에 까만 정상석이 서있다. 주변의 시야는 트였지만 풍경은 공주봉처럼 아름답게 펼쳐지지는 않는다.

이제 아래로 내려와 바위를 돌아가니 다시 울퉁불퉁 암릉길이 이어진다. 조심조심 바위 옆을 지나는데 갑자기 구름 낀 하늘에서 꾸룩~꾸룩~ 천둥소리가 들려온다. 기어이 비가 올듯하여 곧바로 우비를 꺼내려 마음의 준비를 하고 저멀리 풍경을 힐금힐금 바라본다. 언제 빗방울이 떨어질지 궁금하던 차에 어느덧 시야가 트이고 널따란 공간에 나한대 안내도가 서있다.

잠시 풍경을 바라본 후 다시 능선을 따라 내리막 데크계단이 이어진다. 꽤 긴 계단을 내려오는 동안 하늘은 잠잠해지고 다행히 빗방울이 떨어질 기미가 보이지 않는다. 이제 편안한 흙길에 곧이어 갈림길(선녀탕 쪽)이 나오지만 계속 칼바위0.45km 쪽으로 직진한다. 이렇게 푹신푹신한 흙길은 갈림길(선녀탕 쪽)이 다시 나오자 이제는 암릉길로 바뀐다(칼바위0.15km).

뾰족뾰족한 바위들이 연이어 능선을 이루고 사이사이로 소나무들이 멋진 모습을 드러낸다. 곡예를 펼치듯 오르락내리락 바위를 따라가고... 어느덧 발걸음은 암릉을 뒤로하고 있다.

곧이어 비탈진 언덕을 따라 고개에 올라서니 널따란 공간(상백운대)에 시야가 탁트이고 갑자기 마을풍경이 성큼 앞으로 다가온다. 잠깐 숨을 돌린 후 완만한 능선을 따라 갈림길(선녀탕 쪽)을 지나자 저기 다시 울퉁불퉁 암릉길이 이어진다. 조심조심 봉우리(중백운대)에 오르니 왼쪽으로 시야가 트이며 천길만길 낭떠러지길... 저멀리 지나온 능선들이 한눈에 들어오고 뿌듯하게 발걸음을 재촉한다. 얼마후 어렵지 않게 또다른 봉우리(하백운대)에 이르고 곧이어 밧줄길이 지그재그 이어진다.

조심조심 밧줄을 당기며 가파른 길을 내려서니 데크계단이 기다리고 있다. 편안하게 계단을 내려가고... 잠시후 사찰(자재암)지붕 앞에 팻말(선녀탕0.65km)이 서있다.

몇 번이나 반복되는 팻말(선녀탕)에 궁금하여 그쪽으로 울퉁불퉁 계곡길을 따라간다. 그런데 물소리를 들으며 따라가는 계곡은 왠지 어둡고 침침... 이윽고 커다란 바위 사이로 쏴아~ 쏟아지는 하얀 폭포수... 보통 위에서 아래로 우렁차게 쏟아지는 폭포수와 달리 나지막이 부서지는 폭포는 웅덩이가 널찍하고 그렇게 깊지 않아 목욕하기 안성맞춤이다. 무더운 여름철에는 하늘의 선녀뿐만 아니라 속세의 선녀들도 반가운 장소가 될 것같다.

시원하게 폭포수에 손을 씻은 후 다시 발길을 돌려 자재암(원효가 창건) 쪽으로... 잠시후 계단을 내려서니 커다란 암굴 속에 나한전이 있고 앞에는 약수가 졸졸 흐른다. 곧이어 자재암 앞마당의 계곡에는 옥류폭포(청량폭포)가 시원스레 쏴아....

극락교를 지나 원효대에 올라서니 탁트인 시야에 풍경이 시원스레 펼쳐지고 마음이 고요해진다. 이어 백팔계단을 내려와 오른쪽으로 웅장한 암벽이 솟아있다. 그 밑으로는 커다란 동굴(원효굴)이 있고 앞쪽에는 폭포(원효폭포)가 하얗게 쏟아져 내린다.

그 옛날 선조들 모습이 어른거리며 이제 임도를 따라 역으로 향한다. 여전히 하늘에는 구름만 끼어있을 뿐 빗방울이 떨어지지 않는다. 휴우~ 감사한 마음으로 천천히 발걸음을 옮긴다.

공작산
2019년 09월 29일 (121)

유래 골짜기가 깊고 기암절벽으로 된 봉우리들이 하늘을 찌르듯 겹겹이 솟아 있는 모습이 공작새가 날개를 활짝 펼친 듯한 형국으로 공작산이라 한다. (孔雀山)

공작산은 찬란한 날개를 펴며 아름다운 외모를 뽐내는 공작이 떠오른다. 또한 유럽의 귀족(공작)모습도… 이토록 화려한 이미지를 가진 이산은 실제 어떤 모습일는지…

이른 아침 서둘러 1시간 후쯤 홍천에 도착, 공작현에서 차를 내리니 짙은 안개가 점점 걷히기 시작한다. 조그마한 주차장에는 코스모스가 한들한들 피어있고 정자 옆에는 커다란 등산안내도가 서있다.

산입구 팻말(정상2.7km)을 지나 숲길은 점점 가팔라지는데 그래도 흙길은 푹신푹신하다. 아직은 단풍이 보이지 않는 막바지 여름 숲은 여전히 등이 후끈하고 벌써 콧잔등에 땀이 밴다. 가쁜 숨을 몰아쉬며 고개에 올라서니 능선이 펼쳐지고(정상1.68km)… 다시 오르막이 이어지고… 등줄기에 땀을 느끼며 앞을 보니 이제는 평탄한 내리막에 저기 쭉쭉뻗은 낙엽송이 빼곡하다. 이게 웬 횡재… 잠깐이지만 시원스런 박하향에 취하듯 천천히 비단길을 따라 안부 사거리(정상0.73km)에 다다른다.

곧이어 다시 가파른 비탈을 따라 무거운 발걸음을 옮기는데 산허리에 아슬아슬 밧줄길이 휘돌아가고(정상0.24km) 잠시후에는 정상처럼 볼록 솟아오른 암봉에 하얀 밧줄이 내려져있다. 조심조심 올라 두리번거리는데 정상석은 보이지 않고 낭떠러지 암벽길에 굵은 밧줄이 아찔하게 내려져있다. 단단히 줄을 잡고 조심조심 내려서니(정상0.12km) 갈림길(수타사)이 나온다.

이번에는 좀더 거대한 암봉에 지그재그 밧줄길이 이어지고 힘껏 밧줄을 잡으며 봉우리에 올라선다. 탁트인 시야에 우뚝솟은 정상석(공작산887m, 2015년), 바위틈에 멋지게 자라는 소나무, 유난히도 투명한 하늘은 왜 이리도 시리도록 푸른지…

이제 수타사6.9km 쪽으로… 그런데 맙소사~ 가파른 암벽길에 쇠발판이 단단히 박혀 굵은 밧줄까지 이어진다. 바짝 정신을 차리며 조심조심 내려오는데 저멀리 풍경이 한눈에 들어온다. 아슬아슬 긴장 속에 암벽길을 내려서자(정상0.68km) 팔에 기운 쭉 빠진다. 잠시후 안공작재를 지나 비탈길을 오르니 나무에 코팅지(수리봉)가 묶여있다.

이어 직진(약수봉2.12km), 지그재그 밧줄로 이어진 내리막은 바위가 거의 보이지 않는데도 가끔씩 쇠발판이 박혀있고 조심조심 비탈길을 내려선다. 이제 능선을 따라 허물어진 묘지가 보이고 곧이어 삼거리 안부(약수봉1.23km)에 다다른다. 그런데 저기 또다시 까마득한 오르막이 불룩 솟아있고 아마도 저기가 약수봉인 듯… 오르락내리락 지쳐 있는 상태에서 다시 비탈길을 오르려니 다리도 숨소리도 천근이다. 잠시후 헐레벌떡 봉우리에 올라 아무리 두리번거려도 정상석은 보이지 않고 야속하게 팻말(약수봉0.9km)만 보인다. 겨우 300m 올라오다니…

후들거리는 다리를 이끌며 다시 발걸음을 옮기는데 이상하게도 내리막이 이어진다. 불안불안하던 찰나 저 앞에 생뚱맞게도 임도가 보인다. 그리고 맙소사~ 그 너머로 까마득히 비탈오르막이… 혹시 저 꼭대기가 약수봉…? 임도 가까이 팻말에는 400m를 가리키고 산행 막판 거의 지쳐있는 상태에서 게다가 오늘 코스 중 제일 가파른 비탈길이… 에구~구~

울며 겨자 먹기로 천천히 오르기 시작… 얼마되지 않아 다리가 천근처럼 무겁고 숨이 턱까지 차오른다. 이 어찌 공작의 탈을 쓴 여우가 아니겠는가…! 공작의 아름다움을 쫓다 여우에 홀린 느낌이랄까… 그래도 가끔씩 야생화가 살포시 고개를 내밀고 저기 커다란 나무에 빨간 태양이 후레쉬 불빛처럼 눈부시다. 얼마후 특이하게도 하늘색(대부분은 갈색) 철기둥에 굵은 밧줄이 연이어지고 무거운 다리를 겨우겨우 밧줄에 의지해 힘겹게 봉우리에 올라선다. 널따란 공간에는 약수봉 정상석(558m)이 우뚝솟아 있고 의외로 잘 닦여진 공간은 정상같은 느낌이다. 수타사와 가까운 봉우리라서 이렇게 공들인 것일까?

이제 길게 드리운 햇빛을 마주하며 궝소1.5km를 향해 서두르고 내리막 역시 하늘색 철기둥에 굵은 밧줄이 이어진다. '궝소'라는 단어가 머릿속에 맴돌며… 연못 주위에 꿩이 많아 '꿩'이 '궝'으로 바뀌었나? (나중에 하산하여 숲해설사님께 여쭤보니 궝은 구유의 사투리란다. 그러니까 궝소는 구유처럼 생긴 연못) 내리막은 술술 잘도 내려가고 얼마후 쏴아~ 물소리가 들리더니 이제 데크계단이 이어진다. 잠시후 희끗희끗 계곡이 보이기 시작… 뜻밖에 저멀리 쭉~ 뻗은 출렁다리… 튼튼한 다리는 이쪽과 저쪽 숲을 곧바로 이어주고 있다.

　계단을 내려서니 암반으로 이루어진 맑은 계곡이 아름답게 펼쳐지고 둥글둥글 오목한 연못(궝소)은 시퍼런 물을 머금은 채 끊임없이 이어져간다. 이런 모습은 놀랍게도 수타사 용담까지 이어져 용담의 넓은 연못과 합류할 때는 그 수려함이 절정을 이룬다. 반들반들 아찔한 암반… 수려한 용담… 숨 막힐 듯 힘겨운 피로가 눈 녹듯 사라지며 아름다운 공작과 이 계곡이 많이 닮아있다는 생각이 든다. 이제 아쉬움을 뒤로 한 채 서둘러 주차장을 향해 발걸음을 옮긴다.

민둥산

2019년 10월 06일 122

유래 산 정상에 나무가 없고 억새만 자라고 있기에 민둥산이라 했고 억새숲은 산나물이 많이 나게 하려고 매년 한번씩 불을 질렀기 때문이라 한다.

민둥산은 거대한 모래에 둘러싸인 광활한 사막을 연상케 한다. 햇빛에 반사된 갈색 능선이 끝임없이 이어지고 거센 바람에 하얀 모래가 파도처럼 흩날리는...

이른 아침 서둘러 3시간 후쯤 정선에 도착한다. 차에서 내리니 선선하게 스치는 바람이 이젠 성큼 가을이 다가왔음을 느낀다. 태풍의 영향으로 주중에는 비가 왔지만 오늘은 다행히 말끔하여 등산하기 알맞은 날씨다.

증산초교 앞 등산로입구에서 조그만 다리를 건너니 오른쪽으로 청룡사가 눈에 띈다. 개울같은 조그만 계곡에는 요즘 비가 내려서인지 제법 물줄기가 세차고 지그재그 흙길에는 물기가 서려 약간 미끌미끌하다. 완만하게 오르는 숲길은 잠시후 시원하게 쭉뻗은 낙엽송으로 바뀌어 축령산(장성)의 편백나무 숲이 떠오른다.

잘 자란 나무들과 함께 유쾌한 발걸음은 이제 급경사 비탈길(민둥산2.2km)을 오르기 시작... 주구장창 이어지는 통나무계단은 천천히 올라도 역시 숨이 차고 콧잔등에는 땀이 밴다. 그나마 위안이 되는 것은 쭉쭉뻗은 나무들과 가끔씩 길가에 활짝 핀 야생화가 반갑다. 그런데 잠시후 가로질러 임도가 나오더니 뜻밖에 간식 파는 매점이 보인다(민둥산1.3km) 좀더 위쪽에는 산신제를 지내는 제단도 보이고...

이어 가파른 비탈을 따라 작은 전망대에 올라서니 시야가 트이며 길가 여기저기 야생화가 눈에 띈다. 잠시후 산객들의 웅성임 소리와 함께 커다란 데크전망대에는 탁트인 시야... 광활한 능선... 앙증맞은 마을풍경... 북적이는 산객들 틈에 아이스크림 파는 아저씨의 손놀림이 분주하다.

잠깐 숨을 돌린후 뻥뚫린 능선길을 따라 끝없이 펼쳐지는 억새숲... 하얗게 반짝이는 억새들이 길가의 야생화와 아름답게 어울려있고 저멀리 파란하늘에 알록달록 산객들이 개미떼처럼 꿈틀댄다. 가까이 목탁소리가 들려오고 스님은 시주통 옆에서 연신 염불을 외고 있다. 잠깐 발길을 멈춘 후 점점 목탁소리가 멀어지고 저기 봉우리에 산객들이 분주하게 움직인다.

서둘러 봉우리에 오르니 탁트인 시야에 광활한 풍경... 갑자기 쌀쌀한 바람이 불어오고... 재빨리 바람막이를 걸친다. 정상석 쪽으로 길게 줄을 서고 한쪽에서는 사진찍느라 분주하다. 저멀리 황금빛 물결은 거대한 사막을 연상케 하고 잠시 이국적 향수에 젖는다. 간이매점 옆에서는 컵라면에 도시락으로 옹기종기 식사를 하고...

이제 아쉬움을 뒤로하며 억새숲을 따라 풍경에 취하고.... 꿈속을 헤매듯 허공을 날듯 붕~ 떠가는 느낌으로 능선을 따라가니 점점 짙어지는 억새숲이 거대한 파도처럼 밀려온다. 성인키보다 훨씬 큰 억새숲은 마치 동굴에 들어온 것처럼 쌀쌀하던 기온도 봄날같이 온화하다. 따뜻하게 억새능선을 따라 고개에 올라서니 저멀리 정상 쪽으로 울긋불긋한 행렬이 마치 성지 순례자들처럼 보인다.

점점 갈대숲은 멀어지고 빼곡한 숲길로 들어서자 이제야 현실로 돌아온 느낌이다. 잠시후 팻말(화암약수8km)을 지나 완만하게 내려가니 뜻밖에 임도가 나온다. 임도를 따라 쭉뻗은 낙엽송이 시원스레 이어지고... 얼마후 갈림길(삼내약수, 화암약수7.2km)에 다다른다.

곧이어 평탄하게 내려가고(화암약수 쪽)... 헬기장을 지나 사거리에 이른다. 그런데 사거리임에도 팻말이 없어 두리번두리번... 재빨리 트랭글을 살펴보니 임도처럼 넓은 길은 지억산 쪽(오른쪽), 수풀이 우거진 좁은 길은 화암약수 쪽(왼쪽)...

왼쪽으로 완만한 길을 따라 서두르고... 저멀리 하얀 철탑들이 보일 무렵 길가에는 야생화가 하나둘 보이기 시작한다. 갈수록 점점 꽃들은 늘어나고... 어느덧 고사리 체험농원(화암약수3.8km)에 다다르니 야생화들로 만발한 널따란 평원... 별을 쏟아부은 것처럼 빛나는 꽃무리들... 지금까지 산행 중 제일 많이 야생화를 보는 것같다.

길따라 탐스럽게 흩어진 꽃들을 바라보며 덩달아 발걸음도 가벼워진다. 이윽고 저멀리 철탑들이 점점 거대하게 보이고 곧이어 조그만 건물이 눈에 띈다. 점점 가까이 다가가니 원두막 형태로 지어진 간이건물... 주변에는 널따란 밭(고랭지 채소밭)이 펼쳐지고 갈아엎어진 빈 밭에는 버려진 작은 무들이 여기저기 하얗게 나뒹굴고 있다. 몇 걸음 더 내려오니 이번에는 수확하지 않은 무밭에 커다란 무들이 빼곡... 저렇게 큰 무는 처음

본다. 저렇게 크니 좀전의 작은 무는 상품가치가 없나보다.

  곧이어 거대한 철탑(화암약수2.8km)에 이르니 어마어마한 쇳덩이(철탑)에 기가 눌릴 지경이고 얼마후 숲길을 따라 화암약수1.9km 지점에 다다른다. 그런데 지금까지의 완만한 길과 달리 가파른 비탈에 굵은 밧줄이 까마득히 이어진다. 조심조심 밧줄을 당기며 한발한발 내려가고... 무사히 솔밭쉼터에 이르니 팔이 후들후들 떨린다.

  이제 왼쪽(약수터0.5km)으로 숲길을 따라 지그재그 내려가고... 어느덧 시원하게 뻗은 잣나무들 사이로 가로질러 도로가 보인다. 서둘러 도로에 내려서니 쨍쨍한 햇볕에 길게만 보이는 도로... 그런데 고맙게도 얼마되지 않아 주차장이 보이더니 그 앞에는 계곡까지 흐른다. 가까이 주차장에 도착, 시원하게 발을 담그니 광활한 능선과 하얗게 일렁이던 억새밭이 주마등처럼 스쳐간다.

운문산
2019년 10월 13일 ⑫⑬

유래 운문사에서 유래된 산명으로, 서기 560년에 창건, 고려 937년 태조가 운문선사라는 사액을 내렸으며 원광국사(세속오계)와 일연스님(삼국유사)이 머물던 절이라한다. (雲門山)

운문산은 구름이 대문에 걸려있는 산일까? 깊고 고요한 산, 천년사찰이 하얀 구름 속에 똬리를 틀고 그 너머로는 산능선이 굽이굽이…

이른 아침 서둘러 4시간 후쯤 밀양에 도착한다. 차가운 공기와 파란하늘이 이제 완연한 가을이지만 아직 단풍이 보이지 않는다. 석골교를 지나 마을 안 하천도로를 따라 사과(얼음골 사과)가 탐스럽게 열려 있다. 벌떼처럼 다닥다닥 붙어있는 사과들이 어쩌면 하나같이 탱글탱글… 농부의 고된 땀방울이 느껴진다.

두리번두리번 과일들을 바라보며 어느덧 공터에 다다르니 한쪽에 화장실 건물이 보인다. 그 너머로 쏴아~ 폭포수(석골폭포)가 쏟아지고 산객들은 사진찍느라 분주하다. 부지런히 석골사에 이르니 이상하게도 팻말에 상운암*운문산만 눈에 띈다. 의아해하며 사찰담장을 돌아 숲속으로 들어가니 가까이 물소리가 들려온다. 잠시후 팻말이 나오는데 역시 함화산이 보이지 않는다. 앗차~! 정신이 번쩍~! 트랭글을 보니 함화산 갈림길은 이미 벌써 지나있다. 아까 그 폭포… 되돌아가기엔 너무 많이 와있고… 어쩔 수 없이 가던 방향으로 쭉…

여전히 들려오는 물소리를 들으며 팔풍재 갈림길을 지나 계곡을 처음 건넌다. 여기를 기점으로 수없이 계곡을 건너야한다는 사실을 까맣게 모른 채 계곡길이 이제 너덜길로 바뀐다. 범봉 갈림길에서 딱밭재 갈림길까지는 수시로 철난간과 굵은 밧줄로 이어지며 그래도 평탄한 편이다.

딱밭재 갈림길을 지나 계곡을 건너자 여기저기 바위들이 산재… 본격적으로 계곡너덜이 시작된다. 바위에는 수시로 노란색 페인트로 화살표가 이어지고 문득 일본 남알프스 산행에서 보았던 빨간색 화살표가 떠오른다. 화살표를 따라 커다란 바위(정구지바위)를 지나니 이후에는 빨간 파란 연등이 노란 화살표와 함께 알록달록 길안내를 하고 있다. 한동안 하염없이 물을 건너고 울퉁불퉁 바위를 기어오르고… 이제 점점 지쳐갈 무렵 반갑게도 저기 가로질러 파란색 다리가 보인다. 다리에 가까울수록 부담스런 바위길은 끝나가고… 드디어 다리에 올라서니 까마득한 계곡이 아름답기도 하지만 참으로 길게 느껴지는 순간이다.

기나긴 계곡을 뒤로하며 다리를 벗어나니 비탈언덕에 오랜만에 푹신한 흙길이 이어진다. 잠시후 산허리를 돌아가며 내심 상운암이 나오길 바랬는데 저 앞에는 높다란 돌탑과 철계단 그리고 너덜계곡(상운암0.8km)이 이어진다.

계곡 따라 또다시 징검다리를 건너자 이제는 지그재그 비탈길에 산죽이 빼곡이 이어진다. 얼마되지 않아 숨이 턱까지 차오를 무렵 반갑게도 숲이 점점 옅어지며 하늘이 보이기 시작한다. 무거운 다리를 이끌며 힘겹게 고개에 올라서니 이제야 저기 허름한 암자(상운암)가 보인다. 가까이 다다르니 뜻밖에도 건물은 민가를 암자로 개조한 듯 암자라기보다는 산골 외딴집 같다. 파란하늘에 흰구름이 한가로이 노닐고… 텃밭에는 배추가 싱싱 자라고… 주변에는 고추잠자리가 빙~빙…

이제 발길을 돌려 숨차게 비탈을 오르고… 잠시후 삼거리에 팻말(정상300m)이 보인다. 아직도 300m나… 천근같은 다리는 300m도 까마득히 느껴지고 안간힘을 쓰며 언덕을 오른다.

드디어 정상에 올라서니 널따란 공간에 탁트인 시야… 그림같은 마을풍경과 끊임없는 능선들이 영남알프스의 위용을 드러내고… 파란하늘에 흰구름이 솜사탕처럼 탐스럽다. 우뚝 서있는 정상석(雲門山,1188m)에서 인증 후 간단히 점심식사를 한다.

잠시 숨을 돌린 후 이제 내려가기 시작… 내리막은 이렇게 빠르고 가벼운데 오를 때는 왜 그리도 힘이 드는지.. 잠시후 삼거리에 되돌아오고 이제 딱밭재1.5km 방향으로 내려간다.

그런데 수월할 것같던 내리막은 커다란 바위에 굵은 밧줄이 내려져있고 곧이어 울퉁불퉁 암릉길이 이어진다. 다시 시야가 트이고 풍경이 한눈에 들어오지만 갈수록 암릉길은 낭떠러지 위험한 길로 바뀐다. 다행히 우회로가 보여 길을 돌아나오자 빼곡히 펼쳐지는 산죽숲… 온몸이 파묻힐 정도로 우거진 숲은 너무나 빼곡해서 바닥도 보이지 않는다. 사각사각 산죽을 헤치며 내려가는데 금방이라도 뭔가 튀어나올 것같은 두려움에 발걸음이 빨라진다. 휴우~ 드디어 산죽숲을 빠져나오자 기운이 쭉 빠진다. 숨을 고르며 이제 평탄한 숲길을 따라 사거리(딱밭재)에 다다른다.

잠시 물을 마신후 왼쪽(석골사 방향)으로 내려가기 시작... 한동안 지그재그 비탈길이 이어지더니 이윽고 계곡이 보인다. 바짝 마른계곡에는 바위들이 메말라 나뒹굴고 풀풀 먼지를 일으키며 계곡을 건넌다. 잠시후 다시 마른계곡이 이어지니 혹시 이러다 아까 그 기나긴 계곡처럼 주구장창 내려가는 건 아닌지... 그런데 다행히도 계곡 위쪽으로 따로 길이 이어지고 있다.

계곡길 덕분에 수월하게 내려가고... 어느덧 상운암 갈림길에 다시 되돌아온다. 곧이어 직진(석골사1.2km)하여 사찰에 다다르고 잠시 경내를 둘러본다. 이제 마을로 진입하여 석골교에 다다르니 저멀리 능선 사이로 태양이 뉘엿뉘엿... 땅거미가 밀려오는 하늘은 붉게 물들어가고...

신불산

유래 신령이 불도를 닦는 성스러운 산이라고 함.

2019년 10월 20일 124

신불산은 종종 재약산과 함께 공지에 뜨는데 지도상 원점회귀하면 두 산을 동시에 다녀올 수 있지 않을까 생각했다. 하지만 봄에 재약산을 다녀온 후 그 상상은 산산조각났다. 온통 갈대로 뒤덮인 평원은 정작 정상부분만 해당되고 나머지는 다른 산처럼 힘들게 올라야 된다는 사실, 게다가 그것도 주어진 시간 안에 겨우 하산... 이렇게 하나 오르기도 빠듯한데 그동안 한꺼번에 두 산을 상상했으니... 암튼 재약산과 쌍벽을 이루는 이산은 어떻게 다를지...

이른 아침 서둘러 4시간 반쯤 울주에 도착한다. 널따란 주차장에는 이미 차들로 빼곡하고 지난주 운문산은 거의 단풍을 볼 수 없었는데 그새 이곳은 알록달록 물들어 있다. 도로를 따라 간월산장 쪽으로 올라가니 널따란 광장에 거대한 국제클라이밍센터 건물이 서있고 그 옆에는 인공폭포(벽천폭포)에서 시원스레 물줄기가 쏟아지고 있다. 가까이 다가가니 몇몇 대원들이 거미처럼 벽을 오르고 주변 사람들은 숨죽이며 그곳을 응시하고 있다.

아슬아슬한 광경을 뒤로하며 계곡길을 따라 조그만 철다리를 건넌다. 곧이어 돌계단이 끝날 무렵 삼거리(홍류폭포, 간월재)가 나오고 왼쪽(홍류폭포)으로 꺾어 들어간다. 얼마 되지않아 계곡이 보이더니 산객들의 웅성임 소리와 시원스런 폭포소리가 가까이 들린다. 이윽고 웅장한 바위에 거세게 쏟아지는 폭포수... 시퍼런 웅덩이에 투명한 물이 보석처럼 빛나고... 옆에는 커다란 바위가 기묘하게 서있다. 거센 물줄기로 바위들은 축축이 젖어 미끄럽고 조심조심 디디며 맑은 물에 손을 담가본다.

이제 발길을 돌려 가파른 계단을 오르고 잠시후 삼거리가 나온다. 곧이어 칼바위 쪽으로... 점점 바위가 보이기 시작하더니 길가에 목판안내도(험한길은 빨간 직선, 쉬운길은 초록 곡선)가 서있다. 빨간 직선(험한길)을 따라 초반부터 가파른 암벽에 굵은 밧줄이 내려와 있다. 힘껏 줄을 당기며 조심조심… 무섭고 힘들지만 해냈다는 희열감이 차오른다.

이어 잔돌들이 너덜너덜 흩어져있는 길은 인적이 별로 없어 거칠어 보이고 오를수록 커다란 바위들이 늘어난다. 얼마후 다시 나타난 목판안내도(빨간 직선)… 그 옆에는 뾰족뾰족 튀어나온 암벽에 굵은 밧줄이 내려와 있다. 돌부리를 발판삼아 좀더 수월하게 바위에 올라서니 다시 너덜오르막이 이어진다.

잠시후 나뭇가지 사이로 희긋희긋 바위가 보이더니 펑퍼짐한 암벽이 까마득히 누운 채 밧줄 두 개가 나란히 내려와 있다. 퍼뜩 수락산의 기차바위가 떠오르며 단단히 밧줄을 잡는다. 한발 두발… 온힘을 다해 줄을 당기고… 중간쯤 팔이 아파 잠깐 쉰다. 다시 안간힘으로 꼭대기에 올라서니 저 밑의 산객들이 개미처럼 꿈틀대고 시야가 탁트인다.

곧이어 시원스레 펼쳐지는 하늘… 칼바위들이 굽이굽이 암릉(칼바위능선)을 이루고… 조심조심 바위를 디디며 앞으로…앞으로… 암릉을 중심으로 양쪽에는 아름다운 풍경이 펼쳐지고 파란하늘에는 흰구름이 뭉실뭉실… 아슬아슬한 능선은 마치 삼각기둥을 눕혀놓은 것처럼 날카로운 모서리가 위쪽을 향해 쭉~ 이어지고 양쪽 밑으로는 낭떠러지… 무섭지만 수려한 광경에 이끌려 앞으로… 앞으로… 이윽고 떨리는 다리는 공룡능선에 진입하고 뾰족하던 바위는 둥글둥글 덩치가 거대해진다. 기기묘묘한 형태로 펼쳐지는 바위에 힘든 줄도 모르고 오르락내리락… 어느새 암릉 끝자락에 와있다. 뒤돌아 암릉을 바라보니 굽이굽이 펼쳐지는 능선이 가히 장관을 이룬다. 하지만 날씨가 좋지 않거나 겨울철에는 안전하게 쉬운길로 가는 것이 좋을 것같다.

잠시후 숲길을 따라 다시 하늘이 열리더니 광활하게 펼쳐지는 능선… 데크전망대에는 산객들이 분주하고 정상석(신불산1,159m) 너머로 끝없이 이어지는 허허벌판과 파란하늘… 잠시 멍하니 풍경을 바라본다.

시원스런 갈대능선을 따라 몸이 붕~ 공기처럼 가벼워지고 저멀리 한눈에 들어오는 능선길… 두리번두리번 꿈길을 걷듯… 허공을 걷듯… 편안한 능선길은 어느덧 다시 데크전망대(간월재1.1km), 뒤돌아 정상쪽을 바라보니 풍경이 까마득히 멀어지고…

곧이어 데크길을 따라 또다른 전망대에 다다르자 저멀리 간월재가 한눈에 들어온다. 고개(간월재)를 중심으로 하얗게 갈라지는 길들이 실타래를 풀어놓은 듯 꿈틀꿈틀…

이제 저멀리 평원을 향해 계단을 쭉쭉 내려가고... 어느새 계단은 그늘도 없이 줄기차게 아래로 치닫는다. 점점 거대하게 다가오는 공간... 점점 드러나는 평원의 실체... 이윽고 널따란 광장에는 산객들로 분주하고 반짝이는 갈대가 바람에 하얗게 일렁인다. 멋진 목조건물이 이국적 분위기를 자아내고 사방으로 갈라지는 하얀 길들이 산객들을 반긴다. 꿈꾸듯 천천히 풍경을 바라보며...

이제 간월산장 쪽으로... 약수터를 지나자 내리막 임도는 구불구불 구절양장, 자그마치 장장 3.57km를 창자모양으로 지그재그 내려간다. 이 기나긴 임도는 구불구불... 내려가고 또 내려가고... 지치고 지쳐 다리가 후들후들... 감각이 무뎌질 쯤 작은 목조화장실이 나오고서야 끝이 난다.

지친 다리를 이끌며 잠시후 오른쪽으로 팻말(간월산장)이 서있고 비탈길을 따라 언덕을 내려간다. 너덜길이 흙길로 바뀔 쯤 공터에 묘소가 보이더니 점점 내리막이 완만해진다. 이윽고 가까이 들려오는 물소리... 저 아래로 데크계단이 이어지고 시원스레 계곡이 펼쳐진다. 곧이어 데크다리 아래에서는 산객들이 시원하게 발을 담그고 덩달아 시원함을 느끼며 삼거리(홍류폭포)에 되돌아온다. 휴우~ 이제야 천천히 주차장(간월산장)으로 향한다.

 **추월산**
2019년 10월 27일 125

유래 가을의 보름달이 산에 닿을 것같이 드높은 산이라는 뜻이다.

곱게 단풍진 능선… 둥근달… 은은히 스며드는 땅거미… 가을을 닮은 이 산은 얼마나 가을다운 정취가 날는지…

이른 아침 서둘러 4시간 후쯤 담양에 도착한다. 차에서 내리니(견양동 마을버스 정류장) 마을앞 도로변은 안쪽으로 시멘트길이 이어진다. 가을햇살에 주렁주렁 달린 감이 탐스럽게 익어가고 저수지(견양제)는 타는 가뭄으로 거의 바닥이 드러나 있다. 주택가를 지나 막다른 골목에 팻말(산약초 채취금지, 추월산 정상4.6km)이 나온다.

숲길(왼쪽)을 따라 버섯재배에 쓰이는 나무토막들이 가지런히 늘어서있고 단풍나무 한그루가 유난히도 빨갛게 물들어있다. 잠시 후 앞이 훤해지며 뜻밖에 허허벌판(공사장)… 산길을 정비중인 벌판에는 여기저기 돌과 흙이 어지럽게 흩어져있고 걸을 때마다 먼지가 풀풀 난다.

파헤쳐진 길을 따라 오르는데 저멀리 앞서가던 대장님이 '오른쪽으로' 라고 소리친다. 그런데 이 외침이 길을 잃게되는 결정적 원인… 팻말도 없는 상황에서 오른쪽으로 공사가 진행 중이니 그쪽으로 따라간 것이 험로(알바)의 시작이 된 셈이다. 여기서 한번만이라도 트랭글을 확인했더라면 이런 황당한 일은 없었을 텐데…

가파른 비탈길은 무성한 잡초들과 나뭇가지들로 앞이 보이지 않고 걸을 때마다 등산복을 무자비하게 스쳐간다. 혹시 이 길이 지름길인가… 간신히 고개에 올라서니 웬걸~ 언덕은 무성한 산죽으로 아예 바닥도 보이지 않는다. 앞선 발자국을 따라 쓰러진 산죽을 밟으며 오르고 또 오르고… 이 비탈만 올라서면 탐방길과 연결되나… 이 순간 떠오르는 것은 오로지 길… 그때 어떤 산객은 투덜대며 다시 뒤돌아 내려간다.

간신히 산죽을 벗어나니 저 위에 커다란 바위가 보인다. 이제 비록 너덜오르막이지만 옆에 걸리는 것이 없으니 오르기가 좀 수월하고 덜 답답하다. 앞선 산객들의 발자국으로 돌이 굴러내려 오기도 하고 내가 밟은 돌도 자꾸만 미끄러져 내려간다.

우여곡절 끝에 고개에 올라서니 휴우~ 드디어 희미하게 길이 보인다. 중간중간 시그널 리본이 길안내를 하지만 그래도 길로 접어드니 얼마나 다행인지… 잠시후 저기 우뚝 솟은 암벽 위로 파란하늘이 보인다.

조심조심 바위에 올라서니 시야가 트이며 마을이 한눈에 들어오고 저멀리 그렇게도 애태우며 길게만 느껴지던 숲이 채 한뼘도 되지 않아 보인다. 가야할 봉우리들이 굽이굽이 멀기만 한데 그래도 이제는 헤매지 않고 길만 따라가면 되니 안심이다.

이제 숲길을 따라 서두르고… 얼마후 뜻밖에도 저 앞에 까마득히 이어지는 통나무 계단(낡고 허름)… 하지만 길도 없이 헤맨 것을 생각하면 감지덕지다. 비록 허름하지만 계단이 설치된 것을 보니 그래도 이곳을 마냥 방치한 것은 아니라는 생각도 든다. 조심조심 계단을 오르고… 드디어 고개에 올라서니 팻말(왼쪽 추월산정상3.3km, 오른쪽 천치재4.3km, 산입구1.3km)이 서있다.

이제 왼쪽으로 능선을 따라가니 가끔씩 시야가 트이며 풍경이 스쳐간다. 얼마후 복리암정상을 지나 지그재그 하얀 밧줄이 이어지고 점점 앞이 훤해지기 시작한다. 밧줄을 당기며 천천히 바위에 올라서자 탁트인 시야에 마을풍경이 들어오고 가까이 산객들의 웅성임 소리가 들린다.

곧이어 하늘이 뻥 뚫리더니 평평한 공간에 산객들이 둘러앉아 점심을 먹고 있다. 그런데 아무리 두리번거려도 정상석은 보이지 않고 어이없게도 한쪽 구석의 손바닥만 한 돌에 누군가 매직펜으로 수리봉723m라고 써놓았다. 게다가 바로 앞 풀숲에 내동댕이쳐진 낡은 팻말이 눈에 띈다. 어찌 이런 일이…

이제 띠지를 따라 수월하게 오르락내리락 내려가고… 뒤돌아 저멀리 정상(수리봉)을 바라보니 좀전의 방치된 모습과 달리 우뚝솟은 봉우리는 앞의 촛대바위와 함께 운치있는 모습을 하고 있다. 저기에 둥근달만 떠있다면 금상첨화, 이름그대로 추월산에 걸맞는 광경이다.

얼마후 월계삼거리에 다다르니 팻말(정상0.35km, 대법원연수원(가인연수관)3.57km)이 서있고 이런 숲속에서 '법'이라는 단어가 얼마나 공허하게 느껴지는지… 이제 하얀 밧줄길을 따라 널따란 공간이 나오는데 아무리 두리번거려도 정상석은 보이지 않고 한쪽에 팻말(정상0.1km)이 서있다. 정상에 다녀온 후 이곳에서 보리암 쪽으로 내려가야 한다. 곧이어 바위로 둘러싸인 암봉에는 하얀 정상석(추월산정상731m)이 아담하게 서있고 주변의 시야는 나무에 둘러싸여 잘 보이지 않는다.

　이제 보리암정상1.2km 쪽으로 내려가기 시작, 그런데 하산길은 좀전의 등산길보다 평탄한 능선길 임에도 불구하고 길이 잘 정비되어있고 위험한 곳에서는 밧줄과 철난간으로 보호되어있다. 게다가 무성한 산죽길 조차 불편없이 말끔히 정돈되어있다. 왜이런 정반대 상황이 벌어졌을까? 얼마후 산불감시초소를 지나 넓적한 바위(상봉)에 올라서니 시야가 탁트이며 드넓은 평야와 마을풍경이 한눈에 들어온다. 얼마되지 않아 다시 팻말(왼쪽 제1등산로, 오른쪽 제2등산로)이 서있고 등산안내도 앞에 하얀 정상석(보리암692m)이 아담하게 놓여있다.

　곧이어 왼쪽으로 내려서니 탁트이는 시야... 까마득히 내려가는 데크계단... 줄곧 이어지는 계단은 무려 1,500개 정도로 이 구간이 거의 계단으로 이루어진 셈이다. 내내 시원하게 펼쳐지는 풍경은 그동안의 피로를 말끔히 씻어주고 특히 저멀리 십자모양으로 흐르는 담양호가 인상적이다. 어느덧 발걸음은 팻말(보리암50m)에 멈춰서고 이제 오른쪽(보리암)으로 발길을 돌린다. 잠시후 은은히 울려퍼지는 불경소리... 전망대 밑으로는 천길만길낭떠러지... 저멀리 아름다운 풍경들... 고요한 침묵...!

　다시 서둘러 계단을 내려가고... 잠시 뒤돌아 위쪽을 바라보니 암자가 새의 둥지처럼 저 높이 아슬아슬... 이윽고 기나긴 계단을 내려서니 길모퉁이에 동굴이 보이고 그 옆에는 이름 모를 비석이 서있다.

　곧이어 평탄한 임도를 따라 가끔씩 정자가 보이고... 높다란 돌탑이 우뚝우뚝 지나가고... 휴우~ 드디어 저기 주차장이 보인다. 숲에서 바로 주차장이 연결되니 얼마나 감사한지... 주차장에는 차들로 빼곡하고 관광지답게 상가들도 즐비하다. 게다가 저멀리 맞은편에서 시원하게 쏟아져 내리는 인공폭포가 산행의 피로를 말끔히 씻어준다.

강천산
2019년 11월 03일 126

유래 강천산은 용이 꼬리치며 승천하는 형상이라는 용천산이었는데, 신라말 도선국사가 창건했다는 강천사라는 절의 이름을 따서 강천산이라 했다한다.

강천산은 김소월의 '진달래꽃'이 떠오른다. 강을 낀 야트막한 산, 봄에는 진달래가 만발하고 가을이면 울긋불긋 단풍이 곱게 물들고… 잔잔한 강물위에 아름다운 산 그림자가 드리울 때 동네굴뚝에서는 하얀 연기가 피어오르고… 소박하고 정감어린 마을 뒷동산….

이른 아침 서둘러 3시간 반쯤 담양에 도착한다. 내리자마자 곧바로 도로변에 금성산성 입구가 보인다. 단풍에 짙게 드리운 가을햇볕이 눈부시고 하늘은 서늘하도록 푸르다. 대나무숲길을 따라 점점 상당히 굵고 빼곡하게 들어찬 아름드리 대나무… 그 굳세고 강인한 생명력에 전율이 느껴진다. 어쩌면 대나무가 이토록 굵을 수가 있는지… 대나무의 강건한 기운을 받으며 동학농민혁명군 전적지를 지나니 고적지다운 산성길이 이어진다.

잘 정비된 길을 따라 얼마후 저 앞에 높다란 성문(보국문)이 보이고 산객들의 웅성임 소리가 들려온다. 가까이 다가갈수록 높다란 성벽 위로 하늘을 찌를 듯 치솟아 있는 성루… 그 위 널따란 공간에 올라서니 이미 도착한 산객들이 분주하고 저마다 경치에 취해 이리저리 서성인다. 탁트인 시야에 옛정취가 물씬 풍겨나는 풍경들…

이제 발길을 돌려 성곽길을 따라가고… 얼마되지 않아 충용문에 다다른다. 역시 널따란 공간에 산객들이 북적이고 시야가 탁트인다.

이제 동자암 쪽으로… 앞으로 갈수록 길 양쪽으로 아기자기한 들꽃과 돌탑이 이어진다. 잠시후 끝쯤에 이르자 길은 아름다운 꽃대궐로 정점을 이루고 팻말(동자암)이 서있다. 외딴주택을 개조해 만들어진 암자는 맞은편에 갤러리 건물도 있고 마당에는 온통 꽃들과 돌탑들로 꾸며져 있다. 이렇게 많은 돌탑들을 보니 탑쌓기도 하나의 수행처럼 여겨진다. 다시 밖으로 나와 약수터(50m)로 향하는데 역시 돌탑들이 이어지고 졸졸 흐르는 약수터에는 불상과 복전함이 놓여있다.

빼곡한 돌탑들을 뒤로하며 동문 쪽으로 천천히 언덕을 올라서니 내성동문 입구에 팻말(동문1.0km)이 보인다. 숲길로 접어들어 산허리를 돌아가니 시야가 트이며 저멀리 산객들 모습이 어른거린다. 가까이 다다르자 높다란 성곽 위에는 산객들이 분주하고 탁 트인 시야에 하늘이 유난히도 파랗다.

잠시후 성곽길을 따라 갈림길(운대봉0.3km, 강천사3.2km)이 나오고 오른쪽(강천사)으로 발길을 돌린다. 그런데 뜻밖에 내리막길이 이어지며 낙엽이 두텁게 쌓인 비탈길은 자칫 방심하다간 미끄러지기 십상이다. 필자도 두 번이나 엉덩방아를 찧었다는 전설이... 이렇게 엉덩방아를 찧으며 부지런히 내려오니 아래로 계곡이 펼쳐진다.

하지만 울퉁불퉁 계곡길은 보통의 맑고 깨끗한 이미지와 달리 바짝 마른 물에 돌과 낙엽이 서로 뒤엉켜 너저분하고 이끼 낀 그늘은 오지의 계곡처럼 음침하다. 이런 침침하고 달갑잖은 계곡을 따라 삼거리(연대암)를 지나고 얼마후 조그만 목조다리를 건넌다(선녀계곡입구)

그런데 갑자기 계곡이 넓어지며 시야가 훤해진다. 갈수록 울긋불긋 화려한 단풍에 눈이 휘둥그레지고 갑자기 불어난 산객들에 의아하다. 몇 걸음 더 내려가니 이번에는 아주 널따란 광장에 인산인해를 이루는 산객들... 그리고 아찔한 절벽위 두 줄기 폭포수(구장군폭포)가 힘차게 내리 솟구치고... 갑작스런 변화에 마치 두메산골에서 화려한 도시로, 어두운 터널에서 밝은 세상으로 방금 튀어나온 듯 정신이 얼떨떨하다. 호수처럼 시퍼런 물웅덩이는 거의 강물 수준이고 쪽배도 거뜬히 떠다닐 수 있을 것같이 널따랗다.

이렇게 거대한 계곡을 따라 내려가는데 저기 하늘높이 구름다리(현수교)가 아슬아슬 공중에 떠있다. 기다란 다리에는 산객들이 참새 떼처럼 빼곡히... 인파를 헤치며 구름다리를 향해 계단을 오르고... 점점 가팔라지는 계단... 숨을 헐떡이며 다리 앞에 이르니 아슬아슬한 다리에 아찔한 낭떠러지... 겨우 한사람 비껴갈 정도로 좁은 다리는 더구나 꽉 들어찬 산객들로 사진을 찍을 수도, 흔들흔들 무서움에 아래를 내려다 볼 수도 없다. 간이 콩알만 해진 채 겨우 먼 산만 바라보다 인파에 떠밀리고 가까스로 건너서야 꽉 쥔 손이 펴지고 긴장이 풀린다.

정신을 가다듬으며 현수교 사거리에 다다르니 팻말(왕자봉 정상1km)이 서있고 부지런히 숲길을 따라 오른다. 그런데 경사가 갈수록 심해지고 숨이 차기 시작한다. 게다가 길마저 너덜길로 바뀌더니 하얀 밧줄이 지그재그 이어진다. 오르고 또 오르고... 콧잔등과 등줄기에서는 땀이 흘러내리고 가쁜 호흡과 함께 에고~ 소리가 절로난다. 역시 정상은 혹독한 대가를 치러야 얻을 수 있는 보물인가보다. 이미 내려오는 하산객들이 부럽기도 하고 거슬러 올라가는 발걸음은 천근처럼 무겁다. 안간힘을 쓰며 오르는 사이 드디어 저 위에 데크전망대가 보이고 산객들의 웅성임 소리가 들려온다.

정상이다~! 이제 살았다~! 서둘러 위에 올라서자 탁트이는 시야에 그림같은 풍경... 어~! 그런데 아무리 두리번거려도 정상석이... 맙소사~ 여기가 정상이 아니다.

크게 숨을 쉰 후 발걸음을 옮기는데 다행히도 이제는 그렇게 가파르지 않고 잠시후 정상에 올라선다. 널따란 공간에 정상석(왕자봉584m)이 우뚝 서있지만 나무들이 빙 둘러싸여 시야가 답답하다.

이제 가벼운 마음으로 하산하기 시작... 그렇게도 힘들었던 오르막이 이젠 술술 잘도 내려간다. 발걸음은 어느덧 현수교 사거리에 이르고 왼쪽계단(주차장쪽)을 따라 내려간다. 곧이어 주차장 쪽 넓은 임도에는 울긋불긋한 단풍과 꽉 들어찬 산객들로 서로 부딪치지 않으려 조심조심 밀려간다. 어느덧 커다란 사찰(강천사)에 아름드리 단풍이 고즈넉이 드리우고 담장을 따라 연이어 북적북적 내려간다. 잠시후 일주문을 통과, 계속 떠밀리다시피 몇 개의 다리를 건너니 병풍폭포가 시원스레 쏟아진다. 잠깐 숨을 돌린 후 매표소에 도착하니 널따란 주차장에 차들이 넘쳐 우리가 타고 갈 차는 또다른 주차장에서 기다린다. 밀리고 밀려 노점상을 지나 드디어 주차장에 도착하고 휴우~ 천천히 차에 오른다.

금산(남해)
2019년 11월 10일 127

유래 본래 원효대사의 기도처로서 보광산이라 하였는데, 태조 이성계가 등극하기 전 이 산에서 수도하며 기원한 결과 왕좌에 오르게 되자 은혜를 갚기 위해 비단 '금(錦)'자를 써서 '금산(錦山)'으로 바꿔 부르게 되었다 한다.

금산은 황금이 많이 나서 금산이라고 했나, 그러면 금광산? 아니면 황금처럼 경치가 빼어나서…? 이번에는 워낙 거리가 멀어 평소보다 더 일찍 서둘러 4시간 반쯤 남해에 도착한다. 이미 해는 중천에 떠있고 잘 정비된 두모주차장에는 차가 거의 없다.

곧바로 팻말(정상3.2km)을 뒤로하며 완만하게 숲길을 따라 오르기 시작, 동백나무들로 빼곡한 숲은 울긋불긋 가을색이 아닌 한여름 파란 숲이다. 완만한 오르막임에도 걷기 편하도록 정비까지 되어있으니 이 산은 뭔가 관광지다운 느낌이 든다. 좀 가파르다 싶으면 데크계단이 이어지고 길을 벗어나지 않도록 보호줄이 쭉~ 이어진다. 너무 탄탄대로이니 갑자기 무지막지 힘든 길로 바뀔까봐 약간 불안하기까지 하다.

어느새 발걸음은 데크계단 위로 올라서고 옆에는 별로 눈에 띄지도 않는 두리뭉실한 바위가 마치 황금이라도 되는 냥 튼튼하게 보호막이 설치되어 있다. 바위에는 그림문자(상형문자)가 새겨져있고 안내판에는 '남해 양아리 석각'(진시황의 불노초를 구하기 위해 중국의 신하 서불이 이곳을 지나다가 남긴 글)이라 되어있다. 옛 흔적을 뒤로하며 점점 바위들이 많아지고 군데군데 커다란 바위들이 터줏대감처럼 묵직하게 자리하고 있다. 그런데 여전히 너덜길이 잘 정비되어 너덜길 같은 느낌이 안든다.

이렇게 수월하게 오르막을 올라서니 탁트인 시야에 저멀리 바다가 펼쳐지며 환호성이 절로 난다. 망망대해 점점이 떠있는 섬들… 저기 능선의 거대한 바위들… 천천히 암릉을 돌아나와 전망대에 다다르니 와아~ 시원스레 트이는 시야와 아름다운 풍경… 300리 아름다운 바닷길(한려해상국립공원)… 바로 옆 거대한 암벽능선이 숨이 멎을 것처럼 치솟아있고… 문득 미륵산의 감격스럽던 모습이 스쳐간다.

곧이어 거대한 암벽 사이로 아슬아슬 철계단이 올라가고 주변의 풍경은 그야말로 아찔한 아름다움... 빙글빙글 달팽이 모양으로 올라가는 계단(통천문계단)은 오를수록 움찔움찔... 숨죽이며 꼭대기에 이르니 와아~ 울긋불긋 가을빛으로 물들어가는 능선들... 저멀리 망망대해 아름답게 흩어진 섬들... 그 어떤 모습이 이토록 아름다울까...!

계단을 내려서 부소암10m 쪽으로 돌아가니 암자입구는 공사안내판으로 막혀있고 그 기간(2018년 08월20일~2019년 09월09일)은 안타깝게도 이미 지나 있다. 오호라~ 어찌 이런 일이... 아쉬움으로 암벽을 되돌아나오니 앞에 부소암 안내판(진시황의 아들 부소가 유배되어 살다갔다는 전설이 있음)이 서있다. 곧이어 암릉의 데크길을 따라 와아~ 아름다운 경치가 펼쳐지고... 찰칵찰칵... 연달아 셔터를 누르지 않을 수 없다.

이제 아쉬운 발길을 돌려 숲속으로 들어가고 잘 정비된 길을 따라 잠시후 널따란 헬기장에 다다른다. 공간 여기저기에 산객들이 둘러앉아 점심을 먹고 그들 사이를 헤치며 단군성전을 향해 발걸음을 옮긴다. 문득 마니산의 단군성전이 떠오르며 잠시후 가까이 이르니 마니산과 달리 사찰형태의 성전이 자리하고 있다. 잠시 주변을 둘러본 후 되돌아 상사암 쪽으로...

숲길을 따라 내리막계단이 이어지고 얼마되지 않아 갈림길(상사암, 금산산장)이 나온다. 직진(상사암 쪽)하여 몇 걸음 내려가니 거대한 바위에 탁트인 시야... 시원스런 다도해 풍경... 그런데 아무리 둘러봐도 암자는커녕 그 흔적도 보이지 않는다. 상사암은 암자가 아니고 바위... 넋을 잃고 잠시 주변을 바라보는데 저멀리 암벽사이로 심상찮은 사찰이 보인다. 혹시 저기가 그 유명한 보리암?

다시 발길을 돌려 갈림길에 되돌아오고 이제 금산산장 쪽으로 샛길 따라 산허리를 휘돌아간다. 잠시후 거대한 암벽을 따라 데크계단이 이어지고 아래로 내려서자 좌선대(옛날 원효대사 의상대사 윤필거사 등이 수도좌선을 하였던 장소)안내판이 서있다. 곧이어 언덕의 중턱쯤에는 외딴주택을 개조한 듯한 허름한 건물(금산산장)이 자리하고 산객들로 분주하다. 앞쪽으로는 시야가 탁트여 전망이 시원스레 펼쳐진다.

북적이는 산객들을 뒤로하며 흔들바위를 지나 삼거리에 이르다(정상0.1km) 왼쪽 숲길 따라 잠시후 거대한 암벽지대가 나오고 빙둘러 암벽에 둘러싸인 공간은 마치 옛 정승집 앞마당을 연상케 하고 한쪽에 정상석(남해금산681m, 명승 제39호)이 가로로 길쭉하게 놓여있다. 위쪽에 솟아있는 봉수대는 마치 별장처럼 아늑하고 주변의 풍경이 한눈에 들어온다.

잠시 후 다시 삼거리에 되돌아오고(보리암0.2km) 데크계단을 따라 내려가니 갑자기 널따란 앞마당(금산각)에 산객들이 북적북적... 탁트인 시야에 저멀리 아름답게 펼쳐지는 다도해 풍경...

곧이어 돌계단을 내려가니 거대한 절벽 앞에 범상치 않은 암자(보리암)가 점점 모습을 드러내고... 샘터를 지나 앞마당에 이르니 거대한 석조불상과 삼층석탑이 자비로이 서있고... 망망대해 흑진주처럼 흩어져있는 까만 섬들... 여기저기 거침없이 솟아있는 웅장한 암벽들... 저멀리 아련히 보이는 상사암은 직접 올랐을 때와는 또다른 느낌이 든다. 이토록 아름다운 풍경... 이토록 아름다운 암자... 과연 명당 중 명당...! 모든 것들이 지금까지 산행(100대 명산)중 단연 으뜸인 것같다. 산행거리도 비교적 짧고 길도 잘 정비되어 있고 더할 나위없는 아름다운 풍경이 있고, 좀 아쉽다면 서울에서 거리가 멀다는 것.

다음을 기약하며 이제 쌍홍문 쪽으로... 돌계단을 따라 내려가는데 저 아래로 갑자기 거대한 절벽이 떡~ 버티고 서있다. 밑으로는 커다란 구멍 두 개가 뚫려있고 그중 한쪽으로는 돌계단이 연이어져 터널처럼 통과한다. 어떻게 이런 거대한 절벽에 이리도 커다란 구멍이 뚫릴 수 있는지... 동굴 밖으로 빠져나와 뒤돌아보니 마치 고대의 성문처럼 웅장하게 서있는 쌍홍문... 게다가 그 앞에는 씩씩한 바위(장군암)가 우뚝솟아 이곳(쌍홍문)을 지키는 수문장 역할을 한다고... 이 얼마나 위대한 조화인가...!

이제 아쉬움으로 돌계단을 내려가니(금산입구1.6km) 길옆 저 위로 커다란 바위(사선대)에 매달려 태양이 이글이글 타고 있다. 빨갛게 익어가는 일몰과 함께 천천히 데크계단을 내려가고... 돌계단을 내려가고... 잘 정비된 길을 따라 어느덧 자연관찰로에 다다른다. 잠시후 커다란 건물(금산탐방지원센터)에 반갑게도 넓은 주차장이 보인다.

불암산
2019년 11월 24일 128

유래 산의 정상암봉이 마치 송낙(소나무겨우살이를 엮어서 만든 승려가 쓰던 모자)을 쓴 부처의 형상이라 해서 붙여졌으며, 천보산(天寶山), 필암산(筆巖山)이라고도 한다.

불암산은 탤런트 최불암 님이 떠오른다. 우연의 일치일까? 아니면 실제로 이 산이름을 따서 지은 이름일까? TV속 호탕하게 웃는 그분의 모습이 떠오르며 실제 불암산은 그분과 어떻게 닮았을지...

좀 느긋하게 지하철을 타고 상계역에서 내린다. 1번 출구로 나온 후 왼쪽으로 도로를 따라 쭉~ 올라가니 횡단보도 앞 팻말(정암사)이 오른쪽을 가리킨다. 방향을 틀어 아파트(불암대림) 정문쯤에 다다르니 불암산공원 돌비석이 보인다(정암사300m)

공원길 따라 하늘에는 구름이 한가득... 찌푸린 날씨에도 가족단위 산객들과 이미 하산하는 산객들이 수월찮이 보인다. 수북이 쌓인 낙엽 위로 여기저기 둘레길 팻말이 서 있고 바짝 마른계곡에 자리잡은 정자가 썰렁하게 보인다. 얼마후 정암사입구(마지막 등산로 정상2km)에 다다르니 오른쪽으로 조그만 목조다리가 이어진다.

다리를 건너 침목계단이 이어지고 저멀리 나무에 가려진 정암사가 희미하게 보인다. 이어 돌계단을 따라 숨이 차기시작... 커다란 바위(입석대)를 지나 낙엽 쌓인 숲길이 이어진다(깔딱고개0.33km) 두툼하게 쌓인 낙엽은 밟을 때마다 눈쌓인 것처럼 미끌미끌하여 조심스레 발걸음을 내딛는다. 잠시후 저 앞에 구불구불 데크계단이 이어지더니 후드득~ 후드득~ 빗방울이 떨어지기 시작... 계단 앞에 이르자 다~다~다... 소리를 내며 사정없이 낙엽을 내리친다.

잽싸게 비옷을 감싸며 계단에 발을 내딛자 발판에 연방 떨어지는 빗방울... 가파른 계단은 숨을 헐떡이게 하고 발판은 점점 물이 흥건해져 추적추적... 콧잔등의 땀을 훔치며 능선에 올라서니 휴우~ 바람이 시원하고 간발의 차이 같은데 신기하게도 비가 오지 않는다(정상1km)

이제 여기저기 눈에 띄는 넓적한 바위들… 점점 하늘을 향해 치솟은 거대한 암봉… 암벽 중간쯤, 거북산장의 비닐천막이 바람에 나부끼고 왼쪽으로 팻말(거북바위)이 서있다. 그런데 앞에 보이는 거북바위는 거북은커녕 그냥 넓적한 바위이다. 아마도 너무 가까워 전체 윤곽이 드러나지 않는 것같다.

이제 철계단을 따라 암벽을 휘돌아가고… 위로 오를수록 저멀리 시내 전경이 눈에 들어오기 시작한다. 계단 밑으로는 아찔한 낭떠러지… 위로는 까마득히 치솟은 암벽… 어찌 이런 아슬아슬한 절벽에 계단을 만들 수 있었는지….

잔뜩 겁에 질린 채 살금살금 계단을 올라서니 널따란 바위전망대… 몇몇 산객들은 봉우리를 향해 암벽을 기어오르고 위에는 태극기가 펄럭인다. 바로 앞 웅장하게 솟아있는 암봉이 시선을 압도하고 저멀리 뿌연 안개에 아련한 풍경들… 천천히 봉우리 쪽으로 오르려는데 전망대 한켠에 싯귀가 보인다.

불암산(佛巖山)이여 (방송인 최불암崔佛巖)

이름이 너무 커서 어머니도 한번 불러보지 못한 채/내가 광대의 길을 들어서서 염치(廉恥)없이 사용한/죄스러움의 세월(歲月), 영욕(榮辱)의 세월/그 웅장(雄壯)함과 은둔(隱遁)을 감히 모른 채/그 그늘에 몸을 붙여 살아왔습니다./수천만대를 거쳐 노원(蘆原)을 안고 지켜온/큰 웅지(雄志)의 품을 넘보아가며/터무니없이 불암산(佛巖山)을 빌려 살았습니다./용서(容恕)하십시오.

글귀가 신기하기도 하고 이분도 이산의 웅지와 닮으려 부단히 노력하시나보다.

(*노원구가 지자체 홍보차원에서 탤런트 최불암을 명예산주로 임명, 실제로 최불암의 예명은 이 산에서 따온 것이라 한다)

위쪽으로 몇 걸음 올라가니 커다란 바위에 아슬아슬 서있는 정상석(불암산508m)… 밑으로는 아찔한 낭떠러지… 너무 위험해 사진 찍기조차 조심스럽다. 게다가 태극기가 꽂힌 봉우리는 그야말로 암벽등반이다. 위에서 길게 내려진 밧줄… 단단히 줄을 움켜쥔 채 앞만 보고 힘껏 잡아당긴다. 오를수록 아찔한 바위… 순간순간 초집중… 바짝 긴장하며 간신히 꼭대기에 올라서니 붕~ 뜬 느낌에 천길만길낭떠러지…! 얼마나 아찔한지 감히 내려다 볼 수조차 없다. 그런데 그와 반대로 너무나 가까이 보이는 하늘… 사다리를 놓으면 금방이라도 오를 수 있을 것만 같다. 발아래 속세는 손바닥보다 작아 보이는데 영겁의 세월을 이어온 암봉은 끝없이 웅장하게만 보인다.

이제 조심조심 바위를 내려가기 시작, 뒤돌아 단단히 밧줄을 움켜쥐고 바짝 긴장한 채 발끝을 내딛는다. 한발...두발... 잠시후 온몸을 웅크리며 살포시 내려서니 팔다리에 힘이 쭉 빠지며 흐물흐물...

물을 마신 후 기운을 차리며 이제 덕릉고개 쪽으로... 데크계단을 따라 우뚝 솟아있는 쥐바위가 하늘을 향해 있는 모습이 귀엽기도 하고 신기하기도 하고... 곧이어 암릉을 따라 고개에 올라서니 아담한 공간(다람쥐광장)에 산객들이 둘러앉아 점심을 먹고 있다. 뒤돌아 저멀리 정상 쪽을 바라보니 이제야 거대한 암봉이 한눈에 들어오며 가까이서 볼 때와는 또다른 느낌으로 다가온다.

잠시 간식을 먹은 후 오랜만에 푹신한 흙길을 따라가고... 데크계단을 내려가고... 얼마되지 않아 갈림길(왼쪽 폭포약수터, 직진 덕릉고개)에 이른다. 곧이어 직진, 숲길을 따라 얼마후 또다시 데크계단이 이어지더니 갈림길(왼쪽 돌산약수터, 직진 덕릉고개)이 나온다. 시내에 가까울수록 여기저기 둘레길과 샛길이 헷갈리고 트랭글을 주시하며 덕릉고개에 다다른다.

이제 방향을 바꿔 당고개역 쪽으로... 잠시후 팻말 앞에 커다란 바위(연인바위)가 둘로 갈라진 채 서로 마주보고 서있다. 곧이어 전망대에는 안개에 싸인 마을풍경이 펼쳐지고... 얼마되지 않아 도착한 채석장에는 자잘한 파편이 흩어져 있다. 한쪽에는 커다란 바위가 서로를 기대며 나름 멋진 조형물을 이루고 요란스레 파열된 암벽 앞에는 돌탑이 꼼꼼히 쌓여있다. 아마도 누군가는 이 돌탑을 쌓으며 산(자연)에게 죄스러운 마음이 들었으리라...

쿵쾅쿵쾅... 요란한 환청을 뒤로하며 잰걸음으로 내려가고... 얼마후 시내가 보이자 후드득 후드득... 빗방울이 떨어지기 시작한다. 재빨리 우비로 온몸을 감싸며 서둘러 당고개역으로 향한다.

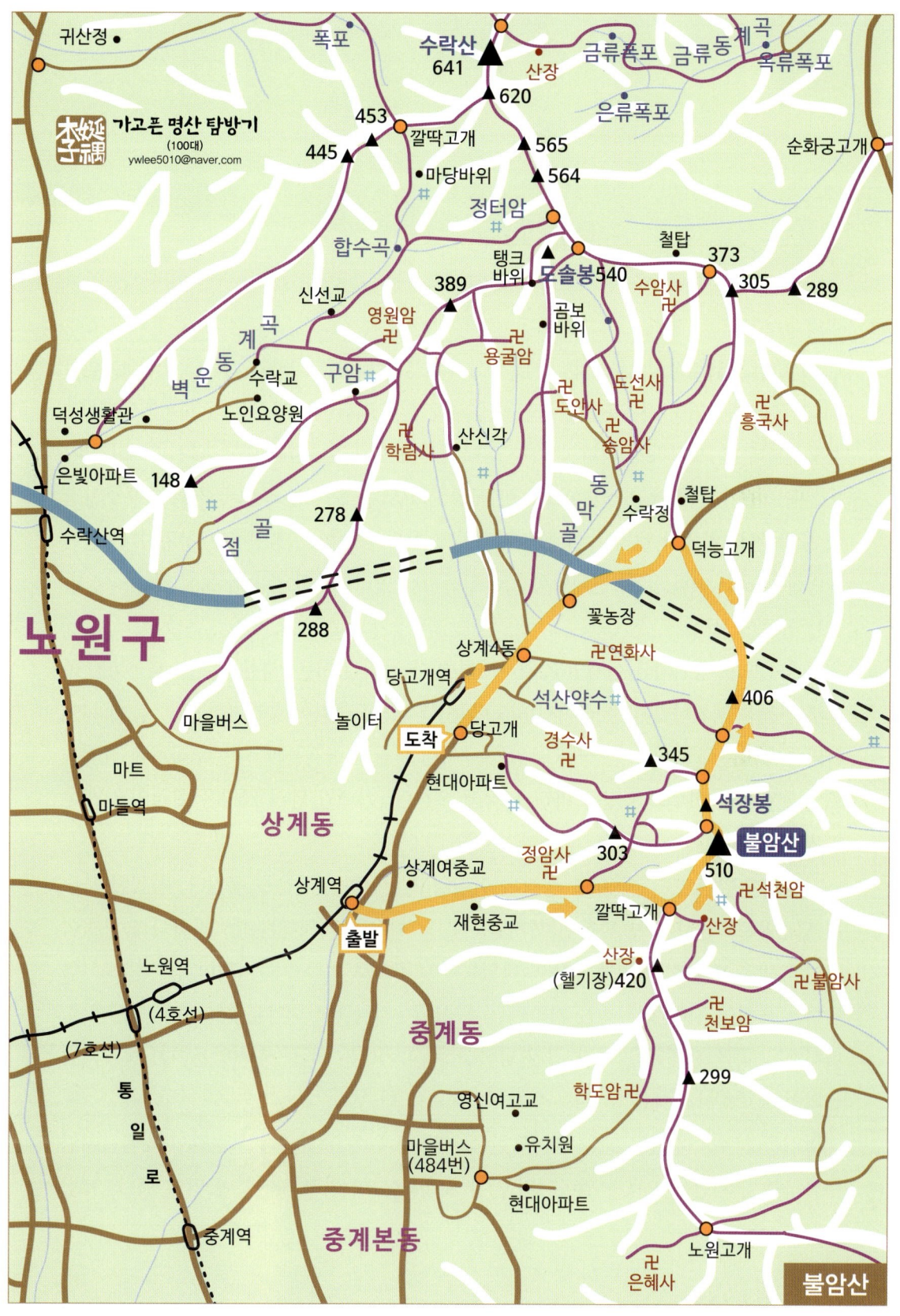

남한산
2019년 12월 08일 129

유래 서울 중심부에서 동남쪽으로 25km에 위치한 산으로 산성의 둘레가 12km에 이르는 넓은 분지이다. 산성의 기원은 통일신라 문무왕 때 쌓은 주장성(672)의 옛터를 활용하여 조선 인조4년(1626)에 대대적으로 구축, 조선왕실의 보장처였다. 현재 2014년 유네스코 세계문화유산 등재됨.

남한산은 남한산성으로 부를 만큼 산성이 유명하고 아픈 역사가 서린 곳이다. 이번산행은 동서남북 사대문을 돌아봄과 동시에 찾기 어렵다는 정상을 꼭 둘러봐야겠다.

평소보다 좀 느긋하게 지하철을 타고 남한산성에 내려 1번 출구로 나간다. 직진(약 10분쯤)하여 다시 9번 버스를 타고 구불구불 산으로... 30여분 후에 종점인 남문주차장에 도착한다. 차에서 내리니 쌀쌀한 기운이 스치지만 햇볕은 쨍쨍하고 청명하다. 일단 트랭글을 켜고 터널(남문) 반대방향으로 직진하니 여러갈래의 팻말과 북문 쪽으로 올라가는 골목이 보인다.

길 양쪽으로 상가가 늘어서있고 얼마되지 않아 갈림길(서문, 북문)이 나온다. 북문 쪽으로 골목을 빠져나가자 잘 닦여진 임도에는 산객들이 줄지어 올라가고 이들 틈에 끼어 완만하게 북문에 다다른다. 성문 주위에는 이미 도착한 산객들과 속속 도착하는 산객들로 문전성시를 이루고 담장을 따라 누각에 오른다. 기대와 달리 사방은 막혀있고 시야가 답답하다.

직진하여 앞쪽으로 구불구불 성곽이 이어지고 천천히 발걸음을 옮긴다. 꼼꼼히 보수된 담장은 보기에는 야트막한데 까치발을 서도 밖은 보이지 않는다. 가끔씩 숨구멍이 트이듯 밖을 내다볼 수 있게 구멍이 나있는데 그곳으로 얼굴을 들이밀면 망원경으로 염탐하는 느낌이고 그 옛날 성을 지키던 장수가 된듯하다(동장대암문0.6km) 아름드리 소나무들을 따라 얼마후 널따란 공간(남한산성 본성)에는 낡은 석문(암문?)이 동굴처럼 뚫려있고 보호선 안에는 제2군포터 표지석이 서있다.

발길을 서두르며 앞을 보니 까마득한 돌계단... 왼쪽으로는 하얀 성곽이 엿가락처럼 구불구불... 계단을 오르자 얼마되지 않아 저절로 숨이 차고 콧잔등에 땀이 밴다. 패딩을 벗어 허리에 묶으니 이제야 시원해지고 힘겹게 위에 올라선다. 비로소 궁금하던 밖의 풍경이 눈에 들어오고 잠시 숨을 돌린다.

다시 성곽을 따라 저기 북적이는 산객들… 혹시 저기가 정상인가… 발걸음을 재촉, 가까이 다다르니 어~? 아무리 두리번거려도 정상석은 보이지 않고 한쪽에 표지석(동장대터)만 덩그러니… 정상석은 성곽 밖 저멀리 벌봉에 있다고…

다시 되돌아 몇 걸음 내려가니 밖으로 나가는 성문(제3암문 봉암성)이 보인다. 문을 통과하여 벌봉 쪽으로 능선을 따라 잠시후 갈림길(벌봉0.2km, 한봉1.4km)이 나온다.

곧이어 왼쪽(벌봉)으로 숲길을 따라가고… 잠시후 산객들의 웅성임 소리가 들려온다. 이윽고 허물어진 성벽이 위쪽으로 이어지더니 암봉이 보인다. 무너진 벽을 따라 조심조심 오르고… 점점 커다란 바위들이 압도한다.

그런데 우뚝우뚝 솟아있는 바위 사이로 아무리 정상석을 찾아도 보이지 않는다. 어~? 이상하다… 어찌된 일이지… 답답한 마음에 트랭글을 확인하니 맙소사~ 한봉 쪽으로 가는 길목에 남한산(정상) 표시가 되어있다.

트랭글을 주시하며 부랴부랴 봉우리를 내려오고 허물어진 성곽을 따라간다. 대략 200m쯤, 길가의 조그만 대리석(검은색)에는 하얀글씨(정상석522.1m 천사모 산악회)가 써있다. 어? 이곳 행정구역이 아닌 산악회 이름이… 암튼 일단 정상석을 찾았으니 마음이 홀가분해지고 발걸음이 가벼워진다.

다시 되돌아 북문 쪽으로 대략 200m쯤 내려가니 아까 그 갈림길(벌봉과 한봉)이 나온다. 만약 길을 알았더라면 여기서 직접 한봉 쪽으로 가서 정상석을 만날 수 있었을 텐데… 잠시후 다시 성곽 안쪽의 동장대터로 되돌아오고 이제 동문 쪽으로…

성곽을 따라 군포지를 지나고… 제2암문(동문1.1km)을 지나고… 그런데 얼마후 성곽이 멈추더니 널따란 공간(동문0.8km)이 펼쳐진다. 오른쪽으로 보이는 사찰(장경사)이 잠시 숨 돌릴 여유를 준다.

직진하여 다시 구불구불 가파른 성곽이 이어지고 계단을 따라 숨차게 오른다. 이윽고 꼭대기(송암정터)에 다다르자 성곽 너머로 시야가 트이더니 까마득히 내리막이 이어진다. 잠시후 시원스런 풍경을 따라 저 아래로 어렴풋이 동문이 보이고 그 앞으로 도로가 가로지른다.

동문 가까이 내려오자 고풍스레 솟아있는 문앞으로 자동차가 씽씽 달리고 길 건너에는 다시 성곽이 이어진다. 도로를 건너니 응달진 오르막은 요 며칠 내린 눈이 녹지 않아 미끄럽고 꽤 가파르다. 조심조심 담장을 잡으며 곡예하듯 한참을 올라가고... 암문이 나오자 잠시 평평한 길이 이어진다. 그런데 다시 이어지는 아슬아슬 빙판... 결국 잔뜩 겁이 나서 옆의 샛길로 올라간다. 조심조심 꼭대기(암문)에 올라서니 이제야 완만한 능선이 이어지고 잠시후 시원스런 공간(제2남옹성치와 남장대터)이 펼쳐진다. 잠시 탁트인 풍경을 둘러보며 숨을 돌리고...

　이제 남문0.6km 쪽으로... 다행히 완만한 내리막은 좀전과 달리 눈과 얼음이 녹아있다. 덕분에 어렵지 않게 남문에 다다르니 저멀리 서문으로 향하는 오르막이 꽤나 길고 가파르게 보인다. 맙소사~ 막판에 오르막이라니...

　일단 에너지바를 먹고 기운을 차리며 천천히 오르기 시작... 숨차고 다리가 뻐근할 쯤 팔각정(영춘정)이 가까이 보인다. 무거운 다리를 이끌며 정자에 오르자 갑자기 산객들이 불어나고 잠시후 암문을 지나 수어장대 널따란 앞마당에 다다른다. 여전히 밀려드는 등산객들과 관광객들... 높다랗게 치솟은 누각... 서문 쪽으로 향하는 발걸음이 빨라지고 점점 주변은 널따란 솔밭공원으로 바뀐다. 서문에 가까울수록 관광객들도 늘어나고 솔밭 벤취 여기저기에서 그들이 여유롭게 쉬고 있다. 곧이어 서문의 누각에 오르니 북적북적 산객들의 물결... 역시 관광명소다운 풍경을 보여준다.

　휴우~ 드디어 사대문을 돌았으니 이제 여유롭게 내려가고... 얼마되지 않아 다시 남문주차장에 되돌아온다. 그리고 허기를 느끼며 맛집으로 발걸음을 서두른다.

남덕유산
2020년 01월 05일 (130)

유래 덕유산 연봉들의 남쪽 끝자락에 위치해 있다고 해서 붙여진 이름.
100명산 완등 드디어 이렇게 명산(블랙야크, 산림청, 한국의 산하)130개 산행을 마치니 감회가 새롭고 홀가분한 마음에 뿌듯함이 밀려온다. 그동안 무사히 완등할 수 있도록 도와주신 모든 분들께 깊은 감사를 드린다.

드디어 이산을 끝으로 100대 명산(블랙야크*산림청*한국의 산하) 130개를 완등하는 날이다. 주마등처럼 스쳐가는 그간(20151011~20200105)의 시간들이 때로는 즐겁게 혹은 힘겹게 지나간다. 하지만 맨처음 출발선상의 나자신과 지금 끝지점에 선 나자신은 아무리 생각해봐도 잃은 것보다 얻은 것이 훨씬 더 많다. 산과의 인연으로 또다른 세상이 열리고 앞으로 엮어갈 미래가 저멀리 등대의 불빛처럼 환히 빛나고 있다.

이른 아침 서둘러 3시간 반쯤 함양에 도착한다. 영각주차장에는 이미 차들로 빼곡하고 파란하늘에는 햇빛이 눈부시다. 주변에 눈이라고는 눈씻고 봐도 보이지 않고 기온마저 온화하니 단풍만 보인다면 가을보다 더 쾌청한 날씨다. 눈쌓인 한겨울 모습을 언제 다시 볼 수 있을는지... 하지만 하얀 풍경대신 길이 미끄럽지 않으니 그것만으로도 다행인 것이다.

햇볕을 등지며 임도를 따라 산입구 쪽으로 향하고... 약간 숨이 찰 무렵 갈림길(영각사, 정상3.8km)에 다다른다. 정상 쪽으로 숲길을 따라 잠시후 영각탐방지원센터가 나오는데 입구가 대문처럼 서있다.

문을 통과하니 숲에는 산죽이 무성하고 갈수록 자잘한 돌들이 발끝에 차인다. 수북이 쌓인 낙엽은 겨울잠으로 앙상한 나무들에게 이불을 덮어주고 따스하게 햇볕이 감싼다. 그 햇볕으로 인해 패딩을 벗게 되고 시원한 바람이 쏴아... 곧이어 바짝 마른계곡의 다리를 건너니 숲길은 가파른 너덜길로 변한다.

울퉁불퉁한 바위를 따라 숨차게 돌계단을 오르고 다시 이어지는 바위길... 또다시 바위길... 연거푸 이어지는 너덜오르막에 에고~ 소리가 절로 난다. 이렇게 오르고 올라도 끝이 보이지 않을 것같던 너덜은 마침내 지그재그 하얀 밧줄길이 나오자 가파른 계단

위로 파란하늘이 시원하게 보인다.

　에휴~ 이제 능선이 나오나보다. 좀더 힘을 내자... 안간힘으로 계단을 오르는데 다리는 천근같고 숨은 턱까지 차오르고... 잠깐 크게 숨을 쉰 후 간신히 계단을 올라서니 휴우~ 드디어 능선길... (남덕유산0.9km)

　여기저기 점심을 먹고 있는 팀들이 보이고 그들을 뒤로하며 커다란 바위를 돌아나오니 맙소사~ 다시 나타나는 불룩한 봉우리... 게다가 구불구불 가파른 계단이 꼭대기까지 이어진다. 울퉁불퉁 너덜오르막보다는 낫다싶지만 막상 오르니 거의 직각에 가까운 경사가 무섭기도 하고 금세 숨이 차오른다.

　중간쯤 오르니 점점 시야가 트이며 마을풍경이 보이기 시작한다. 저멀리 하얀 운해로 둘러싸인 지리산이 선명하게 다가오고 찬란한 햇살 속에 한폭의 그림이 따로 없다. 이렇듯 탁트인 시야는 가파른 계단을 덜 힘들게 하고 어느새 암봉에 올라선다.

　그런데 기대하던 정상석은 보이지 않고 바로 앞에 다시 볼록하게 암봉이 솟아있다. 게다가 저멀리 또다시 암봉이... 좀전에 정상이 0.9km였는데 그 거리가 이토록 길다니... 바로 앞 암봉에는 어마무시한 철계단이 구불구불 꼭대기까지 이어지고 산객들이 떼지어 오르는 모습이 울긋불긋 가히 장관을 이룬다.

　앞 봉우리를 행해 조심조심 철계단을 내려가고 다시 그 무시무시한 오르막 철계단을 따라 숨차게 올라간다. 봉우리에 올라서니 좀전보다 시원하게 탁트인 풍경은 시선을 뗄 수 없게 하고 빼곡한 능선은 그 어디에서보다 장쾌하게 이어진다.

　이제 발길을 돌려 정상 쪽으로... 애써 가파른 언덕을 올라서니 다시 오르막 계단... 지친 다리를 이끌며 간신히 힘을 내지만 얼마되지 않아 다리가 후들거리고 숨이 턱턱 막힌다. 역시 정상은 결코 쉽게 얻어지는 고지가 아니다. 이번이 130개 중 마지막이니 좀더 힘을 내자...

　안간힘을 쓰며 드디어 정상에 올라서니 시야가 탁트이고 울퉁불퉁 암봉에는 정상석(남덕유산1,507m)이 우뚝 서있다. 천하가 발아래... 푸르스름한 기운이 감도는 풍경은 에머랄드빛 투명한 호수를 연상케 하고 이곳의 높이가 얼마나 높은지 실감케 한다. 무아지경 속 풍경을 찬찬히 눈에 담고...

　이제 아쉬운 발길을 돌려 월성재 쪽으로 내려가기 시작... 그런데 신기하게도 이토록 봄날처럼 따스한 날씨가 자로 잰 듯 등산길과 하산길로 뚜렷이 구분된다. 무엇으로? 흙길과 눈길, 햇볕과 그늘로... 응달진 하산길은 그동안 간간이 내린 눈이 녹지 않아 하얗게 쌓여있고 딱 미끄러지기 십상이다. 뜻밖의 상황에 주섬주섬 너도나도 아이젠을 장착하고 조심조심 눈길을 내려가기 시작한다.

잠시후 갈림길(서봉, 삿갓재)에 이르러 삿갓재 쪽으로 향한다. 그런데 점점 경사가 가파르고 아슬아슬... 차라리 이렇게 미끄러운 내리막보다는 아까처럼 가파른 오르막이 더 나을 듯싶다. 짐작컨대 오늘 눈꽃산행이었다면 비록 경치는 아름다웠겠지만 대신 엄청 애먹었을 것같다. 날씨가 화창해 그나마 오르막만이라도 미끄럽지 않았던 것이 얼마나 다행인지... 그런데 이렇게 마음 졸이며 월성재에 도착하자 신기하게도 하얀 눈이 싹~ 사라지고 누런 흙이 덮여있는 것이 아닌가...

잠시 숨을 돌린 후 이제야 편안한 마음으로 황점마을3.8km 쪽으로... 비록 산죽이 무성한 너덜내리막이지만 다행히도 눈이 없어 내려가기가 훨씬 안정적이다. 더구나 갈수록 경사가 완만해져 속도도 빨라지고 어느덧 계곡을 가로지르는 나무다리에 다다른다. 계곡도 얼지 않았는지 돌돌돌 물이 흐르고 다리를 건너(황점마을2.0km)자 거의 평지에 가까운 길이 이어진다.

거의 마을에 다다를 무렵 계곡의 매끄러운 바위들이 눈부신 모습을 드러내고 찬란히 빛날 날(여름)을 기다리고 있다. 여기저기 텅 빈 평상을 보니 여름철 피서객들로 꽤 유명한 계곡인가보다. 이제 아스팔트 도로를 따라 좀더 내려오니 넓은 주차장이 보이고 서둘러 그쪽으로 발걸음을 옮긴다.

색인

ㄱ

가리산	389
가리왕산	250
가야산(합천)	035
가야산(서산)	341
가지산	168
감악산(양주)	061
감악산(원주)	190
강천산(한·산)	476
검단산(한)	027
계룡산	367
계방산	033
공작산(산)	456
관악산	041
광교산(한)	423
광덕산	281
구병산	186
구봉산	108
금산(남해)(한·산)	480
금수산	086
금오산	147
금정산	290
깃대봉(홍도)(산)	315

ㄴ

남덕유산(한)	492
남산(경주)	379
남산제일봉(한)	430
남한산(한)	488
내연산	275
내장산	311
노인봉	258

ㄷ

달마산	179
대둔산	058
대암산(산)	230

대야산	115
덕룡산	198
덕숭산(한·산)	433
덕유산	151
덕항산	129
도락산	076
도봉산	018
동악산	246
두륜산	203
두타산	234

ㅁ

마니산	064
마이산	089
명성산	133
명지산	070
모악산	326
무등산	155
무학산(산)	371
미륵산(한·산)	329
민둥산(한)	460
민주지산	067

ㅂ

바래봉	216
반야봉	122
방장산	319
방태산	254
백덕산	172
백암산	416
백운산(동강)	164
백운산(포천)(한·산)	436
백운산(광양)	349
변산	284
북한산	013
불갑산	126
불암산(한)	484

비슬산	209	주왕산	136
		주흘산	100
ㅅ		지리산	096
사량도(한·산)	092		
삼악산	440	**ㅊ**	
서대산(한·산)	336	천관산	055
선운산	112	천마산(한·산)	030
선자령(한)	345	천성산	194
설악산	047	천태산	038
성인봉(산)	448	청계산	413
소백산	024	청량산	118
소요산	452	청화산	364
속리산	143	추월산(한·산)	472
수락산	016	축령산(남양주)(한·산)	419
수리산(한)	444	축령산(장성)	375
신불산	468	치악산	242
		칠갑산	140
ㅇ		칠보산(한)	266
연인산	407		
연화산(산)	427	**ㅌ**	
오대산	333	태백산	073
오봉산	301	태화산	360
오서산	403		
용문산	044	**ㅍ**	
용봉산	104	팔공산	305
용화산	301	팔봉산	082
운문산(한·산)	464	팔영산	182
운악산	021		
운장산	238	**ㅎ**	
월악산	308	한라산	294
월출산	079	함백산	160
유명산	410	화악산	393
응봉산	353	화왕산	212
		황매산	221
ㅈ		황석산	270
장안산	262	황악산	322
재약산	384	황장산(산)	357
적상산(산)	052	희양산	396
점봉산(곰배령)(산)	400		
조계산	175		
조령산	225		

가고픈 명산 탐방기

인쇄일	2021년 10월 1일
발행일	2021년 10월 6일
글쓴이	이연우
발행인	김진규
발행처	효일문화사
등 록	제301-2009-038호
주 소	서울특별시 중구 수표로10길 9 신원빌딩 3층
전 화	02-2273-4856 **팩 스** 02-2269-3354
홈페이지	http://hyoil.com **이메일** hyoil@chol.com
편집·디자인	송민경 · 김다솜
ISBN	979-11-86432-33-4 (13980)
정 가	30,000원

* 낙장 · 파본은 교환해 드립니다.